中共常州市委党史工作委员会
天津大学张太雷研究中心　专项支持

编纂委员会

主　任：陈志良　雷　鸣

委　员（以姓氏笔画为序）：

王定新　田艳丽　冯海龙　华　岩　孙　鹤

李亚雄　李继锋　李　蓉　张子娟　柯善学

姚金果　徐　斌　黄明彦　蔡文杰　霍海丹

张太雷与共产国际

蔡文杰　王龙腾◎著

ZHANG TAILEI
YU GONGCHAN GUOJI

人民出版社

目　录

引　言　张太雷与柏烈伟

　　中国共产党是马克思主义与中国工人运动相结合的产物，是由一批接受马克思主义的先进知识分子陈独秀、李大钊等发起和建立的。在这一过程中，列宁领导的共产国际对中国共产党的成立给予了极大的帮助。在中国共产党一大召开之前，共产国际通过俄共（布）派维经斯基等人来到中国，联系中国早期的马克思主义者，并帮助各地建立共产党早期组织。共产国际代表马林、尼柯尔斯基直接推动中共一大的召开并出席大会。

　　共产国际在其存在的时间（1919—1943）里，对中国共产党的革命事业具有不同程度的影响与作用，尤其是在党的幼年时期更是有着多方面的指导。张太雷则在其革命生涯中与共产国际有着多方面的关系。

　　张太雷（1898—1927），中国无产阶级革命家，中国共产党早期的重要领导人之一，中国共产主义青年团的创始人之一和青年运动的卓越领导人，广州起义的主要领导人并壮烈牺牲在广州起义战场上，时年 29 岁。他在中国共产党早期历史以及中国共产党与共产国际关系史上有重要贡献。

　　张太雷牺牲于广州起义，他的革命生涯只有 7 年，加之张太雷严守党的纪律，保守党的机密，对他所从事的革命活动很少与其他同志（包括自己的家人）谈论，因此留下的相关文字记载极少。随着近几十年来越来越多的俄罗斯联邦档案馆藏的共产国际、联共（布）相关文献资料的逐步开放和翻译出版，我们才愈发清晰地认识到张太雷不仅亲历了许多重大历史事件，而且也实际参与了一些国共两党的决策，但一些具体情形，由于他自己没有记载或者讲出来，使后人无从知晓，这无疑加大了研究的难度。

与其他中国早期马克思主义者一样，张太雷接受马克思主义，投身革命运动，自然离不开民族危亡的时代背景，同时也与其自身成长过程中的经历相关，具有独有的特点，即：在他的经历中具有与众不同的国际因素。他与俄共（布）、共产国际的关系最早可以追溯到他的大学时代——他与一位俄共（布）党人柏烈伟①的交往。

一、结识柏烈伟

1. 就读北洋大学，兼职《华北明星报》

1916年1月，时年18岁的常州学子张太雷来到天津，在北洋大学法科预备班就读，学名张曾让。他立志要当一名伸张正义的律师，入校后学习国文、英语等课程。因才华出众，读书勤奋，经过半年的努力，考试成绩优秀，同年9月，升入北洋大学法科己班学习，成为北洋大学的正式学生，②直到1920年6月毕业。

当时的北洋大学校址在天津城北西沽村北运河堤岸上，离市区较远，往返需要两三个小时。加之学校教育管理严格，学生大多生活简朴，因此有较为理想的学习氛围。张太雷经常出入法律图书馆，刻苦读书的精神为同学所称道。此外，张太雷在校的基本活动主要是体育锻炼和参加一些社团活动。对此，张太雷北洋大学的同届毕业生谌小岑回忆：虽不同系，但

---

① 出现在不同文献中的名字或译名不同，除了柏烈伟外，还有鲍立维、鲍立威、包立维、包立克等。

② 参见天津大学校史编辑室编：《天津大学校史》第1卷，天津大学出版社1990年版，第115页。

经常在网球场和讲演会相会，因而熟识。在学校的时候，知道他学习成绩很好，不好出风头，晚饭后，总是同他的常州同乡吴南如在白河堤上散步。①

张太雷不仅学业优异（特别是英文水平），而且关注社会，积极投身爱国运动。在学期间，有一件事直接影响了张太雷的人生观乃至人生命运。为了减轻家庭负担、赚取学费和生活费，张太雷从读大学三年级开始，利用课余时间在位于天津法租界的《华北明星报》（*North China Star*）兼职编辑和英文翻译。

《华北明星报》最初是由多位外国人出资创办的有较强商业性质的大型综合英文日报，其发起人和总编辑是时任北洋大学法科主任的美国人福克斯（Charles J. Fox）。该报创刊于 1918 年 8 月，是一份四开至少八版的日报，在中国北方有较大的影响。张太雷就职于《华北明星报》编辑部，带有勤工俭学的色彩，或者说是兼职性质。

据张太雷的校友谌小岑、同班同学孙瑞芹的回忆，张太雷就职于《华北明星报》的时间应在 1918 年下半年至 1920 年 10 月，前后大约两年时间。②

张太雷通过这份带有勤工俭学性质的社会兼职，较其他在校学生能够迅速地了解国内外新闻，特别是有关十月革命后苏俄的相关报道，这对于十分关注国家命运、关注社会政治并注重社会实践活动的张太雷来说，无疑是重要和宝贵的。在《华北明星报》的工作经历，也使张太雷能够较早地更大范围地了解社会民情，能够在学生阶段走出校园接触到真实的社会及其运行，既可以体察社会下层人民的艰辛生活，也可以知悉社会上层乃

① 参见人民出版社编辑部编：《回忆张太雷》，人民出版社 1984 年版，第 56 页。
② 参见人民出版社编辑部编：《回忆张太雷》，人民出版社 1984 年版，第 56—57 页；《孙瑞芹自传（一）》，中国社会科学院近代史研究所编：《近代史资料》总 139 号，中国社会科学出版社 2019 年版，第 240 页。

至当政者的腐败与没落，而这些都是校园内、书本里所看不到的。本来，张太雷的家人和亲友一心盼望他学成后能升官发财，显亲扬名。这也是那个时代许多读书人的选择。进入北洋大学后，张太雷也一度想毕业后通过文官考试到上海当律师。然而在其北洋大学毕业之前，张太雷的思想已发生了明显的变化。1921年初，张太雷前往苏俄伊尔库茨克工作，出境前他写了一封家书给妻子陆静华，信中谈到：

> "我先前本也有做官发财的心念，所以我想等明年去考高等文官考试；但我现在觉悟：富贵是一种害人的东西。做了官，发了财，难保我的道德不坏。常常在官场中混，替那些不好的人在一起，嫖赌娶妾的事情或不能免。倘若是这样了，非特我的身体、道德要坏，恐怕家里要受莫大的苦处。你也看见多少做官的发财的人们多嫖赌娶妾。倘若我做了官，发了财，我自己也不能保不替他们一样的做坏事。"①

张太雷的上述认识不是空穴来风，应该与其报社经历，切身接触到社会上层的黑暗有一定关系。此外，张太雷在《华北明星报》的这段人生经历，也为他在投身革命运动后不断创办多种革命报刊，进行革命宣传积累了宝贵的经验。②

特别值得一提的是，张太雷正是通过《华北明星报》这个平台，结识了来自苏俄的俄籍汉学家柏烈伟。

2. 柏烈伟其人

柏烈伟至今仍是一个神秘人物，有关他的史料记载严重匮乏而且零

---

① 《张太雷文集》，人民出版社2013年版，第1—2页。

② 参见蔡文杰等：《张太雷在天津的革命思想与实践探析》，《天津大学学报（社会科学版）》，2011年第6期。

散，但是经过梳理，还是可以看出一些端倪的。柏烈伟，生卒年不详，白俄人，俄国东方学家，通晓汉语，是俄共（布）秘密党员，1918 年下半年从海参崴来到天津从事联络工作，对外的身份是俄罗斯驻天津的文化联络员，住在天津俄租界，在天津的北洋大学兼课，多次往返京津，与李大钊常有来往，后经李大钊介绍，在北京大学兼课，并于 1921 年 1 月起，受聘为北京大学俄文系讲师。五四运动期间，柏烈伟化名"柏子"，在天津宣传新思想的刊物《新生命》上发表《劳动问题与俄国革命》《双十节日的感想》等文章，向中国读者介绍苏俄革命及其政治主张。①

十月革命后，苏俄政府为了巩固新生的苏维埃政权，采取了积极的措施，不仅单方面与德国签订了停战协定，以结束战争状态，还实行睦邻政策，主动与周边国家建立友好关系。1919 年 7 月 25 日，苏俄政府发布第一次对华宣言，宣布废除沙俄与中国签订的一切秘密条约。消息传到中国后，引起中国社会各界的无比振奋，促使中国先进知识分子开始把目光投向十月革命后的俄国。

为从事东方工作，特别是建立同中国革命者的联系，共产国际、俄共（布）中央、俄罗斯联邦外交人民委员会、远东局，相继向中国"派出自己的工作人员（这些人不是都胜任其使命的）执行独立的任务"，但由于"没有总的计划，不了解当地情况"②，结果造成各个组织在行动上不能协调一致。据一份来自俄共（布）中央西伯利亚局东方民族处给共产国际执委会的报告，截至 1920 年 8 月，在中国工作的俄共（布）党人已有十几名。这份报告同时提到，在没有派出正式代表来中国之前，"迄今，在中国的工作是由个别俄国侨民做的，如天津大学（原文如此，应为北洋大学——引者注）教授柏烈伟（共产党员），北京大学教授、北京出版的法文社会

---

① 参见肖甡：《俄共党员柏烈伟在中共建党时的一些活动》，《北京党史》，2002 年第 1 期。

② 中共中央党史研究室第一研究部译：《共产国际、联共（布）与中国革命档案资料丛书》第 1 卷，北京图书馆出版社 1997 年版，第 56 页。

主义报纸《北京报》的实际编辑 A.A.伊万诺夫同志……"①。

1920 年春，俄共（布）中央远东局海参崴分局派遣全权代表维经斯基，两名助手季托夫和谢列布里亚科夫，以及翻译杨明斋来到中国，目的是了解五四运动后中国的情况，联络中国的进步力量，并考察在上海成立共产国际东亚书记处的可能性。后来的历史证明，这是联结俄共（布）中央、共产国际与中国革命所迈出的关键一步。维经斯基抵达北京后，经过柏烈伟的介绍，会见了李大钊和其他具有初步共产主义思想的知识分子。双方就建立中国共产主义组织问题交换了意见。之后，经李大钊介绍，维经斯基到上海会晤陈独秀等人。与此同时，柏烈伟将有关中国的情况，向维经斯基寄去了两个报告，帮助其加深对中国革命局势的认识，维经斯基并将其寄送俄共（布）中央远东局海参崴分局。②

1920 年 5 月，共产国际东亚书记处在上海成立。维连斯基任东亚书记处临时执行局主席。7 月 4 日，维连斯基一行由海参崴到达北京，于 5—7 日主持召开了在华工作的俄共（布）党员第一次代表会议，指出"我们已经奠定了组织建设的初步基础，需要利用现有组织已经积累的经验把组织建设工作继续下去"③。参会的有俄共（布）远东局派往上海、天津和其他各地的俄共（布）党员维经斯基、柏烈伟、斯托扬诺维奇等 10 余人。④

会后不久，身处上海的维经斯基在 8 月 17 日致俄共（布）中央西伯利亚局东方民族处的信中提到，为了指导各地共产党的工作，他计划在中

---

① 参见中共中央党史研究室第一研究部译：《共产国际、联共（布）与中国革命档案资料丛书》第 1 卷，北京图书馆出版社 1997 年版，第 50 页。

② 参见中共中央党史研究室第一研究部译：《共产国际、联共（布）与中国革命档案资料丛书》第 1 卷，北京图书馆出版社 1997 年版，第 30 页。

③ 中共中央党史研究室第一研究部译：《共产国际、联共（布）与中国革命档案资料丛书》第 1 卷，北京图书馆出版社 1997 年版，第 41—42 页。

④ 参见中共中央党史研究室第一研究部译：《共产国际、联共（布）与中国革命档案资料丛书》第 1 卷，北京图书馆出版社 1997 年版，第 41 页。

国几个工业城市分别组建革命局，上海、北京的革命局已经建立。北京局由从哈尔滨调来的斯托扬诺维奇和柏烈伟负责，斯托扬诺维奇正从天津前往广州，任务是在那里组建广州的革命局。①

1920年底，陈独秀受陈炯明之邀到广东主持教育，他携同袁振英、维经斯基共赴广州谋划建党事宜。在广州，陈独秀与维经斯基"进行过非常热烈的争论，认为必须摆脱无政府主义者"②。与维经斯基同行的还有柏烈伟。③ 他们随后与陈独秀的北大学生谭平山、谭植棠、陈公博会面，讨论建党的问题，指导《广东群报》的宣传工作。

杨明斋于1921年7月20日在伊尔库茨克参加远东书记处召开的联席会议上的发言中提到，自从维经斯基离开上海后，上海的共产党早期组织"没有得到来自共产国际远东书记处以及鲍立威同志的任何信息"④。

除上述俄国档案文献的相关记载外，其他有据可查的柏烈伟行踪如下：

1920年初，俄共（布）党员荷荷诺夫金来华，经柏烈伟介绍，在北京与李大钊会面，二人商谈了建党问题。李大钊随后写信给在上海的陈独秀，陈复信表示同意后，荷荷诺夫金赶回伊尔库茨克。⑤

1920年2月，李大钊护送陈独秀离开北京到天津，随后在天津与南

---

① 参见中共中央党史研究室第一研究部译：《共产国际、联共（布）与中国革命档案资料丛书》第1卷，北京图书馆出版社1997年版，第32—33页。

② 中共中央党史研究室、中央档案馆编：《中国共产党第一次全国代表大会档案文献选编》，中共党史出版社2015年版，第15页。

③ 参见中共中央党史研究室第一研究部译：《共产国际、联共（布）与中国革命档案资料丛书》第1卷，北京图书馆出版社1997年版，第60页。

④ 中共一大会址纪念馆编：《中共首次亮相国际政治舞台（档案资料集）》，上海人民出版社2016年版，第155页。

⑤ 参见程映湘、高达乐编：《彭述之回忆录（上卷：中国共产主义的起飞）》，天地图书有限公司2016年版，第138页；中共上海市委党史研究室著：《中国共产党上海史（1920—1949）》上册，上海人民出版社1999年版，第35页。

开中学学监姜般若、南开中学学生胡维宪、少年中国学会会员章志等，与柏烈伟共同商讨中国革命问题，酝酿建立"社会主义者同盟"。该同盟在上海、北京、广州等地很快建立了组织，但多数成员是无政府主义者。①

1920 年秋，柏烈伟与维经斯基助手马迈也夫前往武汉，会晤包惠僧，指导当地共产主义者的建党活动。包惠僧回忆说，柏烈伟等"来武汉了解情况，我向他们汇报了湖北学生运动的情况。他们动员我到苏俄学习"②。

1920 年 10 月 9 日，为了实施苏俄争取吴佩孚的统战政策，柏烈伟会同维经斯基造访寄居在李大钊家中的吴佩孚的幕僚白坚武。白坚武是李大钊在天津北洋法政专门学校的同学。白坚武在次日日记中有如下记载："昨，俄劳农代表包利克、外金斯克来谈中国现在并将来，俄之组织统系可为鉴也。"③

另据张国焘回忆，李大钊与柏烈伟来往甚密。

> "那时在中国的俄侨也有些同情苏俄的人物，北大俄文系一位俄国籍的教员柏烈伟就是其中之一。他与李大钊先生来往颇密，常能供应一些莫斯科出版的小册子。……他（维经斯基——引者注）以记者身分偕同旅俄华侨（具有俄共党籍）杨明斋作助手，路经北京，由柏烈伟介绍与李大钊先生接触。……"④

---

① 参见北京大学图书馆、北京李大钊研究会编：《李大钊史事综录（1889—1927）》，北京大学出版社 1989 年版，第 544 页；中共上海市委党史研究室编著：《中国共产党上海史（1920—1949）》上册，上海人民出版社 1999 年版，第 37 页。
② 中国社会科学院现代史研究室、中国革命博物馆党史研究室编：《"一大"前后：中国共产党第一次代表大会前后资料选编》（二），人民出版社 1980 年版，第 373 页。
③ 中国社会科学院近代史研究所编：《白坚武日记》，江苏古籍出版社 1992 年版，第 277 页。
④ 张国焘著：《我的回忆》第 1 册，东方出版社 1991 年版，第 85—86 页。

综上所述，柏烈伟是俄共（布）在中国，特别是京津地区的重要联络员，不仅负责北京（天津）革命局的工作，还与李大钊交往密切，参与了北京共产党早期组织的创建活动以及其他一些重要的政治活动。

有学者查阅了北京大学图书馆历史档案《一九二四年九月二十二日国立北京大学致教育部秘书处公函》，此《公函》附表中载有柏烈伟的调查简况：姓名——柏烈伟，洋文姓名——S.A.Polevory，国籍——俄，到差年月——民国十年一月，职务——讲师，住址——崇内喜鹊胡同四号。这说明柏烈伟从 1921 年 1 月起受聘于北京大学俄文系。此外，柏烈伟的生卒年不详，至少 30 年代还在北京大学执教，大约在新中国成立前离开中国去美国，脱离政治生活，50 年代在美国去世。①

二、确立共产主义信仰

1. 柏烈伟的翻译兼助手

据谌小岑回忆，柏烈伟 1918 年下半年到天津后不久，从《华北明星报》找到张太雷担任其英文翻译。② 之后，张太雷开始阅读马克思主义的经典著作，如列宁的《国家与革命》，翻译一些社会主义文献以及一些介绍俄国十月革命和苏俄现状的文章。这一切成为张太雷自觉学习并接受马克思主义的开端，并对他的世界观的形成产生重大影响。张太雷的中学同学、当时就读北京大学的李子宽回忆说："1918 年秋初我于假后回京，中途曾至天津北洋大学，时五中旧同学在北洋者不少，即有人以太雷坚决转变之情形告我，谓'太雷已醉心于另一种新的做人标准，放弃旧的处世途

---

① 参见关海庭、陈坡：《关于柏烈伟和伊凡诺夫的若干材料》，《党史通讯》，1983 年第 19 期；肖牲：《俄共党员柏烈伟在中共建党时的一些活动》，《北京党史》，2002 年第 1 期。

② 参见人民出版社编辑部编：《回忆张太雷》，人民出版社 1984 年版，第 57 页。

径，态度甚坚决。'"①

李子宽还回忆说："太雷服膺社会主义较早，在津久已参加社会主义文献之译述工作，虽然进行工作相当秘密，但我辈亲近同学已知其事。……太雷于每日自修时间中秘密翻译社会主义革命文献；其原稿为俄文，先有人自俄文翻成英文，然后由英文译成中文，太雷分任之工作即自英译中，原稿得之于天津法租界某处。"②

五四运动爆发后，张太雷积极投身五四运动，并在运动中最终确立了共产主义信仰。运动期间，张太雷一方面参加北洋大学学生讲演团，随北洋大学演讲团到天津的杨柳青、塘沽等地进行多次爱国演讲；另一方面，以北洋大学学生代表身份前往北京进行各校学生联系活动，并与李大钊多次交往。

与此同时，张太雷参与了柏烈伟的部分革命活动，特别是经常往返于北京和天津，具有柏烈伟与李大钊之间交通员的身份与作用。1920年春，维经斯基一行抵达北京后，经柏烈伟介绍，与李大钊会晤并多次与北京的进步学生座谈，张太雷参与了维经斯基在北京的一些活动。

张太雷在1920年6月大学毕业后，"并未别谋职务"，自觉地从事革命活动。当时在北京大学就读的李子宽回忆："（张太雷）常往来于京津之间，到京时辄携手提小皮箱两只，径至北大东斋我与金诚夫同住之室内，置两箱于床下；匆匆数语之余，即往访邓中夏或张国焘。""其后秋白、太雷不时偕来北大访李守常先生，来时辄到我室，我所得印象益以清晰，卒知有时访李为接洽活动经费，其他我未尝动问。""太雷留京一宿即去，问所往，则答去长辛店。余等见其箱内所存皆为宣传斗争之小册子，方知

---

① 人民出版社编辑部编：《回忆张太雷》，人民出版社1984年版，第54页。

② 上海市政协文史资料委员会编：《上海文史资料存稿汇编》第1册，上海古籍出版社2001年版，第512—515页。

其任务乃在掀起铁路工运。"①此时的张太雷已经自觉地成为一位职业革命家。

2. 创建天津社会主义青年团

1920—1921 年，以陈独秀、李大钊为代表的中国早期的马克思主义者在俄共（布）和共产国际帮助下，着手建立各地的共产党早期组织和青年团组织。1920 年 11 月，张太雷受李大钊委托，在柏烈伟的帮助下，在天津建立了社会主义青年团。天津社会主义青年团是继上海社会主义青年团之后国内成立的第二个地方青年团组织。

参与创建天津社会主义青年团的谌小岑回忆：1920 年 10 月中旬，李大钊派张国焘通知正在北京的谌小岑，要他去天津找张太雷成立社会主义青年团组织。"当我十月下旬到天津，按照张国焘告诉我的地址见到张太雷时，发现他是在一个俄国人鲍立维那里任翻译"②。此时的张太雷已经从北洋大学毕业，协助柏烈伟从事革命活动。

1920 年 11 月 12 日，在天津特别二区大马路一家裁缝店（今河北区建国道 91 号）的楼上，张太雷、吴南如、谌小岑、胡维宪等 7 人召开会议，宣告了天津社会主义青年团的成立。张太雷主持会议，并担任书记。

会议通过了张太雷起草的团章，明确该组织的宗旨是研究和实现社会主义；方法包括组织并教育工人、调查工人状况、散发文件书籍、进行宣传鼓动、协助组织罢工等；任何人，包括工人、农民、学生、士兵在内，经过两名或两名以上团员介绍，均可加入组织；执行机构为书记处或各小组的代表、工人状况调查委员会、社会主义研究部，各部门负

---

① 上海市政协文史资料委员会编：《上海文史资料存稿汇编》第 1 册，上海古籍出版社 2001 年版，第 513、515 页。
② 人民出版社编辑部编：《回忆张太雷》，人民出版社 1984 年版，第 57 页。

责人每两月选举一次；每星期召开一次例会；等等。这份团章重视工人、农民，突破了单纯青年学生范围，因此，天津社会主义青年团被共产国际远东书记处负责人舒米亚茨基评价为"比较彻底的中国青年组织的楷模"①。

张太雷在会上提议创办一份宣传工人运动的报纸。天津社会主义青年团此后的工作主要围绕着这份报纸展开。不久，《劳报》在张太雷、谌小岑、胡维宪等人的筹划下创刊。这份报纸每天出一张四开小报，由"三不管"地区（今和平区南市）一家印刷所印刷出版，内容主要是选登天津、北京、上海等地的十几份报纸上有关工人运动的新闻，同时摘译刊登张太雷掌握的共产国际发来的宣传资料，这些宣传资料大多是阐释马克思主义理论和涉及十月革命后苏俄现状的文章。此外也撰文介绍国际国内的工人运动，特别注重反映长辛店、南口、唐山等地的工人生活状况，向工人群众宣传社会主义思想。

《劳报》的政治色彩非常鲜明，出版不到两个星期，即被警察当局以宣传"过激主义"之名禁止发行。张太雷等人随即将《劳报》改名为《来报》（取英文 labor 即"劳动"的谐音）继续在法租界印刷发行。《来报》在 1921 年 1 月被警察当局查封前，共印行了大约 4 个星期，不仅在天津发行，而且送到外埠，分送至京奉、津浦的铁路沿线各站，很受当地工人的欢迎。可惜的是，无论《劳报》，还是《来报》，都没有保存下来，上述情况仅见诸于谌小岑的回忆，对于今天研究张太雷天津时期的革命活动不能不说是很大的遗憾。

张太雷 1921 年 1 月启程前往苏俄的伊尔库茨克，柏烈伟随后离开天津到北京大学任教，谌小岑去华俄通讯社北京分社工作，天津社会主义青年团的工作因此停顿下来。

---

① 人民出版社编辑部编：《回忆张太雷》，人民出版社 1984 年版，第 186 页。

三、加入北京的共产党早期组织

1. 北京共产党早期组织中的天津成员

继陈独秀于 1920 年 8 月在上海正式建立中国第一个共产党早期组织之后，李大钊于 1920 年 10 月在北京大学图书馆组建北京的共产党早期组织，最初成员只有李大钊、张申府、张国焘。随后在组建北京社会主义青年团的过程中，陆续吸收发展了一些党员，包括罗章龙、刘仁静、邓中夏、高君宇、何孟雄、缪伯英、朱务善等，他们大多是北京大学学生，此前基本上是北京大学马克思学说研究会的会员。

张太雷应该是在 1920 年 11、12 月间秘密加入李大钊创建的北京共产党早期组织，成为中国共产党最早的党员之一。目前史料中可以佐证的材料是，邓中夏 1920 年 12 月 19 日写的《长辛店旅行一日记》，该文署名心美，发表在 12 月 21 日的北京《晨报》。文章记述了邓中夏与张太雷、杨人杞、张国焘在 12 月 19 日坐火车去长辛店组织筹建劳动补习学校的经历："今天因为长辛店的工人，所组织的劳动补习学校，开筹办会议，请我们去帮忙，所以我一早起来就和太雷、仁机、郭淘三位同志跑出前门西车站，坐火车往长辛店去。"① 文中太雷即为张太雷，仁机为杨人杞，郭淘为张国焘。长辛店工人劳动补习学校是北京共产党早期组织为团结和教育工人而举办的，这次"旅行"应该是北京的共产党早期组织开展的一次工运活动。

另外一份证明材料来自朱务善在新中国成立后的建党回忆。朱务善提到，张太雷是北京共产党早期组织成员。②

① 《邓中夏全集》（上），人民出版社 2014 年版，第 80 页。
② 参见中共北京市委党史研究室编：《北京革命史回忆录》第 1 辑，北京出版社 1991 年版，第 46 页。

张太雷在入学北洋大学之前曾短暂就读于北京大学法科预科，并且在 1920 年北京大学马克思学说研究会酝酿成立期间即率先参加，[1] 但他与北京共产党早期组织成员中的北京大学学生并不十分熟悉，再加上张太雷是其中唯一来自天津的成员，这些或许是北京共产党早期组织一些重要成员（如张国焘、刘仁静、罗章龙）在回忆中未提及张太雷这一身份的原因。有学者推测认为，张太雷应该是由李大钊个别发展加入北京共产党早期组织的，也可以说是一种单线联系。[2]

张太雷本名张曾让，字泰来，王一知、李子宽在回忆中称，张太雷是在参加革命后改名"太雷"的，但他们都没有说出具体的时间和场景。[3]目前找到的最早记载就是前面提到的邓中夏写于 1920 年 12 月 19 日的《长辛店旅行一日记》。这一记载印证了王一知等人的观点。

关于改名"太雷"的原因，未见到张太雷本人的书面解释。李子宽认为，泰来本意是剥极将复、否极泰来之意，"太雷"系"泰来"的转音。这一看法是有一定道理的。事实上，常州方言在"太雷""泰来"的发音上基本相似，不容易区分。化名"太雷"最初不排除有适应革命秘密工作需要之意。王一知的解释则丰富了上述含义：改名张太雷，"不仅因为与泰来同音，还有愿把自己化为大雷，震醒顽痴，打击强横的寓意"[4]。也就是说，取名太雷是为了表明一种态度，即：与旧世界的一种决绝的态度，从而坚决地、义无反顾地走上了职业革命家的道路，去推翻这个旧世界。这个寓意后来被演义为"愿化作震碎旧世界的惊雷"，因其基本符合原意，且更加简练，进而流传开来。[5]

---

[1] 参见人民出版社编辑部编：《回忆张太雷》，人民出版社 1984 年版，第 66 页。

[2] 参见钱听涛等编：《张太雷研究史料选》，中央文献出版社 2007 年版，第 108 页。

[3] 参见人民出版社编辑部编：《回忆张太雷》，人民出版社 1984 年版，第 7—8、53 页。

[4] 人民出版社编辑部编：《回忆张太雷》，人民出版社 1984 年版，第 7—8 页。

[5] 参见蔡明菲：《张太雷研究的几个史实探析》，《中国国家博物馆馆刊》，2018 年第 10 期。

2. 协助天津革命局工作

如前所述，张太雷 1920 年大学毕业前后在京津地区的革命活动，大多与柏烈伟有一定的关系。

首先，张太雷的一些革命活动对柏烈伟并不保密。谌小岑回忆说，他在 1920 年 10 月底从北京到天津找到在柏烈伟身边工作的张太雷，传达李大钊要求他们在天津建立社会主义青年团的指示时，张太雷向柏烈伟介绍说："他（指谌小岑——引者注）是北京大学李大钊先生派来天津参加工作的。"①

其次，有些革命活动甚至是柏烈伟安排的。天津社会主义青年团成立前后，曾派人去唐山与京奉铁路局的工人建立联系，开展工人运动。这一活动是在柏烈伟帮助下进行的。据谌小岑回忆，在天津社会主义青年团成立前的 11 月初，柏烈伟即要他"去唐山一趟，会见京奉铁路机车厂南厂工人邓培和一位交通大学的学生（忘其名），足见鲍立维在这以前就同他们有过联系"②。邓培是广东人，当时在京奉铁路局唐山制造厂做技术工人。12 月底，谌小岑和从北京赶到天津的张国焘一起去唐山，同邓培和两个青年商谈组织京奉铁路唐山制造厂工会事宜。谌小岑回到天津后，把他在唐山了解的工人运动情况写了一份详细的报告，交给柏烈伟。"后来知道这份报告经张太雷译成了英文，因为他曾向我提出过几次关于报告中的一些问题，从而我也了解到张太雷在鲍立维那里工作的性质。"③此外，张太雷 1921 年 1 月动身前往苏俄工作之事，柏烈伟也是知情人。④上述史实表明，张太雷已经不仅仅是柏烈伟翻译，而且是其工作上的得力助

---

① 　人民出版社编辑部编：《回忆张太雷》，人民出版社 1984 年版，第 58 页。
② 　人民出版社编辑部编：《回忆张太雷》，人民出版社 1984 年版，第 58 页。
③ 　人民出版社编辑部编：《回忆张太雷》，人民出版社 1984 年版，第 59 页。
④ 　参见人民出版社编辑部编：《回忆张太雷》，人民出版社 1984 年版，第 63 页。

手。他和柏烈伟之间很大程度上是一种同志关系。

柏烈伟虽然与李大钊来往密切，帮助李大钊创建北京的共产党早期组织，但他不是该组织成员。他的组织关系在俄共（布），并且是革命局成员。

以维经斯基为代表的俄共（布）党人在华工作期间，在联系中国的革命者，帮助他们建立共产党早期组织的同时，也在中国建立了包括俄共（布）党人、中国革命者在内的革命局。①

革命局是俄共（布）党人主导下的在中国的共产主义组织。如前所述，1920 年 7、8 月，维经斯基在上海创建了革命局，共 5 人，除维经斯基外，还有陈独秀、李汉俊等 4 位中国同志。除此之外，维经斯基等人还在北京、天津建立了革命局，并计划到广州、汉口建立革命局。俄共（布）党人的工作区域主要在大城市，至今能知道的是他们在上海、北京、天津、广州建立了革命局，而柏烈伟是北京、天津革命局的负责人。② 上述谌小岑、张国焘等去唐山联系工人的活动，就是柏烈伟通过革命局安排的，根据的是 1920 年 8 月确定的革命局工作计划，"通过我们的革命局（其成员在上海、天津和北京对学生有影响）指出，……革命的学生应当借助于使劳动群众做好迎接社会革命准备的工作"，"在争取中国解放的斗争中，学生只应依靠劳动群众"，并引导学生"到工人和士兵中间去做有效的革命工作"。③

如果将中国共产党的早期组织界定为完全由中国的共产主义者组成，那么，革命局包括了俄共（布）党人和部分中国共产党早期组织的代表人

---

① 也译为革命委员会。

② 参见中共中央党史研究室第一研究部译：《共产国际、联共（布）与中国革命档案资料丛书》第 1 卷，北京图书馆出版社 1997 年版，第 32—35 页。

③ 中共中央党史研究室第一研究部译：《共产国际、联共（布）与中国革命档案资料丛书》第 1 卷，北京图书馆出版社 1997 年版，第 34 页。

物，并且隶属于共产国际东亚书记处，俄共（布）党人在其中居主导地位。从这个意义上讲，革命局与中国共产党早期组织并不是同一组织，而是同时存在的实际具有一定连带关系的两个组织。革命局也可以视为俄共（布）和中共早期组织之间的一种联络组织。

张太雷在 1920 年的革命活动应该与以下两个组织有关，一个是李大钊的北京的共产党早期组织，另一个是柏烈伟的天津或北京革命局；作为李大钊与柏烈伟之间的"交通员"，张太雷也往来于北京天津，在李大钊和柏烈伟之间发挥着纽带作用。可见，张太雷的革命活动从一开始即与共产国际有着紧密的联系。

第一章　共产国际与中国共产主义
　　　　运动的兴起

在中国共产党的历史上，共产国际、联共（布）[1]在指导中国革命过程中起过重要的作用。关于共产国际与中国共产党的关系，毛泽东在1945年总结时指出："共产国际对中国革命总的来说是功大过小，犹如玉皇大帝经常下雨，偶尔不下雨还是功大过小。没有共产国际的成立和帮助，中国无产阶级的政党是不能有今天的。他们需要我们，我们也需要他们。"[2]

一、共产国际的成立、使命与章程

1.共产国际的成立与使命

共产国际，是世界无产阶级政党（即各国共产党）的国际联合组织，创建于1919年3月，总部设在莫斯科。因为之前有马克思参与领导的国际工人协会，即后来所称的第一国际（1864年成立）、恩格斯参与领导的初名社会主义国际的第二国际（1889年成立），所以共产国际也称第三国际。共产国际制定了正式的纲领和章程，至1943年正式解散时，共召开

---

[1]　俄国社会民主工党（布尔什维克）1918年3月改名为俄国共产党（布尔什维克），简称俄共（布）；1925年12月改名为全联盟共产党（布尔什维克），简称联共（布）；1952年10月改名为苏联共产党，简称苏共。

[2]　《毛泽东文集》第3卷，人民出版社1996年版，第283页。

过 7 次代表大会，13 次执行委员会会议。

　　共产国际的出现，是俄国十月革命之后，世界无产阶级及其政党进行世界性的无产阶级革命的需要。从苏俄的角度看，在俄国无产阶级从世界资本主义体系中的薄弱环节取得突破之后，无产阶级革命的成果能否巩固，能否取得最终的胜利，还需要世界性的革命风暴，特别是需要先进的资本主义国家爆发无产阶级革命。对此，列宁在 1918 年 3 月召开的俄共（布）第七次（紧急）代表大会上作的《中央委员会政治报告》中说得非常清楚："在这里，俄国革命最大的困难，最大的历史课题就是：必须解决国际任务，必须唤起国际革命，必须从我们仅仅一国的革命转变成世界革命。""从全世界历史范围来看，如果我国革命始终是孤立无援，如果其他国家不发生革命运动，那么毫无疑问，我国革命的最后胜利是没有希望的。……我再说一遍，能把我们从所有这些困难中拯救出来的，是全欧洲的革命。"①

　　1919 年 3 月 2 日至 6 日，在俄共（布）中央的倡导下，21 个国家的 35 个政党和团体的 52 名代表在莫斯科召开国际共产主义代表会议。其中，34 人有表决权，18 人有发言权（包括中国）。这是一次时间短、人数规模不大的会议。在 3 月 1 日的预备会议上决定，代表会议只是制定行动纲领，选举执行局，号召实行联合，形式上不作为第三国际成立大会。会议名称：定名国际共产主义代表会议。②

　　会议期间，来自奥地利、瑞典、匈牙利及巴尔干国家的 4 位代表提出关于成立共产国际的提案，"成立第三国际是历史提出的必然要求，这种要求，正在莫斯科举行的国际共产主义代表会议必须使之实现"③。除

---

① 《列宁选集》第 3 卷，人民出版社 2012 年版，第 439、441 页。

② 参见王学东主编：《国际共产主义运动历史文献》第 29 卷，中央编译出版社 2012 年版，第 10 页。

③ 王学东主编：《国际共产主义运动历史文献》第 29 卷，中央编译出版社 2012 年版，第 134 页。

德国代表阿尔伯特表示反对立即成立共产国际而投弃权票外，① 包括俄共（布）代表季诺维也夫在内的其他与会代表都赞成该提案，同意将这次代表会议确定为共产国际成立大会。大会通过了《共产国际行动纲领》，发表了《共产国际宣言》。在会上，列宁提交了《关于资产阶级民主和无产阶级专政的提纲》，布哈林根据列宁提纲精神，起草了《共产国际行动纲领》，宣布无产阶级共产主义革命的时代已经开始，共产国际的使命与任务是：率领无产阶级夺取政权，摧毁资产阶级的国家机器，实现苏维埃制度下的无产阶级民主；剥夺资产阶级，实现生产资料和生产的国有化；使所谓国家利益服从国际革命的利益，从而实现各国无产阶级的互相支援。②

大会通过的《共产国际对全世界无产者的宣言》提出："第一国际预示了未来的发展，并指出了发展的道路；第二国际联合并组织了千百万无产者；第三国际则是一个公开进行群众斗争的国际，一个实现革命的国际，一个行动的国际。"③

鉴于共产国际刚刚成立，许多国家尚未建立共产党，有些国家革命组织的代表未能参加这次大会，大会决定推迟制定和通过共产国际章程。共产国际成立伊始，曾比较乐观地预计欧洲革命能够很快成功。列宁在闭幕词中说："全世界无产阶级革命的胜利是有保证的。国际苏维埃共和国的

---

① 阿尔伯特认为，当前只有少数几个国家刚成立了共产党，多数国家尚未成立正式的共产党组织，缺乏成立共产国际的坚实组织基础，而且这次会议从通知到召开的时间仓促，参会的组织较少，"这次代表会议只作为成立第三国际的预备会议"，建议先向世界各共产主义组织宣布行动纲领，争取尽快召开代表大会，由代表大会成立共产国际。参见王学东主编：《国际共产主义运动历史文献》第29卷，中央编译出版社2012年版，第135—137页。

② 参见王学东主编：《国际共产主义运动历史文献》第29卷，中央编译出版社2012年版，第242—248页。

③ 王学东主编：《国际共产主义运动历史文献》第29卷，中央编译出版社2012年版，第282页。

建立已经为期不远了。"①

2.共产国际二大制定《共产国际章程》

"如果说第一次代表大会为国际无产阶级的团结创造了思想和组织上的基础，那么第二次代表大会（1920 年 7 月 19 日—8 月 7 日）则制定了新型无产阶级政党的思想、策略和组织原则（二十一条），以及国际共产主义运动的理论和策略等基本问题。"②共产国际二大制定了十分确切的接纳新成员的条件，并向已经加入共产国际的政党规定了应当承担的义务。《加入共产国际的条件》的第 16 条规定："共产国际代表大会以及共产国际执行委员会的一切决定，所有加入共产国际的党都必须执行。共产国际是在非常激烈的国内战争的情况下进行活动的，它应当比第二国际组织得更加集中。同时，共产国际及其执行委员会在一切工作中，当然要考虑各党斗争和活动的种种不同的条件，因此，作出全体必须执行的决定的仅限于此类决定可行的问题。"③这就实际确立了共产国际执委会相对集权的地位，或者说共产国际执行委员会事实上成了某种形式的总参谋部，它"塑造了"参加国际的政党——它们的组织形式、斗争方法和目标。④

共产国际执行委员会工作中的主要部分，由代表大会决定作为执行委员会所在地的那个国家的共产党承担。该国共产党指派享有表决权的代表 5 人参加执行委员会。此外，10—13 个最重要的共产党，各派享有表决权

① 王学东主编：《国际共产主义运动历史文献》第 29 卷，中央编译出版社 2012 年版，第 194 页。

② ［德］郭恒钰著：《共产国际与中国革命》，李逵六译，生活·读书·新知三联书店 1985 年版，第 7 页。

③ 王学东主编：《国际共产主义运动历史文献》第 30 卷，中央编译出版社 2012 年版，第 649 页。

④ 参见［德］郭恒钰著：《共产国际与中国革命》，李逵六译，生活·读书·新知三联书店 1985 年版，第 7 页。

的代表一人参加共产国际执行委员会，其名单由应届共产国际代表大会批准；参加共产国际的其余政党和组织，有权各派享有发言权的代表一人参加执行委员会。①

季诺维也夫起草的《关于共产党在无产阶级革命中的作用》的提纲比较系统地阐述了共产党的建党纲领，归纳起来是："共产党是工人阶级解放的主要的和基本的工具"，"在各处，即使在无产者和半无产者人数不多的地方，都要建立共产党组织"，"每个国家只应有一个统一的共产党"，"共产党必须建立在民主集中制的基础上。民主集中制的原则是，上级组织由下级组织选举产生，下级组织必须绝对执行上级组织的一切指示，在代表大会闭会期间设有党内一切领导同志所公认的权威的党中央"。②季诺维也夫在作相关报告时特别解释了为什么需要建立共产党和需要什么样的共产党，他强调，依据俄国革命的经验，"我们必须有一个共产党，有一个集中的、实行铁的纪律的党"，"必须有一个坚强的、团结一致的党"。③

分析共产国际制定的章程有助于准确理解共产国际的组织原则。《共产国际章程》规定："共产国际所追求的，就是利用一切手段（包括武装斗争）为推翻国际资产阶级、为建立国际苏维埃共和国（它是完全消灭国家的过渡阶段）而斗争。"共产国际的使命，"是为了把追求下列同一目标的各国无产者的共同行动组织起来，推翻资本主义，建立无产阶级专政和国际苏维埃共和国，以便完全消灭阶级，实现共产主义社会的第一阶段——社会主义"。"共产国际实质上应成为一个真正统一的世界性的共产

---

① 参见王学东主编：《国际共产主义运动历史文献》第30卷，中央编译出版社2012年版，第681页。

② 王学东主编：《国际共产主义运动历史文献》第30卷，中央编译出版社2012年版，第633—634页。

③ 王学东主编：《国际共产主义运动历史文献》第30卷，中央编译出版社2012年版，第147页。

党，在各国进行活动的党是它的各个支部。"加入共产国际的一切政党，称为：某某国共产党（共产国际支部）"。"共产国际的最高权力机关，是加入共产国际的一切政党和组织的世界代表大会。……每个政党和组织的表决权票数，由代表大会作出专门决议来确定。"①

上述组织原则在 1921 年 6 月 22 日至 7 月 12 日召开的共产国际第三次代表大会上得到了进一步的加强。共产国际三大通过的《共产党的组织建设及其工作方法和工作内容（提纲）》规定，"在无产阶级进行革命的阶级斗争的各个时期，以及在随后的向社会主义（共产主义社会发展的第一阶段）过渡的时期，共产党应成为领导无产阶级先进队伍的先锋队"，各国共产党和共产国际的"共同任务是要同占据统治地位的资产阶级作斗争。战胜资产阶级，夺取资产阶级掌握的政权"，强调各国共产党"整个党要受共产国际的领导"。②

从组织上说，按照《共产国际章程》，共产国际是一个实行高度集中体制的世界性的政党组织，即世界共产党，凡是加入共产国际的各国政党，一律应称为"某某国共产党（共产国际支部）"；共产国际代表大会及其执行委员会的一切决定，所有加入共产国际的党都必须执行；共产国际发出的指示具有普遍性的约束力，有权开除违反其决议和原则的支部或个人。

作为共产国际的一个支部，中国共产党与共产国际的组织关系从一开始就是明确的：共产国际是世界共产党，中国共产党是它的一个（国别）支部；来自共产国际的决定与指示，作为支部的中国共产党必须无条件地执行，这是义不容辞的责任。

---

① 王学东主编：《国际共产主义运动历史文献》第 30 卷，中央编译出版社 2012 年版，第 679—680 页。

② 王学东主编：《国际共产主义运动历史文献》第 32 卷，中央编译出版社 2011 年版，第 403—404、426 页。

3. 联共（布）与共产国际

毫无疑问，联共（布）及其前身俄共（布）在共产国际中享有特殊地位。一方面，《共产国际章程》规定了共产国际的代表大会以及大会休会期间的执行委员会所作出的各种决议及决定，对于包括联共（布）在内的各国共产党都具有约束力；另一方面，由于联共（布）在共产国际的特殊的核心地位，共产国际的决议与决定往往是依据联共（布）的有关决定而作出的。

由于共产国际主要是以列宁为首的俄共（布）中央一手创建的，其总部始终设在莫斯科，其财政始终依靠苏俄以及随后的苏联政府的支持，不少共产国际领导人本身就是联（布）主要领导人，如列宁、斯大林、布哈林、托洛茨基、季诺维也夫，因此，联共（布）实际上凌驾于共产国际之上，是共产国际的领导者。这种现象在列宁时代已经初现端倪，而在列宁逝世之后，特别是斯大林涉入共产国际之后，颇为严重。共产国际表面上是世界各国共产党的集中组织，实际上却处在联共（布）中央政治局的严密掌握之中。联共（布）中央政治局将自身应该解决的事务与共产国际执委会应该解决的事务搅在一起，重大决策都拿到政治局会议上来决定，在大多数情况下代替了共产国际的职能，而共产国际只能被动地认可和贯彻联共（布）的决定。因此，从某种意义上说，共产国际成为联共（布）对外政策的一个执行工具，特别是在斯大林时代。有学者根据已经公布的档案资料作过一个统计：从 1923 年至 1927 年，联共（布）中央政治局为讨论中国革命问题共召开过 122 次会议，作出 738 个决定，平均 1 年作出 147.6 个决议，平均每 2.5 天作出 1 个决议。[①] 这些决议或者直接由联共（布）中央政治局，或者以共产国际的名义，发给其驻华代表和中国共产党、国

---

① 参见唐宝林：《重评共产国际指导中国大革命的路线》，《历史研究》，2000 年第 2 期。

民党的领导人。

　　然而，从另一方面看，共产国际与联共（布）毕竟是两个组织，也不能简单等同甚至同一。从组织层面讲，如果没有共产国际，联共（布）对他国共产党的指挥就失去了合法性。就联共（布）本身的使命而言，苏俄毕竟是无产阶级专政的国家政权，仅仅考虑其国家利益是不够的。苏俄政权还必须承担世界无产阶级革命的任务、义务。因此，联共（布）与共产国际之间还存在着一条信念纽带——列宁主义。从这个意义上说，共产国际与联共（布）对外指导各国革命时，还有一个工作分工以及侧重上的不同。联共（布）以苏俄的存在与发展为基本出发点，或者说更多地着眼于苏俄无产阶级的国家利益，而共产国际则主要立足于世界无产阶级的革命运动，不仅要考虑苏俄无产阶级的利益，还要考虑各国无产阶级的自身利益；因此，二者在指导思想上、具体政策上不可能不存在若干分歧。从这个意义上说，共产国际又不完全是苏俄对外政策的简单工具。

　　正是由于共产国际与苏俄政府是两个对华指挥机构，在一些问题上并不完全一致，而又要以苏俄为是，故而共产国际的角色并不好演。为此，共产国际东方部负责人拉斯科尔尼科夫 1926 年 2 月致信季诺维也夫，抱怨说："东方部由于不能及时得知联共（布）中央（政治局等）就与该部工作有关的问题作出的决定而一直处于不正常的工作条件下。"①

　　问题的关键在于，当共产国际与苏俄对外政策发生分歧乃至对立之时，最终的结果往往是以苏俄的决定为最终决定，但其分歧的过程，特别是一度成立、最终被否定的共产国际指示精神不能不对共产国际下属成员支部（如中共）产生不容忽视的影响，特别是在共产国际的早期历史上。也就是说，在中国共产党早期历史上，其组织建设、思想建设、各项政策

---

① 中共中央党史研究室第一研究部译：《共产国际、联共（布）与中国革命档案资料丛书》第 3 卷，北京图书馆出版社 1998 年版，第 35 页。

将同时受到两个方面的影响，即不仅受到占主导地位的联共（布）的决策影响，而且也受到居次要地位的共产国际指示的影响。联共（布）与共产国际在一些问题上的分歧，也会同时表现在中共党内的分歧。例如，在建立国共联合战线的问题上，苏俄强调的是中国共产党人以共产国际代理人的身份近于无条件地支持、援助资产阶级民主派进行反帝的民族革命，共产国际则特别要求中国共产党人在与资产阶级民主派联合的同时，必须保持无产阶级及其政党的独立性，以自身阶级的发展为首要任务。上述工作重点的不同，在中共党内的思想层面上都有反映。

从战略和政策目标上说，共产国际与联共（布）有同有异。由于主要着眼于世界无产阶级革命，共产国际的主要目标是在欧洲，主要任务是领导无产阶级及其政党开展工人运动，动摇资本主义统治，建立旨在实现社会主义的国际苏维埃共和国。相对而言，在东方殖民地半殖民地国家的革命则是一个辅助性的革命，是为了配合欧洲的无产阶级革命而开展的旨在反对帝国主义的民族解放运动。共产国际的任务是组织东方国家的无产阶级及其政党开展独立的工人运动，建立反帝国主义的统一战线，促进民族主义运动，使之成为世界无产阶级社会主义革命的同盟。在这方面，联共（布）与共产国际主要的区别在于它要首先维持苏俄的国家安全，还要领导和实施苏俄国内的社会主义建设。它需要周边国家能够采取对苏友好的外交政策，为此，通过支持周边国家，特别是殖民地半殖民地国家的民族解放运动，来建立对苏友好的新政权。共产国际和联共（布）之间的上述组织结构关系，决定了联共（布）能够把自己的认识施加给共产国际，影响共产国际的战略意图和工作方向，也能够把本国利益带到共产国际工作中来，使共产国际为苏俄的国家利益服务，因为它公开宣称要使所谓个别国家利益服从于国际革命的利益，而国际革命的利益又实际体现在苏俄的国家利益上。从某种意义上说，共产国际的重大决策要服从于苏俄的外交政策。

由于中国比邻苏俄，中国革命在东方殖民地半殖民地国家中又具有指标意义，并且对苏俄外交产生重要影响；所以，联共（布）对中国革命的关注历来超过其他国家，它或者通过共产国际，或者直接出面。因此，谈论共产国际与中国革命的关系，实质上主要是联共（布）与中国革命的关系。尽管共产国际与联共(布)关于中国革命问题的意见有时也不尽一致，但这种差别往往主要存在于着力点的不同，而并不是方向性的区别。当然我们也不能因此认为共产国际仅仅是一个工具。基于共产国际与联共(布)虽为两个独立主体、实则内部联系紧密的实际情况，学术界比较流行用"莫斯科"这个概念来指代共产国际和联共（布）的复合体。

　　1922 年 6 月，中共二大决定中国共产党正式加入共产国际，"完全承认第三国际所决议的加入条件二十一条，中国共产党为国际共产党之中国支部"①。由于共产国际集中统一的领导体制和联共(布)在共产国际中享有特殊地位，所以造成了联共（布）和共产国际在中国革命中具有绝对的指导地位，特别是在中国共产党处于成立初期的情况下。这种作用具有两重性：一方面它有利于俄国十月革命的经验运用于中国，促进马克思主义尤其是列宁主义在中国的传播和实践，并且从人力、物力、舆论各方面支援中国革命；另一方面在这个过程中也发生了把俄国革命经验教条化、公式化，甚至以中国革命服务于苏俄国家利益的错误。至于因关山阻隔、信息不对称所造成的决策滞后、决策失误，则更是时有发生。

二、共产国际的东方战略

　　所谓共产国际东方战略这一概念，并不是直接来自共产国际的文件，而是国内外学术界在研究共产国际与中国革命关系过程中取得的成果，是

---

①　中央档案馆编：《中共中央文件选集》第 1 册，中共中央党校出版社 1989 年版，第 67 页。

对共产国际对远东地区（主要是中国）所实施战略的一种概念概括。虽然现在尚不能确定何人何时最早提出这一概念，但从 20 世纪 80 年代后，这一概念开始出现并逐渐为学界所接受和认同。[①] 这里的"东方"与马克思、恩格斯东方社会理论中的"东方"并不相同。马克思、恩格斯的"东方"是指相对处于资本主义领先地位的西欧而言的其他落后国家和地区，它立足于西欧地理概念，泛指欧洲东部和亚洲以及北非等地区。共产国际的"东方"，立足于欧洲的地理概念，即不包括已经建立苏维埃制度的苏俄以及后来的苏联，专指处于殖民地半殖民地的近东、中东和远东地区。

1. 列宁关于民族和殖民地的革命理论

毫无疑问，列宁关于民族和殖民地的革命理论是共产国际东方战略的理论基石。

共产国际第二次代表大会于 1920 年 7—8 月在俄国的彼得格勒和莫斯科举行。尽管这次会议的主要目的是将共产国际"改变成为一个集中化的组织工具"[②]，但对中国来说，这次会议的突出意义，特别是理论意义则在于会议讨论并通过了由列宁和罗易分别起草的《民族和殖民地问题提纲初稿》（以下简称《提纲初稿》）及《关于民族和殖民地问题的补充提纲》（以下简称《补充提纲》），由此构成了后来影响深远的列宁关于民族和殖民地问题的革命理论。

在经历了以德国为代表的战后欧洲无产阶级革命风暴相继失败之后，列宁开始意识到欧洲无产阶级革命短期内很难取得成功，于是把注意力向东方转移。然而，绝大多数欧洲代表依然指望通过欧洲的革命来解决世界

---

① 参见何云庵：《共产国际东方战略再探讨——从世界革命理论的视角看》，《四川大学学报（哲学社会科学版）》，2008 年第 6 期。

② ［美］赫尔穆特·格鲁伯著：《斯大林时代共产国际内幕》，达洋译，中国展望出版社 1989 年版，第 119 页。

革命的挑战，他们的关注点和舞台始终放在欧洲，没有多少人关心东方问题。

在列宁的倡议下，大会成立了包括萨法罗夫、罗易、马林在内的民族和殖民地问题委员会，列宁亲自担任委员会主席，并作了《民族和殖民地问题的报告》。大会用了两天时间（7月26日第四次会议、7月28日第五次会议）讨论民族和殖民地问题。

从国际共产主义运动的角度看，列宁《提纲初稿》的重大意义表现为在共产国际的历史上第一次明确地将欧洲各资本主义国家的无产阶级革命和东方的殖民地半殖民地民族解放运动直接联系起来。"共产国际在民族和殖民地问题上的全部政策，主要应该是使各民族和各国的无产者和劳动群众为共同进行革命斗争、打倒地主和资产阶级而彼此接近起来。"① 在二者具体的相互作用下，殖民地的斗争，将加快资本主义国家的无产阶级战胜资本主义的速度，而殖民地人民的真正解放有赖于资本主义国家无产阶级革命的胜利。为此，共产国际以及苏俄必须注意两个方面、两个阵线的斗争，即在先进国家的无产阶级革命和东方落后国家的革命。"俄罗斯苏维埃共和国必然是一方面团结各国先进工人的苏维埃运动，另一方面团结殖民地和被压迫民族的一切民族解放运动。"②

从中国类国家革命的角度看，列宁《提纲初稿》有两个主要观点：

第一，包括中国在内的殖民地国家应首先从事资产阶级民主运动，为此，"必须坚决反对把落后国家内的资产阶级民主解放思潮涂上共产主义的色彩"③。这一观点的重大理论意义在于明确提出了中国类国家现时的革命必须是资产阶级性质的革命。

第二，共产国际及各国的共产党组织在东方的革命中具有两大任务。

---

① 《列宁选集》第4卷，人民出版社2012年版，第217页。
② 《列宁选集》第4卷，人民出版社2012年版，第217页。
③ 《列宁选集》第4卷，人民出版社2012年版，第220页。

其一，必须支持中国类国家工人和农民的革命运动，特别是农民的苏维埃运动；要特别注意建立工农联盟；而且只要条件允许，应该进行建立劳动人民苏维埃的尝试。"必须特别援助落后国家中反对地主、反对大土地占有制、反对各种封建主义现象或封建主义残余的农民运动，竭力使农民运动具有最大的革命性，使西欧共产主义无产阶级与东方各殖民地以至一切落后国家的农民革命运动结成尽可能密切的联盟；尤其必须尽一切努力，用建立'劳动者苏维埃'等方法把苏维埃制度的基本原则应用到资本主义前的关系占统治地位的国家中去"①。这一观点的重大意义在于强调了开展农民运动、建立工农政权的重要性。其二，应当有条件地同殖民地和落后国家的资产阶级民主派结成临时联盟。"共产国际援助殖民地和落后国家的资产阶级民主民族运动，只能是有条件的，这个条件是各落后国家未来的无产阶级政党（不仅名义上是共产党）的分子已在集结起来，并且通过教育认识到同本国资产阶级民主运动作斗争是自己的特殊任务；共产国际应当同殖民地和落后国家的资产阶级民主派结成临时联盟，但是不要同他们融合，要绝对保持无产阶级运动的独立性，即使这一运动还处在最初的萌芽状态也应如此"②。"必须实行使一切民族解放运动和一切殖民地解放运动同苏维埃俄国结成最密切的联盟的政策，并且根据各国无产阶级中共产主义运动发展的程度，或根据落后国家或落后民族中工人和农民的资产阶级民主解放运动发展的程度，来确定这个联盟的形式。"③ 这一观点的重大意义在于明确提出了中国类国家的资产阶级革命需要一个革命的多阶级的联合战线，无论是对共产国际以及各国的共产党，还是对苏俄。

　　一般来说，列宁所提出的两大任务，意味着共产国际要在殖民地推行"双管齐下"的政策，既支持以农民为主体的劳动者的阶级运动，又支持

---

①　《列宁选集》第4卷，人民出版社2012年版，第220页。
②　《列宁选集》第4卷，人民出版社2012年版，第220—221页。
③　《列宁选集》第4卷，人民出版社2012年版，第218页。

资产阶级民主派的民族运动。在二者的地位问题上，列宁比较强调前者。需要注意的是，列宁在此不仅重视中国类国家无产阶级的利益，而且，还较俄国革命时期更加重视农民的作用。在他看来，中国类国家革命与俄国1917 年革命模式不同的地方，恰恰是农民问题。这也是列宁有关思想的精彩之处。会前，列宁曾将《提纲初稿》寄送斯大林、契切林等人，征求他们的意见。他在反馈后的批语中特别指出："我的提纲更强调同农民的联盟（而这并不完全＝资产阶级）。"① 可见，列宁虽然强调中国类国家的革命是资产阶级性质，强调必须与资产阶级民主派结成联盟，但在联盟与中国类国家无产阶级运动二者的关系问题上，更强调无产阶级等被压迫阶级的阶级利益。

如果说列宁的着眼点还是欧洲，考虑的主要是现时革命，那么来自印度的代表罗易更多的是从殖民地国家的角度看问题，并且考虑到了中国类国家革命运动的下一步，即发展趋向问题。在极力支持列宁有关在广大农民中间开展苏维埃运动主张的同时，他的《补充提纲》特别强调东方国家民族民主革命对于推翻世界资本主义体系的作用与意义，甚至认为"欧洲的革命运动全然有赖于亚洲革命的进程"②；"欧洲资本主义列强倘不掌握广大的殖民市场和进行殖民剥削的广阔场所，它们就维持不了生存"③。以此为基础，罗易提出了一系列"补充"观点：东方国家要避免成功一个单纯的资产阶级的民族运动；无产阶级政党同资产阶级民主派的合作是暂时的，要掌握革命的领导权，要在苏俄等国的帮助下实现非资本主义前途。

罗易并不反对与资产阶级民主派的联合，但这种联合是暂时的。"为

---

① 《列宁选集》第 4 卷，人民出版社 2012 年版，第 829 页。

② ［美］罗伯特・诺思、津尼亚・尤丁编著：《罗易赴华使命：一九二七年的国共分裂》，王淇等译，中国人民大学出版社 1981 年版，第 13 页。

③ 中共中央党史研究室第一研究部编：《共产国际、联共（布）与中国革命档案资料丛书》第 2 卷，北京图书馆出版社 1997 年版，第 119 页。

了推翻外国资本主义，利用同资产阶级民族革命分子的合作，是有益的。但只是开始阶段，且须小心谨慎。"①"帮助殖民地推翻外国统治，并不因而意味着支持当地资产阶级的民族主义倾向，而只意味着为殖民地被压迫的无产阶级铺平前进的道路。"②

罗易强调不断革命，并明确提出了殖民地国家的非资本主义前途问题。列宁在第四次会议的发言中对此作了补充说明，"还应该从理论上说明，在先进国家无产阶级的帮助下，落后国家可以不经过资本主义发展阶段而过渡到苏维埃制度，然后经过一定的发展阶段过渡到共产主义"③。

正是由于提出了东方国家的不断革命的问题，罗易又进而提出了在民族革命运动中的无产阶级领导权问题。"初期的殖民地革命不会是共产主义革命，但是，如果领导权从一开始就由共产主义先锋队掌握，那么，革命群众就会逐渐取得革命经验，沿着正确的道路达到既定目标。""绝不能由此得出结论说，殖民地革命应交由资产阶级民主派领导。相反地，无产阶级政党应当坚持不懈地、经常地宣传苏维埃思想，并且只要有可能，就应建立工农苏维埃。这些苏维埃将与先进的资本主义各国所创立的苏维埃共和国协同工作，以期在将来彻底推翻全世界的资本主义制度。"④

对于罗易的《补充提纲》，列宁一方面批评其所谓西方革命势力的命运完全有赖于亚洲群众革命运动的力量的观点，是"走得太远了""站不住脚"⑤；另一方面也接受了其有益的建议。他在会上代表民族和殖民地问

① ［美］罗伯特·诺思、津尼亚·尤丁编著：《罗易赴华使命：一九二七年的国共分裂》，王淇等译，中国人民大学出版社1981年版，第13页。

② 中共中央党史研究室第一研究部编：《共产国际、联共（布）与中国革命档案资料丛书》第2卷，北京图书馆出版社1997年版，第120页。

③ 《列宁选集》第4卷，人民出版社2012年版，第279页。

④ 中共中央党史研究室第一研究部编：《共产国际、联共（布）与中国革命档案资料丛书》第2卷，北京图书馆出版社1997年版，第121—122页。

⑤ ［苏］费·维·亚历山大罗夫著：《列宁和共产国际——国际共产主义运动理论和策略制定史》，郑异凡等译，求实出版社1984年版，第236—237页。

题委员会作报告时，特别提到，"讨论结果我们一致决定：不提'资产阶级民主'运动，而改提民族革命运动"，"我们这样修改，意思是说，只有在殖民地国家的资产阶级解放运动真正具有革命性质的时候，在这种运动的代表人物不阻碍我们用革命精神去教育、组织农民和广大被剥削群众的时候，我们共产党人才应当支持并且一定支持这种运动。"① 从这个角度看，民族革命的概念较民主革命的概念更能体现无产阶级的阶级利益，尽管"毫无疑问，任何民族运动都只能是资产阶级民主性质的"②，而民主运动的传统含义所体现的是资产阶级的利益。

对比分析列宁《提纲初稿》和罗易《补充提纲》，可以看到，他们在开展民族解放运动、与资产阶级民主派实现合作，以及建立在此基础上保持无产阶级政党独立性方面，意见基本一致。至于罗易提出的无产阶级领导权、非资本主义前途问题，实际涉及民主革命与社会主义革命的关系问题。来自荷属印度的代表马林在大会上有如下的发言，点中了要害："我看不出列宁同志和罗易同志的提纲之间有任何区别。它们的意思是一样的。困难仅仅在于，如何在落后国家和殖民地的民族革命运动与社会主义运动的相互关系上，确定一条正确的方针。"③

事实上，两个提纲反映了论者本身所处的位置，或者说是看问题的角度。列宁从苏俄的角度出发，以欧洲无产阶级革命为中心，现实地看待中国类国家的资产阶级革命。罗易则从东方中国类国家无产阶级的角度，直接关注中国类国家革命的前景，更强调中国类国家革命运动的下一步。换句话说，列宁强调的是在中国类国家如何开展民主革命，论的是第一次革命，其理论观点有很强的现实感。罗易的《补充提纲》谈的主要是如何为

① 《列宁选集》第 4 卷，人民出版社 2012 年版，第 276—277 页。

② 《列宁选集》第 4 卷，人民出版社 2012 年版，第 276 页。

③ 中共中央党史研究室第一研究部编：《共产国际、联共（布）与中国革命档案资料丛书》第 2 卷，北京图书馆出版社 1997 年版，第 136 页。

第二次革命作准备，带有前瞻性，有明显的纯理论色彩。列宁把民主革命视为中国类国家社会主义革命的必经之路，罗易则更多地把民主革命作为一种手段。

将罗易的《补充提纲》与列宁在俄国革命时期思想进行比较，不难发现，所谓罗易的主张并没有超出列宁俄国革命的理论，甚至可以说是在照搬俄国革命（资产阶级革命、无产阶级革命连续进行）的模式而已。问题在于：为什么列宁在《提纲初稿》中没有提出或者说不愿意提出苏俄革命的模式呢？

列宁民族和殖民地的革命理论体现了民族革命与无产阶级利益并重的原则，这个原则的基点是中国无产阶级运动的原始状态，它意味着民族革命是中国类国家各阶级的中心工作，而维护无产阶段自身的阶级利益则是共产党的特殊任务。这也同时意味着，决不能在现时指望以无产阶级为主体进行民族革命，除了必须加强与农民的联盟外，与资产阶级民主派建立联合战线的重要性无疑超过了此前的俄国革命，甚至是不可或缺的。或许是由于上述考虑，列宁尽管比较强调无产阶级的利益，但是并没有像罗易那样马上提出中国类国家的社会主义前途和无产阶级的领导权问题。①

从后来的结果看，无论是列宁与罗易在国际共运史上的地位，还是中国革命的现实考虑，共产国际在指导中国革命时，首先在很大程度上运用并发挥着列宁民族殖民地革命理论，对罗易的《补充提纲》从一开始并未给予重视。无论是非资本主义前途，还是无产阶级领导权，都没有立即向中共党人"传授"。中国共产党对无产阶级领导权与非资本主义前途的认识是在国民革命实际开展后，在共产国际的指导下，伴随着对列宁俄国革命理论的学习、理解和消化而逐步提出的。

---

① 参见蔡文杰：《中国类国家的民族革命运动与社会主义运动——解读共产国际"二大"关于民族和殖民地问题的两个提纲》，《历史教学问题》，2006 年第 4 期。

2. 共产国际四大与东方战略的形成

如果说共产国际二大第一次提出了民族与殖民地问题，通过了列宁和罗易的两个提纲，是共产国际关于东方战略的一个起步，那么一年后的共产国际三大并没有重视这个问题。共产国际执行委员会虽然决定把"东方问题"列入议事日程，但是这个问题却是在大会的最后一天（7月12日）下午举行的第二十三次会议上才讨论，包括罗易、张太雷在内的来自东方国家发言人作报告的时间还被限定在5分钟内。担任会议主席的柯拉罗夫对大会没有时间详尽讨论东方问题的解释是，虽然遗憾，但也"无关紧要"，"因为这个问题在共产国际第二次代表大会上已经十分认真地讨论过，并且公布了殖民地问题提纲"，"目前重要的是，要表现出西方工业无产阶级同殖民地及其他各国被压迫人民的团结一致精神，我们在这里已经做到这一点"。[1] 这从侧面反映了共产国际三大的关注点还是聚焦于欧洲的无产阶级革命。

到共产国际四大召开时，对东方问题的关注度有了一定的提升。大会用了两天的时间专门讨论东方问题（11月22日第十九次会议、11月23日第二十次会议）。主要报告人罗易和拉维斯泰因的各自发言时间由预定的45分钟延长到90分钟。如果说共产国际二大确定了中国类国家开展民族解放斗争的主要原则，那么共产国际四大就是在此基础上确定了更为全面的基本原则。拉狄克的发言有一定的代表性："这将证明谁是正确的：是革命力量、共产国际、苏俄——他们曾经说过，应该排除一切混乱现象支持东方运动，因为它在本质上是革命运动"，"虽然东方各民族的革命斗争被矛盾重重的国际帝国主义集团所利用，但这既不能改

---

[1]　王学东主编：《国际共产主义运动历史文献》第32卷，中央编译出版社2011年版，第319页。

变这一革命斗争的性质，也不能解除世界无产阶级支持东方革命倾向的义务。"①

大会通过了《东方问题指导原则》②，其主要内容可以归纳为：殖民地革命运动对于国际无产阶级革命具有极端重要性，共产国际支持东方国家的一切反对帝国主义的民族革命运动；各宗主国的共产党都必须承担起对殖民地的无产阶级革命运动有计划地从思想上和物质上进行帮助的任务；"殖民地和半殖民地国家的共产主义工人政党负有双重任务：一方面，他们要为尽可能彻底地完成资产阶级民主革命的任务而奋斗，这个革命旨在赢得国家的政治独立；另一方面，他们要把工农群众组织起来，为实现其特殊的阶级利益而斗争，在进行这项工作的时候，则要利用民族主义的资产阶级民主阵营中的一切矛盾"；在殖民地和半殖民地国家必须强调反对帝国主义的统一战线的口号，建立反对帝国主义的统一战线，无产阶级政党必须在整个反帝统一战线中取得独立地位；"东方落后国家的革命运动，如果不依靠广大农民群众的行动，就不能取得成功"，"只有以没收大地产为目的的土地革命，才能把广大的农民群众发动起来"。③

如果把共产国际四大通过《东方问题指导原则》作为东方战略形成的标志，那么，所谓东方战略便是共产国际从第二次代表大会到第四次代表大会探索的理论产物，其内容可以概括为以下几个方面。

第一，东方落后国家面临的任务是民族革命运动，"一切民族革命运

---

① 王学东主编：《国际共产主义运动历史文献》第35卷，中央编译出版社2012年版，第85—86页。

② 该文件也被译为《关于东方问题的总提纲》，参见中共中央党史研究室第一研究部编：《共产国际、联共（布）与中国革命档案资料丛书》第2卷，北京图书馆出版社1997年版，第355—366页。

③ 王学东主编：《国际共产主义运动历史文献》第35卷，中央编译出版社2012年版，第577—589页。

动共同的主要任务，就是实现民族的统一和取得国家的独立"①；这种民族革命运动是在摧毁帝国主义的"殖民地后方"，因而也是世界无产阶级革命不可缺少的一部分，共产国际及其领导下的各国共产党要支持并援助东方落后国家的民族革命运动。

第二，共产国际要努力在东方落后国家建立共产党组织，共同援助东方落后国家的民族主义势力，推动民族革命运动开展；共产国际及其各国共产党应当有条件地同东方国家的资产阶级民主派结成暂时的联盟，这个条件是绝对保持无产阶级运动的独立性；这就意味着东方落后国家的无产阶级及其政党在民族革命运动中负有双重使命，既要在现阶段的民族革命中与资产阶级民族主义势力合作，协助他们完成民族革命运动的使命，又要在合作中保持自己阶级和组织的独立性，并在民族革命运动中培育自己的阶级力量。

第三，在资产阶级民主运动过程中，共产国际及其各国的共产党组织必须支持工人、农民运动，特别是农民运动；"任何民族运动都只能是资产阶级民主性质的，因为落后国家的主要居民群众是农民"，"只要是条件允许的地方，都应该立即进行建立劳动人民苏维埃的尝试"②。

第四，东方落后国家只有在先进国家无产阶级的帮助下，不经过资本主义发展阶段而过渡到苏维埃制度；"必须采取什么手段才能达到这个目的——这不可能预先指出。实际经验将会给我们启示。但是可以肯定地说：建立苏维埃这一思想对于最遥远的民族中的全体劳动群众是很亲切的，苏维埃这种组织一定能够适应资本主义前的社会制度的条件，共产党应该立刻在全世界开展这方面的工作。"③

---

① 王学东主编：《国际共产主义运动历史文献》第35卷，中央编译出版社2012年版，第579页。
② 《列宁选集》第4卷，人民出版社2012年版，第276、278页。
③ 《列宁选集》第4卷，人民出版社2012年版，第279页。

东方战略的核心内容是建立反帝的革命统一战线。从世界无产阶级革命的角度看，殖民地半殖民地的反帝斗争就是帮助宗主国的无产阶级推翻资本主义的阶级革命。从东方国家民族解放运动的角度，反帝斗争是殖民地半殖民地国家实现民族独立的题中之义。共产国际东方战略成为指导世界社会主义革命运动以及东方各国共产党推进民族解放事业的指导思想，中国作为典型的东方殖民地半殖民地国家成为该战略实施的主要范例。与此同时，进行资产阶级性质的民族民主革命、建立革命统一战线、开展工农运动、谋求非资本主义前途，这些思想对于创建后的中国共产党形成自己的革命理论无疑产生了重大影响。

三、共产国际指导中国共产党的方式、特点

一般来说，在中共早期（1920—1927），共产国际（执行委员会）与中国共产党（中共中央）之间直接联系很少。共产国际执委会的决议和指示通常是通过共产国际在华代表传达或转述。共产国际及联共（布）指导中国共产党的另外一种方式是在中国或远东地区设置分支机构。在土地革命战争时期，共产国际又增加了通过中国共产党驻共产国际代表团指导中国共产党的方式。

1. 共产国际在中国或远东地区设置分支机构

共产国际二大通过的《共产国际章程》第 9 条规定："在必要的情况下，执行委员会可在各国设立完全隶属于执行委员会的办事机构或其他辅助性机构。"① 截至 1927 年底，共产国际建立的负责中国事务的分支机构

---

① 王学东主编：《国际共产主义运动历史文献》第 30 卷，中央编译出版社 2012 年版，第 681 页。

主要有以下几个。

（一）共产国际东亚书记处，1920年5月至9月，上海。

1920年2月，苏俄外交人民委员会远东事务全权代表维连斯基—西比利亚科夫，受命前往海参崴俄共（布）中央远东局，担负具体指导俄共（布）党人与东方各国革命者建立联系和开展革命宣传等工作。随后，他派出维经斯基等人前往中国。为了统一协调在华俄共（布）党人的工作，避免政出多头和相互掣肘，经维连斯基—西比利亚科夫提议，1920年5月，维经斯基等人在上海成立了共产国际东亚书记处，维连斯基—西比利亚科夫任东亚书记处临时执行局主席。维经斯基的职务未见档案明示，应该是东亚书记处的核心成员之一。东亚书记处设在公共租界熙华德路12号（今虹口长治路177号），随后成为共产国际指导东亚地区革命活动的核心机构。

东亚书记处下设中国科、朝鲜科和日本科。其中，中国科的主要工作是："1.通过在学生组织中以及在中国沿海工业地区的工人组织中成立共产主义基层组织，在中国进行党的建设工作。2.在中国军队中开展共产主义宣传。3.对中国工会建设施加影响。4.在中国组织出版工作。"[1]

在接下来的几个月里，东亚书记处在中国做了以下几项工作。在组织共产主义组织方面，中国科在北京、上海、天津、广州、汉口、南京等地建立了革命局，为各地共产党早期组织的建立打下了一定的基础，甚至提出了召开中国共产党代表大会的议程，"最近要为最终成立中国共产党举行代表大会"[2]。在宣传工作上，东亚书记处"把很大注意力放到了报刊宣

---

[1]　中共中央党史研究室第一研究部译：《共产国际、联共（布）与中国革命档案资料丛书》第1卷，北京图书馆出版社1997年版，第39页。

[2]　中共中央党史研究室第一研究部译：《共产国际、联共（布）与中国革命档案资料丛书》第1卷，北京图书馆出版社1997年版，第40页。

传工作上"①，在北京、上海、哈尔滨、海参崴设立出版中心，出版《新潮》《北京大学学生周刊》《上海生活》等刊物，翻印莫斯科出版的《俄国共产党纲领》《劳动法令》，以及列宁、托洛茨基的画像等，并在上海成立华俄通讯社，在北京成立分社，为中国几十家报社提供消息。

1920 年 7 月 4 日，维连斯基—西比利亚科夫和几名助手来到北京，从 5 日至 7 日，召集在华工作的俄国共产党员举行第一次代表会议，就各方面的工作情况进行交流，特别讨论了"即将举行的中国共产主义组织代表大会和中国共产党的成立"②。

从目前的档案资料来看，和东亚书记处存在工作关系的中国早期共产主义者主要是上海的陈独秀、李汉俊、杨明斋等人，他们随后成为上海共产党早期组织的主要成员。

东亚书记处的设立是为了改变当时苏俄、共产国际在远东工作的混乱状况，维连斯基—西比利亚科夫 1920 年 9 月 1 日致信共产国际执委会并提交了一份工作报告，希望得到共产国际执委会的肯定。然而，俄共（布）中央委员会作出决定，无论是西伯利亚还是国外的各东方民族共产党的工作，统一由俄共（布）西伯利亚局东方民族处管辖。③ 据此东亚书记处随即取消。

（二）共产国际远东书记处，1921 年 2 月至 1922 年 2 月，伊尔库茨克。

为了加强共产国际同远东各国革命者的联系，统一领导远东各国革命活动，经俄共（布）西伯利亚局东方民族处提议，共产国际决定在伊尔库茨克组建远东书记处。

---

① 中共中央党史研究室第一研究部译：《共产国际、联共（布）与中国革命档案资料丛书》第 1 卷，北京图书馆出版社 1997 年版，第 40 页。

② 中共中央党史研究室第一研究部译：《共产国际、联共（布）与中国革命档案资料丛书》第 1 卷，北京图书馆出版社 1997 年版，第 41 页。

③ 参见中共一大会址纪念馆编：《中共首次亮相国际政治舞台（档案资料集）》，上海人民出版社 2016 年版，第 44 页。

　　远东书记处的前身是位于伊尔库茨克的俄共（布）西伯利亚局东方民族处（也译为东方民族部），后者成立于 1920 年 7、8 月间，目的是统一组织、协调俄共（布）党人在东方各国的革命活动。由俄共（布）西伯利亚局负责东方工作的全权代表冈察洛夫、处长布尔特曼、副处长加蓬等人组成主席团，下设中国科、朝鲜科、蒙藏科、日本科。"本部各处工作人员的组成是，有的以个人名义，也有由已经建立统一组织的各国共产主义革命组织推选而来。"① 也就是说，各地区处工作人员，特别是负责人，原则上要由该地区的共产党员担任负责工作，俄方负责人是临时的、过渡性质的。

　　就中国科而言，"鉴于中国共产主义者远未组织起来"，"鉴于东方党的工作必须由有经验的人担任领导，在朝鲜、中国等国家和东方其他共产党正式成立并涌现出有经验的能胜任领导的党务工作者之前，暂时从负责党务的同志中任命各处的主任是必要的"②。于是，在哈尔滨长大，能讲一口流利汉语的俄共（布）党员阿勃拉姆松在 1920 年 7 月底被任命为中国科科长，同时也是该处主席团成员。中国科的主要工作是："1. 首先，最重要的是在中国本土工作，该处的大部分机关和工作人员都在那里。2. 联合旅俄华人并对他们进行教育工作，以培养他们为中国的革命工作服务。……目前有十多名俄国共产党干部负责在中国工作。"③

　　共产国际远东书记处在组织架构上基本沿袭了东方民族处的设置，但在人员规模方面有一定的扩充。远东书记处除了主席团及 4 个地区科外，还有办公室、联络科、译电科、总务科、情报科、翻译科、编辑出版部等

---

① 中共一大会址纪念馆编：《中共首次亮相国际政治舞台（档案资料集）》，上海人民出版社 2016 年版，第 69 页。

② 中共一大会址纪念馆编：《中共首次亮相国际政治舞台（档案资料集）》，上海人民出版社 2016 年版，第 21 页。

③ 中共一大会址纪念馆编：《中共首次亮相国际政治舞台（档案资料集）》，上海人民出版社 2016 年版，第 83 页。

多个工作部门，总编制为 100 多人。① 其中，"情报局（即情报科——引者注）工作最忙，有几十个人经常工作"②。

主持远东书记处工作的是俄共（布）中央远东局委员、共产国际驻远东全权代表舒米亚茨基。他被赋予了多方面的权力，包括苏俄政府外交人民委员部、赤色工会国际、青年共产国际，因此，相对于此前的俄共（布）西伯利亚局东方民族处，共产国际远东书记处可以说是一个具有广泛代表性且强有力的组织。负责组织工作的是明斯克尔，曾经在哈尔滨作为俄共（布）滨海边疆区委员会全权代表领导哈尔滨俄共（布）的地方组织。书记处核心成员还有从中国调回的维经斯基、国际妇女书记处代表勒伯辛斯卡娅、青年共产国际代表达林等人。达林回忆说：

> "远东书记处的工作依靠的是各国支部（也译为科——引者注）：日本、朝鲜、中国和蒙藏支部。这些支部都由本国共产党人主持。通过任何决议，都要有他们直接参加。各支部中还有苏联工作人员。机关人选配备得当。一部分是革命后从美国回来的俄国侨民；另一部分是长期生活在满洲的人，那里有相当多的俄国人，主要集中在哈尔滨，或多或少地都能讲汉语；第三部分人曾在莫斯科或符拉迪沃斯托克的东方研究机关专门学习过地理；第四部分是党的专职工作人员，他们已具有在革命前的俄国或在白匪后方做地下工作的经验。"③

就中国科而言，基本沿用了东方民族处的人员。"在远东书记处中国

---

① 参见［俄］维克托·乌索夫著：《20 世纪 20 年代苏联情报机关在中国》，赖铭传译，解放军出版社 2007 年版，第 45 页。

② 张国焘著：《我的回忆》第 1 册，东方出版社 1991 年版，第 183 页。

③ ［苏］C. A. 达林著：《中国回忆录（1921—1927）》，侯均初等译，中国社会科学出版社 1981 年版，第 28—29 页。

支部工作的还有一些苏联同志：阿勃拉姆松、马马耶夫、克利莫夫、多比索夫、达维多维奇等。"[1] 1921 年春，张太雷到伊尔库茨克后，担任中国科临时中方书记，实际主持日常工作。对此，达林回忆说：

"在远东书记处中国支部工作的，先是张太雷，后来是张国焘。张太雷于 1921 年 3 月到达伊尔库茨克。几个月后他出发去莫斯科参加共产国际第三次代表大会和青年共产国际第二次代表大会。这两次代表大会之后，张太雷回到中国，筹备远东各民族代表大会的工作。张国焘很快来到伊尔库茨克代替他。"[2]

远东书记处仅仅存在了一年。1922 年 2 月，在远东人民代表大会结束之后，远东书记处作为已经完成了自己在东方国家建立共产党和筹备、召开远东人民代表大会的任务的辅助机构被取消。远东书记处存在期间，除了成功筹备远东人民代表大会外，对中国工作的最大成果是，派出尼柯尔斯基到上海，促成了中国共产党第一次全国代表大会的召开。此外，张太雷作为中国共产党代表出席共产国际三大，远东书记处对此也发挥了重要作用。

（三）共产国际执委会东方部（也译为东方局、东方分局），1922 年12 月至 1926 年 3 月，莫斯科。

1922 年 12 月，共产国际四大结束后，在共产国际执委会主席团下设立东方部。东方部的负责人必须是执委会主席团成员，萨法罗夫、拉狄克、拉斯科尔尼科夫等先后任东方部负责人，维经斯基出任副职。东方

---

[1]　[苏] C. A. 达林著：《中国回忆录（1921—1927）》，侯均初等译，中国社会科学出版社1981 年版，第 30 页。

[2]　[苏] C. A. 达林著：《中国回忆录（1921—1927）》，侯均初等译，中国社会科学出版社1981 年版，第 29—30 页。

部下辖近东部、中东部和远东部。其中，负责中国事务的远东部由维经斯基、斯列帕克和中国问题顾问考夫曼3人组成。远东部的工作集中在两个方面：一是编辑《远东通讯》，按名单寄给共产国际执委会成员及各国共产党的最高领导人；二是成立外文出版社，出版有关马克思列宁主义的书刊。

1923年1月，根据维经斯基的建议，共产国际执委会主席团决定，建立由片山潜、马林和维经斯基三人组成的共产国际东方部远东局，以加强对日本、朝鲜和中国革命形势的评估与领导。该局的主要任务是：向这三个国家的共产党和工会提出建议，向共产国际执委会提供上述国家的革命运动状况和政治经济形势的情报，为共产国际执委会制订相关决议。[①]事实上，片山潜和马林并未实际到任，维经斯基是该局实际负责人。在维经斯基看来，远东国家共产主义运动还很年轻，这些国家需要共产国际的指导和监督，而中国共产党尤其需要共产国际的指导。该局的工作重点是使人数不多的中国共产党人接近工人群众，并建立联合全国一切民主力量的反帝统一战线。

东方部的主要工作成绩是从共产国际执委会的决策层面推动了1923年启动的国共党内合作，并在此后中国共产党如何在统一战线中发挥应有作用给予多方面的指导。

1925年5月16日，东方部向共产国际执委会主席团提交自共产国际五大以来的工作报告。报告汇报了维经斯基1924年秋天前往中国，参加中共中央执委会第三次扩大会议以及中共四大的工作情况，认为"中国局势变得极为复杂，年轻的中国共产党肩负了一个强大的、人数众多的、经受过战斗考验的共产党才能肩负的任务"[②]。为此，报告向共产国际执委会

---

① 参见李玉贞主编：《马林与第一次国共合作》，光明日报出版社1989年版，第109页。

② 中共中央党史研究室第一研究部译：《共产国际、联共（布）与中国革命档案资料丛书》第1卷，北京图书馆出版社1997年版，第619页。

主席团建议，"在中国组建由共产国际、红色工会国际和青年共产国际代表组成的共产国际远东局，以便领导远东国家和太平洋地区的工作。"①

1926 年春，共产国际执委会东方部改组为共产国际执委会远东书记处。1926 年 4 月 9 日，远东书记处举行第一次会议，专门讨论了维经斯基关于中国局势的报告。4 月 27 日，蔡和森在有维经斯基、罗易、片山潜、福京等人出席的远东书记处会议上，通报了中国目前的形势，建议共产国际尽快在中国建立远东局，以加强在中国的领导工作。②

（四）共产国际执委会远东局，1926 年 6 月至 1927 年 4 月，上海。

中山舰事件后，联共（布）中央政治局于 1926 年 3 月 25 日召开会议，决定向在中国的加拉罕和鲍罗廷询问广州局势，并决定考虑在上海成立共产国际远东局，组成人员先由中央组织局确定。③ 4 月 29 日，联共（布）中央政治局正式批准组建远东局，由维经斯基出任主席，成员包括拉菲斯、格列尔、福京和中朝日三国共产党代表。④ 其中，陈独秀、瞿秋白分别以中共中央常任代表、常任副代表的身份参加远东局工作。

6 月 19 日，远东局俄国代表团在上海举行第一次会议，确立了具体工作分工：维经斯基负总责，格列尔负责工会工作，福京负责青年团工作，拉菲斯负责情报、宣传鼓动、组织和秘密工作，多勃罗谢尔斯卡娅负责公文处理，并参加有关情报方面的组织工作。⑤

---

① 中共中央党史研究室第一研究部译：《共产国际、联共(布)与中国革命档案资料丛书》第 1 卷，北京图书馆出版社 1997 年版，第 622 页。

② 参见中共中央党史研究室第一研究部译：《共产国际、联共（布）与中国革命档案资料丛书》第 3 卷，北京图书馆出版社 1998 年版，第 227 页。

③ 参见中共中央党史研究室第一研究部译：《共产国际、联共（布）与中国革命档案资料丛书》第 3 卷，北京图书馆出版社 1998 年版，第 182 页。

④ 参见中共中央党史研究室第一研究部译：《共产国际、联共（布）与中国革命档案资料丛书》第 3 卷，北京图书馆出版社 1998 年版，第 237 页。

⑤ 参见中共中央党史研究室第一研究部译：《共产国际、联共（布）与中国革命档案资料丛书》第 3 卷，北京图书馆出版社 1998 年版，第 306 页。

远东局总的工作性质主要体现在以下几个方面：第一，以共产国际执委会驻中国、日本和朝鲜代表团的身份作为集体机构，领导这些国家共产党的政治、工会和组织活动；第二，对中国只限于根据中共中央向远东局所作的报告进行总的领导，避免把自己变成与中共中央并行的只从事或者主要从事中国事务的机构；第三，维经斯基作为共产国际执委会代表参加中共中央政治局的工作，其他俄国成员向中共中央的工作提供指导和帮助。①

总体上说，远东局在其存在的近一年时间里，将中国革命放在最重要的位置，并取得了一些比较明显的成效，如对中山舰事件进行考察、分析，对中国共产党与国民党关系问题作出判断与建议。同期，由于维经斯基注意尊重中共中央领导人的意见，双方的联系与合作既密切又顺利，其间，中共中央的许多重大决策都是在远东局委员会与中共中央执委会代表团的联席会议上讨论和最终决定的，如中共中央在北伐问题上的态度及其变化。

四一二政变前后，中共中央撤离上海，共产国际远东局也因为形势的恶化而停止工作。张太雷并没有直接参与远东局的工作，只是在远东局组织召开相关会议（如讨论广州局势）时特邀参加。

（五）俄共（布）中国委员会，1925年3月至1928年3月，莫斯科。

在帮助共产国际设立相关机构，或者以共产国际的名义建立相关机构的同时，俄共（布）中央政治局考虑到中国问题的重要性，在政治局下专门设立了中国委员会。这一机构虽然旨在为苏联政府制定对华政策，特别是援助国民党、国民政府，提供政策支持，但是，它同时也会直接影响到共产国际对中国的政策。

---

① 参见中共中央党史研究室第一研究部译：《共产国际、联共（布）与中国革命档案资料丛书》第3卷，北京图书馆出版社1998年版，第305、350—351页。

1925 年春，中国革命运动出现高涨形势，苏联对广东国民革命军和北方冯玉祥国民军的军事援助规模越来越大。在这种情况下，1925 年 3 月 19 日，俄共（布）中央政治局决定成立中国委员会，成员有：中央政治局候补委员、苏联革命军事委员会主席、苏联陆海军人民委员伏龙芝，中央委员、苏联外交人民委员契切林，中央政治局候补委员、中央书记莫洛托夫，共产国际执委会东方部主任彼得罗夫（后由其副手维经斯基取代）。[1] 此后，布勃诺夫、拉狄克、米夫等人陆续补充入会。

中国委员会最初的任务是"监督日常援助国民党和同情它的团体的措施的执行情况"[2]。5 月 29 日，伏龙芝主持召开中国委员会第二次会议，作出了"中国的一切军政工作和经费的发放统一集中于中国委员会"，"将发放经费援助国民党和中国共产党的问题转告共产国际"等多项决定。[3]

10 月 15 日，俄共（布）中央决定，中国委员会"意见一致时，其决定就算是最后决定"[4]，不需要俄共（布）中央政治局的再批准，该委员会也因此成为俄共（布）中央政治局处理对华政策的代言部门。

1928 年 3 月底，联共（布）中央政治局决定停止中国委员会的工作，将有关中国问题的决定权移交共产国际。

2. 共产国际派遣赴华代表

共产国际赴华代表大致可分为三种类型。其一，委托赴华的俄共（布）

---

[1]　参见中共中央党史研究室第一研究部译：《共产国际、联共（布）与中国革命档案资料丛书》第 1 卷，北京图书馆出版社 1997 年版，第 589 页。

[2]　中共中央党史研究室第一研究部译：《共产国际、联共（布）与中国革命档案资料丛书》第 1 卷，北京图书馆出版社 1997 年版，第 589 页。

[3]　中共中央党史研究室第一研究部译：《共产国际、联共（布）与中国革命档案资料丛书》第 1 卷，北京图书馆出版社 1997 年版，第 623 页。

[4]　中共中央党史研究室第一研究部译：《共产国际、联共（布）与中国革命档案资料丛书》第 1 卷，北京图书馆出版社 1997 年版，第 715 页。

代表完成相关的共产国际与中国革命者建立联系的工作。如此一来，部分原由俄共（布）党组织派出的代表也就同时具有共产国际代表的身份，如维经斯基。其二，直接由共产国际执行委员会派出代表来华，完成共产国际执行委员会赋予的使命与任务，如马林、罗易。其三，联共（布）以苏联政府名义，派到中国指导中国革命的代表。对国民党及国民政府而言，他们是政治或军事顾问，如加伦（布留赫尔）；而对于中国共产党而言，他们中的部分权势人物则兼具共产国际代表身份，如鲍罗廷。

总体上说，截至 1927 年底，共产国际赴华的多数代表非常敬业，在以下三个历史时期，很好地履行了自己的使命，在中国革命的发展进程中发挥了重要作用。

（一）党的创建时期（1920—1923），代表人物是维经斯基、马林，以及苏俄政府代表越飞。

十月革命后，出于在东方寻求同盟者的考虑，俄共（布）在东方的组织部门受命多次派人以各种不同身份到中国，了解革命情况，联络中国的先进知识分子并帮助他们建立共产党组织。维经斯基是其中的代表性人物。1920 年春，根据俄共（布）中央委员会远东局的建议，维经斯基被派往中国，在短短的几个月里，"同中国革命运动的所有领袖都建立了联系"[①]，这些"领袖"不仅有陈独秀、李大钊等中国早期马克思主义者，而且还有孙中山、陈炯明、吴佩孚等各方实力派。同期，维经斯基在上海建立了共产国际东亚书记处，随后，在北京、天津、广州等城市相继建立包括俄共（布）党人和中国革命者在内的革命局。在维经斯基的直接帮助下，陈独秀、李汉俊、俞秀松、施存统等人加快了建党工作的步伐，建立起了上海共产党早期组织。

---

① 中共中央党史研究室第一研究部译：《共产国际、联共（布）与中国革命档案资料丛书》第 1 卷，北京图书馆出版 1997 年版，第 28 页。

应该说，维经斯基在以陈独秀为代表的中国早期马克思主义者的建党过程中起到了重要的推动作用，这种作用超过了其他任何在华的俄共（布）党人。正是因为维经斯基在中国的工作进展顺利，当共产国际执行委员会筹建以俄共（布）西伯利亚局东方民族处为班底的远东书记处时，特别调动本不属于东方民族处系统而又在中国有着丰富工作经验的维经斯基到伊尔库茨克任职。而当维经斯基1921年1月从上海启程前往伊尔库茨克就职远东书记处后，上海的共产党早期组织和社会主义青年团的活动骤然减少，先前正常发行的《劳动界》《共产党》《伙友》等刊物相继停刊，《新青年》改在广州出刊，劳动补习学校停办。这在一定程度上说明了维经斯基在上海的重要作用。

1921年4月中旬，当时已经担任共产国际远东书记处书记的维经斯基受命带着文件和经费再次来华，准备参加中国共产党第一次全国代表大会，但在途中，"他遇到了麻烦"，没有完成其使命。[1] 远东书记处于是改派尼柯尔斯基前往上海。

马林是共产国际执委会派到中国的第一位正式代表，任务是研究和联系远东各国的革命运动，考察能否在上海建立共产国际办事处。他于1921年6月抵达上海后，与尼柯尔斯基密切配合，为中国共产党第一次全国代表大会的召开做了许多准备工作，并出席了大会的部分会议。马林在大会第一天的发言（英语）给中国共产党的创建者留下深刻印象，"他声如洪钟，口若悬河，有纵横捭阖的辩才，从下午八时讲到夜一时结束"[2]。在此后一年多的时间里，马林向中国共产党人提出的加入国民党以实现革命统一战线的建议，这也是马林自己最为看重的在华工作

---

[1] 参见中共一大会址纪念馆编：《中共首次亮相国际政治舞台（档案资料集）》，上海人民出版社2016年版，第155页。

[2] 中国社会科学院现代史研究室编：《马林在中国的有关资料（增订本）》，人民出版社1980年版，第97页。

业绩。

毫无疑问,在推动国共两党以党内合作方式建立革命统一战线的问题上,马林发挥了重要的引领作用。他"说动"了包括共产国际执行委员会、国民党、共产党在内的所有当事方的领导人,使共产国际东方战略中的核心内容——建立民族革命运动的统一战线,以所谓"斯内夫利特战略"的方式在中国落地。

马林的斯内夫利特战略在中国得以实现,一个重要契机是恰逢苏俄政府对华外交政策的转向,从某种程度上说得益于另一位来华的重要人物——苏俄政府驻华全权代表越飞。

十月革命后,苏俄政府对华政策的基点,是寻求中国当局承认苏俄政府,或至少不与苏俄对抗,进而保证其在远东的利益。由于在中东路问题上与张作霖存在直接矛盾和冲突,苏俄政府最初只与北京政府、吴佩孚等实力派打交道,一度认为孙中山在中国缺乏实力,即便是关注国民党,首先看重的也是陈炯明。

经过近半年的同中国各方的外交斡旋,越飞认识到苏俄政府谋求同吴佩孚的合作是不现实的,只有孙中山国民党是苏俄的唯一盟友。1923年1月《孙文越飞联合声明》的签署与发表,标志着孙中山联俄政策的确立,也标志着苏俄、共产国际将孙中山国民党视为其在中国的盟友。

作为马林的助手与翻译,张太雷参与了斯内夫利特战略的实施过程,对以国共合作为基础的革命统一战线的建立发挥了积极的推动作用。

(二)大革命时期(1923—1927),代表人物是鲍罗廷、维经斯基,以及苏联政府代表加拉罕。

最初阶段,莫斯科向中国派遣代表的制度尚未常规化,所派代表也多是临时性的。在1923年底及以后,情况发生变化。以马林离开中国、鲍罗廷来华为标志,进入一个新阶段。孙苏联盟后,至1927年国民革命失败,苏联向中国派遣了大量的政治顾问和军事顾问。在中国的各类代表与顾问中主要有 3 位代表人物即加拉罕、鲍罗廷、维经斯基。他们各驻一个地区中心即北京、广州、上海，实际代表苏联在中国的三大目标，成为莫斯科在中国活动的三个中心。①

驻华大使加拉罕代表苏联政府从事外交活动，从形式上说主要是与北京政府打交道，但在实际上也担负推动中国革命运动的任务。他自 1923 年抵达北京后便成为苏联在中国的最有权势者。马林在与孙中山国民党联系的过程中，经常征询加拉罕的意见，也要听命于他。进入 1924 年以后，加拉罕加强了与冯玉祥国民军的联系，主持苏联向国民军派遣顾问以及提供军援的工作，推动国民军与国民党的联系与合作。同时，加拉罕也经常联系李大钊，对中共北方区委的党务、工运工作提供指导和支持，在某种程度上履行着共产国际代表的使命。

鲍罗廷的身份是苏联派到孙中山以及国民党政府的政治顾问，主要负责苏联对国民党的工作。苏联对华政策自 1923 年后主要倾向于孙中山，孙中山确立联俄政策后，鲍罗廷的地位日益上升，他不仅领导着苏联在广东国民党及其政府和军队中工作的政治或军事顾问，掌控着苏联向国民党方面提供的军火、财政等物质援助资源，而且事实上同时指导着中共广东区委的工作，履行着共产国际代表的使命。虽然在形式上，鲍罗廷要听命于加拉罕，不定期地向他汇报工作，但鲍罗廷同时也直接听命于斯大林，因而他实际上是三位代表中最有权势者，张国焘回忆说"鲍罗庭往往直接受到斯大林的指导，……他能通天，加拉罕管不了他，共产国际和中共中央也不在他的眼里"②。鲍罗廷在华工作时期，与中国共产党高层干部（包括中央领导人）联系最多、交往最深的无疑是张太雷。张太雷自 1925 年春夏之交到广州工作后，直到鲍罗廷 1927 年秋离开中国，一直是鲍罗廷

---

① 参见程映湘、高达乐编：《彭述之回忆录（下卷：中国第二次革命和托派运动）》，天地图书有限公司 2016 年版，第 72—74 页。

② 张国焘著：《我的回忆》第 2 册，东方出版社 1991 年版，第 57 页。

的工作助手兼翻译。

维经斯基是正式的共产国际驻中国代表，无论名义上，还是实际上。他的任务主要是负责与中共中央打交道，他担负着中共中央与莫斯科之间的联络责任，因此对中共中央政策的制定有很大作用。他向中共中央传达共产国际的训令，向共产国际报告中国局势以及中国共产党的情况。他的信件直通莫斯科，只向加拉罕发一副本以留存档案。维经斯基有着很强的组织原则以及与人交往的严肃性，同时，与中共中央的关系几乎是所有在华代表或顾问中最为融洽的。张国焘回忆说，"我们与他之间从未发生政策上的严重争执"，"他也小心翼翼的根据共产国际的决议和指示行事，决不任意自作主张。但他的权力有限，不能左右在北京的加拉罕和在广州的鲍罗庭，因为他们直接受苏俄政府的指挥，而威金斯基在苏俄政府中并无地位；所以他不得不仆仆于莫斯科与北京之间，进行协商"①。彭述之回忆说："我接触较多的是魏金斯基。他态度很好，有友情，也谈谈闲话。但是关于俄国的斗争，他从来不提，也没谈过。因此对俄国狂风暴雨式的斯大林派与反对派的斗争一无所知。"②

（三）土地革命战争初期（1927 年下半年），代表人物是罗米纳兹。

1927 年 7 月，在大革命处于紧急关头，联共（布）中央领导人采取断然措施，调回鲍罗廷、罗易、维经斯基等在华代表，任命罗米纳兹为新的共产国际驻华代表前往中国。罗米纳兹此前担任过青年共产国际执委会委员、共产国际执委会委员。7 月下旬，罗米纳兹抵达武汉，他化名伯纳，拥有苏联领事的公开身份，随后会同中共中央临时政治局常委会制定了工作计划，起草了《中国共产党中央执行委员会告全党党员书》，筹划并召开了 8 月 7 日在汉口的中共中央紧急会议，即八七会议。八七

---

① 张国焘著：《我的回忆》第 2 册，东方出版社 1991 年版，第 9 页。

② 程映湘、高达乐编：《彭述之回忆录（下卷：中国第二次革命和托派运动)》，天地图书有限公司 2016 年版，第 185 页。

会议改组了中央政治局，确立了实行土地革命和武装起义的方针，在中国共产党的历史上发挥了历史转折的枢纽作用，中国共产党没有被极其严重的白色恐怖所吓倒，重新鼓起同国民党反动派斗争的勇气。与此同时，八七会议在反对党内右倾错误的同时，对革命处于低潮的形势缺乏清醒的认识，在会后出现了盲目发动工人罢工和组织城市暴动的"左"的倾向。这种"左"倾思想与共产国际"左"倾理论的指导也是分不开的。同年 11 月 9 日至 10 日在上海召开的中共中央临时政治局扩大会议将八七会议以来的"左"倾思想系统化，并转化为党的政策和策略。会议通过了罗米纳兹起草的《中国现状与党的任务决议案》以及组织问题、政治纪律问题等决议案，以政治纪律为保证，使党的中央领导机关为"左"倾盲动主义所笼罩。

张国焘在 1928 年 6 月中共六大发言中，并不认同布哈林关于中国同志和共产国际之间存在着分歧和各种误会的看法，他说："中国同志和共产国际之间的关系是最好的，比共产国际同世界上其他兄弟党的关系好得多。共产国际在中国共产党这里享有极高的威望，近于迷信。共产国际代表在中国有很高的威信。因此中国同志和共产国际之间的关系不可能有问题。但有不足之处。第一，共产国际代表的权力太大。此外，中国同志和共产国际之间的任何关系都不是直接的，而是通过共产国际代表，共产国际代表也是一种中间人。"①

王若飞在中共六大上也表达了类似的看法：

"一些同志说，中国共产党对共产国际执委会不够信任，但实际上中国共产党是过于相信共产国际执委会的代表的，哪怕是共产国际

---

① 中共中央党史研究室、中央档案馆编：《中国共产党第六次全国代表大会档案文献选编》上卷，中共党史出版社 2015 年版，第 50 页。

执委会代表有时从兜里掏出图纸或其他什么东西，中国同志都认为这是很宝贵的东西，因为这是从共产国际执委会代表兜里掏出来的。共产国际执委会代表说这是共产国际执委会的指示，或者说这是列宁的话，我们不了解，只有服从。"①

张太雷是中国共产党内与共产国际代表接触比较密切的领导人之一。从工作关系上看，他在不同时期，分别担任马林、鲍罗廷的助手兼翻译，直接参与了马林、鲍罗廷在华的主要工作与活动。他与维经斯基、罗米纳兹也有多次接触和工作上的合作关系。

3.联共（布）、共产国际指导中共的特点

联共（布）、共产国际指导中共的特点主要表现为：在革命的理论层面上，共产国际方面的影响往往更加突出，而在革命的政策层面上，联共（布）方面常常发挥着决定性的作用。联共（布）代表直接指导国民党，间接指导中共。如鲍罗廷主要是孙中山的政治顾问，在孙中山逝世后，对国民党的发展走向有着重要影响，他也同时影响着中共广东区委，但一般不能左右驻上海的中共中央。由于上面提到的原因，当联共（布）和共产国际两方的代表发生意见分歧时，最终都是以联共（布）代表的意见为是。共产国际代表一般无权指导国民党，而苏联政府代表却可以通过共产国际代表指导中共。以维经斯基与鲍罗廷为例，维经斯基是共产国际代表，在影响中共早期革命理论方面有很大的作用，鲍罗廷是苏联政府代表，在共产党对国民党的具体政策上起主要作用。两人在思想上、具体策略上的分歧，包括组织上的矛盾关系，实际上体现着理论与政策的矛盾与冲突。共

---

① 中共中央党史研究室、中央档案馆编：《中国共产党第六次全国代表大会档案文献选编》上卷，中共党史出版社2015年版，第66页。

产国际设在上海的远东局，虽然冠名为"共产国际执行委员会远东局"，但实际上要听命于联共（布）中央，听命于斯大林，在中国就是要遵从鲍罗廷。联共（布）中央政治局甚至在 1926 年 12 月 30 日开会决定，"所有派往中国的同志均归鲍罗廷同志领导"①，正式授予鲍罗廷在中国的最高权力。

探讨联共（布）、共产国际与中共的组织关系，有一点是确定的，即总体上对中共不利。如果没有共产国际，联共（布）与中共就不存在组织上的隶属关系。苏联以其政府的名义与中国的实力派联合，它自然不能"合法"地干涉中共的事务。1943 年共产国际解散后，联共（布）无法直接操纵中共的原因就在于已经失去了对中共指手画脚的组织基础，而不仅仅是因为后来中共自身组织的成熟。在此之前，共产国际成为联共（布）指挥中共的合法的组织与工具，而苏联在对华政策方面不大可能优先考虑中国无产阶级及其政党的利益。

---

① 中共中央党史研究室第一研究部译：《共产国际、联共（布）与中国革命档案资料丛书》第 4 卷，北京图书馆出版社 1998 年版，第 56 页。

第二章　张太雷第一次苏俄之行

1921年，张太雷第一次前往苏俄，先是到位于伊尔库茨克的共产国际远东书记处工作，随后作为中国共产党的代表前往莫斯科出席共产国际第三次代表大会和青年共产国际第二次代表大会，会后回国。张太雷的这次苏俄之行，历时7个月，在共产国际的舞台上，为中国共产党的创立以及加入共产国际作出了独特的贡献。

共产国际与中国共产党的关系，并不仅仅是共产国际通过其或俄共（布）在华代表帮助中国革命的单向行为，中国共产党也同时有代表前往苏俄，进入共产国际组织机构，从事国际共产主义运动，张太雷就是这一相向行为的开启者，从而与维经斯基、马林一样成为共产国际与中国共产党早期双向互动的标志性人物。

一、出行的身份与使命

1.前往伊尔库茨克的举荐人

1921年1月，当共产国际执委会委员马林以共产国际驻华代表身份准备从家乡荷兰启程辗转来华之时，张太雷作为中国共产党早期组织的成员，已经从天津动身，前往苏俄的远东重镇——伊尔库茨克。

关于张太雷去伊尔库茨克的身份问题，目前权威部门的观点是：

"1921年春，张太雷同志受中国共产党早期组织委派，赴苏俄参加共产国际远东书记处工作，参与组建远东书记处中国科，任中国科书记。"① 然而，这一观点并没有说清是哪个共产党早期组织委派，从而为这一问题留下了一定的研究空间。

中国共产党在一大之前建立的各地早期组织中，比较有代表性的是上海的共产党早期组织和北京的共产党早期组织。其中，上海共产党早期组织在一大前实际代表"中国共产党"，这从它1920年8月正式成立时的定名（中国共产党）即可看出，而北京共产党早期组织在其成立后不久即冠名"共产党北京支部"。②

前文提到，张太雷在行前是北京的共产党早期组织成员以及天津社会主义青年团组织领导人。他与上海共产党早期组织的关系不能确定，也就是说，他是否如某些回忆者提及的曾经陪同维经斯基南下上海，进而参与组建上海的社会主义青年团一事目前还缺少史料支持。张太雷的革命活动区域集中在北京、天津、唐山一带，包括创建天津社会主义青年团，到长辛店开展工人运动等，其革命活动多与俄共（布）党员柏烈伟有关。张太雷不仅是柏烈伟的工作助手兼英文翻译，而且实际参与了柏烈伟领导的天津革命局的相关工作，他帮助柏烈伟翻译一些社会主义文献，经常往返于京津，在李大钊和柏烈伟之间从事一些革命联络工作。

根据现已公开的档案资料，可以基本排除上海的共产党早期组织派遣张太雷的可能。在1921年7月20日召开的远东书记处主席团与中国支部及杨好德（即杨明斋——引者注）同志的联席会议记录中，来自上海的共产党早期组织代表杨好德发言提到：

---

① 中共中央党史和文献研究院：《革命先驱　千秋忠烈——纪念张太雷同志诞辰120周年》，《人民日报》2018年6月19日。

② 参见中共中央党史研究室著：《中国共产党历史　第1卷（1921—1949）》上册，中共党史出版社2011年版，第59、61页。

　　"收到共产国际远东书记处发来的电报，并得知派遣代表团出席第三次代表大会的建议和批准张（即张太雷——引者注）同志的委任状后，他们非常高兴。尽管张同志在他们那里什么工作也没做，他们还是批准了他的委任状。得到广州的消息后，他们决定派遣两同志前去代表大会，因经费不足，只派出了杨好德同志一人。"①

　　这段材料表明张太雷与上海共产党早期组织没有什么往来，上海共产党早期组织成员对他并不了解，也自然不知道张太雷前往苏俄工作之事。

　　按照非此即彼的关系，既然上海共产党早期组织不了解张太雷，更不会派遣张太雷出行苏俄，那么，张太雷出行苏俄的派遣者一定会是张太雷所在的北京的共产党早期组织？然而，近年来多份档案资料表明，共产国际或俄共（布）负责远东工作的机构，在涉及中国事务时，他们常常与上海共产党早期组织进行沟通，并不直接与包括北京在内的其他各地共产党早期组织进行联系。远东书记处负责人舒米亚茨基在 1921 年 1 月 21 日的一封信中指出：

　　"中国的工作。……事实上，我们上海的那个三人小组——革命委员会才是领导机关。这个革命委员会目前领导着中国六个省的中国共产主义组织和规模相当的五个中国青年团组织。"②

　　上面提到的 1921 年 7 月 20 日远东书记处联席会议记录文件同时表明，远东书记处向中国共产党发出派代表出席共产国际三大的邀请函也是直接

---

① 中共一大会址纪念馆编：《中共首次亮相国际政治舞台（档案资料集）》，上海人民出版社 2016 年版，第 155 页。

② 中共一大会址纪念馆编：《中共首次亮相国际政治舞台（档案资料集）》，上海人民出版社 2016 年版，第 92 页。

发给上海共产党早期组织。在共产国际眼中，当时代表中国共产党的唯一组织便是上海共产党早期组织。如此一来，北京共产党早期组织是如何能够不通过上海共产党早期组织而直接"派遣"张太雷赴远东书记处就职呢？

中共一大文件表明，出席一大的代表，包括上海、北京共产党早期组织在内的多数代表，并不知晓共产国际设在伊尔库茨克的远东书记处，他们是通过参加一大的共产国际代表尼柯尔斯基的介绍才有所了解的。[1] 从这个方面讲，远东书记处的存在只限于在华的俄共（布）党人以及革命局成员清楚，因为他们的组织关系是隶属于远东书记处的，在中国共产党早期组织中鲜有人知晓。

我们再来看看张太雷本人的说明。张太雷在离境前（1921 年 1、2 月间——引者）写给妻子陆静华的家书中提到"立志要到外国去求一点高深学问，谋自己独立的生活"[2]。信中提到他要去俄国求学，并没有提到去位于伊尔库茨克的共产国际远东书记处工作。陆静华 1957 年回忆说："一九二一年他参加了中国共产党。同年去苏联东方大学学习，他在旅途中写信回来说：'我决计去外国游学，去求知识，为了谋求我们永远的真正的幸福。'"[3] 对此，学界近乎一致的解读是张太雷出于革命纪律而对家人采取了保密的做法。

相对而言，当时在天津的张太雷的革命同志是知道他要去苏俄工作的。与张太雷在 1920 年 11 月共建天津社会主义青年团的北洋大学校友谌小岑回忆说："在《来报》被查封后的不多几天（1921 年 1 月上旬——引者注），张太雷来找我，对我说，他要出国到苏联去，天津 S.Y.（即社会主义青年团——引者注）小组的工作只能暂时停顿一下。说完匆匆忙忙地

---

① 参见中央档案馆编：《中共中央文件选集》第 1 册，中共中央党校出版社 1989 年版，第 556 页。

② 《张太雷文集》，人民出版社 2013 年版，第 1 页。

③ 人民出版社编辑部编：《回忆张太雷》，人民出版社 1984 年版，第 101 页。

走了。后来我才知道他是到伊尔库茨克担任第三国际远东书记处任中国科书记工作的。过了两天，我去看了一次鲍立维，他告诉我说张太雷已经动身走了。"[①] 谌小岑的这段回忆同时表明，对张太雷的苏俄之行，柏烈伟是清楚的。另据在北京大学与柏烈伟共事过的张西曼回忆，1920 年瞿秋白、俞颂华、李仲武一行前往苏俄采访，柏烈伟向他们发放了"绸制长方小块的秘密入境证件"[②]。考虑到柏烈伟的特殊身份，以及他与负责东方事务的俄共（布）组织工作上的密切关系，有学者据此推论，柏烈伟不仅了解张太雷的伊尔库茨克之行，并且还应该是此行的筹划者或介绍人。[③]

也有学者认为张太雷此行的推荐者是 1921 年初离开中国到远东书记处就职的维经斯基。[④] 近乎相同的时间甚至使人联想到了二人同行的场面。事实上，维经斯基是从广州出发，在行程上，曾经途经北京，此时张太雷已经先行一步。谌小岑回忆说，1921 年 1 月，张太雷到苏俄去了，天津社会主义青年团的工作停顿，他本人到了北京，后经李大钊介绍去北京饭店找到维经斯基，就职于苏联华俄通讯社北京分社中文部。[⑤] 前文提到，维经斯基与柏烈伟存在着工作关系，他 1920 年在京津地区的活动，特别是会晤李大钊也是经过柏烈伟介绍的，张太雷虽然参加了维经斯基在京津地区的部分活动，但与维经斯基的直接交往并不多，即便是维经斯基推荐，也应该是通过柏烈伟来安排。

作为北京共产党早期组织负责人的李大钊是否知道张太雷的苏俄之行呢？多年来，有一种观点认为张太雷此次苏俄之行是受李大钊派遣。常州

① 人民出版社编辑部编：《回忆张太雷》，人民出版社 1984 年版，第 62—63 页。
② 张小曼编：《张西曼纪念文集》，中国文史出版社 1995 年版，第 311 页。
③ 参见蔡明菲、纪亚光：《张太雷 1921 年在伊尔库茨克的史实探析》，《中国国家博物馆馆刊》，2021 年第 7 期。
④ 参见林鸿暖著：《张太雷》，广东人民出版社 1981 年版，第 24 页。
⑤ 参见《回忆李大钊》，人民出版社 1980 年版，第 95 页。

张太雷纪念馆在 2018 年扩建时据此布展了一个以张太雷受李大钊派遣前往苏俄、随后出席共产国际三大为内容的裸眼 3D。只是这一观点至今也没有拿出明确的史料佐证。从上面的推论可以看到，维经斯基和李大钊或许是知情者，但举荐者应该是柏烈伟。无论如何，张太雷前往伊尔库茨克的身份应该是没有问题的，即北京的共产党早期组织成员以及天津社会主义青年团负责人。

张太雷的这一身份，决定了他的苏俄之行不是个人行为，他赴俄的目的和使命应该是代表中国共产党到远东书记处工作。张太雷在《家书》中称："我立志要到外国去求一点高深学问，谋自己独立的生活。……一个人要心中无所忧虑，先须得生计独立，就是说做事不要靠人家引荐，要人家来请，即使人家不来请亦能有饭吃。这样，只有有了高深学问才能够。"① 从中读出求学谋生的个人目的意味似乎更多一些，这一点与同期赴俄的俞秀松的家书相似，俞秀松在 1921 年 4 月给家人的信中说明"赴 R（英文"Russia"的首字母，即苏俄——引者注）求些知识以弥补我的知识荒"②，不同的是，俞秀松在信中明确说明了赴俄的主要目的，即作为中国社会主义青年团代表参加青年共产国际二大。其中缘由，耐人寻味。

2.行程与抵达时间

当时苏俄远东地区与中国的交通主要有以下几条路线：1.从伊尔库茨克出发，取道蒙古（经恰克图、乌尔嘎）是 12 至 16 天的路程；2.直接路线（从伊尔库茨克——满洲里——哈尔滨——北京）是 8 至 10 天的路程；3.伊尔库茨克——哈尔滨——海参崴——上海；4.伊尔库茨克——赤

---

① 《张太雷文集》，人民出版社 2013 年版，第 1—2 页。
② 中共浙江省委党史研究室编：《俞秀松纪念文集》，当代中国出版社 1999 年版，第 161 页。

塔——布拉戈维申斯克——哈尔滨或海参崴。"① 张太雷应该是按照俄共
（布）组织掌控的交通路线图，从天津或北京出发，经哈尔滨、满洲里，
到伊尔库茨克。从北京出发的依据是需要到北京政府办理出国护照。张太
雷的中学同学李子宽回忆说："太雷亦曾去苏联，时在秋白赴苏之后，未
经由领取护照手续，闻系经党的组织照料，乔装通过边境。"② 如此，张
太雷也可以由天津出发。

根据邓洁民女儿丘琴的回忆，张太雷应该在途经哈尔滨时曾寄宿邓
洁民创办的东华学校，等待办理出境手续。"当年，到苏联学习的许多
人，其中包括张太雷同志，为避免住旅馆被检查的危险，均在东华学校食
宿，并由东华学校代办出国护照。这些事的经办人是东华学校的教师张
昭德。"③

东华学校的创办人兼校长是邓洁民，青年时曾考入南开学校，与小其
8 岁的周恩来结为好友。后东渡日本，留学东京早稻田大学，与大其 1 岁
的李大钊是同学，交往甚密。张太雷赴苏俄前与周恩来是否有交往，未见
任何史料记载，但以他与李大钊的关系，张太雷留宿东华学校或许是经李
大钊介绍、邓洁民安排的。④

事实上，还存在另外一种可能，张太雷寄宿东华学校可以直接联系张
昭德，不一定需要其他人介绍。张昭德是瞿秋白北京俄专的同学。1920
年秋，在北京俄文专修馆读书的 21 岁的瞿秋白成功应聘北京《晨报》和
上海《时事新报》驻俄记者，要去苏俄采访。他于 10 月 16 日从北京出发，
经过天津时，与在津的几个朋友会面，"张昭德及江苏第五中学同学吴炳

---

① 中共中央党史研究室第一研究部译：《共产国际、联共（布）与中国革命档案资料丛书》
　　第 1 卷，北京图书馆出版社 1997 年版，第 55 页。

② 人民出版社编辑部编：《回忆张太雷》，人民出版社 1984 年版，第 55 页。

③ 丘琴：《邓洁民生平事略》，中国人民政治协商会议黑龙江省哈尔滨市委员会文史资料
　　研究委员会编：《哈尔滨文史资料》第 10 辑，1986 年版，第 28 页。

④ 参见丁言模等著：《张太雷年谱新编》，上海辞书出版社 2011 年版，第 81 页。

文，张太来3位同志都在天津，晚间抵足长谈"①。他们分别是瞿秋白北京俄专的同学张昭德以及常州中学的同学吴南如、张太雷。18日晚，瞿秋白告别了上述3人，乘京奉线列车北上。瞿秋白在《饿乡纪程》中的这一记载表明，张太雷与张昭德已经相识，并且不是一般的关系。

张太雷在出境前写给陆静华的《家书》不仅具有重要的政治意义，而且也有相当高的史料价值，只可惜家人在保存它时出于安全考虑将这封信的开头和结尾处落款以及日期都剪掉了。② 这封信的政治意义在于张太雷向家人倾诉其报国志向，从中可以感受到革命先驱立志报国的家国情怀，其史料价值在于这封家书同时透露了张太雷苏俄之行的一些史实。

在信中，张太雷"立志要到外国去求一点高深学问，谋自己独立的生活"，对于家中的生活状况作了如下的安排："凡遇有金钱紧急的时候，尽可写信与北京彰仪门大街通才商业学校吴炳文（即吴南如——引者注）及吉林（原文如此——引者注）哈尔滨道里特别地方审判厅张照德（即张昭德——引者注）。他们是我的好朋友，他们允许帮助我。"③ 以家事相托，足见张太雷与张昭德关系之密切。张昭德此时已经从北京俄专毕业，在哈尔滨道里特别地方审判厅工作，兼任东华学校教师。《家书》并未提到邓洁民，张太雷寄宿在东华学校不一定非要与邓洁民直接打交道。④

岁月沧桑，今天的哈尔滨，东华学校已然"一片城荒枕碧流"，但邓洁民的故居还在。作为哈尔滨市革命遗址之一，该故居因为1917年周恩来协助邓洁民筹办东华学校，在此居住而被定名为"周恩来早期来哈开展革命活动居住地遗址"。与周恩来住在邓洁民家中不同，张太雷住在东华学校。

---

① 《瞿秋白文集：文学编》第1卷，人民文学出版社1985年版，第32页。

② 参见张西蕾口述、于芃执笔：《烛光在前——张西蕾自述》，中国妇女出版社2000年版，第13页。

③ 《张太雷文集》，人民出版社2013年版，第2—3页。

④ 参见蔡明菲：《张太雷研究中的几个史实探析》，《中国国家博物馆馆刊》，2018年第10期。

　　在有关张昭德为数不多的史料记载中，还有一段记述涉及此后他与张太雷的交往。1923 年，张太雷与蒋介石等人组成的孙逸仙博士代表团赴苏考察，这也是张太雷第二次去苏联。与他第一次独自一人秘密前往苏俄的经历不同，这次去苏联是随代表团公开行动。1923 年 8 月 16 日，代表团在上海乘日本轮船"神田丸"号踏上赴苏的旅程，19 日到大连换乘火车，于 21 日下午到达哈尔滨，入住牡丹旅馆。据蒋介石日记记载，当天，"太来（张太雷）之友张某（张昭德）来访，谈至（晚）十时而别"。以后的几天里，他们多次会面。张太雷与张昭德的情谊之深可见一斑。

　　关于张太雷抵达伊尔库茨克的时间，目前有两种说法。一种观点来自达林的回忆："张太雷于 1921 年 3 月到达伊尔库茨克。"[1] 达林曾以青年共产国际驻远东全权代表的身份参与远东书记处主席团的工作，他是在共产国际三大及青年共产国际二大闭幕后于 8 月赴伊尔库茨克上任的，而此时，张太雷已经回国。另一种观点来自日本学者石川祯浩的考证。石川祯浩查阅并研究了共产国际远东书记处主办的《共产国际远东书记处通讯》和《远东人民》杂志，特别是 1921 年 3 月 20 日发行的《通讯》第 2 期上刊有舒米亚茨基执笔的《中国的青年革命运动（工作报告摘要）》。该文在文末注明执笔的时间和地点是"1921 年 2 月伊尔库茨克"。文章详细介绍中国的青年革命运动，特别是各地的社会主义青年团的活动状况，并以相当篇幅引用了武汉、广州、天津的社会主义青年团的会议记录。文中并没有解释如何得到这些会议记录的，但是舒米亚茨基在 1928 年发表的追忆张太雷的文章中，说这些记录是张太雷 1921 年初来伊尔库茨克时随身带来的。石川祯浩据此推测，张太雷是 1921 年 2 月抵达伊尔库茨克的。[2]

---

① ［苏］C. A. 达林著：《中国回忆录（1921—1927）》，侯均初等译，中国社会科学出版社 1981 年版，第 30 页。

② 参见 ［日］石川祯浩著：《中国共产党成立史》，袁广泉译，中国社会科学出版社 2006 年版，第 200 页。

如前所述，根据谌小岑的回忆，张太雷从天津出发的时间是1月上旬，按照俄共（布）组织掌控的交通路线图，从天津（或北京）经哈尔滨、满洲里，到伊尔库茨克的时间，一般需要8—10天。因此，张太雷2月抵达伊尔库茨克的可能性更大一些。这也意味着，张太雷本人去伊尔库茨克的目的是到远东书记处工作，他是在工作了一段时间后，因其出众的工作能力和卓越的成绩，得到正在苦苦寻求中国革命者的远东书记处领导人的信任后，被任命为中国科的临时中方书记。

对此推论有所佐证的还有另一份档案资料。在发布任命书的前一天（3月22日），远东书记处召开工作会议，就张太雷的任期作出说明：他担任中国科的临时中方书记直到中国共产党代表大会召开并派出新的书记时为止。① 这意味着，这个任命直接来自共产国际远东书记处，而按照地区科的负责人应该由所在地国家共产党组织委派的原则，尚需中国共产党组织的确认或追认。这应该是任命书中"临时"二字的准确含义。在远东书记处看来，这个能认定张太雷职务的中国共产党组织，只能是上海的共产党早期组织。对此有所佐证的是，由于来自远东书记处的尼柯尔斯基参加了中共一大，使一大代表了解了远东书记处中国科的设置、作用与需要。为此，一大通过的《中国共产党第一个决议》提出："在必要时，应派一特命全权代表前往设在伊尔库茨克的第三国际远东书记处。"②

张太雷就任中国科临时书记一职，我们可以清晰地看出远东书记处的工作思路：远东书记处虽然是共产国际在远东地区的最高领导机构，相关的人事任命，还是需要与远东各国有影响的共产党组织进行协商，即便各国共产党组织还处于创建过程中。换句话说，无论张太雷是何人推荐或委

---

① 参见［俄］索特尼科娃著，李琦译：《共产国际与中国共产主义运动的开端》，《党的文献》，2011年第4期；［日］石川祯浩著：《中国共产党成立史》，袁广泉译，中国社会科学出版社2006年版，第211页。

② 中央档案馆编：《中共中央文件选集》第1册，中共中央党校出版社1989年版，第8页。

派，只要不是上海的共产党早期组织的正式派遣，远东书记处应该不会立即任命张太雷出任要职。换个角度看问题，张太雷在行前知道要去远东书记处工作，但出任中国科临时中方书记一职应该是他抵达伊尔库茨克并且工作一段时间后才确定的。"临时"二字表明，此时此刻，上海的共产党早期组织尚不知晓此事。

二、在共产国际远东书记处

1. 就任中国科临时中方书记

1921 年 3 月 23 日，张太雷正式出任共产国际远东书记处中国科临时中方书记。有档案文件为证。远东书记处当天发布第 41 号命令，全文如下："自本年 3 月 23 日起，张太雷同志编入书记处工作，任中国科临时中方书记，给予三级政治工作人员薪金，每月 6160 卢布，由红军第五军政治部提供。"① 以此为标志，作为北京共产党早期组织成员的张太雷，事实上成为中国共产党在共产国际组织机构中工作的第一人，并且还担任了重要职务。

这一职务的重要性还可以从任命书中张太雷的月薪得以证明。张太雷的月薪为 6160 卢布。这一标准等同于主席团成员，是远东书记处在职人员的最高工资。虽然列宁在 1921 年 3 月召开的俄共（布）十大上提出了新经济政策，但当时苏俄的远东地区基本上仍然实行战时共产主义政策，政府工作人员的食宿由政府包办，必要时还可以从所在部门领取衣物。在 4 月 19 日召开的远东书记处工作会议作出一项决定，向张太雷发放了一套夏季服装。② 所以，张太雷的这一月薪其实是在满足基

---

① 蔡文杰主编：《张太雷画传》，人民出版社 2019 年版，第 39 页。

② 参见俄罗斯国家社会政治历史档案馆资料，全宗 495，目录 154，卷宗 87，第 28 页。

本生活需求之外的零用钱，尽管由于经济形势不佳，卢布的实际购买力很低。

为准确理解张太雷所担任的中国科临时中方书记一职的内涵，有必要再说明一下共产国际远东书记处这个机构的情况。①

如前所述，为加强同远东各国革命者的联系以及对远东各国革命运动的统一领导，共产国际执行委员会在1921年1月通过决议，决定在伊尔库茨克成立共产国际远东书记处。这一机构正式成立于1921年2月，其前身是俄共（布）西伯利亚局东方民族处，被认为是"换了名称的西伯利亚局东方民族处"②。

共产国际远东书记处基本沿袭了东方民族处的组织体系和工作原则："书记处编制为十一人，其中四人由东方国家日本、中国、蒙古和朝鲜的革命组织和共产党组织选出。其余七人由共产国际执行委员会指定任命，包括主席团三人（主席、副主席和书记）以及日本处，中国处，朝鲜处和蒙古处的四名主任。"③

需要说明的是，在不同系列的译本中，远东书记处的中国科也被译成"中国部""中国处""中国支部"，实际是同一部门。本书在阐述时，除引文外，统一使用"中国科"这一概念。

就地区科而言，远东书记处实际确定了由一位俄罗斯人和一位所在地

---

① 涉及共产国际远东书记处的研究，可参见：[俄] 索特尼科娃著，李颖译：《1920—1931年间负责中国问题的共产国际组织机构的回顾》，《湖北行政学院学报》，2004年第6期；李颖：《共产国际负责中国问题的组织机构的历史演变（1920—1935）》，《中共党史研究》，2008年第6期；[俄] 索特尼科娃著，李琦译：《共产国际与中国共产主义运动的开端》，《党的文献》，2011年第4期；黄黎：《共产国际、俄共（布）的对华机构》，《中国国家博物馆馆刊》，2016年第7期。

② [韩] 金秀英：《东亚共产主义运动中的组织集中化和国际主义因素之消亡》，中共一大会址纪念馆编：《中国共产党创建史研究》，上海人民出版社2012年版，第174页。

③ 中共一大会址纪念馆编：《中共首次亮相国际政治舞台（档案资料集）》，上海人民出版社2016年版，第72页。

书记共同负责的工作原则。① 此前，俄共（布）西伯利亚州局东方民族处曾经考虑让俄国共产华员局的成员参加中国科的工作，并在 1920 年 10 月一度提名刘绍周进入筹备中的共产国际远东书记处："建议党中央委员会以下述方式组成远东书记处：委员计十一人：四个民族各两名代表，……中国代表为阿勃拉姆松和刘绍周"②。但是，在东方民族处负责人勃隆施泰恩和中国科负责人阿勃拉姆松看来，刘绍周"政治素养差，就其素质和信仰看，远非接近社会主义运动的人"；他所在的俄国共产华员局也被指"表现不好，政治上不坚定，其成员政治水平不高，根本没有能力在华人中间开展革命工作"③。基于上述认识，俄国共产华员局成员刘绍周最终被淘汰。

1921 年 2 月 16 日发布的《共产国际驻远东全权代表第 2 号命令》指出："自 1921 年 2 月 6 日起，……以下人员到共产国际远东书记处任职：阿勃拉姆松——任中国部俄方书记，符拉索夫斯基——任中国部俄方副书记"④。中国科中方书记由于没有合适人选而空缺。从某种意义上说，远东书记处迫切需要来自中国国内的共产党早期组织成员前来工作，这应该是张太雷能够前往伊尔库茨克的主要原因所在。

2. 组建中国科

由于档案资料的匮乏，张太雷在中国科的工作情况，主要依据舒米

① 参见 [俄] 索特尼科娃著，李颖译：《1920—1931 年间负责中国问题的共产国际组织机构的回顾》，《湖北行政学院学报》，2004 年第 6 期。

② 中共一大会址纪念馆编：《中共首次亮相国际政治舞台（档案资料集）》，上海人民出版社 2016 年版，第 62 页。

③ 中共一大会址纪念馆编：《中共首次亮相国际政治舞台（档案资料集）》，上海人民出版，2016 年版，第 86—87 页。

④ 中共一大会址纪念馆编：《中共首次亮相国际政治舞台（档案资料集）》，上海人民出版社 2016 年版，第 94 页。

亚茨基的追忆文章。张太雷1927年12月领导广州起义英勇牺牲后，曾主持共产国际远东书记处工作，时任莫斯科东方大学校长的舒米亚茨基在1928年的《革命东方》第4—5期合刊上发表了悼念张太雷的长篇文章（中文节译本名为《中国共青团和共产党历史片断——悼念中国共青团和共产党的组织者之一张太雷同志》），以追忆的形式首次披露了张太雷1921年在苏俄的工作情况。

这篇追忆文章由于种种原因，近年来已经被研究者发现存在张冠李戴的现象，如把陈独秀发表在《劳动界》上的文章误记为张太雷的文章[①]，把出席1922年远东人民代表大会的张国焘误记为张太雷等，但由于舒米亚茨基是当时共产国际全权代表、远东书记处最高领导人，加上回忆文章的发表时间距离张太雷1921年在伊尔库茨克的工作时间并不遥远，即便其回忆的部分内容的可信度受到一定的质疑，但总体来说不是虚构，多数材料在未被证伪之前，还是可靠的，不宜一概否定。当然，研究者必须结合其他档案资料对舒米亚茨基文章内容进行甄别、考证后，才可以合理使用。

舒米亚茨基提到，张太雷在远东书记处的工作会议上"报告了由他制定的关于建立远东书记处中国科的计划，这个计划后来实现了"。

"有关中国科的情况，可归纳为下列各点：'1）为了处理中共在同共产国际的关系方面所出现的问题，为了中共和苏俄两方互通情报，同时也为了转达共产国际执委会向中共中央的指令，在共产国际远东书记处（在伊尔库茨克）设立中国科。2）主持中国科的有两名书记——其中一名由中共中央派来工作的同志中选任，另一名则由远东书记处选派。3）依据各国共产党是共产国际的支部这一总的组织

---

① 参见［日］石川祯浩：《我怎样写作〈中国共产党成立史〉》，《百年潮》，2001年第7期。

原则，可以认为，中共中央与共产国际执委会远东书记处的相互关系，是同级的组织关系，即：在远东书记处的中共中央当地代表，组成由该书记处所领导的科'。"①

这份"计划"从内容上看，无疑确立了远东书记处的权威与地位，中国共产党与共产国际的任何联系都必须通过远东书记处（中国科）。

同一出处的这个"计划"的另一个译本以《张太雷关于建立共产国际远东书记处中国支部的报告》（1921年6月）为题被收进《"一大"前后：中国共产党第一次代表大会前后资料选编》（三）、《共产国际与中国革命资料选辑（1919—1924)》、《共产国际、联共（布）与中国革命档案资料丛书》（第2卷）等多部文献资料集。②

且不说后者标明的时间（1921年6月）舒米亚茨基并未提及，应该属于查无所据，从后者的标题来看，也很容易造成一种错觉：远东书记处中国科是张太雷创建的。

事实当然不是这样的。前文提到，共产国际远东书记处中国科的设立，承袭的是俄共（布）西伯利亚局东方民族处设置地区科的制度设计，也从不缺少掌握中文的语言人才。1921年2月16日，《共产国际驻远东全权代表第2号命令》正式任命阿勃拉姆松、符拉索夫斯基出任中国科俄方书记、俄方副书记，标志着远东书记处的中国科建制已然确立。此时，无论张太雷是否已经抵达伊尔库茨克，都未进入远东书记处领导人的视野，因此由他提议并创建中国科显然是说不通的。

既如此，舒米亚茨基回忆中的张太雷有关建立远东书记中国科的计划（或译为《张太雷关于建立共产国际远东书记处中国支部的报告》）

---

① 人民出版社编辑部编：《回忆张太雷》，人民出版社1984年版，第193页。

② 参见叶孟魁、赵晓春：《〈张太雷关于建立共产国际远东书记处中国支部的报告〉作者考辨》，《党的文献》，2011年第2期。

是不是就不可信呢？张太雷"计划"中的三点内容，完全符合远东书记处设立地区科的宗旨，中国科本应由中国共产党的代表组成，类似后来的中国共产党驻共产国际代表团。张太雷出任中国科临时中方书记本身也是中国科组建工作的一个重要部分。因此，这份"计划"或"报告"应该是张太雷出任中国科临时中方书记后，与远东书记处中国科俄方书记等人员接洽、讨论，所确定的中国科的方针和任务，以有利于下一步工作的开展。它的成文时间不会在 1921 年 6 月，因为那时，张太雷已经身处莫斯科，正在出席或准备出席共产国际三大；它应该是在张太雷就职中国科临时中方书记后的 3、4 月间。[1] 当然，这份"计划"或"报告"的提出意味着张太雷开始主持中国科的工作，并在原有的建制基础上作了进一步的整合，这或许就是所谓"建立"中国科的含义所在。

3. 提交致共产国际远东书记处的报告

舒米亚茨基在 1928 年悼念张太雷的文章中还提到，张太雷于 1921 年春向共产国际远东书记处提交了一份报告，介绍了中国共产党在创立阶段的活动情况。[2] 这份报告现在也以《张太雷向共产国际远东书记处的报告》（1921 年春）为题被编入《青年共产国际与中国青年运动》《共产国际、联共（布）与中国革命档案资料丛书》（第 2 卷）等文献资料集，内容全部来自舒米亚茨基的《中国共青团和共产党历史片断——悼念中国共青团和共产党的组织者之一张太雷同志》一文。编选者注明："这是张太雷 1921 年 3 月到伊尔库茨克后，向共产国际远东书记处的报

---

[1]　参见王龙腾、蔡文杰：《张太雷提议建立共产国际远东书记处中国支部辨析》，《档案与建设》，2019 年第 7 期；蔡明菲、纪亚光：《张太雷 1921 年在伊尔库茨克的史实探析》，《中国国家博物馆馆刊》，2021 年第 7 期。

[2]　参见人民出版社编辑部编：《回忆张太雷》，人民出版社 1984 年版，第 190 页。

告。"① 这种模糊的说明，很容易使人误以为这是张太雷在此之前写好的抵达伊尔库茨克后提交给远东书记处的报告，甚至联想到向远东书记处提交这份报告是张太雷前往伊尔库茨克的使命之一。

如果这份报告在内容上毋庸置疑，那么，报告中的一句陈述已经明示了这份报告的成文时间："……截止于一九二一年五月一日，中国共产党已经有了七个省级党组织（均有选设的委员会），即：上海、广州、北京、天津、武汉和香港等。"② 这份报告无疑是在 5 月 1 日之后完成的。考虑到张太雷 5 月 16 日获得出席共产国际三大的代表资格证明，随后离开伊尔库茨克前往莫斯科，那么这份报告的成文时间应该是在其动身之前，完全可以定位在 1921 年 5 月上旬或中旬。

依据这份报告的成文时间，我们可以得出下面的结论：这份报告是在张太雷担任远东书记处中国科临时中方书记后完成的一份工作报告。张太雷作为远东书记处中国科的负责人之一，其工作当然要服从于远东书记处的工作安排，"编写了有关中国情况的通报，并将这些通报寄到苏俄各家报纸的编辑部"③，撰写相关报告也是他分内的工作之一。

从舒米亚茨基文章的行文来看，文章引用的并不是报告的全部内容，而是有关中国共产党创立阶段活动情况的部分内容，共 7 个自然段。对比不久后张太雷向共产国际三大提交的书面报告，不难发现，这份报告的前 6 个自然段基本并入了书面报告中的第八部分"中国的共产主义运动"，只不过后者对截至 1921 年 5 月 1 日在中国建立的 7 个省级党组织作了进一步的展开。报告中主题为"我们党认为自己当前的任务"的第 7 个自然

---

① 中共中央党史研究室第一研究部编：《共产国际、联共（布）与中国革命档案资料丛书》第 2 卷，北京图书馆出版社 1997 年版，第 96 页；共青团中央青运史研究室、中国社会科学院现代史研究室编：《青年共产国际与中国青年运动》，中国青年出版社 1985 年版，第 44 页。

② 人民出版社编辑部编：《回忆张太雷》，人民出版社 1984 年版，第 192 页。

③ 人民出版社编辑部编：《回忆张太雷》，人民出版社 1984 年版，第 193 页。

段并未出现在书面报告中。这一段提出了中国共产党以下几个方面的任务：第一，加强工会的组织，以此作为中国共产党发展和建设的基础；第二，巩固共产主义者在青年团中的威信和作用；第三，"通过在共产国际远东书记处中建立常设的中国书记处，来增强同远东书记处的组织联系"；第四，帮助组织朝鲜和日本的共产党和共青团；第五，着手翻译马克思主义基本文献，特别是业已开始的《资本论》的翻译工作。[①] 除了中国共产党有关工运、青运、宣传等常规工作外，将建立常设的中国科作为任务之一，表明远东书记处要求与中国国内共产党早期组织之间建立密切组织联系的强烈愿望。

4. 出席朝鲜共产党成立大会

张太雷在处理远东书记处中国科的工作之余，还主动地要求参与远东书记处的其他工作，既践行了中国共产党"帮助组织朝鲜和日本的共产党和共青团"的任务，也可以扩大视野，从中吸取"更多的组织经验"[②]。因此，远东书记处同意他协助筹备旅俄朝鲜共产党成立大会，并在大会召开时当选为大会主席团成员。

1921年5月4日，张太雷出席旅俄朝鲜共产党成立大会，代表中国共产党（早期组织）致祝辞："日本帝国主义是我们的共同敌人，击破日本帝国主义是我们的共同任务。要达到这一目的，就必须在共产国际的领导下，建立起同日本无产阶级的国际联合。你们是在朝鲜无产阶级数量极少的情况下，是在日本帝国主义对千百万朝鲜劳动人民实行极端残酷压迫的情况下，建立起你们共产党的。……你们的首要工作应当是接近朝鲜劳动群众。否则，党就无法生存。"[③]张太雷以无产阶级国际大联合的广阔视

---

① 　参见人民出版社编辑部编：《回忆张太雷》，人民出版社1984年版，第192页。

② 　人民出版社编辑部编：《回忆张太雷》，人民出版社1984年版，第193页。

③ 　人民出版社编辑部编：《回忆张太雷》，人民出版社1984年版，第194页。

野，号召中国、朝鲜、日本的无产阶级团结起来共同反对日本帝国主义，同时根据朝鲜国内的实际情况，建议朝鲜共产党与劳动群众紧密结合，建立与劳动群众的血肉联系，筑牢坚实的群众基础。

张太雷在祝辞中分析问题的独特视角，令与会者耳目一新，一致建议他作一个《日本无产阶级与朝鲜贫民》的专题报告，进一步阐述他在祝辞中提出的关于朝鲜共产主义运动和国际工人运动相结合的观点。1921 年 5 月 7 日，张太雷在大会上作专题报告，指出日本侵占朝鲜领土、压迫朝鲜人民的现状，接着追溯到日俄战争的历史，痛陈其给朝鲜、俄国、中国及日本人民带来的深重灾难，同时指出朝鲜的贵族和地主勾结日本和中国的统治者，共同镇压朝鲜人民的抗争，因此，"朝鲜的贫民和工人没有任何理由同日本的工人为敌，相反，应当同他们联合起来，以便一道去战胜远东各国人民的共同敌人——日本资本家和日本帝国主义者"[1]。根据张太雷的提议，大会决定以他的报告为基础，用日文发表对日本工人的宣言。

张太雷筹备和参加旅俄朝鲜共产党成立大会，不仅以自己的实际行动担负起无产阶级国际主义者的责任，而且通过祝辞和报告的形式，阐述和倡导国际无产阶级大联合的观点，对推动远东地区革命运动乃至世界革命的发展有重要意义。

5. 出任共产国际三大的中国共产党代表

1919 年 3 月共产国际一大召开时，由于中国尚没有共产主义的组织，旅俄华工联合会的刘绍周（刘泽荣）、张永奎受邀组成中国代表团出席大会。1920 年 7、8 月间共产国际二大召开时，刘绍周（刘泽荣）、安龙鹤以俄国共产华员局代表的身份组成中国代表团出席大会。这在当时，实属无奈之举。1921 年共产国际三大召开之前，共产国际特别希望有来自中

---

① 人民出版社编辑部编：《回忆张太雷》，人民出版社 1984 年版，第 195 页。

国国内的党派代表，尤其是中国共产主义组织的代表出席这次大会，于是就出现了中国社会党江亢虎、中华民国全国学生联合总会姚作宾相继受邀前往莫斯科，准备出席共产国际三大。共产国际甚至一度为江亢虎出具了代表证。

考虑到中国共产党的早期组织在 1920 年已经在各地相继建立，远东书记处决定选派中国共产党的代表出席将于 1921 年 6 月召开的共产国际三大。必须指出，在这方面，共产国际远东书记处的工作非常积极并且卓有成效。从某种意义上讲，选派中国共产党的代表出席共产国际三大本身也体现着远东书记处及其前身俄共（布）西伯利亚局东方民族处一年来的工作成绩。为了保证在共产国际三大上有来自中国共产党早期组织的代表，远东书记处可谓双管齐下：一方面直接任命张太雷为参加共产国际三大的中国共产党代表，另一方面联系上海的共产党早期组织，要求尽快选派代表参加共产国际三大。

在选派中国共产党早期组织代表参加共产国际三大的问题上，远东书记处同此前对张太雷中国科临时中方书记的任命一样，既有直接运作，也有同上海共产党早期组织的协商互动。

1921 年 5 月 16 日，远东书记处负责人舒米亚茨基签发了张太雷出席共产国际三大的代表资格证明："确认中国共产党代表张太雷同志去莫斯科出席共产国际第三次代表大会，并附上签字证明。请所有相关人员和负责人给予张太雷同志代表资格。"[1] 同日，舒米亚茨基也签发了俞秀松出席青年共产国际二大的代表资格证明，这说明俞秀松此时已经抵达伊尔库茨克。

远东书记处的任命只是权宜之计，张太雷的代表资格还需要得到中国国内共产党组织的认可。根据上文提到的 1921 年 7 月 20 日远东书记

---

[1] 蔡文杰主编：《张太雷画传》，人民出版社 2019 年版，第 43 页。

处主席团与中国支部及杨好德同志联席会会议记录，上海共产党早期组织的代表杨明斋指出："收到共产国际远东书记处发来的电报，并得知派遣代表团出席第三次代表大会的建议和批准张同志的委任状后，他们非常高兴。尽管张同志在他们那里什么工作也没做，他们还是批准了他的委任状。"① 这正好与舒米亚茨基的回忆相印证："在共产国际'三大'召开的一个月以前，接到一个通知，说中共中央派张太雷同志和刚从中国起程的杨厚德同志作为出席国际'三大'的代表。"② 只是他的回忆遗漏了"中共中央"在委任张太雷为共产国际三大代表之前，是远东书记处联系"中共中央"要求委派代表的。据此可以推断出，远东书记处任命张太雷为代表的同时，即 1921 年 5 月，也向中国国内共产党组织发电报要求派遣大会代表，杨明斋同样是 1921 年 5 月收到消息，并从中国启程赴俄的。

张太雷代表中国共产党参加共产国际三大的代表资格，是先被远东书记处任命、后得到上海共产党早期组织追认，这在组织程序上可以说是非常态的。但考虑到当时共产国际三大召开在即，时间紧迫、情况紧急，远东书记处便宜行事，上海共产党早期组织也顺势而为，共同促成了张太雷的共产国际三大代表资格，这只是过渡时期的特殊产物，不必苛责。

与此同时，张太雷受命起草中国共产党致共产国际三大的报告。舒米亚茨基在 7 月 20 日主持远东书记处与杨好德(杨明斋)联席会议上追述说：

> "为了与一切冒险组织划清界限和介绍中国共产党的工作，由我作为远东书记处的领导人，和张太雷同志起草了一份报告。这份报告是按纯粹的马克思主义的方式写的，没有任何陈词滥调。它的基础乃

---

① 中共一大会址纪念馆编：《中共首次亮相国际政治舞台（档案资料集)》，上海人民出版社 2016 年版，第 155 页。

② 人民出版社编辑部编：《回忆张太雷》，人民出版社 1984 年版，第 193 页。

是对各种力量和形势的严肃客观的评价。"①

在这里，要介绍一下舒米亚茨基其人。如果说柏烈伟是张太雷在国内遇到的第一个来自苏俄的神秘的革命引路人，为张太雷提供了秘密参与建党建团活动的历史契机，那么，舒米亚茨基则是张太雷登上共产国际舞台的重要推手。

舒米亚茨基（1886—1938），本名鲍里斯·扎哈罗维奇·舒米亚茨基，生于西伯利亚的上乌丁斯克，后为当地的铁路工人，是一位老资格的布尔什维克，西伯利亚地区布尔什维克组织的主要领导人之一。早年曾在哈尔滨开展工人运动。他在 1921 年除了以共产国际驻远东全权代表身份负责共产国际远东书记处工作外，还担任俄共（布）远东局委员，红军第五军军事委员会委员（张太雷任命书中的工资 6160 卢布即由红五军拨付），是一位在伊尔库茨克总揽党、政、军权力于一身的"西伯利亚王"②。在共产国际三大召开期间，他以远东代表身份进入大会秘书处，成为秘书处 15 名成员之一。舒米亚茨基对张太雷在远东书记处的工作安排以及出席共产国际三大发挥了重要作用。

考虑到舒米亚茨基身兼数职，工作繁忙，其职责主要是承担这份报告的部门责任，张太雷无疑是这份报告的实际撰稿人。这份报告在以俄文稿形式提交共产国际三大时，张太雷也是唯一的署名作者。这份译成中文长达 1.5 万字的报告最终完成于 6 月 10 日的莫斯科，但起草于伊尔库茨克。

1921 年 5 月下旬，张太雷以中国科临时中方书记、出席共产国际三大的中国共产党代表的双重身份同来自国内的中国社会主义青年团代表俞

① 中共一大会址纪念馆编：《中共首次亮相国际政治舞台（档案资料集）》，上海人民出版社 2016 年版，第 153 页。

② 张国焘著：《我的回忆》第 1 册，东方出版社 1991 年版，第 182 页。

秀松以及远东书记处的部分工作人员，特别是中国科的其他成员，离开了他工作约 3 个月的伊尔库茨克，前往莫斯科。

作为中国共产党早期组织成员，张太雷深知共产国际在中国共产党创建过程中的重要作用。1921 年，当各地共产党早期组织相继建立，中国共产党第一次全国代表大会召开在即之时，张太雷只身前往伊尔库茨克，通过在共产国际书记处中国科尽心尽力的工作以及卓越的工作成绩，得到了共产国际远东书记处领导人的高度肯定和充分信任，进而被委以重任，以中国共产党代表的身份出席共产国际三大。

三、出席共产国际、青年共产国际大会

1. 撰写《致共产国际第三次代表大会的书面报告》

按照达林的回忆，他是在参加青年共产国际二大后，离开莫斯科前往伊尔库茨克的，"从莫斯科到伊尔库茨克，当时即使坐火车也要花费两周左右的时间"[①]。根据瞿秋白《饿乡纪程》中的记载，瞿秋白一行坐火车 1 月 9 日上午 8 时从伊尔库茨克出发，1 月 25 日晚 11 时到莫斯科，这一段行程用了 16 天。如果张太雷是从接受代表任命那天开始从伊尔库茨克坐火车启程，抵达莫斯科应该是在 5 月下旬，甚至月底。在莫斯科，张太雷与先期抵达的瞿秋白再次相聚。

1920 年 9 月，当时在北京俄专读书的瞿秋白与李仲武、俞颂华被北京《晨报》和上海《时事新报》聘为驻俄记者，于 10 月从北京出发，前往苏俄进行采访报道。张太雷与瞿秋白相会时，瞿秋白在"赤都"已经生

---

① ［苏］C. A. 达林著：《中国回忆录（1921—1927）》，侯均初等译，中国社会科学出版社 1981 年版，第 23—24 页。

活、工作了 4 个月。其间，瞿秋白向国内发了大量的新闻稿件，完成了
《饿乡纪程》，正在撰写《赤都心史》。多年以后，瞿秋白在《多余的话》
附录"记忆中的日期"，提到了他在莫斯科入党的情况："（1921 年）五月，
张太雷抵莫介绍入共产党；九月任东大翻译始正式入党"①。

　　当时在莫斯科的还有俞秀松，以及从上海外国语学社前来东方大学的
中国班学生。俞秀松是上海的共产党早期组织的发起人之一，同时也是上
海社会主义青年团的主要创始人，并于 1921 年 3 月出任中国社会主义青
年团临时中央局书记。在接到青年共产国际发来的大会邀请函后，被推举
为出席青年共产国际二大的两个代表之一。同期，上海的共产党早期组织
正在向东方大学派遣中国留学生，上海外国语学社的学生是其主要生源，
俞秀松也被推举为留俄学生代表之一。② 他从上海出发，经北京、哈尔滨、
满洲里、伊尔库茨克来到莫斯科。

　　由于上海的共产党早期组织派遣的出席共产国际三大的代表杨明斋不
知什么原因未能按时赶到（后滞留在伊尔库茨克），远东书记处舒米亚茨
基又运作共产国际执委会，邀请已经来到苏俄原本准备出席青年共产国际
二大的中国社会主义青年团代表俞秀松，与中国共产党代表张太雷共同组
成出席共产国际三大的中国代表团。6 月 4 日，共产国际执行委员会向俞
秀松签发了委任状："任命俞秀松同志为中国社会主义青年团参加青年共
产国际代表大会和共产国际第三次代表大会的代表，特颁发此状。"③ 此
外，由于受邀出席青年共产国际二大的另一位代表——北京社会主义青年
团的何孟雄因故受阻于前往苏俄的途中，青年共产国际随后由已经抵达莫

---

① 《瞿秋白文集：政治理论编》第 7 卷，人民出版社 2013 年版，第 721 页。

② 参见中共一大会址纪念馆编：《中共首次亮相国际政治舞台（档案资料集）》，上海人民
　出版社 2016 年版，第 108 页。

③ 中共一大会址纪念馆编：《中共首次亮相国际政治舞台（档案资料集）》，上海人民出版
　社 2016 年版，第 115 页。

斯科的来自上海的东方大学中国学生推举陈为人为新的代表。

由于中国尚未建立起全国统一的共产党组织，在舒米亚茨基的帮助下，共产国际三大资格审查委员会赋予了中国共产党代表发言权。这里需要说明的是，共产国际三大资格审查委员会关于大会代表表决权与发言权的规定：综合考量党员数量、政治作用和发展前途三项因素，将各国代表团分为 5 个等级，分别赋予 40 票、30 票、20 票、10 票、5 票的表决权。表决权及其票数是赋予整个代表团的，没有落到具体的个人身上，只有当代表团内部意见不一致时，"由代表团成员各自投票，万不得已时，必须同主席团进行磋商"①。共产主义运动力量较弱或革命性质尚是民族革命运动的国家，只享有发言权。

1921 年 6 月 13 日，张太雷、俞秀松、陈为人三人正式入住共产国际宿舍。俄罗斯国家社会政治历史档案馆存有他们的住宿登记表：张太雷与俞秀松合住 78 号房间，陈为人住 77 号房间。② 在此之前，张太雷在舒米亚茨基的指导下，于 6 月 10 日撰写完成了中国共产党致共产国际第三次代表大会的报告。

保存在俄罗斯国家社会政治历史档案馆的这份俄文版的报告，标题的直译是"中国共产党代表的报告"（Доклад делегата Китайской Коммунистической Партии），张太雷（Чжана-Тай-Лай.）是唯一的署名作者。③ 学界目前通称《致共产国际第三次代表大会的书面报告》（以下简称《书面报告》）。

学界对《书面报告》的起草者已经有比较深入的研究，认为除张太雷外，舒米亚茨基、俞秀松、瞿秋白、陈为人、杨明斋等也参与了起草和修订工

---

① 王学东主编：《国际共产主义运动历史文献》第 31 卷，中央编译出版社 2011 年版，第 125 页。

② 参见蔡文杰主编：《张太雷画传》，人民出版社 2019 年版，第 54 页。

③ 参见蔡文杰主编：《张太雷画传》，人民出版社 2019 年版，第 45 页。

作，以至众说纷纭。① 事实上，除了我们了解的身处莫斯科或伊尔库茨克的俞秀松、瞿秋白、杨明斋等人之外，还应该看到远东书记处本身就有一个比较完备的组织体系和情报系统。张太雷不是中国科的唯一成员，他精通英语，但不擅长俄语，远东书记处不乏精通英语之士，特别是中国科的俄方人员大多擅长汉语。如果以为能够将张太雷的中文或英文文本翻译成俄文的只能是瞿秋白、李仲武、俞颂华等身在莫斯科的国人，如果以为报告中提到有关中国形势的内容一定是由从国内过来的党团员所提供的材料，这就等于无视远东书记处这个机构的存在，显然是把问题看简单了。

这份《书面报告》应该是一个多人合作的产物，但署名张太雷，一来张太雷肯定是主要的撰稿人，二来相对于远东书记处的其他工作人员，张太雷作为中国共产党代表显然最具有代表性，因此，将《书面报告》视为其个人著述是合乎逻辑、可以成立的。

作为这份《书面报告》的指导者，舒米亚茨基对《书面报告》的完成十分满意，他在1921年7月20日远东书记处联席会议上对《书面报告》给予高度评价：

> "这份报告是按纯粹的马克思主义的方式写的，没有任何陈词滥调。它的基础乃是对各种力量和形势的严肃客观的评价。代表大会将据以做出结论，并制定出对待共产主义运动的工作方法和立场。在此报告中，我们解释了中国这些共产主义组织的发展过程何以形同激进知识分子的运动，并论述了现在的任务和我们为之奋斗的目标。"②

---

① 参见叶孟魁：《一篇有重要历史意义的文献》，《中共党史研究》，1990年第5期；李玲：《关于〈张太雷致共产国际第三次代表大会的报告〉的作者——与叶孟魁商榷》，《中共党史研究》，1992年第3期；[日] 石川祯浩著：《中国共产党成立史》，袁广泉译，中国社会科学出版社2006年版，第206—209页。

② 中共一大会址纪念馆编：《中共首次亮相国际政治舞台（档案资料集）》，上海人民出版社2016年版，第153页。

在舒米亚茨基看来，《书面报告》既是中国共产党的工作汇报，也是远东书记处的一个工作业绩。《书面报告》除了提交共产国际执委会外，还在作了部分删改后，发表在远东书记处刊物《远东人民》1921年第3期上。

《书面报告》共有9部分，在内容上相对各成体系，以下按《书面报告》原有的9个部分进行解读。

第一部分"中国的政治形势"，主要讨论中国革命的朋友和敌人问题。首先是革命的朋友——民族资产阶级，从1911年辛亥革命失败，说明民族资产阶级的力量和组织程度还不足以推翻专制统治，到20世纪20年代民族资产阶级日益介入政府事务，说明民族资产阶级的力量已发展到足以战胜专制统治，它们之间的冲突必然发生，因此，"那时中国无产阶级就会得到登台表演的机会，它要帮助资产阶级推翻专制统治者，然后再设法使资产阶级遭到同样的命运"[1]。张太雷认识到目前中国社会的主要矛盾之一尚是资产阶级与封建军阀之间的矛盾，中国共产党需要先与资产阶级合作解决这一矛盾，然后再进行无产阶级推翻资产阶级统治的社会主义革命。其次是革命的敌人——以日本为代表的帝国主义，它们支持各军阀相互争夺，使中国处于支离破碎的状态，以利于其侵略中国，这就涉及中国社会的另一对主要矛盾，即整个中华民族与帝国主义之间的矛盾，因此，张太雷忧心地指出："只要日本的军事实力未被摧毁，只要日本政府的帝国主义还在，中国的统一就没有任何指望。"[2]

第二部分"经济状况"，以中国半殖民地半封建色彩的经济现状为依据，指明中国革命的出路。在帝国主义的入侵下，中国小农业和手工业经济开始解体，但还占不小的优势，外国资本主导的现代工业经济有一定发展，这就形成了半殖民地半封建的经济特色。在这种情况下，列强控制着

---

① 《张太雷文集》，人民出版社2013年版，第7页。

② 《张太雷文集》，人民出版社2013年版，第8页。

中国海关、厘金妨碍着国内市场的畅通，国内缺乏民族资本，资本主义道路在中国是行不通的。因此，张太雷提出："唯一的办法是建立共产主义制度，没收为世界掠夺者效劳的虚弱的民族资产阶级所拥有的一切资本、生产资料和生产工具，并把它们转交给已经组织起来的无产阶级，以便发展中国的工业。"①这个革命出路的共产主义方向是正确的，但在具体做法上要没收民族资产阶级的财产归无产阶级所有，和当时的中国实际不符，也和他在第一部分提出的帮助资产阶级推翻专制统治的革命步骤相矛盾。

第三部分"知识分子"，主要介绍以北京大学和《新青年》为标志的新文化运动及五四运动。蔡元培出任北京大学校长后，聘请陈独秀、杜威等国内外知名学者来校任教，促使学生转向现代知识的学习和谋求社会进步。《新青年》批判孔子学说、倡导文学革命，具有了一定的共产主义性质。这些成为后来的五四运动的思想动力。五四运动前后出现的期刊和社团反映出知识分子对哲学、经济学、社会主义等领域的关注。张太雷得出结论："中国社会已经越出狭隘封建农奴制关系的范围，但是，它在摆脱这种状况的同时却不能接近资产阶级文化，因为现在中国被世界帝国主义者肢解成许多独立的'势力范围'，它的国民经济的潜力，它的取之不尽的自然资源，被强大的外国资本套上了殖民剥削的锁链。"②这说明仅仅学习西方的思想文化是无法摆脱"封建农奴制"和帝国主义的压迫的，必须从根本上改变中国半殖民地半封建社会的性质，否则其他的设想都是空中楼阁，根本无法实现。

第四部分，"社会主义运动"，主要评介中国各种社会主义思潮。五四运动前后，《新青年》专刊介绍马克思主义和卡尔·马克思，成立马克思主义研究会，马克思主义在中国的传播和影响日益广泛。但在马克思主义

---

① 《张太雷文集》，人民出版社 2013 年版，第 10 页。

② 《张太雷文集》，人民出版社 2013 年版，第 12—13 页。

之外，还有其他流派的社会主义思潮，主要是无政府主义、改良主义和新村主义，张太雷逐条分析各自的影响，指出："无政府主义传播很广，就是现在在中国也还有很多无政府主义组织，各大城市都有无政府主义小组，但没有统一的组织"①；改良主义者将来可能会取得政权，是中国无产阶级潜在的敌人；新村主义因为其空想性而无法在中国社会扎根，它已经失去了追随者。

第五部分，"妇女运动"，特别说明中国妇女低下的地位和高昂的革命积极性。几千年的中国封建传统，造成妇女低下的家庭地位和社会地位。为获得自身的解放和独立，她们走上革命道路，在 1911 年的辛亥革命和 1919 年的五四运动中都能看到妇女的身影。妇女在革命过程中，和其他被剥削者和被压迫者结成命运共同体，同时，她们也在中国的社会现实中慢慢觉醒，"到我们的共产主义队伍中寻找'解放'自己的方法，……使中国的女知识分子以及中国的男女工人获得经济上和政治上的解放，惟有中国无往而不胜的无产阶级革命才能做到这一点"②。同第二部分一样，这部分把资本主义看作妇女和其他被剥削、被压迫者的敌人，妇女革命最后也落脚到无产阶级革命，超越了当时中国所处的革命阶段。

第六部分，"中国工人和农民的状况"，分门别类地分析中国农民和工人的经济地位和思想状况。张太雷将农民分为自耕农、佃农、雇农三类，农民的小生产者思想比较浓厚，因此，农民和无产阶级的联盟"只有在中国无产阶级同中国地主和农场主进行斗争的过程中，在剥夺这些剥削者的生产资料——土地的基础上，才应该并且也才能够得以实现"③。他初步提出了工农联盟的革命思想，并指出工农联盟的基石是土地革命，由此大胆断言："不管中国农民多么愚昧和不觉悟，他们必将同工人群众一道为争

① 《张太雷文集》，人民出版社 2013 年版，第 14 页。
② 《张太雷文集》，人民出版社 2013 年版，第 17 页。
③ 《张太雷文集》，人民出版社 2013 年版，第 18 页。

取自由和土地而同帝国主义者和农场主展开斗争。"[①]他将工人分为工厂工人、手工业工人和苦力三类，其中：工厂工人工时长、工资低，所受压迫最大，阶级意识最强，"资本主义制度本身教他们懂得了组织起来的好处，而客观的社会发展条件已使他们置身于共产主义战士的行列之中"[②]，是中国革命的领导力量；手工业工人由于手工业受到机器生产和外国商品的排挤而越来越少，他们或者到城市的大工厂找工作，或者到农村给地主当雇工；苦力占中国工人阶级的很大一部分，多是从破产的农民和手工业工人转变而来。

第七部分，"中国的工人运动"，主要分析中国现有工会的性质和罢工运动。张太雷把中国现有的工会分为5类：谋求改善物质待遇的同业公会和行会，资本家用作政治工具的伪工会，资本家主导的工会，互助性质的同乡会，无产阶级性质的工会。其中，无产阶级性质的工会、同业公会和行会都有改善物质状况的经济目的，但无产阶级工会与后者的组织原则不同，且支援工人运动，政治目的色彩日渐强化。从1919年五四运动中登上历史舞台的工人罢工说起，列举1918年的香港机器、五金工人罢工和南京丝织工人罢工，1921年的上海法租界电车工人罢工和唐山煤矿工人罢工。虽然这些罢工依然以经济目的为主，但已经出现南京丝织工人的政治性罢工，这种趋势越来越明显，因为在罢工中"他们已经证明自己具有坚定性和无产阶级团结精神，他们还证明，他们没有丧失革命精神，在必要时他们能够展示自己的力量"[③]。工人阶级所特有的团结和革命精神，推动着工人运动向着政治方向蓬勃发展。

第八部分，"中国的共产主义运动"，这一部分基本复制了前述《张太雷向共产国际远东书记处的报告》，主要说明1921年3月召开各组织

---

① 《张太雷文集》，人民出版社2013年版，第19页。

② 《张太雷文集》，人民出版社2013年版，第20页。

③ 《张太雷文集》，人民出版社2013年版，第24页。

代表会议和中国共产党早期组织的宣传和组织情况。为了把无政府主义者清理出组织，1921 年 3 月召开各组织会议，发表目标和原则宣言，制定临时纲领，从此和无政府主义者分道扬镳。[①] 中国共产党早期组织的宣传部门介绍苏俄的情况、揭露美日等帝国主义的侵略本质，出版报刊，翻译马克思主义著作，传播马克思主义；组织部门在各城市建立社会主义青年团，开办工人学校和工人俱乐部，建立无产阶级性质的工会。这些活动依托的是已建立的 7 个省级地方党组织，分别是北京组织、天津组织、汉口组织、上海组织、广州组织、香港组织和南京组织。这点和传统党史界关于中共一大前只有 6 个国内地方早期组织的观点不同，多了天津组织、香港组织和南京组织，少了长沙组织和济南组织。在这一部分的最后，报告引以为豪地强调"在我们的队伍中有一些革命马克思主义的大理论家，对我们的事业有很大好处"[②]，这里指的是中国共产党的主要创始人陈独秀和李大钊，称他们为党内优秀的马克思主义理论家是名副其实的。

与《张太雷向共产国际远东书记处的报告》的不同之处是，张太雷将上述 7 个地方党组织及其活动——作了具体阐释，其中，对天津组织及其唐山站分部介绍得最为详细，文字量超过了对北京组织等其他 6 个组织各自的介绍。其全部内容如下：

"天津组织及其唐山站分部，该分部的成员是津浦铁路这个最大车站的铁路修配厂的工人。党特别重视唐山地区，因为它是中国的一个最大的工业中心，这里有：(1) 拥有二千五百名工人的京奉铁路修配厂；(2) 拥有二千名工人的启洋灰厂；(3) 拥有一万四千名工人的开滦

---

① "三月会议"可以说是中共一大的预备会议，但其是否确实召开过，学界还有不少争议，有待于新史料的发掘。

② 《张太雷文集》，人民出版社 2013 年版，第 27 页。

矿业公司的矿井。在这个地区，现在我们党正力求通过开办工人学校、工人俱乐部和建立各产业工会发起组的办法来巩固自己的阵地。我们在这里除了共产主义组织外，还有两个小组，一个是五金工人小组，另一个是铁路工人小组，在它们周围，我们团结了相应的工会。"①

应该说，第八部分是整个报告中最有价值的部分，不仅在当时向共产国际报告了中国共产党早期组织以及共产主义运动的发展状况，而且对后来的党史研究提供了非常重要的文献资料。当然，其中的一些阐述既为党的创建史研究提供了重要线索，同时也为这一问题的深入研究平添了许多难度。

第九部分，"我们的前景"，重申中国社会的主要矛盾和依靠阶级，展望中国的革命前景。共有六点展望：第一、二、五点是要将人民群众反对封建军阀的民主革命斗争和中华民族反对帝国主义的民族革命斗争纳入无产阶级领导的革命运动，第三、四点是以上述矛盾斗争为号召，把日本帝国主义和奉系军阀手下的游民无产阶级军队争取到无产阶级革命队伍中来，第六点明确中国共产党是代表中国无产阶级的政党，提出党的基本目标："加紧把分散的无产阶级力量联合成一些强大的阶级组织，……将他们组成一支无往而不胜的无产阶级革命大军，使之成为整个世界无产阶级的一个组成部分。"② 在这个过程中也要把知识分子和妇女融合进来。

尽管《书面报告》有个别知识性错误、表述重复等瑕疵，但瑕不掩瑜，它具有重要的理论和政治意义。《书面报告》对中国国情、革命任务等的陈述和分析是基本符合实际的，对此后中国革命的推进有一定的理论指导意义。更重要的是，它对中国共产党获得共产国际认可具有重

---

① 《张太雷文集》，人民出版社 2013 年版，第 26 页。
② 《张太雷文集》，人民出版社 2013 年版，第 29 页。

要的政治意义，正如舒米亚茨基在远东书记处与中国支部及杨明斋的联席会议上所言："我们写了这个报告，为的是将其纳入［共产国际］第三次代表大会的记录之中，使其成为下一步工作的基础，并以此证明共产党的成熟。"①

2. 出席共产国际三大，开展代表资格的斗争

1921 年 6 月 22 日，共产国际第三次代表大会在莫斯科大剧院举行盛大开幕式。瞿秋白在《赤都心史》中生动地描绘了开幕式的盛况："大剧院五千余座位都占得满满的，在台上四望，真是人海，万头攒动，欣喜的气象，革命的热度已到百分。祇诺维叶夫（Zinovieff）致开会词：'我以第三国际执行委员会的名义宣布第三次的'为全世界所嫉视的'共产国际大会开会……'下面鼓掌声如巨雷，奏《国际歌》……各代表演说庆祝完了之后，还聘请全俄全世界负盛名的名伶沙略屏（Sholiapin）唱歌曲余兴，……歌声入云际。"②

与此热烈气氛不和谐的是，张太雷、俞秀松发现在中国代表团的名单中，除他们两人之外，还有一位中国社会党代表——江亢虎。江亢虎也注意到张太雷这位来自江苏的青年。几年后，他在追忆大会开幕时提到这样一个情景："及出席时，见张与舒氏在座，因询之曰：'君代表券乎？来宾券乎？请相示。'张不可，而转索余券。余立示之，张乃以其券示，则亦代表券也。"③一场没有硝烟的战斗就这样拉开了序幕。

江亢虎（1883—1954），江西弋阳人，早年留学日本，回国后任清政府北洋编译局总办和《北洋官报》总撰。1910—1911 年间，他游历

---

① 中共一大会址纪念馆编：《中共首次亮相国际政治舞台（档案资料集）》，上海人民出版社 2016 年版，第 154 页。

② 《瞿秋白文集：文学编》第 1 卷，人民文学出版社 1985 年版，第 159—160 页。

③ 江亢虎著：《新俄回想录》，军学编辑局 1925 年版，第 80 页。

了日本、英国、法国、德国、荷兰、比利时和沙俄等国，回国后便主张社会主义，并成立"社会主义研究会"。他主张的社会主义，即"三无主义"——无国家、无宗教、无家庭，实际是无政府主义。无政府主义与社会主义之间的界限在当时高度模糊，均为社会上非常时尚的思潮。1911年底，他将"社会主义研究会"改组为中国社会党，积极开展宣传和实践活动，并宣布党的宗旨是"不妨害国家存立范围内主张纯粹社会主义"。该党不但是中国第一个社会党，也是中国第一个以"党"命名的政治团体。

江亢虎因为比较早地提倡"社会主义"而名声大噪。青年毛泽东曾在1919年7月21日的《湘江评论》上发表的文章中提到："近数年来，中国的大势斗转。蔡元培，江亢虎，吴敬恒，刘师复，陈独秀等，首倡革新。革新之说，不止一端。"[1] 江亢虎的社会影响可见一斑。

江亢虎的言行自然受到俄共(布)、共产国际方面的关注。1920年7月，俄国共产华员局刘谦在致中国国内共产主义者的信中说："中国无产阶级的领袖江亢虎……在此期间（应是指1911—1913年——引者），收到过他发的三封信"，并向国内共产主义者询问江亢虎的去向。[2] 江亢虎三封信的内容不得而知，但从刘谦信中的表述可以看出他对江亢虎的高度肯定和信赖。据张国焘回忆，1920年10月，北京的共产党早期组织在李大钊办公室开会欢迎江亢虎由美回国，试图与他联合推动工人运动等革命活动的开展，但是因他仍寄希望于议会活动而未果。从此，中国共产党人认清了江亢虎的真实面目，断然抛弃和江亢虎之类的无政府主义者联合的想法。李大钊当即指出："我们总希望中国的一切社会主义者都能在马克思主义旗帜之下团结起来，现在像江亢虎这样的人既不感兴趣，那末，只有我们

---

① 中共中央文献研究室等编：《毛泽东早期文稿》，湖南出版社1990年版，第364页。

② 参见中共一大会址纪念馆编：《中共首次亮相国际政治舞台（档案资料集）》，上海人民出版社2016年版，第19—20页。

这些后起者勇往直前的干下去。"①

　　1921年4月，江亢虎启程前往苏俄，他从驻华的远东共和国优林代表团处取得介绍信，抵达远东共和国首府赤塔后，在远东共和国行政委员会委员长克拉斯诺晓科夫的帮助下，从共产国际远东书记处赤塔代表处取得前往莫斯科的护照，6月21日抵达莫斯科。②而在此之前（具体时间不详），共产国际执行委员会公布了被邀请出席共产国际第三次世界代表大会的组织的初步名单，其中，"中国：社会主义党左派（只有发言权），共产主义小组（只有发言权）"③。这说明共产国际从一开始同时认可中国共产党早期组织和中国社会党的代表资格，且都拥有发言权。这也是江亢虎比较顺利地通过层层手续到达莫斯科的原因。

　　6月22日大会开始后，共产国际发布的各国代表名单的"中国"一栏下，同时出现了三个人的名字：张太雷（共产党）、江亢虎（社会党）、俞秀松（青年团），④而共产国际执委会发给江亢虎的居然是有表决权的代表证。⑤根据上文已述及的共产国际三大资格审查委员会关于大会代表表决权的规定，即表决权是以各国代表团为单位的，不存在单纯个人的表决权，这样就出现了两个问题：一是中国社会党代表江亢虎需要和中国共产党代表张太雷组成中国代表团；二是江亢虎获得的表决权，既与之前初步组织名单中中国社会党拥有发言权的规定冲突，又与之后（6月25日）资格审查委员会总结报告中"其运动尚嫌弱小的国家如中国，享有发言

---

①　张国焘著：《我的回忆》第1册，东方出版社1991年版，第107页。

②　参见《张太雷文集》，人民出版社2013年版，第36页；汪佩伟著：《江亢虎研究》，武汉出版社1998年版，第170—172页。

③　王学东主编：《国际共产主义运动历史文献》第31卷，中央编译出版社2011年版，第13页。

④　参见蔡文杰主编：《张太雷画传》，人民出版社2019年版，第51页。

⑤　参见［日］石川祯浩著：《中国近代历史的表与里》，袁广泉译，北京大学出版社2015年版，第253页。

权"① 的认定相冲突。

如上文所述，共产国际在初步组织名单中同时认可共产党和社会党拥有发言权的代表资格，对此现象，拉狄克在 6 月 25 日大会第四次会议作资格审查委员会工作报告时特别说明："关于出席大会的拥有发言权的党的问题。这些党虽然尚未加入共产国际，但与共产国际保持接触，……允许上述组织参加大会并享有发言权，绝不意味着接受它们加入共产国际。大会、大会专门委员会及执行委员会认为，通过与这些党的接触，弄清这些党与加入共产国际的条件尚有多大距离，以及必须向它们提出哪些新的条件，是自己的职责。"② 由此可知，就中国而言，共产国际准许两个政党参加共产国际代表大会，然后通过了解和考察，从中遴选符合条件的政党加入共产国际。再联系共产国际二大通过的《加入共产国际的条件》规定："凡是愿意加入共产国际的党都应称为：某国共产党（第三国际即共产国际支部）。名称问题不只是一个形式问题，而且是具有重大意义的政治问题。"③ 这意味着获得共产国际的承认，直接关系到该党在共产国际和中国国内的正统地位，那么，来自中国的两个政党必将展开非此即彼的激烈斗争。具体来说，为了使中国共产党取得唯一的正统地位，张太雷就必须将江亢虎代表的中国社会党排除出局，这也成为他反对江亢虎代表资格的核心诉求。

张太雷认识到情况的严重性和紧迫性。他与中国社会主义青年团代表俞秀松商议后，先后以中国共产党代表的名义，向共产国际资格审查委员会提出三次抗议。目前的资料仅见到张太雷和俞秀松联名的第三次抗

---

① 王学东主编：《国际共产主义运动历史文献》第 31 卷，中央编译出版社 2011 年版，第 124 页。

② 王学东主编：《国际共产主义运动历史文献》第 31 卷，中央编译出版社 2011 年版，第 122—123 页。

③ 王学东主编：《国际共产主义运动历史文献》第 30 卷，中央编译出版社 2012 年版，第 649 页。

议，是用英文写的，由张太雷亲自寄给季诺维也夫，信中指出："如果贵委员会承认江亢虎作为北京政府大总统的代表参加会议，我们不会反对；但是，如果贵委员会承认他作为中国社会党的代表出席大会，我们表示反对。"①

张太雷与俞秀松一针见血地提出了江亢虎的代表身份问题，其若被视为北京政府总统的私人代表，即个人身份，这不会影响中国共产党的唯一性和正统性，但其若被视为中国社会党代表的组织身份，这将有损于中国共产党的地位，所以他们反对的是江亢虎的组织代表身份，而不是笼统地反对其出席大会。这成为他们此后抗议的核心论点。在此基础上，他们釜底抽薪地指出中国社会党不存在和江亢虎的反动本质，这"无疑会损害共产国际与中国共产党的活动和声誉"②，并保留提供有关江亢虎的证据的权利。

但是，张太雷和俞秀松向资格审查委员会的抗议未达到目的，他们又联名用俄文致信共产国际执行委员会主席季诺维也夫，一方面重申第三次抗议的论点，另一方面提供了第三次抗议所称的"有关江亢虎的证据"："辛亥革命时，他在上海组织过社会党。……该党被袁世凯解散后不久即告瓦解，这也可以说明该党的质量。江亢虎随即前往美国，直到去年才回国。……于是他就倒向反动的督军们及其首领——北京的总统，总统任命他为私人顾问。此后总统派他到了俄国，据他妻子告诉我们的翻译戈尔斯基同志，他的任务是搜集资料，准备写一本关于苏俄的书。"③上述所列的证据基本符合事实——1913 年 8 月"二月革命"失败

---

① 转引自［日］石川祯浩著：《中国近代历史的表与里》，袁广泉译，北京大学出版社2015 年版，第 251 页。
② 转引自［日］石川祯浩著：《中国近代历史的表与里》，袁广泉译，北京大学出版社2015 年版，第 251 页。
③ 《张太雷文集》，人民出版社 2013 年版，第 36 页。

后，袁世凯即武力解散中国社会党，江亢虎遂出走美国；1920 年回国后，他曾拜访有世交的北京政府总统徐世昌，国务总理靳云鹏拟聘其为国务院顾问，被其谢绝；他来俄的目的后来也得到了证实，其在 1923 年出版的《新俄游记》"自叙"中称："此次冒险旅行，原意就新俄政治经济各设施，实地调查，具体报告，搜集资料，……拟勒专著，用中英文刊出。"① 这些证据与第三次抗议的论点相互支持，向共产国际有力地揭露了江亢虎的迷惑性和欺骗性，他所谓"社会主义者"的名声，仅仅"是因为他第一个在中国提出社会党的名字，而不是因为他在中国从事过社会主义的工作。他从来没有接近过工人，也没有写过一本关于社会主义的书。他同现在的中国社会主义运动毫无关系"，从而使抗议的说服力大大增强。张太雷和俞秀松在信中指出："我们知道，殖民地国家中的任何一个革命政党都可以参加共产国际，拥有发言权"，但江亢虎"不代表任何政党"，"是反动的北京总统的私人代表，如果我们信任他，我们可以按这个身份接待他"②。这里依然是在重申第三次抗议的论点，即反对江亢虎中国社会党代表的组织身份，但可以承认其北京政府总统代表的个人身份。

为引起共产国际的足够重视，以张太雷为首的中国代表团联合朝鲜、日本代表团就江亢虎代表资格问题致信共产国际执行委员会，以三个远东代表团的名义"再次请求你们从共产国际第三次代表大会名单中和所有公布的文件中将江亢虎除名，因为在代表名单中公布他的名字无疑对远东的共产主义运动造成极其不良的影响"③。在这封接近于公开的抗议书中，张太雷回避了江亢虎是否可以以个人名义参会的问题，坚决要求索回他的资

① 江亢虎著：《新俄游记》，商务印书馆 1923 年版，"自叙"，第 1 页。
② 《张太雷文集》，人民出版社 2013 年版，第 36—37 页。
③ 中共一大会址纪念馆编：《中共首次亮相国际政治舞台（档案资料集）》，上海人民出版社 2016 年版，第 140 页。

格证书并且从大会名单中除名。

张太雷、俞秀松不懈的努力获得了回报。尽管我们现在并没有发现在张太雷、俞秀松的抗议和申诉中，舒米亚茨基发挥作用的具体材料，但从其历来的言行来看，他无疑是支持张太雷、俞秀松行动的。或许是考虑到他与同僚的关系，特别是与同在俄共（布）远东局工作、批准江亢虎入境的克拉斯诺晓科夫的关系，舒米亚茨基并没有以远东书记处的名义介入此事。

6月25日，江亢虎的具有表决权的代表证被共产国际执委会书记科别茨基收回。共产国际方面这样做，一方面是因为中国共产党代表张太雷等人的抗议，另一方面是因为这与初步组织名单的规定、资格审查委员会的认定相冲突。限于目前的档案资料，我们还无法判定共产国际收回江亢虎代表证在多大程度上受到张太雷、俞秀松抗议的影响，单从江亢虎方面的反应来看，他非常强调张太雷等人的抗议在其中的作用。他事后回忆说："本以社会党代表名义出席第三国际会，已就绪矣。闻某团代表张某（即张太雷——引者注），为中国共产党代表，系由东方管理部部长舒氏（即舒米亚茨基——引者注）所介绍而来者。……出席二三日，不意国际会竟将余券收去。……至终事后细访其故，始知张某等竟设为种种证据，致书于国际会，以中政府侦探目余。不知彼所指为证据者，余到时均一一预有详细声明，国际会察之，故卒还余券也。"[①] 根据上文所述，他叙述的代表证收回与重发的过程是符合事实的，但其在大会后探查其中缘由，称对张太雷所列的证据都"预有详细声明"，可谓是先知先觉，显然有自我拔高之意，其所称收回代表证的原因也就不足信了。

6月29日，江亢虎致信季诺维也夫表示抗议："我代表中国社会党来

---

① 江亢虎著：《新俄回想录》，军学编辑局1925年版，第80—81页。

到本地，该党组织，如前面声明所述，希望与第三国际合作。抵达莫斯科后，……向 Shumiasky（即舒米亚茨基——引者注）同志递交了委任状。在第三次大会的开幕日，我领到了有表决权的代表证（no.20）。但是，在参加大会四天之后，Kabasky（即科别茨基——引者注）同志命令我交回代表证。既没有任何说明，还剥夺了我作为出席者的权利。……希望您告诉我向何处申诉，才能重新得到原来的代表证，或者申请新的入场证。"[①]由于种种原因，7 月 2 日，共产国际执委会给他发了"新的入场证"——具有发言权的代表证。[②]虽然江亢虎回国后自称在大会上有关于"新民主主义"的发言[③]，但在 7 月 12 日讨论东方问题的第二十三次会议上，没有他的发言记录。

张太雷和俞秀松坚持不懈的抗议，最终取得了可喜的成果。共产国际把江亢虎代表的中国社会党从大会的初步组织名单中除名，也没有给其发言的机会或者剔除了其发言记录，但江亢虎凭借 7 月 2 日重发的代表证，继续出席了共产国际三大。在共产国际三大最后公布的大会代表统计表中，中国代表团仅有中国共产党和青年团代表各 1 人[④]，分别是张太雷和俞秀松，而不再有初步组织名单中的"社会主义党左派"即中国社会党。江亢虎在回国后写就的《新俄游记》中这样记述："余非共产党人，惟以社会党人资格列席，亦蒙优待，认为代表，并予以发言权。"[⑤]这说明江亢虎在 7 月 2 日以后获许继续参加大会，但是以个人身份或作为来宾列席会

①　转引自［日］石川祯浩著：《中国近代历史的表与里》，袁广泉译，北京大学出版社 2015 年版，第 251—252 页。

②　参见中共一大会址纪念馆编：《中共首次亮相国际政治舞台（档案资料集）》，上海人民出版社 2016 年版，第 141 页。

③　参见汪佩伟著：《江亢虎研究》，武汉出版社 1998 年版，第 173—174 页。

④　参见王学东主编：《国际共产主义运动历史文献》第 32 卷，中央编译出版社 2011 年版，第 485 页。

⑤　江亢虎著：《新俄游记》，商务印书馆 1923 年版，第 26 页。

议，而不再是共产国际认可的中国代表团的成员。

共产国际没有完全取消江亢虎的代表资格表明，共产国际力图在中国共产党代表与江亢虎之间寻找平衡点，既最大限度满足中国共产党代表的要求，又不过于伤害与江亢虎的关系，这是因为正处于帝国主义封锁状态下的苏俄，试图和一切有影响的人物保持友好关系，以扩大苏俄革命的影响，以至于苏俄外交人民委员部10月向其颁发国宾待遇证书，要求"各单位全力协助江亢虎同志为写书收集材料"①。

张太雷、俞秀松与江亢虎的共产国际三大代表资格的斗争，对中国共产党的创建产生重大而深远的影响，其意义并未被学界充分认识到。

张太雷和俞秀松以敏锐的政治意识与强烈的责任担当，充分认识到江亢虎以中国社会党代表的组织身份出席共产国际三大是一个十分严重的政治问题，关系到中国共产党在共产国际中的地位确认问题。无论从世界无产阶级革命的角度，还是着眼于中国民族独立和人民解放事业，中国共产党早期组织能否得到共产国际的承认都是一个事关生存与发展的关键问题。

但是，共产国际一方面希望中国建立一个真正意义的共产党组织并将其纳入共产国际组织体系中，另一方面也需要联合中国国内各革命势力以开展反帝斗争并助推世界无产阶级革命；因此，对中国有一定影响力的人物和势力均采取联合和支持的政策。在对待江亢虎的问题上，共产国际无论是对其赴苏俄的手续一路放行，还是对其签发有表决权的代表证，到收回原代表证、换发新代表证的整个过程，都表现出对其不愿舍弃的态度，在某种程度上都是这种政策的反映。共产国际这种"双管齐下"的政策，无形中增加了张太雷等人反对江亢虎代表资格的斗争

---

① 中共一大会址纪念馆编：《中共首次亮相国际政治舞台（档案资料集）》，上海人民出版社2016年版，第177页。

难度。

张太雷等人面对共产国际的上述态度，在缺乏与国内共产党早期组织取得联系的情况下，积极主动地采取措施，从江亢虎中国社会党的组织身份入手，不断向共产国际有关部门和负责人提出抗议和申诉，最终促使共产国际取消了江亢虎的组织代表资格，从而维护了中国共产党在共产国际的唯一合法地位。虽然共产国际允许江亢虎以个人身份继续出席大会，但已经不具有组织代表的身份与意义。这个结果看似略有遗憾，但符合当时的历史背景与条件，也无碍于张太雷等人斗争的伟大意义。①

3. 大会演说，起草关于殖民地问题的提纲

共产国际三大的主要议程是讨论世界经济、政治形势以及确定共产国际的主要任务、策略问题。东方问题虽然被列入议程，属于大会预定的十项议程之一，而且出席大会的远东和近东各国代表的数量空前，但并没有引起大会主持者以及居于明显多数的欧洲代表的关注。这次大会对东方问题的重视程度，不要说与此后的四大，即便是与此前的二大，均不能相提并论。托洛茨基的报告《世界经济危机与共产国际的新任务》（6月23日）、季诺维也夫的报告《共产国际执行委员会的工作总结报告》（6月25日）、拉狄克的报告《共产国际的策略问题》（6月30日），均极少谈及东方问题。以至在讨论托洛茨基报告时，英属印度共产党代表罗易在发言中抱怨，"讨论世界经济形势和资本主义生产目前所经历的危机，不应当局限于欧洲和美国"，并提议"提纲应当单列一条，强调殖民地对巩固国际资本主义的重要作用和指出共产国际的任务——注意殖民地的资源，这些

---

① 参见王龙腾、蔡文杰：《共产国际三大上中国代表资格之争及其意义——兼论张太雷在中国共产党创建史上的贡献》，中国共产党创建史研究中心编：《中共创建史研究》第4辑，上海人民出版社2019年版，第107—116页。

资源有可能被资本主义体系广泛用来实现其复兴目的"①。列宁出席了部分会议，在讨论拉狄克的报告时，列宁发言，强调共产国际在欧洲无产阶级革命处于低谷时应当采取"防御"策略。针对以意大利共产党代表特拉奇尼、德国代表弗里斯兰特等少数代表的"进攻"主张以及由此引发的意见分歧，列宁明确指出："我，我们大家，俄国代表团，应当坚持决不改动提纲一个字。……够啦！否则太危险了！"②

1921年7月12日下午1点，大会在第二十三次会议上终于讨论了东方问题。由于这是大会的最后一天，晚上还要开第二十四次会议，通过一系列决议和提纲，选举共产国际执行委员会主席，并由主席致闭幕词宣布大会闭幕，因此，第二十三次会议的讨论时间相当紧张。在来自英国、土耳其、希腊、伊朗等国的代表相继发言后，主持人柯拉罗夫代表大会主席团当即宣布，后面发言人的时间限定为5分钟，并且不作现场同步翻译。在这之后，共有7位代表发言。张太雷紧随印度代表罗易之后，第三个登场，用英语发表了简短的演说。

这是中国共产党人第一次在共产国际的大会上发声。演说共有4段，除第一段是引言段外，其余3段各成一部分。

在演说第二段，张太雷站在远东乃至世界的高度，强调反对日本帝国主义的重要性。他指出，日本帝国主义既是远东各国革命运动的绊脚石，也对苏俄构成持续的威胁，最为关键的是，如果日本帝国主义控制全中国，日本将利用中国丰富的资源和人力，继续对外扩张，这势必将威胁整个世界的革命运动。他以流畅的逻辑论证，从高站位回归到中国，要求"共产国际和西欧各国的共产党今后有必要对远东的运动更多地加以注

---

① 王学东主编：《国际共产主义运动历史文献》第31卷，中央编译出版社2011年版，第102—103页。

② 王学东主编：《国际共产主义运动历史文献》第31卷，中央编译出版社2011年版，第425页。

视，不惜一切给予支援"①。

在第三段，他指出中国革命要争取的力量：一是青年学生，要把他们引到无产阶级的革命队伍，以免落入无政府主义、改良主义的阵营；二是工人阶级，要把他们组织到中国共产党的领导之下，免于受到黄色工会的影响；三是游民无产阶级，必须将他们纳入无产阶级革命队伍，增强他们的阶级意识，否则他们可能会被资本家、帝国主义者利用而成为危险的敌人。

最后，他在第四段呼吁共产国际对中国共产党的支持，"在必将到来的世界革命中，中国丰富的资源和伟大的力量是被资本家用来同无产阶级作斗争呢？还是被无产阶级用来同资本家作斗争呢？那就要看中国共产党，主要是看共产国际的支持如何而定了"②。

如果将张太雷的演说与《书面报告》对比，可以发现，只有第三段涉及《书面报告》中第三部分的学生、第七部分的工人、第九部分的游民无产阶级，其余开始和结尾两段都在强调共产国际的支持对中国共产党和中国革命运动的重要性，以此来突出演说的目的，这表现出了张太雷对获得共产国际更多帮助的重视和期待，也是对这次大会对东方问题不够重视状况的有感而发。

需要说明的是，张太雷在共产国际三大上的演说有不同的译本，除收入《张太雷文集》的译本外，《国际共产主义运动历史文献》第 32 卷，即《共产国际第三次代表大会文献（2）》的第二十三次会议记录还有另一个译本，③ 二者内容相同，只是表述方式略有差异。

关于《关于殖民地问题致共产国际"三大"的提纲（草案）》（以下简称《提

---

① 《张太雷文集》，人民出版社 2013 年版，第 38—39 页。

② 《张太雷文集》，人民出版社 2013 年版，第 39—40 页。

③ 参见王学东主编：《国际共产主义运动历史文献》第 32 卷，中央编译出版社 2011 年版，第 306—307 页。

纲》），来自舒米亚茨基回忆所引述的文献，他称共产国际三大本没有民族和殖民地问题的议程，是在有关代表团建议和列宁的支持下，才设立了民族和殖民地问题委员会，这个委员会包含中东、近东和远东的代表。根据共产国际三大会议记录，印度共产党代表罗易在 7 月 12 日第二十三次会议上，抗议大会对东方民族和殖民地问题的漠视，"在执行委员会的会议上，东方问题被列入代表大会的日程，但是，在大会进行期间对这个问题却一直没有给予重视。直到昨天，这个专题委员会才第一次举行会议。这实在是一个可悲的情况。欧美国家的代表一位也没有出席会议"①。大会主席柯拉罗夫驳回了罗易的抗议，表示大会没有时间详细地讨论东方问题。由此可知，除了舒米亚茨基的回忆在议程问题上有误外，共产国际三大确实设有东方民族和殖民地问题委员会，并只举行了一次会议，这也可以从侧面说明张太雷的《提纲》停留于草案的原因。因此，挖掘此委员会的会议记录将是可行的方向，一方面可以确认张太雷是否确实参加了此委员会，以及他在提纲之外有无其他发言，另一方面可以全面把握罗易等其他与会者的提纲和发言，以理解或质疑舒米亚茨基作出的结论："按照张太雷同志的见解，向起草委员会提交提纲的其他一些作者，都在试图修正弗拉基米尔·伊里奇（即列宁——引者注）的观点。"②

　　《提纲》共有 6 段，根据主要内容划分为 3 个部分。第一部分包括第一、二段，按经济发展状况将东方国家分为 3 类，即工业发达的国家、初步发展的国家和尚未开化的国家，以此为基本依据，共产国际给予不同的指导，确定不同类型国家革命组织的行动纲领。第二部分为第三段，虽然把东方国家分为不同的三类，但它们的共同任务依然是反对帝国主义的压迫，因为帝国主义的侵略"在不同类型的殖民地国家里都表现为经济和政

---

① 王学东主编：《国际共产主义运动历史文献》第 32 卷，中央编译出版社 2011 年版，第 306 页。

② 人民出版社编辑部编：《回忆张太雷》，人民出版社 1984 年版，第 199—200 页。

治发展道路的独立作用完全丧失"①。第三部分包括第四至六段，张太雷使用对立统一的马克思主义方法论，将第一部分和第二部分融会贯通，首先指出国际无产阶级革命的任务，即"只有在把国际无产阶级政党的纲领和方法正确地运用于各国具体特点的基础之上才能实现"②，蕴含了将共产国际的方针政策与各国具体国情结合起来的思想方法，一定程度上可以视作马克思主义中国化的先声；紧接着把视角从国际转向国内，提出分析国内阶级力量关系，特别阐释了对民族资产阶级的策略，即在民族统一战线的旗帜下，团结和利用资产阶级进行民族革命运动，这"在策略和战略上都是有利的"③，反对罗易提出的工人、农民同时反对帝国主义和本国资产阶级的双线斗争策略；最后提出东方国家共产党的任务，在保持自身政治纲领和组织独立性的前提下，领导人民群众，团结资产阶级，推进民族革命运动的发展，还初步提出了民族统一战线中革命领导权和革命前途的问题："要把参加运动的群众从民族资产阶级的领导下争取到自己一边来，并且要尽可能暂时迫使资产阶级跟随革命运动，迫使他们在'打倒帝国主义'和'民族独立万岁'的口号下参加斗争，并在必要的时候将他们（指民族资产阶级——引者注）从这个运动中驱逐出去。"④

据舒米亚茨基回忆，张太雷在东方民族和殖民地问题委员会答辩时称，《提纲》"主要是想以新的论证来加强弗拉基米尔·伊里奇在共产国际'二大'上所作的关于殖民地问题的结论"⑤。以下将结合上述《提纲》的文本分析，与列宁在共产国际二大上作的《民族和殖民地问题提纲初稿》（以下简称《列宁提纲》）和《民族和殖民地问题委员会的报告》（以下简

---

① 《张太雷文集》，人民出版社 2013 年版，第 33 页。

② 《张太雷文集》，人民出版社 2013 年版，第 33 页。

③ 《张太雷文集》，人民出版社 2013 年版，第 34 页。

④ 《张太雷文集》，人民出版社 2013 年版，第 34 页。

⑤ 人民出版社编辑部编：《回忆张太雷》，人民出版社 1984 年版，第 199 页。

称《列宁报告》）中的有关论点相对照，探究张太雷怎样"以新的论证来加强"列宁的论点。

《列宁提纲》将东方国家分为资本主义的先进国家和封建关系占优势的落后国家两个类型，张太雷在此基础上补充介于二者之间的初步发展类型，这一类型是基于中国半殖民地半封建社会的特殊国情提出的，张太雷立足实际、大胆创新，推动了共产国际民族和殖民地理论的发展和完善。《列宁报告》提出将有共产党人参加的资产阶级民主运动改称为民族革命运动，并说明"在先进国家无产阶级的帮助下，落后国家可以不经过资本主义发展阶段而过渡到苏维埃制度，然后经过一定的发展阶段过渡到共产主义"①。这在张太雷的《提纲》中体现为对革命领导权和革命前途的初步探讨。总之，张太雷以扎实的马克思主义修养和实事求是的共产党人精神，在《提纲》中对列宁的观点既有继承又有发展，从宏观上把握国际、国内两个大局，创新性地将东方国家分为三类，具体分析国际任务和国内形势，提出了东方国家在革命运动中的策略和任务，为东方国家革命运动的发展贡献了中国共产党的智慧和方案，也为后来中国革命运动的发展提供了有价值的理论参考。

共产国际三大，自6月22日开幕，至7月12日闭会，历时21天。张太雷代表中国共产党早期组织参加了这次大会，向大会提交了《书面报告》，并在大会上作简短演说，使共产国际舞台上第一次出现了中国共产党人的身影和观点，这一切无疑具有重大的开创性意义。这不仅结束了旅俄华工联合会、俄国共产华员局参加共产国际代表大会的历史，开始了中国共产党参加共产国际代表大会的新阶段，而且首次突破了共产国际向中国派遣代表的单向流动，开启了中国共产党与共产国际在派遣人员方面的双向互动，加强了中国共产党与共产国际之间的联系，这为全国统一的中

---

① 《列宁选集》第4卷，人民出版社2012年版，第279页。

国共产党的建立及其获得共产国际的认可准备了重要条件。

因为历史的机缘，使张太雷承载了出席共产国际三大的开创性工作。他也不负使命，心有大我，至诚为党，针对江亢虎的中国代表资格问题进行了坚决的斗争，在这次大会上确立了中国共产党在共产国际的唯一合法地位，扩大了中国共产党的国际影响。几乎与此同时，1921年7月23日，中国各地共产党早期组织代表齐聚上海，召开中国共产党第一次全国代表大会，宣告了全国统一的中国共产党的诞生。张太雷虽然没有出席中共一大，但他在共产国际三大上的所作所为，是中国共产党创建史上的重要篇章，彰显他在中国共产党创建过程中作出的独特贡献。

4.筹备远东人民代表大会

本书以张太雷参加完共产国际三大到回国的时间（1921年7、8月间）为界定，并依据国内学界关于张太雷未参加远东人民代表大会的共识，[①]有选择地依据舒米亚茨基的回忆，论述张太雷参与筹备大会的情况。

舒米亚茨基在1928年追忆张太雷的长篇文章中提到张太雷在莫斯科起草《关于召开远东人民代表大会的呼吁书》一事。他写道：共产国际三大结束后，"有远东代表参加的共产国际执委会决定，召集日本、朝鲜、中国、蒙古与太平洋地区所有无产阶级和民族革命的组织及小组的代表大会，以这次远东民族革命力量的强大革命示威，来同美、日帝国主义所召集的华盛顿会议相抗衡。片山潜和张太雷同志都是这次远东大会方案的制定者。"[②]

在1920年7、8月间召开的共产国际二大上，共产国际执行委员会曾提出召开远东各族人民代表大会的工作安排："执行委员会决定于1920

---

① 参见丁则勤：《关于张太雷去苏联的次数问题》，《北京大学学报（哲学社会科学版）》，1984年第5期；沈海波：《张太雷与远东各国共产党及民族革命团体代表大会》，《上海党史研究》，1998年第4期。

② 人民出版社编辑部编：《回忆张太雷》，人民出版社1984年版，第200页。

年 8 月 15 日，在阿塞拜疆的首都巴库召开近东各族人民代表大会，如果有可能的话，再召开远东各族人民代表大会。"① 随后，东方各族人民第一次代表大会于 1920 年 9 月 1 日至 8 日在巴库成功举行。参会的代表约 1900 名，主要来自土耳其、波斯、印度、埃及以及从外国干涉军解放出来的阿塞拜疆、哈萨克斯坦、亚美尼亚、格鲁吉亚等地的劳动人民。参加大会的也有朝鲜、中国代表，但主要是旅俄的侨民。共产国际三大结束后，为贯彻这次大会精神，尤其是为了对抗即将召开的帝国主义瓜分远东的华盛顿会议，共产国际积极筹备召开远东人民代表大会，并在 8 月 26 日由共产国际执委会执行局作出决定，"11 月 11 日在伊尔库茨克召开东方各民族代表会议"②。后因种种原因，远东人民代表大会③最终是在 1922 年 1 月 21 日至 2 月 2 日先后在莫斯科和彼得格勒举行。

由上可知，远东人民代表大会的筹备经历了大约半年的时间。这种筹备工作不仅涉及开会的时间、地点，更重要的是参会的人员性质以及如何发出邀请并保证参会的人数与规模。这一工作主要由远东书记处承担，其中，张太雷在这方面作出了重要贡献。

据舒米亚茨基回忆，在莫斯科，围绕大会的方案，共产国际的相关人员一度存在着严重的争论。萨法罗夫等人主张参会人员必须是远东各国无产阶级革命组织的代表，"另外一些人，包括张太雷同志，极力反对在远东各民族代表大会问题上的那种极左态度，指出：上面那种'左'倾立场的逻辑结果必定使许多民族主义的、而在其本国条件下客观上却是革命的

---

① 王学东主编：《共产国际有关中国革命的文献资料》第 30 卷，中央编译出版社 2012 年版，第 751 页。

② 中共中央党史研究室第一研究部译：《共产国际、联共（布）与中国革命档案资料丛书》第 1 卷，北京图书馆出版社 1997 年版，第 64 页。

③ 这次大会有多个译名：远东各国共产党及民族革命团体（第一次）代表大会、远东各国共产党及革命组织（第一次）代表大会、远东各民族代表大会等，本书统一使用远东人民代表大会。

组织被排斥在这次代表大会之外；同时，各国新兴的无产阶级运动在客观上就会脱离这些群众组织，从而也就无法影响这些群众组织所团结的广大群众，吸引他们参加革命斗争，特别是，无法用这些群众组织中的无产阶级和半无产阶级分子来壮大自己的队伍。"①

张太雷等人的意见最终被共产国际执委会接受。7月29日，张太雷致信伊尔库茨克的远东书记处，介绍了共产国际执委会的讨论情况并全面阐释了筹备远东人民代表大会的整体方案。

"会议的总任务——以革命的远东来对抗华盛顿会议的帝国主义——这一点也不存在分歧。只是，在代表权性质问题上，一些同志的态度不鲜明。我们（指在共产国际执委会的远东代表——鲍·舒注）如前一样地同意你们的意见，即认为这次大会应当是中国、朝鲜、日本、蒙古以及大洋洲地区的所有革命组织（其中包括民族主义组织在内）的一次代表大会。……会议的地点已确定为伊尔库茨克，也曾经有人建议在莫斯科和彼得格勒举行。会议的日程正在制定之中，决定后即应着手准备会议提纲。"②

张太雷在信中还特别提到："我们已经致函（中共）中央，让中国所有无产阶级的及民族革命的组织，都选派出席大会的代表。其中，我们特别地注意到了在中国南方的国民党的民族革命者。可以满有把握地相信和预计，中国肯定会派出自己全部的革命群众组织和民族革命组织的代表来出席大会，其数目不会少于四十人。"③

对此，舒米亚茨基在回忆中，对张太雷的贡献大加赞赏："关于召集

---

①　人民出版社编辑部编：《回忆张太雷》，人民出版社 1984 年版，第 200—201 页。

②　人民出版社编辑部编：《回忆张太雷》，人民出版社 1984 年版，第 201 页。

③　人民出版社编辑部编：《回忆张太雷》，人民出版社 1984 年版，第 201 页。

远东各民族代表大会的工作，以及在组成人数众多的中国代表团方面的巨大成功，自然首先归功于共产国际。然而，如果对张太雷同志在这方面的工作中所表现出来的极大毅力和巨大努力只字不提，那也是错误的。张太雷同志的卓越才能和他那组织家和实干家的天才，在这一次又得到了施展和发挥。"① 或许是舒米亚茨基对张太雷在这方面所作的贡献有着太深的印象，他才在回忆中将后来参加远东人民代表大会的张国焘误记为张太雷。

舒米亚茨基在回忆中还提到："由共产国际远东书记处散发的关于召开代表大会的号召书出自张太雷的手笔。他在里面写道：'同志们，朝鲜、中国、日本、蒙古的劳动者们：该由你们自己讲出带有决定性的话了。四年以前，在令人难以忘怀的十月的日子里，俄国无产阶级开始了世界解放斗争。你们应当使自己的队伍同这个斗争联结起来！……十一月十一日（一九二一年），帝国主义者将要举行旨在肢解远东各民族的华盛顿会议。正是在这一天，我们也将要在伊尔库茨克召开远东各民族代表大会，其目的是要把处于新的危险之中的东方劳动人民联合起来。……我们的口号是：争取国家的和平与独立！耕者有其田！工厂属于工人！'"②

有关这份号召书，目前有 3 个中文文本。其一，《关于召开远东人民代表大会的呼吁书》，取自舒米亚茨基回忆文章，其被收入《张太雷文集》《共产国际、联共（布）与中国革命档案资料丛书》（第 2 卷）等文献资料集；其二，《共产国际执行委员会告远东诸民族书》（俄档中文原件，没有署名，未标明日期），其被收入《中共首次亮相国际政治舞台（档案资料集)》；其三，《共产国际远东书记处告远东人民书》（译自俄文《远东人民》第 4 期，发表时间为 1921 年 10 月 15 日，没有署名），其被收入《共产国

---

① 人民出版社编辑部编：《回忆张太雷》，人民出版社 1984 年版，第 202 页。
② 人民出版社编辑部编：《回忆张太雷》，人民出版社 1984 年版，第 203 页。

际有关中国革命的文献资料》（第 3 辑）。经过比对，舒米亚茨基回忆中的呼吁书是摘录，后两个文本的内容完整，其内容大致相同。《共产国际执行委员会告远东诸民族书》这份中文原件应该是三个文本的最初文本。至于这份中文原件的成文时间（不是发表时间），还有待于进一步挖掘史料进行考证。

结合舒米亚茨基的回忆，可以梳理出这样的过程线索：张太雷受远东书记处委托，起草关于召开远东人民代表大会的号召书，也就是俄档的中文文件，后被译成俄文发表在《远东人民》上；舒米亚茨基在张太雷牺牲后，撰写悼念文章时，摘引的是《远东人民》上的俄文本。①

综上，张太雷参与筹备远东人民代表大会的主要贡献有三点：一是在参会组织的遴选方面，反对萨法罗夫等人提出的只有无产阶级革命组织才有资格参会的观点，坚持中国、朝鲜、日本、蒙古及大洋洲地区的所有革命组织都可以参加大会的主张。张太雷的这一主张兼顾参会组织的革命性和广泛性，有利于扩大远东人民代表大会的影响力，并得到了共产国际执委会的高度肯定。二是联系中共中央，建议所有中国无产阶级和民族革命的组织，都选派代表参加大会，还细心考察和规划中国代表团的赴苏路线和接头地点。尽管张太雷因为忙于国内工作，没能随中国代表团参加大会，但正是由于他充分的准备工作，保证了 40 多人的中国代表团顺利参加大会，这一历史贡献是不可磨灭的。三是执笔远东书记处关于召开远东人民代表大会的呼吁书，号召中国、朝鲜、日本、蒙古的无产阶级和俄国无产阶级团结起来，以无产阶级的远东人民代表大会对抗帝国主义的华盛顿会议，这是目前所知的仅有的张太雷参与起草远东人民代表大会的相关文件。

---

① 参见王龙腾、蔡文杰：《张太雷与远东人民代表大会》，《常州大学学报（社会科学版）》，2019 年第 3 期。

5. 出席青年共产国际二大

此前，1921 年 3 月，青年共产国际发来邀请书，邀请上海和北京社会主义青年团，派代表参加青年共产国际第二次代表大会。青年共产国际东方书记处负责人格林在致上海社会主义青年团的信中写道："我知道上海的青年团是中国青年团中最好的一个。因为没有全中国的同盟，我在国际青年共产党名义底下，亲爱的上海青年团的诸位朋友呀！送给诸位以此种选举一位代表当我们的第二次国际会议的邀请。"信中还详细叙述了派遣中国代表的作用："派遣代表的事，对于中国革命将有极大的结果。因为派代表的缘故，中国才第一次与国际社会运动接近。无论几多的文学，几千几百的讲演和讨论，都没有比派遣从你们中举出的一个代表，这样能够使你们和国际联合。"[1] 对此，上海、北京的社会主义青年团非常重视这一邀请，分别推举俞秀松、何孟雄前去参会。北京社会主义青年团还撰写了致青年共产国际第二次代表大会书，提到："在接读国际少年共产党执行委员会东方书记格林君的信后，我们于 3 月 16 日召集了一个特别会议，并决定派代表出席这个会议，……我们的青年团成立只有四个月，现有团员已过半百之数，但我们相信，我们的团体将来必然发展得很快。我们的报告将用种种的可能的方法，送达国际少年共产党的总局或东方局。"[2]

如前所述，上海社会主义青年团代表俞秀松如期抵达莫斯科，但北京社会主义青年团代表何孟雄在途经满洲里时被军警扣押。于是，莫斯科东方大学中国班的 14 名团员于 7 月 12 日举行会议，决定增选张太雷和陈为人为出席青年共产国际二大的中国代表，他们与已经是代表的俞秀松共同

---

[1]　中共一大会址纪念馆编：《中共首次亮相国际政治舞台（档案资料集）》，上海人民出版社 2016 年版，第 106 页。

[2]　共青团中央青运史研究室、中国社会科学院现代史研究室编：《青年共产国际与中国青年运动》，中国青年出版社 1985 年版，第 41 页。

组成中国代表团。次日，达林撰写了《致青年共产国际第二次代表大会代表资格审查委员会申请书》。从这份申请书中可以看到中国社会主义青年团参加青年共产国际二大的全部名单："请授予中国社会主义青年组织代表俞秀松同志以表决权，张太雷、陈为人同志以发言权。……中国青年组均为社会主义青年组织成员，一行 14 人，来自上海。……吴先瑞、罗泽、任狱、平的、陈启沃、何其波、吴芳、韩图伟、曹图伟、曹雪春、张秀兰、彭泽、袁笃实、澎湃、韩伯画，他们都是上海社会主义青年团组织成员。请发来宾证。瞿秋白同志为翻译，请发工作证。"[①] 达林的申请书同时附上了前一天的中国青年会议记录。

上述陈为人以及其他 14 名青年团员均系在莫斯科东方大学留学的中国班学生。1921 年 2 月，俄共（布）中央委员会决定成立一所专为东方殖民地国家、地区的劳动者共产党以及苏俄境内东部地区少数民族培训政工班干部的高级学校，最初命名为"东方劳动者大学"，同年 10 月，改名为"东方劳动者共产主义大学"，简称东方大学。校址在普希金广场附近的高尔基大街，主楼为一栋雄伟壮观的六层大厦。校内下设中国班、朝鲜班、日本班、蒙古班、印度班、波斯班等。最初学制为 7 个月，从 1922 年起改为 3 年。罗亦农、卜士奇、萧劲光、刘少奇、蒋光慈、曹靖华、任弼时、彭述之、陈为人、任岳等十几名上海外国语学社的学生，经维经斯基、杨明斋运作，在上海的共产党早期组织的安排下，于 4 月开始陆续抵达莫斯科。其中，任弼时属于稍晚出发的一批，他是 7 月 9 日抵达莫斯科，适逢共产国际三大和青年共产国际二大召开，被安排在与会议代表同住一旅馆，随后和已经到达莫斯科的中国同学以东方民族代表的身份轮流列席了上述两个大会。[②]

---

① 中共浙江省委党史研究室编：《俞秀松纪念文集》，当代中国出版社 1999 年版，第 315—316 页。

② 参见中共中央文献研究室编：《任弼时年谱》，中央文献出版社 2014 年版，第 21 页。

共产国际三大尚未结束，青年共产国际第二次代表大会于 7 月 9 日在莫斯科召开，为此，张太雷身兼二任于一身，好在他与俞秀松在共产国际三大上，特别是在同江亢虎进行代表资格斗争时已经有了非常默契的合作。同此前的共产国际三大一样，张太雷也提交了一份报告，不同之处在于，前一个报告是以中国共产党代表名义提交，只署张太雷个人名字，而这次是以中国代表团名义提交，署名依次是张太雷、俞秀松、陈为人三人。收藏于俄罗斯国家社会政治历史档案馆中的原件为英文，译成中文后约有 9000 字，篇幅略少于前一个报告。报告主要从三个方面比较全面地说明了中国青年运动的发展近况和中国社会主义青年团的发展状态。

第一，中国青年运动的产生。报告指出，中国的青年运动于 1919 年五四运动开始，它是针对日本帝国主义的爱国主义运动，是中国青年运动趋向社会主义的开始。五四运动最直接的成果是"学生示威导致中国政府取消了亲日的部门"，随后建立大量学生组织和报纸、期刊，讨论社会主义、共产主义和无政府主义的问题。"所有这些运动对中国的政治的社会的生活有着很大的影响"，青年人"否认政府的权力和家长制的传统"，"关心劳动人民的生活，并努力以工人的政府取代现有的由一群骗子把持的军阀（military bureaucratic，军人官僚）政权"，许多大中学校的师生因此走进工厂、农村，"他们在那里宣传社会革命是当前绝境的唯一出路"。①

第二，中国社会主义青年团的发展状况。报告从团组织在各地的发展、基本工作和组织机构等方面作了详细的介绍。首先，中国社会主义青年团是在"社会主义者的组织"基础上建立的，上海成立了第一个青年团，起初叫"青年社会革命党"，后来改称社会主义青年团，这样既清除了无政府主义者，又避免了当局警察的迫害，"我们能够更自由地工作，

---

① 《张太雷文集》，人民出版社 2013 年版，第 41—42 页。

并能将我们运作的领域扩展到工人、农民，以及知识分子的最好和最积极的部分"。随后在北京、天津、济南、广州、南京、长沙成立社会主义青年团，"目前这些组织有 1000 个成员，其中力量最强、组织得最好的是上海青年团"。其次，青年团员进入工厂、接触工人，在上海、长沙等地开办工人夜校、午校，宣传小组每周在街头组织集会，"在最近的 6 个月中（1920.10—1921.03），我们已成功地在上海、天津、Dashen、Tchansintien 组织了若干工会"，"以便帮助工人为改善劳动条件、获取较高的工资、减少工作时间"。各地的社会主义青年团也都出版自己的机关日报，"我们正在出版一份中文的大众周刊——《劳动者（The Toilers）》，以在老百姓中宣传共产主义思想。我们还有另一个正式的机关报——《共产党员（The Communist）》，它出版青年团的执行委员会的报告、决议、论文、中国共产党和社会主义青年团的文件。"最后，先是由上海青年团 4 人组成的常委会主持整个工作，1921 年 1 月增加了常委，并成立了执行委员会，下设书记（秘书）、教育、组织、调研、编辑、宣传等职，并有一名联络员和一个图书馆处。3 月，所有的青年团均作了改组，在上海成立省级中心委员会，"它被委托在上海召集全国代表大会，这将使这个组织承担更系统的工作"，还建议将社会主义青年团改为"共产主义青年团"。总之，"中国社会主义青年团不仅是普及教育和文化的组织，而且它对所有的政治事件都有影响。"[①]

第三，中国社会主义青年团的目标和任务。报告在分析中国的政治、经济形势和农民、工人的阶级状况之后，指出社会主义青年团与已有的行业工会建立联系，每周向工人宣讲"世界劳工运动，以及欧洲国家工人的斗争方法和组织体制"，参与领导工人罢工斗争，"工人已经有了阶级觉悟，并且了解资本家的伎俩"，但"中国劳工运动还处于萌芽状态"。为继

[①] 《张太雷文集》，人民出版社 2013 年版，第 42—44 页。

续推进中国的青年运动工作，社会主义青年团在组织上要在各种社会组织中建立"共产主义者的核心组"，"通过这些核心，我们必须把青年团的中央和分支机构的领导权牢牢地掌握在我们手中，努力地在中国各类青年组织中施加我们的影响"，而"青年团迫切的任务是建立一个紧密团结的中央机关，它可集中于总的领导，并控制青年团的活动，草拟和讨论关于这个主题的指示与规定"；在政治上或阶级上，"一方面青年团必须确凿地证明它的态度是向着工人、流氓无产阶级（Lumpen proletariat）、佃户、农民；另一方面，是对着军阀统治阶级和资产阶级的"，特别是"在学生中建立核心、宣传和介绍我们的思想，努力赢得这个特殊集团对我方的同情，……他们没有确定的倾向，但有朦胧的革命斗争的观念、方法"；在同中国共产党、俄国共产党、青年共产国际的关系上，"在关于领导和榜样方面无条件地与中国共产党紧密和直接联系。同时在管理和技术方面，它必须保持它的完整性和自主性"，"必须按照俄国的同志——共产党人的经验和由他们制定和如此辉煌地实施的策略"，"青年共产国际是我们的学说方面主要的领导者之一。……我们已确立了目标——在中国进行青年共产国际的革命。这将依照他们的意图的性质来进行，但是，或多或少会有技术上的偏差，这些偏差是由中国的国情的特点引起的"，具体是同青年共产国际远东书记处对接，"我们青年团已把认真仔细地学习共产主义的任务委托给他们，为了准备在最近的将来所必需的工人干部"。[①]

经过十几天的会议，青年共产国际二大在通过了《关于共产党和共青团相互关系的决议》《农村青年工作的提纲》《青年共产国际章程》等文件后于7月23日闭幕。

张太雷出席这次大会本身具有重要意义和深刻影响：一方面他已经掌握了世界无产阶级共同联合起来的理论，有意识地将中国的青年运动和国

---

① 《张太雷文集》，人民出版社2013年版，第51—55页。

际青年运动联系起来；另一方面也在青年共产国际的舞台上树立了中国青年运动领导人的形象。这些均为张太雷回国恢复、整顿和发展青年团组织提供了良好的基础和条件。

在 1921 年 6、7 月间，"赤都"莫斯科共开了 4 个国际大会，除共产国际三大、青年共产国际二大外，还有共产国际妇女部第二次大会、赤色职工国际第一次成立大会。据王一知回忆，张太雷同期还出席了赤色职工国际成立大会，[①] 只是目前还没有找到相关的历史资料。舒米亚茨基在 7 月 20 日远东书记处主席团与中国支部及杨好德同志联席会议上提到："至于中国工会，我们过去就认为，受许许多多情况的制约，在中国建立工会并不是目的，而是聚焦群众的手段。我们据此精神写了提纲，……在莫斯科，我就此问题和洛佐夫斯基同志（时任国际工会联合会和生产联合会理事会主席——引者注）谈过，但是由于我匆匆去了伊尔库茨克，没来得及写好文件，而把这个工作交给了张同志。"[②] 这说明张太雷应该是为赤色职工国际成立大会的召开做了一些工作，或者参加了这次大会。

1921 年 7、8 月间，在莫斯科出席了两个重要大会并出色完成相关工作之后，张太雷奉命启程回国，等待他的是共产国际远东书记处尚未完成的筹备远东人民代表大会的工作，以及青年共产国际下达的整顿中国社会主义青年团组织的新任务。

---

① 参见人民出版社编辑部编：《回忆张太雷》，人民出版社 1984 年版，第 6 页。
② 中共一大会址纪念馆编：《中共首次亮相国际政治舞台（档案资料集）》，上海人民出版社 2016 年版，第 155 页。

第三章　张太雷与马林

1921 年 8 月，张太雷回到上海，向中共中央报到。回到国内的张太雷，继续着他在共产国际远东书记处、青年共产国际的工作，同时担任共产国际代表马林的助手兼翻译。他先后陪同马林和青年共产国际代表达林南下会见孙中山及国民党要员。在张太雷的协助下，马林逐渐形成联合孙中山国民党的策略思想，并将此推动成为共产国际、联共（布）、中国共产党认可的国共党内合作政策。以国共合作为基础的轰轰烈烈的国民革命的帷幕徐徐拉开。

一、马林与中国共产党一大

1.马林其人

马林，本名亨德立克斯·斯内夫利特，1883 年出生于荷兰鹿特丹。1900 年在荷兰铁路工作。1902 年，加入荷兰社会民主工党和铁路电车工人联合会，他热衷于轰轰烈烈的斗争，投身社会主义运动之初就表现了非凡的能动精神，对荷兰工人运动斗争充满激情，同时还关注着英国和俄国的革命运动。1906 年 1 月，荷兰铁路电车工人联合会举行代表大会，年仅 23 岁的马林当选为常务理事。1907 年兹沃勒市议会选举时，他当选为市议会议员并开始参加地方报纸的编辑工作。在这期间，荷兰社会主义运动中左右两派的争论日趋激烈，包括马林在内的左派认为，既然欧洲的工人运动还在蓬勃发展，那么只要他们坚持，就一定能够改变工人们的生活状况和社会地位。这种激进的政治主张与列宁的布尔什维克不谋而合，并因此在共产国际二大上得到列宁的赏识与支持。1908 年 4 月，荷兰社会民主工党在阿姆斯特丹举行第 14 次代表大会，由于政治见解分歧，一些左派被迫退党，马林虽然选择留在党内，可他支持工人运动的主张与党内居主导地位的温和路线格格不入，遭到为数甚多的温和派的反对，不得不辞去铁路电车工人联合会主席的职务。

　　1913 年马林前往荷属东印度，1914 年在爪哇建立"东印度社会民主联盟"，这期间他积极开展工人运动，改善工农的经济、政治与社会状况，培育着殖民地穷苦人民渴求民族解放和推翻资本主义的情绪。

　　1917 年，俄国相继爆发的二月革命与十月革命引起了全世界的关注。在印度尼西亚的马林也同样为俄国人民的胜利欢呼，他高度赞扬俄国无产阶级的革命行动，号召印度尼西亚被压迫的人民以俄国人民为榜样，立即奋起，反抗荷兰殖民主义者，争取民族解放。马林的行为引起了殖民当局的不满，于 1918 年 12 月被爪哇当局驱逐出境，后回到荷兰。

　　马林离开印度尼西亚后，他的同事们一直在继续进行革命活动。共产国际宣告成立后，东印度社会民主联盟中的一些人认为，建立马克思列宁主义的工人阶级政党，是印度尼西亚革命取得胜利的首要条件；这个党必须是一个同广大群众联系的、建立在民主集中制基础上的先锋队。[①]1920 年 5 月 23 日，东印度社会民主联盟开会宣布改组为"东印度共产党"。在得知共产国际二大即将召开的消息后，该党虽然还未加入共产国际，依然决定派遣马林前往参会。为了顺利出席这次大会，他开始使用"马林"这个化名。

---

① 　参见李玉贞著:《马林传》，中央编译出版社 2002 年版，第 79 页。

1920 年 6 月 20 日，马林赴莫斯科参加共产国际第二次代表大会。他此次参会具有双重身份，作为一名来自印度尼西亚宗主国的荷兰人，却代表该国的殖民地——东印度共产党。此外，经列宁推荐，马林担任了大会下设的民族和殖民地问题委员会秘书，在委员会的欧洲代表中，他是唯一具有殖民地工作经验的人。或许正是这些特殊因素决定了马林在这次大会上注定要崭露头角，他政治生涯转折的机遇也恰恰在共产国际讨论殖民地民族革命问题时出现。

7 月 26 日，在大会第四次会议上，马林继列宁作的《民族和殖民地问题的报告》之后，作了《民族和殖民地问题委员会的工作报告》，在认真研究列宁的提纲初稿基础上，提出了若干修改意见。7 月 28 日，大会召开第五次会议，继续讨论民族和殖民地问题，马林作了发言。他首先介绍了东印度运动的一些经验，特别提到在东印度真正革命的民族运动的作用并不大，但是，"有一个重要得多的群众性运动，它的成员大约 150 万人，从 1912 年起就联合成为一个工农联盟，取得了很大的成果。这个组织虽然用的是宗教名称——伊斯兰教同盟"①。其次，马林对列宁的提纲初稿以及罗易的补充提纲表明自己的态度，并就殖民地工作问题提出了几条具体意见。马林基本认同列宁、罗易的两个提纲，认为重要的在于行动，"我们不应仅限于作出冗长的决议，我们应该在远东做一点实际工作"②。马林认为加强对东方国家的马克思主义宣传工作是十分必要的，"我建议我们这里通过的提纲，由第三国际以几种东方语言来发表，并专门散发给中国和印度革命者"③。在从组织机构和干部培养方面，

---

① 王学东主编：《国际共产主义运动历史文献》第 30 卷，中央编译出版社 2012 年版，第 238 页。

② 王学东主编：《国际共产主义运动历史文献》第 30 卷，中央编译出版社 2012 年版，第 240—241 页。

③ 王学东主编：《国际共产主义运动历史文献》第 30 卷，中央编译出版社 2012 年版，第 241 页。

马林还提出了以下建议："在远东也成立共产国际宣传局，因为现在运动具有十分重大的意义，必须把那里已经开展的工作统一到一个局内，集中进行宣传，而在莫斯科是不能圆满地进行这个工作的"；"共产国际应该使远东的领袖们有可能在这里住上半年，听听某些共产主义课程，以便他们能够正确了解这里所发生的事情，能够贯彻执行提纲的思想，能够在殖民地建立苏维埃组织和进行共产主义工作。……我们应该让东方的革命者能在这里，在俄国受到理论教育，使远东成为共产国际的一个积极成员"①。

马林对待东方殖民地问题上的态度和主张得到了列宁的肯定，他在会上提出的建议也都一一得到落实。对于共产国际尤其是列宁来说，马林以其丰富的殖民地斗争经验和魄力，成为共产国际派往东方输出苏维埃革命的最佳人选。1920 年 8 月，共产国际执行委员会小局 ② 任命马林为驻华代表，派遣他赴上海开展革命活动。

2. 马林与中共一大

为了加快东方战略的实施，特别是在中国开展革命运动的步伐，马林被任命为共产国际驻华代表，他也是共产国际向中国派出的第一位正式代表。马林在 1922 年 7 月 11 日《向共产国际执行委员会的报告》中，提到了他的赴华使命与任务："我奉命赴上海，研究远东各国的运动，与之建立联系并就共产国际是否需要和可能在远东建立一个办事处，做一些调查。

---

① 王学东主编：《国际共产主义运动历史文献》第 30 卷，中央编译出版社 2012 年版，第 241 页。

② 据 1919 年 7 月 18 日俄共（布）中央委员会决议，共产国际执行委员会从自身编制中抽出 4 人组成该小局，赋予其执行委员会领导机关的职能。1921 年 1 月 14 日共产国际执行委员会决议，令小局贯彻执行该委员会决议并主要处理组织问题。1921 年共产国际三大前后，该小局逐渐被共产国际执行委员会主席团代替。

直到 1921 年 3 月我才成行。"① 出行前，即 1920 年 8 月至 1921 年 3 月，在莫斯科有人告诉他，将在伊尔库茨克建立远东书记处。马林先回荷兰做了一些准备和安排，随后从荷兰出发，1921 年 4 月 8 日到奥地利首都维也纳办理签证时被捕，在律师的斡旋下，4 月 14 日获释，4 天后登上了一条名为"阿奎利亚"的远洋船，开始了东方之旅。由于奥地利当局向沿途国家通报了马林系"危险人物"，马林在途经新加坡、中国香港等地时无法上岸，最终于 6 月 3 日抵达上海。通过《上海俄文生活报》介绍，他认识了已在上海工作两个多月的俄共（布）党员斯穆尔斯基。几天后，受远东书记处派遣，尼柯尔斯基也到了上海，马林立即与他取得联系，"我们商定一起工作。我经常与这位同志见面，他随身带来了一些钱，后来还得到过补给"②。他们通过柏烈伟联络到一些朝鲜和中国同志，开始了他们在中国的工作。"过了一些时候，伊尔库茨克来的信使通知我说，执行委员会已指定我为书记处成员。伊尔库茨克那里决定让我留在上海。"③ 马林感受到了这种领导责任，他在 7 月 7 日至 9 日致共产国际远东书记处的信中写道："我和伊尔库茨克来的我们的同志与几名中国同志一道正在筹备共产党的代表大会，约在 7 月举行。将要讨论实际办法并开始集中组织工作。"④

同期，马林与上海共产党早期组织的负责人李汉俊、李达的交往并不融洽，甚至发生摩擦。李汉俊、李达并不是职业革命家，二人虽然是上海共产党早期组织的负责人，但还要为生活而忙于教书和写作。马林

---

① 中共中央党史研究室第一研究部编：《共产国际、联共（布）与中国革命档案资料丛书》第 2 卷，北京图书馆出版社 1997 年版，第 223 页。

② 中共一大会址纪念馆编：《中共首次亮相国际政治舞台（档案资料集）》，上海人民出版社 2016 年版，第 142 页。

③ 中共中央党史研究室第一研究部编：《共产国际、联共（布）与中国革命档案资料丛书》第 2 卷，北京图书馆出版社 1997 年版，第 225 页。

④ 中共一大会址纪念馆编：《中共首次亮相国际政治舞台（档案资料集）》，上海人民出版社 2016 年版，第 146 页。

同李汉俊第一次见面时就以共产国际正式代表的身份，不客气地向他伸手要工作报告，遭到后者的拒绝，理由是组织还处在萌芽时期，没有什么可报告的。马林又以共产国际的经费为诱饵向李汉俊要工作计划和预算，李汉俊表示，共产国际如果支持我们，我们愿意接受，但须由我们按工作实际情形去自由支配。李达曾向张国焘抱怨"这个洋鬼子很骄傲，很难说话，作风与威金斯基迥然不同"①。马林种种带有"指示性"的建议被一一驳回，反映了早期中国共产党人在处理同共产国际关系上的独立自主的态度。不过，出于中外革命者争取国家独立和民族解放的共同目标，当马林、尼柯尔斯基向李汉俊、李达建议应当及早召开全国代表大会时，二李表示赞同。李达随即向各地共产党早期组织发出通知要求派代表到上海开会。②

1921 年 7 月 23 日，来自各地的 13 位共产党早期组织代表集聚上海，在法租界望志路 106 号李汉俊之兄李书诚的住宅内召开了中国共产党第一次全国代表大会。中国共产党的两位主要创始人陈独秀、李大钊均因故没有出席。张国焘主持大会。马林、尼柯尔斯基只出席了 7 月 23 日的第一次会议和 7 月 30 日的第六次会议。

在第一次会议上，马林在发言中介绍了他在爪哇的活动，并向一大代表建议，"要特别注意建立工人的组织"③。马林的这个建议源于他到上海后对中国共产主义运动考察后的认识。他认为中国无产阶级力量弱小，群众革命意识淡薄，"在上海，我是在极为不利的条件下开始工作的。该城虽然是中国最大的工业中心之一，却没有我们所理解的那种工人运动"，

① 张国焘著：《我的回忆》第 1 册，东方出版社 1991 年版，第 132 页。

② 参见中国社会科学院现代史研究室、中国革命博物馆党史研究室编："一大"前后：中国共产党第一次代表大会前后资料选编》（二），人民出版社 1980 年版，第 10 页。

③ 中共中央党史研究室、中央档案馆编：《中国共产党第一次全国代表大会档案文献选编》，中共党史出版社 2015 年版，第 26 页。

"现代产业工人的人数甚少。……尽管工业中心劳动条件十分恶劣，来自贫苦农民中的劳动者却为数众多。到目前，大部分工人同在农村的家庭保持着联系"，占中国人口大多数的"农民群众对政治完全漠不关心，也不会发挥任何政治作用"，他因此得出结论："还没有一个训练有素的阶级能在当前这个时代指出前进方向"[①]。尼柯尔斯基随后向一大代表通报了远东书记处成立的消息，并"讲述了他对俄国的印象"[②]。

7月30日晚上召开的第六次会议刚刚开始，一名暗探闯入会场并匆忙离去，富有秘密工作经验的马林建议中止会议，大部分代表迅速撤离，使后来赶到的法租界巡捕一无所获。出于个人及全体代表安全考虑，马林和尼柯尔斯基并没有前往嘉兴出席在南湖游船上举行的最后一天的会议。中共一大"根据希夫廖特同志（即马林——引者注）的建议，决定选出一个起草纲领和工作计划的委员会"[③]，并最终制定了《中国共产党第一个纲领》和《中国共产党第一个决议》。

《中国共产党第一个纲领》反映了早期中国共产党人接受马克思主义基本原理以及对共产党的任务和目标所了解的程度。纲领明确规定："革命军队必须与无产阶级一起推翻资本家阶级的政权，必须支援工人阶级，直到社会的阶级区分消除为止"[④]，废除资本家私有制，没收一切生产资料收归社会所有。这些主张反映了中国共产党实现社会主义、共产主义的奋斗目标。关于中国共产党的性质问题，《中国共产党第一个决议》明确指出，中国共产党是工人阶级的政党，要全力开展工人的组织、宣传和教育工作，对中

[①] 中共中央党史研究室第一研究部编：《共产国际、联共（布）与中国革命档案资料丛书》第2卷，北京图书馆出版社1997年版，第225—226页。

[②] 中共中央党史研究室、中央档案馆编：《中国共产党第一次全国代表大会档案文献选编》，中共党史出版社2015年版，第26页。

[③] 中央档案馆编：《中共中央文件选集》第1册，中共中央党校出版社1989年版，第556页。

[④] 中央档案馆编：《中共中央文件选集》第1册，中共中央党校出版社1989年版，第3页。

国现有其他政党"应采取独立的攻击的政策，……我们应始终站在完全独立的立场上，只维护无产阶级的利益，不同其他党派建立任何关系"①。

在一大代表中，对这次大会描述比较详尽的是包惠僧的回忆。包惠僧说，马林在第一天作了题为《第三国际的历史使命与中国共产党》的长篇报告，"他声如洪钟，口若悬河，有纵横捭阖的辩才，从下午八时讲到夜一时结束。他用英语作报告，李汉俊、刘仁静、周佛海作翻译，我们在他的词锋下开了眼界"②。包惠僧甚至认为，中共一大的召开，"定计划，提供经费，完全是出于马林一手筹划的"，"他对中共建党和建党初期的工作，是起了促进作用的，如果不是他来，我们党的'一大'会议可能要推迟一两年，或更多一点酝酿时间"。③

就现有的史料分析，马林对中共一大的作用主要表现在：他到上海后，配合尼柯尔斯基工作，参与了一大会议的筹备工作，部分地出席了在上海举行的会议，并及时识破了闯入会议室的租界暗探的身份，使这次会议得以转移到嘉兴继续举行；会议期间，马林也提出了一些建设性的意见，但有关共产国际二大制定的民族和殖民地的提纲内容或者来不及介绍，或者并未被一大代表所接受。

中国共产党的成立，是中国历史上开天辟地的大事变，但对于马林来说，无论是当时向共产国际的报告，还是过后的追述，都极少提及中共一大以及他对这次会议的作用，并且对一大前后的中国共产党评价不高。原因之一是他本身并没有在中国帮助建党的任务。事实上，奉命来华继续维经斯基等人的工作，负有帮助中国建党任务的是远东书记处直接派出的

---

① 中央档案馆编：《中共中央文件选集》第1册，中共中央党校出版社1989年版，第8页。
② 中国社会科学院现代史研究室编：《马林在中国的有关资料（增订本）》，人民出版社1980年版，第96—97页。
③ 中国社会科学院现代史研究室编：《马林在中国的有关资料（增订本）》，人民出版社1984年版，第95、106页。

尼柯尔斯基。对此，马林在 1922 年 7 月 11 日《向共产国际执行委员会的报告》中讲得非常明确："实际我只是名义上参加了书记处（指远东书记处——引者注）。我从未收到过伊尔库茨克来的任何文件，……所以我没有参与过书记处的决策和全盘工作。我和尼柯尔斯基同志在上海期间，我只局限于帮助他执行书记处交给他的任务，我从不独自工作，以避免发生组织上的混乱。"①这段话虽有抱怨远东书记处对其不够尊重之意，但也透露了他本人的确没有帮助中国建党的使命。另一个原因是，他对年轻的共产党无论是思想认识方面，还是组织层面都有比较低的评价，甚至是偏见。他在 9 月 4 日写给荷兰《论坛报》的报道中提到："不言而喻，这里几乎根本说不上社会主义者对工人的影响。只是一小部分知识分子在探讨社会主义。……这里的形势比不上日本，甚至比荷属印度还要糟糕。"②他在 1922 年 7 月回到莫斯科后的报告中说得更加直白："关于中国的运动及其前途，上海给了我一个悲观的印象"③，而中共的建立，在他看来，不如"建立一个宣传性的小组会更好一些"④。

参加中共一大的代表们在回忆中为何对尼柯尔斯基印象不深，而对马林留下了深刻印象呢？首先，直接原因应该是语言沟通的问题。马林英语流利，他的发言是由刘仁静、李汉俊翻译。而尼柯尔斯基不会英语，一大代表中又没有人会俄语，因此，尼柯尔斯基在会上很少发言，他的观点应该是通过马林翻译或转述的，马林此时正在学习俄语。其

---

① 中共中央党史研究室第一研究部编：《共产国际、联共（布）与中国革命档案资料丛书》第 2 卷，北京图书馆出版社 1997 年版，第 225 页。

② 中共一大会址纪念馆编：《中共首次亮相国际政治舞台（档案资料集）》，上海人民出版社 2016 年版，第 172—173 页。

③ 中共中央党史研究室第一研究部编：《共产国际、联共（布）与中国革命档案资料丛书》第 2 卷，北京图书馆出版社 1997 年版，第 234 页。

④ 中共中央党史研究室第一研究部编：《共产国际、联共（布）与中国革命档案资料丛书》第 2 卷，北京图书馆出版社 1997 年版，第 226 页。

次，马林较尼柯尔斯基年长（当时马林 38 岁，尼柯尔斯基 23 岁），而且马林远较尼柯尔斯基健谈，这可能给一大代表留下较深的印象。再次，更主要的是马林在此后国共合作问题上的努力，无论赞成还是反对，都在中共早期领导人中留下了深刻的印象。这些或许成为部分追忆者以及研究者往往强调马林作用的不自觉的主观动因。①

二、张太雷协调陈独秀与马林关系

1. 回国的使命与任务

1921 年 8 月，张太雷回到上海，随即回常州探亲，送给母亲一条从苏俄带回的白色羊毛毯子。② 在上海，张太雷第一次见到马林并从此开始了长达两年的合作。

中共一大结束后，马林继续留在上海履行其共产国际代表使命。他与中共中央之间需要一个特殊联络员，以便及时传递双方的有关信息，特别是处理共产国际针对中国共产党所下达的特殊指令，商讨敏感、重大问题，以便采取针对性策略，进一步推动中国革命发展。在此情形下，马林的翻译便成为马林与中共中央之间的桥梁或者"中间环节"。张太雷既是中共党员又是共产国际远东书记处工作人员的双重身份，使他自然成为最佳人选。张太雷在共产国际的工作经历，一方面使张太雷较其他中共党人更容易理解和接受共产国际有关中国革命的指示，另一方面使张太雷积累了较为丰富的与共产国际方面人员交往的经验。后来的事实表明，张太雷与马林的合作总体上是愉快的，他也成为马林在中国共产党内少有的朋友。

---

① 参见蔡文杰：《马林对中共"一大"的作用考辨》，《社会科学战线》，2005 年第 1 期。

② 这条毯子一直保存到解放后并送给政府，现存中国国家博物馆。参见人民出版社编辑部编：《回忆张太雷》，人民出版社 1984 年版，第 92 页。

对于研究者而言，由此产生的另一个问题就是：张太雷是以何种身份出任马林的翻译或者助手的？现有的档案文献尚难以解答。笔者认为，在目前尚无史料证明张太雷是中共中央委派给马林的专职翻译的前提下，张太雷回国后成为马林工作助手的身份应该更加合理，而翻译工作（无论笔译还是口译）是其助手的工作内容之一。

张太雷在出席共产国际三大和青年共产国际二大后既没有像俞秀松、陈为人那样留在莫斯科学习，也没有回到伊尔库茨克远东书记处继续工作，而是踏上了回国的征程。他回国工作应该不是当时中共中央（领导人）的召回和工作要求（如后来的瞿秋白、彭述之），更不是个人的去向选择，应该是共产国际或者青年共产国际的派遣。

档案文献表明，张太雷回国工作在出席青年共产国际二大时即已确定。达林 1921 年 7 月 13 日在《致青年共产国际第二次代表大会代表资格审查委员会申请书》中说明，张太雷被推选为参加青年共产国际二大的具有发言权的代表，"原因是张太雷同志是最认真的工作人员，他在参加大会后将立即回国。毫无疑问，这将减轻我们在中国的工作"①。也就是说，张太雷在青年共产国际二大召开期间，就已经确定要回国工作，而同期来莫斯科的其他中国社会主义青年团团员，包括俞秀松、陈为人等十几人，都要留在俄国"接受共产主义教育"。从句法上讲，引文中的"我们"显然是指青年共产国际或者共产国际。

对此有所佐证的是达林的回忆。他说："这两次代表大会之后，张太雷回到中国，筹备远东各民族代表大会的工作。张国焘很快来到伊尔库茨克代替他。"② 在这里，达林提到了张太雷回国的任务之一是完成共产

---

① 中共浙江省委党史研究室编：《俞秀松纪念文集》，当代中国出版社 1999 年版，第 315 页。

② ［苏］C. A. 达林著：《中国回忆录（1921—1927）》，侯均初等译，中国社会科学出版社 1981 年版，第 30 页。

国际远东书记处的工作，继续筹备远东人民代表大会。此外，1922 年 5 月中国社会主义青年团第一次全国代表大会召开后，《先驱》第 8 号上刊载的文章回顾了中国社会主义青年团的简要历史。文章提到，上海、北京、广州等地的社会主义青年团由于思想芜杂、组织紊乱，"到了 1921 年 5 月，看看实在办不下去了，就只得宣告暂时解散！可是团体虽已解散，而其中一部分有革命精神的分子，却总是时图恢复的。刚巧同志张椿年（张太雷）那时从俄国回来，受了国际少年共产党的命令，要在中国组织少年共产党。拿这事情与一部分老团员商议。商议的结果，大众都以为不如将社会主义青年团恢复，内容加以整顿。于是中国社会主义青年团就于 1921 年 11 月正式恢复"①。这段材料又揭示了张太雷回国的另一个任务，即受青年共产国际委托，恢复和整顿中国社会主义青年团。

不排除张太雷个人提出回国工作要求的可能，他毕竟离开家人已有半年时光，但即便提出，那也是得到了远东书记处组织上的同意。综上，张太雷回国工作本身应该是共产国际远东书记处以及青年共产国际的派遣，或者说，张太雷兼具继续筹备远东人民代表大会和整顿中国社会主义青年团的任务。对此，马林在《向共产国际执行委员会的报告》中特别提到："知识分子中的工作有一段时间完全中断，可是自张太雷同志参加 [共产国际]第三次世界代表大会回来以后，有计划地安排了对青年的宣传工作。特别是在华南，对青年的共产主义宣传取得显著的成就。"②马林这是间接地向共产国际汇报张太雷的工作成绩。

只有准确理解张太雷回国时的身份与使命，才能正确认识他在和马

---

① 中共中央党史研究室第一研究部编：《共产国际、联共（布）与中国革命档案资料丛书》第 2 卷，北京图书馆出版社 1997 年版，第 211—212 页。

② 中共中央党史研究室第一研究部编：《共产国际、联共（布）与中国革命档案资料丛书》第 2 卷，北京图书馆出版社 1997 年版，第 227 页。

林产生工作关系（亦如尼柯尔斯基）之后接下来发生的两个事件：一是协调陈独秀与马林之间的关系，在当时实际上是在处理中国共产党与共产国际的关系。二是东渡日本联络日本的共产主义者派遣代表出席远东人民代表大会，这是张太雷筹备远东人民代表大会工作的继续。换句话说，张太雷秘密赴日，是否需要陈独秀、中共中央的委派或确认？他是由马林直接派出的，还是履行远东书记处的工作，而马林只是知晓者而已？

2. 协调陈独秀与马林关系

中共一大后，马林建议陈独秀辞去广东省教育委员会委员长的职务，回上海履行中共中央局书记的职责。为此，中央决定派包惠僧前往广东，向陈独秀汇报中共一大的情况，并请他回上海主持中央的工作，两人一同在 9 月 11 日回到上海。第二天，陈独秀即与马林会谈，接连谈了两次，在中共与共产国际的关系问题上存在较大分歧。马林提出共产国际是全世界共产主义运动的总部，各国共产党都是共产国际的支部，中共的工作方针、计划应在共产国际的统一领导下进行。陈独秀则认为中国共产党尚在幼年时期，一切工作尚未开展，中国革命有中国的国情，没有必要"戴上第三国际的帽子"。陈独秀特别提出中共可以不要共产国际的经济支援，暂时保持中俄两党的兄弟关系，工作必要时再请共产国际援助，也免得引起中国的无政府主义者及其他方面的流言蜚语，对中共进行攻击。① 在这个问题上，马林在 1922 年 7 月 11 日《向共产国际执行委员会的报告》中也提到类似的情形：中共一大后，马林、尼柯尔斯基经常与中共保持紧密关系，"尼柯尔斯基同志从伊尔库茨克接到的指示中说，党的领导机关的

---

① 参见中国社会科学院现代史研究室编：《马林在中国的有关资料（增订本）》，人民出版社 1984 年版，第 100 页。

会议必须有他参加。中国同志不同意这样做，他们不愿意有这种监护关系，而且也未出现过困难。"①

包惠僧回忆说："张太雷同志是在八、九月间由莫斯科回来的。他担任马林的助手，终日忙于翻译，并为马林搜集和整理资料。陈独秀同马林会谈，由张太雷同志任翻译。陈、马会谈了两次，两人之间的矛盾更尖锐了，尤其是在中共与第三国际的关系问题上，发生了很大的争执，会谈停顿了，关系僵持了。张国焘当时被认为是接近马林的人，但是他也没有主意，不敢作声，因此，奔走于陈独秀与马林之间和传递信件的只有张太雷同志一人。"②

包惠僧还叙述了一个生动的场景：

"有一天我去陈独秀处，正遇见陈独秀与张太雷谈话，张太雷正在以马林的口气说：'全世界的共产主义运动，都是在第三国际领导之下，由发生到发展，由成长到夺取政权，实行无产阶级专政，中国也不能例外。'陈独秀把桌子一拍说：'各国革命有各国国情，我们中国是个生产事业落后的国家，我们要保留独立自主的权力，要有独立自主的作法，我们有多大的能力干多大的事，决不能让任何人牵着鼻子走，我可以不干，决不戴第三国际这顶大帽子。'说完了拿起皮包出门要走，张太雷仍然笑嘻嘻地请他坐下来谈，陈独秀不理，很气愤地走了。大概就是这一天，马林以第三国际代表的名义，写了一封很长的信，要陈独秀再加考虑改日再谈。"③

---

① 中共中央党史研究室第一研究部编：《共产国际、联共（布）与中国革命档案资料丛书》第 2 卷，北京图书馆出版社 1997 年版，第 227 页。

② 人民出版社编辑部编：《回忆张太雷》，人民出版社 1984 年版，第 103—104 页。

③ 中国社会科学院现代史研究室编：《马林在中国的有关资料（增订本）》，人民出版社 1984 年版，第 100—101 页。

这段回忆中的史实表明：在中共与共产国际关系问题上，张太雷与马林的观点一致，他们都在试图说服陈独秀。除了张太雷与马林的身份存在相同之处，即均是来自共产国际的代表或工作人员之外，张太雷在共产国际组织机构范围内的工作经历，曾经亮相共产国际舞台，而且因出色的工作成绩得到共产国际和俄共（布）相关领导人的充分肯定，使他对共产国际和俄共（布）有关战略思想、方针政策有比较深刻的理解，同时他也了解共产国际的组织运行机制，因此具有较高的理论水平和活动能力。

3. 日本之行

1921年9月底或10月初①，张太雷从上海启程，前往日本东京，联络安排日本共产主义者出席远东人民代表大会事宜，后回到上海，整个行期约18天。这也是张太雷一生中唯一的一次日本之行。

张太雷是通过在东京留学的中国共产党员施存统与日本共产主义者建立联系的。由于施存统与当时在上海的周佛海此前同为旅日共产党早期组织成员，两人一直保持着通信联系，而张太雷此前并不认识施存统，所以在出行前，在张太雷的请求下，周佛海和李达为其写了一封介绍信。② 施存统后来（1921年底）因在日本从事革命活动而被日本当局逮捕及驱逐出境，他在东京地方法院和日本警视厅留存的证词、供述，是了解张太雷日本之行的使命和过程的重要材料。

在施存统的证词中提到，张太雷在1921年10月5日拿着周佛海的介绍信来到施存统的住处三崎馆，肩负着"俄国过激派"马林的使命，在日

---

① 张太雷到达东京的时间是10月5日，而据时人记载，施存统1920年赴日留学，6月20日从上海启程，6月25日到达东京；马林在报告中也提到从上海到东京的时间是5天。参见何民胜著：《施复亮全传》，江苏人民出版社2018年版，第78—79页；中共中央党史研究室第一研究部编：《共产国际、联共（布）与中国革命档案资料丛书》第2卷，北京图书馆出版社1997年版，第224页。

② 参见张国焘著：《我的回忆》第1册，东方出版社1991年版，第157页。

本停留了约一周时间。张太雷的使命是："在华盛顿会议开幕那天，俄国莫斯科的第三国际准备在伊尔库茨克召开与之对抗的会议，希望日本派出10名左右的代表出席会议。"①

第二天，在施存统陪同下，张太雷会见了与施存统相识的日本著名社会主义者堺利彦及伊井近藤，协商派人参加远东人民代表大会。"当时张将百元的朝鲜银行券十张作为宣传费直接交给了堺，伊井将其中的五百元托我去换，我翌日即去朝鲜银行换好后直接去堺家交给了伊井。"②这些钱用作"派遣人员的旅费"，后来张太雷又同堺利彦等人第二次会面，确定"日本派出几个人"。③在完成日本之行的使命后，张太雷于10月13日离开东京，随后在横滨乘"春日丸"邮轮回上海。在船上，与计划赴苏俄参加远东人民代表大会的日本的共产主义者德田球一如约会面，船至上海后，张太雷又为德田球一安排北上出境的有关事项，把他送上北行的列车。④

张太雷的日本之行后来得到马林的充分肯定："在张太雷同志的帮助下，组成了一个参加远东人民代表大会的代表团。后来与日本党接上关系之后，我们经常保持联系。日本同志每半个月派一个信使到上海。"⑤可见张太雷此行对加强日本社会主义者与共产国际方面的联系以及推动日本共产党的成立具有积极意义。1922年7月15日，日本共产党成立，同年12

---

① ［日］石川祯浩：《施存统与中共日本小组》，中共中央党史研究室、中央档案馆编：《中共党史资料》第68辑，中共党史出版社1998年版，第179—180页。

② 中共一大会址纪念馆编：《中共建党前后革命活动留日档案选编》，上海人民出版社2018年版，第237页。

③ 中共中央党史研究室、中央档案馆编：《中共党史资料》第68辑，中共党史出版社1998年版，第181页。

④ 参见程慎元：《秘密会见在春日丸——德田球一与张太雷鲜为人知的一段往事》，《四川党史》，1994年第3期。

⑤ 中共中央党史研究室第一研究部编：《共产国际、联共（布）与中国革命档案资料丛书》第2卷，北京图书馆出版社1997年版，第232页。

月，正式加入共产国际。

张太雷赴日的知情者在中国共产党范围内只有周佛海、李达。陈独秀是在张太雷动身前往日本后才获知此事，他对此大为不满，认为马林、张太雷无视中共中央的存在。张国焘也是后来知道的，反应同陈独秀一样激烈，他在回忆录中大谈此事引发的陈独秀的恼怒，也含有事先不知此事对他本人的心理打击。

张国焘回忆说："这件事使陈独秀先生大为愤怒。他认为马林真是胡作非为，张太雷是中共党员，虽然被派任马林的翻译，他的行动仍须遵守中共中央的命令，现在马林不征求中央同意，擅自派遣他去日本，而且共产国际召开这样重要的会议，事前也未和我们商量，简直是貌视中共中央。他声言决不与马林见面，并拟要求共产国际撤换马林的代表职务。我向陈先生提起，马林曾正式通知我说，共产国际召集远东被压迫民族大会（后改名远东劳苦人民大会），……对此我们也表示赞成，并同意派代表参加。至于张太雷去日本的事，他并未向我说到。"①

陈独秀派张国焘为此事质问马林。马林回复说，为了秘密和迅速的缘故，他派张太雷去日本并没有错，结果是陈独秀与马林之间的关系再度陷入僵局。陈独秀"指责张太雷擅自服从马林的差遣为不当"，他让周佛海、李达再次致信施存统，叫他不要理睬张太雷。张太雷回上海后曾对张国焘提及此事，说幸好经他向施存统详细解释后，施存统将周佛海、李达的信件拿给他看，并且协助他完成赴日使命。②

因为张国焘的相关回忆，学界一般认为张太雷的日本之行是马林派遣。现在看来，张太雷应该是直接受共产国际安排赴日，并非马林一人的决定，准确地说是张太雷受命于共产国际远东书记处，此次出行是他此前

---

① 张国焘著：《我的回忆》第 1 册，东方出版社 1991 年版，第 157 页。

② 参见张国焘著：《我的回忆》第 1 册，东方出版社 1991 年版，第 157—158 页。

筹备远东人民代表大会工作的一个延续。① 当事人马林这一时期的报告也没有明确表示张太雷前往日本是他个人所派。他在 1922 年 7 月 11 日《向共产国际执行委员会的报告》中提到：

> "自从我们得知伊尔库茨克下达的关于从中国、朝鲜和日本派出代表参加远东人民代表大会的任务后，当即同中国党的领导机关，就代表团的组成问题做出安排。派同志到广州和另一些城市去邀请那里的团体（应该是指周佛海前往长沙、汉口等地物色赴俄人选——引者注）。……张太雷同志被派往日本，邀请那里的同志参加伊尔库茨克的会议。"②

马林的报告是说张太雷被派往日本，并没有说是他自己派出的。从报告的行文逻辑分析，引文中的"我们"应该是指包括马林、尼柯尔斯基、张太雷在内的共产国际在上海的代表和工作人员。

马林在报告中强调，他主要是配合尼柯尔斯基的工作和执行远东书记处的指示，同样，作为中共党员的张太雷同时也是远东书记处的工作人员，因此张太雷赴日与其说是马林所派，不如说他是按照远东书记处的指示行事，继续其筹备远东人民代表大会的使命，或者说他是在完成远东书记处的任务，是其自身的职责所在。在上海的马林、尼柯尔斯基等人对此是知晓的。如果一定要探究何人派出，应该是这几位共产国际代表商议决定的。因此，施存统 1956 年的相关回忆是准确的："第三国际派张太雷去日本，通知东京小组派代表参加会议（因当时日苏没有邦交，不便派苏联

---

① 参见张劲：《从张太雷赴日看中共初创时的境况——中共一大召开百年纪念》，《井冈山大学学报（社会科学版）》，2021 年第 3 期。

② 中共中央党史研究室第一研究部编：《共产国际、联共（布）与中国革命档案资料丛书》第 2 卷，北京图书馆出版社 1997 年版，第 227—228 页。

人去日本)。"① 王一知也回忆说:"他还秘密去日本,代表共产国际远东书记处联系日本共产党派代表到伊尔库茨克参加远东人民代表大会。"②

另有一份来自日本出席远东人民代表大会的代表高濑清的回忆也点明张太雷日本之行是受远东书记处的委派:"中国的共产主义者张太雷便扮成中国留学生来到日本。……当时,堺利彦、山川均、近藤荣藏各先生与他个别会谈。张受共产国际远东局的维经斯基之命,为邀请日本派代表参加预定在西伯利亚的伊尔库茨克召开的远东民族大会。"③

同期,尼柯尔斯基、马林在上海联名签发了派遣印度尼西亚共产党代表司马温出席远东人民代表大会的委任状。④ 这也说明联络、组织各国共产党派遣代表出席远东人民代表大会是远东书记处的工作范围,马林应该是继续"配合"尼柯尔斯基的工作。

综上,张太雷赴日绝非马林一人的派遣,而是共产国际远东书记处的派遣,马林或许参与,但不会是主要责任人。

1921 年 10 月 4 日,法国巡捕房特别机关突然查抄了环龙路渔阳里 2 号陈独秀的住宅,将陈独秀、高君曼夫妇连同当时在他们家中做客的杨明斋、柯庆施、包惠僧逮捕,同时查获《新青年》《劳动界》《共产党》等杂志和若干种书籍。10 月 5 日陈独秀第一次庭审,获罪理由是陈独秀编辑共产主义、社会主义等书刊,有过激行为。10 月 6 日陈独秀交押金获保释,在家候审。10 月 19 日进行了第二次庭审。10 月 26 日第三次庭审并宣布判决。陈独秀因违反领事法令(出版未经许可的报刊),且查出的《新青年》等存在过激文字,罚款 100 元了案。整个庭审过程中,法庭并未涉及有关共产党的起

---

① 中国社会科学院现代史研究室、中国革命博物馆党史研究室编:《"一大"前后:中国共产党第一次代表大会前后资料选编》(二),人民出版社 1980 年版,第 34 页。

② 人民出版社编辑部编:《回忆张太雷》,人民出版社 1984 年版,第 7 页。

③ 钱听涛等编:《张太雷研究史料选》,中央文献出版社 2007 年版,第 177 页。

④ 参见李玉贞主编:《马林画传》,上海人民出版社 2018 年版,第 85 页。

诉，说明租界当局并不知晓中国共产党组织的存在以及陈独秀的真实身份。

陈独秀被捕后，马林立即着手从事营救工作。他利用西方司法体系，花重金聘请著名的法国律师巴和出庭辩护，又找铺保保释，并打通会审公所的各个关节。张太雷在 10 月 18 日回到上海后，立即加入营救陈独秀的活动，仍旧奔走于马林与陈独秀之间，还说服马林用经费交罚款，表明他非常关注和致力于党的事务。包惠僧回忆说："在马林出钱、张太雷同志等出力的情况下，才把我们保了出来。"①

张国焘回忆说，陈独秀获释后，张太雷去陈独秀家中探望，"转达马林恳切慰问的意思，并说：'如果不是不方便，马林是要亲自来慰问的。'陈先生很和气的回答：'我一两天再约他会谈。'这样，以前一切的争执，似乎都因这一意外而烟消云散了。"②

陈独秀随后同马林再次会谈，决定中国共产党接受共产国际的指导和经济援助，其中，经济援助是以中国劳动组织书记部为接受单位实现的。包惠僧评价说："这一次纠纷的解决，张太雷同志起了很好的作用。"③ 协调陈独秀与马林关系，在当时也就是协调处理中共中央与共产国际的关系。张太雷在协调双方关系的过程中，表现出了坚定的政治立场，踏实的工作作风，出色的组织能力和语言交流能力，以及灵活的交往策略。

三、马林与张太雷的华南之行

1. 桂林会晤孙中山

马林在谈到自己在华工作经历时，最感骄傲的便是与孙中山建立联

---

① 人民出版社编辑部编：《回忆张太雷》，人民出版社 1984 年版，第 106 页。

② 张国焘著：《我的回忆》，东方出版社 1991 年版，第 163 页。

③ 人民出版社编辑部编：《回忆张太雷》，人民出版社 1984 年版，第 105 页。

系，促成了孙中山国民党与苏联的结盟（以下简称孙苏联盟）以及在此基础上的国共合作。而这一过程，是在张太雷的协助下完成的。此事缘于马林第一次在华经历（1921年6月—1922年4月）中的华南之行，他曾说"这次南方之行是我在中国最重要的时期"①。

马林在中共一大之后，一方面要求中共中央请回在广东的陈独秀，并与之商讨中国共产党与共产国际的关系，另一方面也在关注并接触中国国民党。1921年11月21日，马林在张太雷的陪同下与孙中山的代表张继在上海见面。会谈结束后，马林应国民党邀请前往桂林会晤孙中山。

12月10日，马林与张太雷乘"岳阳号"轮船，从上海出发，途经汉口时，受到已经到武汉工作的包惠僧的接待。随后二人经粤汉铁路乘火车至长沙，"从长沙以后就没有火车或船只，经过内地，穿过中国的无数乡村和小镇，那儿一丝不变的保存着中世纪的特征"②。12月23日（一说25日）黄昏时刻，二人抵达桂林并见到了孙中山。此时的孙中山，正在桂林召集军事力量准备出师北伐。在桂林，马林与孙中山进行了三次较为深入的谈话，张太雷作为翻译，全程陪同，孙科、胡汉民、曹亚伯、陈少白、许崇智等国民党要员也在座。③

马林向孙中山提及召开远东人民代表大会以对抗美国主持的华盛顿会议之事，孙中山告诉他已经派出张秋白作为国民党代表前往苏俄。马林向孙中山等人介绍了俄国革命的意义以及他工作过的爪哇民族主义性质的群

---

① 中共中央党史研究室第一研究部编：《共产国际、联共（布）与中国革命档案资料丛书》第2卷，北京图书馆出版社1997年版，第234页。

② 李玉贞主编：《马林与第一次国共合作》，光明日报出版社1989年版，第367页。

③ 在桂林停留的时间，马林自己有三种说法：9天三次谈话，7天，两周。本书采用马林1922年7月11日报告中的说法，参见中共中央党史研究室第一研究部编：《共产国际、联共（布）与中国革命档案资料丛书》第2卷，北京图书馆出版社1997年版，第233、247、253页；而目前仅见的中文记录是安排马林、张太雷住宿并参与会见的邓家彦撰写的《马丁谒总理实纪》，其中，提到马林在桂林只有3天，与孙中山会谈两次，参见罗家伦编：《革命文献》第9辑，第1410页。

众组织——伊斯兰教联盟的发展情况，与孙中山讨论了群众运动和在工人阶级中进行宣传的必要性等，孙中山则向马林讲述国民党的历史、策略等问题。[①] 双方围绕俄国革命、苏俄共和国的发展和新经济政策的重要性进行了长时间的交谈，孙中山尤其对苏俄红军的情况及政治教育感兴趣。[②]

在谈到承认俄国与联俄的可能性时，孙中山提出：只要他的北伐还未完成，联俄实际上是不可能的；过早地联俄会立即引起列强的干预，如果他不联俄，他就能够在不受列强干涉的情况下把中国的事情办好；北伐后，他会立即同俄国公开结盟，俄国和中国一起可以解放亚洲。[③] 孙中山的上述见解固然不能令马林满意，但马林看出孙中山对苏俄的军事力量以及可能向国民党提供的军事援助比较感兴趣，并且向马林表示可以派一个代表到苏俄去进行联系。

其间，孙中山曾向马林抱怨"青年知识分子对社会主义感兴趣，成立了一些小的集团和派别，对于中国的政治生活却毫无用处"[④]。他向第一次见面的张太雷了解学生运动的状况，"他反对学生空谈哲理，强烈主张学生诉诸行动，起来反抗"，并与张太雷"就需要青年更加积极地参加民族主义运动进行了详细的讨论"[⑤]。他问张太雷"为什么青年要从马克思那里寻求灵丹妙药，从中国的古典著作中不是也能找到马克思主义的基本思想

[①] 参见中共中央党史研究室第一研究部编：《共产国际、联共（布）与中国革命档案资料丛书》第 2 卷，北京图书馆出版社 1997 年版，第 253 页。

[②] 参见李玉贞主编：《马林与第一次国共合作》，光明日报出版社 1989 年版，第 372—373 页；中共中央党史研究室第一研究部编：《共产国际、联共（布）与中国革命档案资料丛书》第 2 卷，北京图书馆出版社 1997 年版，第 247 页。

[③] 参见中共中央党史研究室第一研究部编：《共产国际、联共（布）与中国革命档案资料丛书》第 2 卷，北京图书馆出版社 1997 年版，第 236—237 页。

[④] 中共中央党史研究室第一研究部编：《共产国际、联共（布）与中国革命档案资料丛书》第 2 卷，北京图书馆出版社 1997 年版，第 236 页。

[⑤] 中共中央党史研究室第一研究部编：《共产国际、联共（布）与中国革命档案资料丛书》第 2 卷，北京图书馆出版社 1997 年版，第 247、253 页。

吗？"，"马克思主义里面没有什么新的东西"①。

这次桂林会谈，很难说马林对孙中山开展民众运动以及联俄问题上产生多大影响，但孙中山及其国民党却给马林留下了深刻的印象，"最后我们带着这样的信念离开了桂林：在反对世界帝国主义的斗争中，应当把国民党看成一个盟友。"②

1925年3月在得知孙中山因病去世的消息后，已经离开中国并且淡出共产国际、回到荷兰的马林撰文《我对孙中山的印象》，谈到他在桂林第一次见到孙中山的印象："他的特征是严肃、有力、朴素。为人和蔼可亲，很有个性。"③1926年2月，马林再次撰文《和孙中山在一起的日子》，认为孙中山可谓是"中国革命运动化身的男子汉"，"衣着朴素、心地善良、但具有不屈不挠的毅力。这后一种性格不仅使他在严重失望、朋友的无耻背叛和严重失败中毫不动摇地坚信他们肩负的伟大使命，而且使他能够把许多年青的有志之士团结在身边，团结在他的事业的周围。"马林认为"不能把孙中山看成是一个纯粹的资产阶级民族主义者"，"社会主义的影响已经促使他和他的同僚去开展反对资本主义统治的斗争"。④

2. 广州考察海员罢工

在结束与孙中山的会见后，1922年1月初，马林、张太雷离开桂林，前往广州。在去广州的途中，有孙中山派出的军人带路，"我们听到军官

---

① 李玉贞主编：《马林与第一次国共合作》，光明日报出版社1989年版，第373页；中共中央党史研究室第一研究部编：《共产国际、联共（布）与中国革命档案资料丛书》第2卷，北京图书馆出版社1997年版，第253页。

② 中共中央党史研究室第一研究部编：《共产国际、联共（布）与中国革命档案资料丛书》第2卷，北京图书馆出版社1997年版，第247页。

③ 中共中央党史研究室第一研究部编：《共产国际、联共（布）与中国革命档案资料丛书》第2卷，北京图书馆出版社1997年版，第247页。

④ 李玉贞主编：《马林与第一次国共合作》，光明日报出版社1989年版，第372页。

们和士兵们说，孙中山亲自向他的部队作宣传演讲，他很希望他的军队充满革命的精神"①。

他们于1月下旬到达广州，恰逢香港海员大罢工。这是中国第一次工人运动高潮中一次重要的罢工斗争，由中华海员工业联合会总会的苏兆征、林伟民等领导。在短短不到一个月的时间里，包括运输工人在内，罢工人数增加至两三万人。对于这场罢工，马林给予了极高的评价，称之为"支持民族主义运动的现代式的群众运动"②。他注意到这次罢工得到了国民党的支持以及国民党在华南地区的影响力。"国民党同罢工者之间的联系非常紧密，在广州、香港和汕头大约有12000名海员加入了国民党"，"这一事件使国民党在华南与年轻的工人运动建立了牢固的联系，使年轻的工人运动成为反对世界帝国主义的斗争中的一个重要因素"③。

马林在1922年7月11日《向共产国际执行委员会的报告》中提到："关于中国的运动及其前途，上海给了我一个悲观的印象。到了南方我体验到，有可能进行有益的工作，而且工作定会卓有成效的。"④他确信，与上海和北方的少数工人俱乐部的情况相比，国民党在南方已经能够接近士兵和工人群众，革命形势将会大为可观，并由此萌生了集中一切革命势力于国民党的想法，这应该是马林主张国共党内合作的思想起因。

在广州，马林、张太雷共停留了10天，除考察海员罢工情况外，还同陈炯明、张继等国民党要员进行多次会谈，"他们对俄国革命都持赞同

---

① 中共中央党史研究室第一研究部编：《共产国际、联共（布）与中国革命档案资料丛书》第2卷，北京图书馆出版社1997年版，第247页。

② 中共中央党史研究室第一研究部编：《共产国际、联共（布）与中国革命档案资料丛书》第2卷，北京图书馆出版社1997年版，第254页。

③ 中共中央党史研究室第一研究部编：《共产国际、联共（布）与中国革命档案资料丛书》第2卷，北京图书馆出版社1997年版，第235、247页。

④ 中共中央党史研究室第一研究部编：《共产国际、联共（布）与中国革命档案资料丛书》第2卷，北京图书馆出版社1997年版，第234页。

态度。尤其是前议长张继表示赞成中国实行一党专政，并希望要么在蒙古，要么在西伯利亚组织北方的中国革命者来支持南方的运动"①。

另据陈公博回忆，马林、张太雷曾与张继、陈公博在长堤的西濠酒店探讨过国共两党的合并问题："张继先生提出国民党和共产党合并问题，当时他们所谈的还不是国民党容共问题。大约这个问题是斯里佛烈（即马林——引者注）和张先生已经谈过，并且有成议的。当日担任翻译的是张春木，后来改名张太雷，做了鲍罗庭的翻译。"② 时为广东共产党、青年团负责人的陈公博对此持反对意见。

1922年2月上旬，马林、张太雷离开广州，经惠州、海丰、陆丰、汕头等地，于3月7日回到上海。正是这次南方之行，通过在桂林和广州两地与国民党的接触了解，为马林提出国共合作的策略打下坚实的思想基础，张太雷也成为酝酿、推动国共合作的历史参与者和见证人。

3. 提出国共党内合作建议

在桂林会晤孙中山和在广东考察国民党之后，马林自以为已经找到了中国共产党以及共产国际应该支持或联合的中国资产阶级民主派。1922年3月底4月初，马林在上海安排了一系列同共产党和国民党领导人的会谈，并且提出了国共党内合作的主张："我建议我们的同志，改变对国民党的排斥态度并在国民党内部开展工作，因为通过国民党同南方的工人和士兵取得联系要容易得多。同时，共产主义小组必须不放弃自己的独立性，同志们必须共同商定在国民党内应该遵循的策略。"③

---

① 中共中央党史研究室第一研究部编：《共产国际、联共（布）与中国革命档案资料丛书》第2卷，北京图书馆出版社1997年版，第237页。

② 中国社会科学院近代史研究所编：《"二大"和"三大"：中国共产党第二、三次代表大会资料选编》，中国社会科学出版社1985年版，第571页。

③ 中共中央党史研究室第一研究部编：《共产国际、联共（布）与中国革命档案资料丛书》第2卷，北京图书馆出版社1997年版，第239页。

4月6日，陈独秀致信维经斯基，明确反对马林的建议，主要观点有：共产党与国民党革命之宗旨及所据之基础不同；国民党联美，联张作霖、段祺瑞等政策和共产主义太不相容；国民党未曾发表党纲，在多数国人看来，不是一个革命政党，共产党若加入国民党则在社会上信仰全失，永无发展机会；国民党领导人向来不容许新加入分子的意见及假以权柄。陈独秀为加强反对力度，特别提到，广东、北京、上海、长沙、武昌各区同志对于加入国民党一事，均已开会议决绝对不赞成，在事实上亦已无加入之可能。① 毫无疑问，陈独秀的看法在党内是有代表性的，此时的中共领导人对中国首先面临的资产阶级民主革命性质以及建立革命统一战线的思想认识严重不足。

为此，马林于4月24日从上海启程前往莫斯科，直接向共产国际执委会汇报其在华工作情况，同时向共产国际请示决策意见。

四、张太雷、达林与中国社会主义青年团一大

1. 恢复和整顿社会主义青年团组织

前文提到，张太雷回国的使命与任务之一，是受青年共产国际委托恢复和整顿中国社会主义青年团。张太雷在积极筹办远东人民代表大会的同时，也开始着手开展这方面的工作。从日本回来后，张太雷从1921年11月起在上海主持中国社会主义青年团的恢复整顿工作。首先恢复的是上海社会主义青年团，并以上海机关代理中央职权，指导各地社会主义青年团组织的整顿工作。原上海社会主义青年团组织所在地——上海环龙路渔阳

---

① 参见中央档案馆编：《中共中央文件选集》第1册，中共中央党校出版社1989年版，第31—32页。

里 6 号成为中国社会主义青年团临时中央局所在地。为了帮助各地青年团组织的整顿工作，张太雷起草了《中国社会主义青年团临时章程》，章程规定："[定名] 中国社会主义青年团。各地方团以各地社会主义青年团名之，为本团之一部。[宗旨] 以研究马克思主义、实行社会改造及拥护青年权利为宗旨。"① 张太雷总结此前社会主义青年团组织的经验教训，强调在吸收成员时一定要考虑其是否信奉马克思主义，坚决排除无政府主义者，要把社会主义青年团建成信奉马克思主义的团体。陈独秀也在 11 月签发中国共产党中央局通告，要求各地切实注意青年运动，"全国社会主义青年团必须在明年七月以前超过二千团员"②。

12 月，张太雷与马林一同南下桂林会晤孙中山，同时考察、督促沿途社会主义青年团组织的恢复与整顿工作。他们在 1922 年 2 月在汕头停留期间，张太雷同当地青年团早期负责人叶绍芳接洽多次，商谈建立青年团组织事宜，叶绍芳表示"要尽我底能力联合各处的同志并宣传运动本地的各界"③。马林在此过程中也有参与和观察，"在一些省城我发现中国青年对社会主义问题非常感兴趣。我在长沙、桂林、广州和海丰参加了青年的集会。那里有当地青年学生的俱乐部，他们从事无政府主义和社会主义的理论研究。一般地说，这种青年组织实际上对于工人运动的发展起不了多少作用"④。这反映了青年组织当时存在的两个问题，分别是思想状况不纯和组织脱离工人群众。在张太雷的南方之行后，前者的状况有了明显

---

① 中国新民主主义青年团中央委员会办公厅编：《中国青年运动历史资料》第 1 册，1957 年版，第 118 页。

② 中央档案馆编：《中共中央文件选集》第 1 册，中共中央党校出版社 1989 年版，第 26 页。

③ 中共广东省委党史资料征集委员会等编：《谭平山研究史料》，广东人民出版社 1989 年版，第 128 页。

④ 中共中央党史研究室第一研究部编：《共产国际、联共（布）与中国革命档案资料丛书》第 2 卷，北京图书馆出版社 1997 年版，第 234 页。

的改观："自张太雷同志参加［共产国际］第三次世界代表大会回来以后，有计划地安排了对青年的宣传工作。特别是在华南，对青年的共产主义宣传取得显著的成就。"①而后者还有待于张太雷回上海后组织召开中国社会主义青年团第一次全国代表大会进行系统的整顿，"青年国际的代表，一个俄国同志（指达林——引者注）到了上海，他和我们的张太雷同志一起在广州筹备一个青年代表大会，……特别是在南方，青年组织发展得很好，如果他们把这些地方团体合并起来，就有可能建成一个很有影响的青年组织"②。

1922年1月，施存统从日本回到上海，因张太雷与马林南下，陈独秀委托施存统负责中国社会主义青年团临时中央局。施存统租下上海公共租界大沽路356号至357号两幢房子，中国社会主义青年团临时中央局办公地址随后迁至此处。就在这个地方，陈独秀等中共领导人在3月的某一天会见了来华的青年共产国际代表达林。达林在远东人民代表大会结束后，于1922年2月初从莫斯科动身，任务是参加中国社会主义青年团第一次全国代表大会。

达林在他的回忆录中记述了这次会见的情景："我不由自主地环顾着我被引进的那间屋子。屋内两边靠墙摆着两张小桌，桌上的纸写有我不认识的中国字，几张竹椅，一张象石头一样硬的铺着草席的木床，一个小书架。这是青年团的总部，但共产党员们也在这里聚会。"③他们一起讨论了即将举行的中国社会主义青年团第一次全国代表大会的议程以及有关的组织事宜。据此，中国社会主义青年团临时中央局2月22日向各地发

---

① 中共中央党史研究室第一研究部编：《共产国际、联共（布）与中国革命档案资料丛书》第2卷，北京图书馆出版社1997年版，第227页。

② 中共中央党史研究室第一研究部编：《共产国际、联共（布）与中国革命档案资料丛书》第2卷，北京图书馆出版社1997年版，第239页。

③ ［苏］C. A. 达林著：《中国回忆录（1921—1927）》，侯均初等译，中国社会科学出版社1981年版，第58页。

出会议通知，初定 4 月 1 日举行，每区代表 2 人，超过 200 人之区可增派代表 1 人，"急开全国大会之最大理由有二：1. 议决正式章程，组织正式中央机关，以联络统一全国 S.Y. 运动；2. 预备在五月一日，做大规模的运动"①。后会期因故改为 5 月 5 日。

4 月上旬，张太雷与达林前往北京。张太雷是受上海社会主义青年团委派去领导北京社会主义青年团的非基督教运动，以反对 4 月 4 日在北京举行的世界青年基督教同盟代表大会。在张太雷的参与领导下，北京掀起声势浩大的非基督教群众运动，"特别是在北京大学，举行了群众大会。仅在北京，盟员人数就超过 1500 人"，"不仅基督教代表大会被搞垮了，而且这场运动形成了由我们共产主义小组中央局领导的强大社会浪潮"②。达林则是应邀会晤来华的苏俄政府外交使团团长裴克斯，该使团正在和北京政府谈判建交事宜，进展并不顺利。当裴克斯得知达林行将前往广州，便授以达林全权代表身份去同孙中山谈判，"同孙中山建立直接联系；弄清楚孙中山的国内外政策；他对苏俄的态度；他近期内的计划，以及作为积极因素的国民党在广州政府的政策中所起的作用"③。外交使团成员维连斯基还"给达林弄到 6000 墨西哥元借款，他已携款由我们两名久经考验、忠实可靠的优秀中共党员（其中之一是张太雷——引者注）陪同去南方了"④。

4 月中旬，达林、张太雷回到上海后，作前往广州的准备。达林回忆说：

① 丁言模等著：《张太雷年谱新编》，上海辞书出版社 2011 年版，第 108 页。
② 中共中央党史研究室第一研究部译：《共产国际、联共（布）与中国革命档案资料丛书》第 1 卷，北京图书馆出版社 1997 年版，第 93 页。
③ ［苏］C. A. 达林著：《中国回忆录（1921—1927）》，侯均初等译，中国社会科学出版社 1981 年版，第 65 页。
④ 中共中央党史研究室第一研究部译：《共产国际、联共（布）与中国革命档案资料丛书》第 1 卷，北京图书馆出版社 1997 年版，第 80 页。

"在上海的一个公园里，我和筹备召集社会主义青年团全国代表大会的组织处成员进行了会晤。我们讨论了组织代表大会的主要问题并商定同去广州。决定由我、张太雷、瞿秋白三人组成的委员会拟定社会主义青年团的纲领和章程草案。其中我代表青年共产国际，张太雷代表筹备代表大会的组织处，而瞿秋白则代表共产党。"①

为了绕过英国控制的香港，达林、张太雷一行南下的路线图是先乘船到汕头，再坐小船到一个叫三梅村的地方，后步行四五天到韶关，最后乘火车二百多公里到达广州。在汕头，他们先住进毗邻日本和法国领事馆的一家旅馆里②，等待去三梅村的小船开航。在4月19日前后的一周时间里，他们在这家旅馆起草了中国社会主义青年团的纲领和章程草案以及大会主要议程的决议草案，他们的工作进行得顺利且愉快："我们三人小组的工作进展很快，配合得很协调，几乎没有什么意见分歧。""我们高兴得唱起了国际歌。当时我用俄文，瞿秋白（原文如此——引者注）用中文，而张太雷用英文唱。"③

4月20日，陈炯明因拒绝孙中山让他来梧州面谈的要求，被孙中山免去粤军总司令和广东省省长职务，他当天晚上即离开广州、转赴惠州，其亲信部队也退出广州，布防于石龙、虎门等地。④孙中山与陈炯明之间的冲突爆发在即，因此"按原定路线从陆路经过中国农村到广州已不可能"，达林得知此事时已是4月25日。为了尽快赶到广州进行组织大会工

---

① ［苏］C. A. 达林著：《中国回忆录（1921—1927）》，侯均初等译，中国社会科学出版社1981年版，第68页。达林此处回忆有误，瞿秋白当时在莫斯科，代表共产党的应该是蔡和森。

② 据汕头团市委的研究人员考证，这家旅馆当年名叫适宜楼，是一家涉外酒店。

③ ［苏］C. A. 达林著：《中国回忆录（1921—1927）》，侯均初等译，中国社会科学出版社1981年版，第71—72页。

④ 参见陈锡祺主编：《孙中山年谱长编》下册，中华书局1991年版，第1440页。

作，达林、张太雷一行决定改变路线，乘轮船经香港前往广州。为了不引起英国巡捕的怀疑，他们约好在广州会面的地点后各自出发，先到香港，后从九龙坐火车进入广州。①

2. 广州会晤孙中山

4月26日，达林、张太雷先后到达广州。他们先到东山找斯托扬诺维奇，听取他对孙中山及其政府的意见，"斯托扬诺维奇的好感完全在陈炯明方面"，"他把孙中山的老战友们说成是美国看中的军阀"，"这个政府实行敌视工人阶级的政策"，达林认为"他的立场反映了某些人的观点"。后来又去广州共产党和社会主义青年团所在地，达林察觉到"当地的共产党员对国民党及其政府更加反感"，对他支持孙中山和国民党的观点反应冷淡。张太雷、达林与广州党团组织讨论了五一游行口号的问题，包括三类："一、反对外国帝国主义，支持苏俄；二、反对国内反动派；三、支持孙中山政府"，但在五一游行当天没有看到支持孙中山政府的口号。②

与广州党团组织及斯托扬诺维奇对孙中山的消极态度不同，达林肩负着裴克斯外交使团的任务和苏俄外交人民委员契切林的信使职责，开始了他与孙中山的会晤。从4月27日开始，达林在张太雷的陪同下，几次前往孙中山在广州的"总统府"进行会谈。会见时，达林向孙中山递交了证明他全权代表身份的信件和契切林2月7日致孙中山的信。契切林在信中对国民党派代表参加远东人民代表大会表示欢迎，强调："不管我国在欧洲和欧洲以外的政治立场今后如何发展，我国政府绝不会放弃同中国人民

---

① 参见 [苏] C. A. 达林著：《中国回忆录（1921—1927）》，侯均初等译，中国社会科学出版社1981年版，第76—78页。

② 参见 [苏] C. A. 达林著：《中国回忆录（1921—1927）》，侯均初等译，中国社会科学出版社1981年版，第83—85页。

的最忠实、最热忱、最诚挚的友谊与合作。中国人民获得幸福与自由发
展，也是我们最真诚的愿望"，转达"列宁同志也极感兴趣地读了您的信。
他满腔热情地注视着您的活动"。① 孙中山对达林的到来也表示欢迎，表
达"对苏俄的友好感情，表示很乐于向我介绍华南的情况和了解苏维埃共
和国的形势"②。双方随后进入正式会谈。

在谈论中国形势时，孙中山力主对吴佩孚的北伐，对陈炯明反对他北
伐的行为表示了强烈愤慨。在谈论苏俄形势时，孙中山对红军的人数、组
织和政治教育很感兴趣。③ 在谈论国民党时，当达林向孙中山询问国民党
的人数时，孙中山讲了一个难以置信的数字，他把十万军队都看作自己的
党员，达林由此认识到国民党组织松弛、涣散的状况。④ 同马林桂林谈话
时的观点一样，孙中山对达林表示，一旦北伐成功，占领汉口，他将正式
承认苏俄。当达林提出宣布国民党对苏俄态度的文件问题时，孙中山表示
不是所有国民党员都认同苏俄，况且邻近广东的香港还有英国人的潜在
威胁。⑤

在谈论苏维埃政权时，孙中山向达林提出了一个建议："我给你一个
山区，一个最荒凉的没有被现代文明所教化的县。那儿住着苗族人。他们
比我们的城里人更能接受共产主义，因为在城里，现代文明使城里人成了
共产主义的反对者。你们就在这个县组织苏维埃政权吧，如果你们的经验

---

① 中共中央党史研究室第一研究部编：《共产国际、联共（布）与中国革命档案资料丛书》
　　第 2 卷，北京图书馆出版社 1997 年版，第 53—54 页。

② ［苏］C. A. 达林著：《中国回忆录（1921—1927）》，侯均初等译，中国社会科学出版社
　　1981 年版，第 102 页。

③ 参见 ［苏］C. A. 达林著：《中国回忆录（1921—1927）》，侯均初等译，中国社会科学
　　出版社 1981 年版，第 103 页。

④ 参见 ［苏］C. A. 达林著：《中国回忆录（1921—1927）》，侯均初等译，中国社会科学
　　出版社 1981 年版，第 111 页。

⑤ 参见 ［苏］C. A. 达林著：《中国回忆录（1921—1927）》，侯均初等译，中国社会科学
　　出版社 1981 年版，第 113 页。

是成功的，那么我一定在全国实行这个制度。"① 对这个出人意料的建议，
达林只好一笑了之。达林向孙中山阐明了现阶段的中国民族革命的性质、
建立民族革命统一战线的必要性及其可行的纲领等观点，并提出共产党作
为一个政党加入国民党的建议。②

达林注意到孙中山掌权的南方，和军阀、外国帝国主义掌权的北方有
着天壤之别："南方的气氛完全不同。工会、共产党、社会主义青年团的
活动都是完全合法的。"③

此时的广州，正在准备召开第一次全国劳动大会和中国社会主义青年
团第一次全国代表大会。中共中央领导人陈独秀、张国焘也来到广州。达
林向陈独秀通报了他与孙中山会谈的情况。4 月底 5 月初，在广州召开了
中国共产党广州支部的会议，讨论与国民党建立统一战线的问题。根据达
林的回忆，当时张国焘以及广州地方组织的代表不赞成与孙中山联合，而
张太雷支持达林的建议，所持的观点是："在反帝的资产阶级民主革命阶
段与小资产阶级结成广泛的统一战线是必要的，和国民党联合以及共产党
加入国民党都是必要的。"④陈独秀则动摇不定，经过长时间的讨论后逐渐
认识到统一战线的必要性。会议最终没有通过决议，决定继续讨论。

5 月 20 日，共产国际远东书记处驻华全权代表利金将此情况向共产
国际执委会远东部报告："中央曾几次根据我们的主张作出关于在一些场
合必须同国民党合作的决定，但都未得到贯彻执行。"他一方面将此归咎

---

① ［苏］C. A. 达林著：《中国回忆录（1921—1927）》，侯均初等译，中国社会科学出版社
1981 年版，第 103 页。
② 参见 ［苏］C. A. 达林著：《中国回忆录（1921—1927）》，侯均初等译，中国社会科学
出版社 1981 年版，第 104、90 页。
③ ［苏］C. A. 达林著：《中国回忆录（1921—1927）》，侯均初等译，中国社会科学出版社
1981 年版，第 82 页。
④ ［苏］C. A. 达林著：《中国回忆录（1921—1927）》，侯均初等译，中国社会科学出版社
1981 年版，第 91 页。

于中国共产党"特有的小组习气","它们把自己局限在单独的独立小组中，不大能从事实际革命工作"，另一方面认为"这在很大程度上是远东书记处的过错，因为从 1921 年起它就没有在广州设代表"。①

3. 主持中国社会主义青年团一大

1922 年 5 月 5 日是马克思诞辰 104 周年纪念日，在这一天的广州东园，中国社会主义青年团第一次全国代表大会开幕。蔡和森、邓中夏、张太雷、施存统、俞秀松、李启汉、彭湃等 25 位代表到会，代表上海、北京、天津、济南、长沙、武昌、南京等 15 个地方团组织。陈独秀、张国焘作为中共中央代表出席。张太雷主持大会，致开幕词，并作关于团纲和团章草案的报告。达林代表青年共产国际发表《国际帝国主义与中国及中国社会主义青年团》演说，陈独秀作题为《马克思的两大精神》的演讲。

张太雷开幕词的最大特点，是从世界革命的维度看中国的革命运动。首先，他论述了世界无产阶级联合起来的必要性。"社会的生产力，资本主义的经济组织再不能容纳了。……无产阶级不快快团结起来，人类的文化将要消灭了！所以各国无产阶级之觉悟分子，都有共产党之组织，而且再结合组织一国际共产党，以促进世界的革命。"其次，他指明中国社会主义青年团的两大任务。"社会主义青年团并且联络各种革命势力，反抗国际帝国主义的势力。倘使在中国的帝国主义势力不打倒，中国的社会革命是不能实现。社会主义青年团并且反对中国的军阀，因为军阀是中国进化最大的阻力。所以我们的标语是：帮助劳工，打倒帝国主义和军阀！"最后，他以马克思诞辰纪念日为题，强调了信仰的力量。"我们纪念他，第一，他是革命的实行家，第一国际的创造家；第二，他和别个改革家不

---

① 中共中央党史研究室第一研究部译：《共产国际、联共（布）与中国革命档案资料丛书》第 1 卷，北京图书馆出版社 1997 年版，第 87—88 页。

同，因为他指出革命的方法，他说要达到共产主义的社会，必须经过无产阶级专政。他还有一种可使我们纪念的，使无产阶级确信资本主义必定崩坏，无产阶级革命必定成功。这种确信，在无产阶级革命中最为重要。"①

经过几天的会议，大会通过了张太雷等人拟定的《中国社会主义青年团纲领》《中国社会主义青年团章程》《关于政治宣传运动的议决案》等6项决议案，以无记名的方式选举高君宇、施存统、张太雷、蔡和森、俞秀松组成中国社会主义青年团第一届中央执行委员会。

中国社会主义青年团第一次全国代表大会的成功召开，是张太雷对中国青年团组织、中国青年运动的发展作出的重大贡献，充分展示了他卓越的组织才能，进一步奠定了他是中国共产主义青年团主要创始人之一的历史地位，同时也标志着张太雷圆满地完成了青年共产国际执委会和中共中央交给他的任务。这项工作得到了中共中央和青年共产国际的高度肯定。1922年7月召开的中国共产党第二次全国代表大会认为："中国社会主义青年团第一次全国大会所采取的纲领和一切决议案都是根据了实际革命需要而下的重要结论。他认这种运动是中国共产运动中重要的一部。"② 同年12月召开的青年共产国际第三次代表大会指出，这次大会标志着中国社会主义青年团"已经是一个巩固的，思想方面一致的组织"③。

5月10日，中国社会主义青年团一大闭幕。5月11日，中国社会主义青年团中央执行委员会召开第一次会议，俞秀松、蔡和森、张太雷、施存统到会，作出以下决定：中央机关设在上海，书记由施存统担任，团机

---

① 《张太雷文集》，人民出版社2013年版，第58—59页。

② 中央档案馆编：《中共中央文件选集》第1册，中共中央党校出版社1989年版，第86页。

③ 中共中央党史研究室第一研究部编：《共产国际、联共（布）与中国革命档案资料丛书》第2卷，北京图书馆出版社1997年版，第387页。

关报《先驱》的编辑由蔡和森担任，施存统、蔡和森、俞秀松驻上海，张太雷、高君宇驻广州，高君宇未到任前，由候补委员冯菊坡代理其职务。5月12日，团中央执行委员会召开第二次会议，通过《中国社会主义青年团中央执行委员会细则》，规定："本委员会主要工作分为三部：书记部——掌理组织、财政，搜集报告，发布通告等事；经济部——掌理关于改良青年工人农人经济状况等事；宣传部——掌理教育及政治的工作，主义宣传及出版等事。""书记、经济、宣传三部以外的特别事务，本委员会得临时派定委员担任或共同担任。"[①] 根据这两次会议的决定，张太雷在会后留在广州指导广东社会主义青年团的改组工作。

张太雷在广州期间，与广东党组织负责人谭平山、陈公博、谭植棠在对待陈炯明态度等问题上存在一定分歧，工作并不顺利。6月30日，他致信上海的施存统，提到："广州自此次政变以来，诸事消沉得很。青年团改组后重登记者有四百多，我们团员学生居多，学校因政变提前放假，团员多回家，所以影响于我们的改组甚大。S.Y. 对于此次孙陈冲突是否应该有一个宣言，但是此地地方团决不敢有所宣言，须得中央之允准。经费困极，我已代负三四百元之债务。"[②] 他在信中还提出了回上海工作的要求。不久，张太雷前往上海，列席中国共产党第二次全国代表大会。

达林在会后留在广州继续与孙中山保持联系。6月16日，陈炯明发动兵变，炮击广州"总统府"和孙中山的住处粤秀楼，孙中山退抵海珠海军司令部，先登"楚豫舰"，后转登"永丰舰"，督师反击陈炯明部。因陈炯明叛变，孙中山无法直接与达林会面，托陈友仁同达林继续联系。陈友仁转达孙中山的话给达林："现在我深信，中国革命的唯一实际的真诚的朋友是苏俄。""我确信，苏俄甚至在危难之中也是我唯一的朋友。我决定

---

① 钱听涛等编：《张太雷研究史料选》，中央文献出版社 2007 年版，第 185—186 页。

② 《张太雷文集》，人民出版社 2013 年版，第 62 页。

赴上海继续斗争。倘若失败，我则去苏俄。"[1]他还写了一封给契切林的短信："文经历着陈炯明——一个多亏有文方有其一切之人，造成之严峻危机。文在一定场合意欲何为，将由达林转告。谨向您和列宁致敬。"[2]此信由达林转交。孙中山"在一定场合意欲何为"是显而易见的，经此事变，他对苏俄的态度从谨慎行事转变为明确支持，达林将此称为"孙中山就这样完成了世界观的伟大转变"，"他懂得了，现在没有工人阶级和农民的积极参加，资产阶级民主革命就不能胜利"，"孙中山看到了，中国人民只有苏俄这样一个真正的朋友和同盟者"[3]。达林随后离开广州，经上海、北京回国。

五、马林、张太雷与斯内夫利特战略

1. 马林第二次来华与西湖会议

1922 年 7 月初，马林回到莫斯科向共产国际执委会汇报工作，并请领下一步的工作指示。7 月 17 日，共产国际执行委员会主席团举行会议。会上，马林提交了《向共产国际执行委员会的报告》，与会者据此讨论了中国问题。

马林的报告涉及他在上海近一年研究、处理远东地区的工作情况。关于中国共产党方面，他在报告中提出，由于这个党刚刚诞生，力量还太薄弱，只能秘密地进行工作，除了部分宣传工作外，没有显著的成果，

---

① ［苏］C. A. 达林著:《中国回忆录（1921—1927）》，侯均初等译，中国社会科学出版社 1981 年版，第 126 页。

② 中共中央党史研究室第一研究部编:《共产国际、联共(布) 与中国革命档案资料丛书》第 2 卷，北京图书馆出版社 1997 年版，第 54—55 页。

③ ［苏］C. A. 达林著:《中国回忆录（1921—1927）》，侯均初等译，中国社会科学出版社 1981 年版，第 126—127 页。

同华南的国民运动联系不够，一些党员中存在着相当严重的排斥国民党的现象。关于国民党方面，马林根据南方之行的考察提出，中国国民党的性质是民族主义的，奉行的是以反对外来统治，让国民具有民主权利和幸福生活为内容的三民主义，其"党的纲领为各不同派别的人入党提供了可能性"①。马林根据自己曾在荷兰殖民地爪哇建立民族解放联合战线时积累的经验，认为华南的运动发展程度在全中国是最高的，共产国际的工作重点应该放在这里，中国共产党需要与国民党进行党内合作。"我建议我们的同志，改变对国民党的排斥态度并在国民党内部开展工作"②，以便取得在民族主义运动中开展政治工作的可能性。"国民党的领导人告诉过我，他们愿意在国民党内进行共产主义宣传。我们的同志拒绝这个主意。这些共产主义小组若不在组织上同国民党结合，那他们的宣传前景暗淡。"③

共产国际执委会肯定了马林的工作报告，并原则上接受了马林的建议。会后，共产国际执委会致信中共中央，提出："在反对外国资本主义列强的活动中，党应该与革命的民族运动携手合作。我们应该力争对迄今一直与民族运动有联系的有组织的工人产生影响。……只有在党懂得如何建立工人组织的时候，它才能成为真正的工人阶级政党。"④

7月18日，共产国际由维经斯基签发专门指令，打印在马林的一件衬衫上："中国共产党中央委员会接短笺后，应据共产国际主席团7月18

---

① 中共中央党史研究室第一研究部编：《共产国际、联共（布）与中国革命档案资料丛书》第 2 卷，北京图书馆出版社 1997 年版，第 235 页。

② 中共中央党史研究室第一研究部编：《共产国际、联共（布）与中国革命档案资料丛书》第 2 卷，北京图书馆出版社 1997 年版，第 239 页。

③ 中共中央党史研究室第一研究部编：《共产国际、联共（布）与中国革命档案资料丛书》第 2 卷，北京图书馆出版社 1997 年版，第 239 页。

④ 中共中央党史研究室第一研究部编：《共产国际、联共（布）与中国革命档案资料丛书》第 2 卷，北京图书馆出版社 1997 年版，第 311—312 页。

日决定，立即将驻地迁往广州并与菲利浦同志（即马林——引者注）密切配合进行党的一切工作。"[1] 同月，共产国际和赤色职工国际签发马林出任共产国际和赤色职工国际派驻中国南方代表的委任书，授权马林代表共产国际和赤色职工国际同中共中央联系，同南方国民革命运动领导人合作。[2]

8月，共产国际执行委员会由拉狄克拟定了《共产国际执行委员会给其派驻中国南方代表的指令》。该指令明确规定，"代表的全部活动应以共产国际第二次代表大会关于殖民地问题决议的精神为基础"，并认定国民党是一个革命组织，为此，要求中国共产党人支持国民党，"特别是国民党内代表无产阶级分子和手工业工人的那一翼"，[3] 要在国民党内和工会内组织拥护共产党的力量，形成一支革命的宣传队伍。共产国际执行委员会的这个指令，第一次以文件的形式指出了中国国民党的性质，阐明了共产国际对待中国国民党的态度，表达了共产国际希望以"党内合作"的方式实现国共两党合作的愿望。

同期，中国共产党第二次全国代表大会于7月16日至23日在上海举行。以陈独秀为代表的中共中央领导人开始理解并接受列宁有关民族殖民地革命的部分思想，认识到作为东方落后国家的共产党如何有序地规划革命的步骤、实施有效的革命策略，从而明确提出了中国革命分两个阶段进行，当前革命的性质是资产阶级革命的基本思想。

事实上，在进入1922年后，中国共产党主要通过以下几个途径接触共产国际二大的有关理论：一是中国社会主义青年团机关刊物《先驱》在

---

[1]　中共中央党史研究室第一研究部编：《共产国际、联共（布）与中国革命档案资料丛书》第2卷，北京图书馆出版社1997年版，第321页。

[2]　参见中共中央党史研究室第一研究部编：《共产国际、联共（布）与中国革命档案资料丛书》第2卷，北京图书馆出版社1997年版，第322页。

[3]　中共中央党史研究室第一研究部编：《共产国际、联共（布）与中国革命档案资料丛书》第2卷，北京图书馆出版社1997年版，第324页。

1922年1月15日的创刊号上译载了列宁的《民族和殖民地问题提纲初稿》；二是据李达回忆，1922年3月，共产国际曾给中共中央发来一封英文电报，内容是中国应该先进行国民革命；三是派出张国焘等人组成的代表团出席1922年1月召开的远东人民代表大会。其中，从实际影响看，远东人民代表大会最为突出。

远东人民代表大会指出，中国"当前的第一件事"是创立一个民主主义的共和国。这次会议对中共思想认识上的影响，在张国焘看来，"它的影响确是相当重大的。最主要之点是：这次会议在正式和非正式的商讨中，确定了中国革命的反帝国主义的性质，换句话说，反帝国主义被视为中国革命的主要任务"①。这次会议的另一个主要内容是国共合作问题。据张国焘回忆："在中国方面，国民党和孙先生所领导的南方政府是具有实力的；它所领导的民族的民主的革命，也被视为有成功希望。因此，张秋白所代表的国民党在大会中受到各方的重视；国民党与中共的合作问题更成为注视的焦点。"② 列宁也在接见张国焘、张秋白等人时，当面向二人询问国共是否可以合作的问题，其意向十分清楚。

1922年6月15日，中共中央在上海发表《中国共产党对于时局的主张》，批判了在时局问题上封建军阀所散布的反动论调和资产阶级改良主义者所持的错误主张，指出解决时局问题的关键是用革命手段打倒帝国主义和封建军阀，建立民主政治。"中国共产党的方法，是要邀请国民党等革命的民主派及革命的社会主义各团体开一个联席会议，在上列原则的基础上共同建立一个民主主义的联合战线"③。

中共二大的主题是确定现时革命的性质并规定党的任务。《中国共产

① 张国焘著：《我的回忆》第1册，东方出版社1991年版，第207页。

② 张国焘著：《我的回忆》第1册，东方出版社1991年版，第200页。

③ 中央档案馆编：《中共中央文件选集》第1册，中共中央党校出版社1989年版，第45—46页。

党第二次全国大会宣言》明确提出："各种事实证明，加给中国人民（无论是资产阶级工人或农人）最大的痛苦的是资本帝国主义和军阀官僚的封建势力，因此反对那两种势力的民主主义的革命运动是极有意义的：即因民主主义革命成功，便可得到独立和比较的自由。因此我们无产阶级审察今日中国的政治经济状况，我们无产阶级和贫苦的农民都应该援助民主主义革命运动。"① 中共二大通过的《关于"民主的联合战线"的议决案》就民主联合战线问题提出三条举措，其中第一条便是："先行邀请国民党及社会主义青年团在适宜地点开一代表会议，互商如何加邀其他各革新团体，及如何进行。"② 也可以说，从这时起，中国共产党不仅在工作重点上实现了重大的转变，而且在理论上奠定了建立革命统一战线的思想基础。中共二大的另一个举措与意义是通过了《中国共产党加入第三国际决议案》，中国共产党正式成为共产国际的一个支部，此前纠结于陈独秀与马林之间的中国共产党与共产国际关系问题，至此从组织层面得以解决。

中共二大的召开及其决议为中国共产党接受共产国际有关联合战线的策略奠定了思想基础，剩下的问题是联合战线的具体形式。中共二大虽然提出建立民主主义的联合战线，对国共合作也持积极态度，但在国共合作的方式上，考虑的只是党外联合的形式，对马林提出的加入国民党进行工作的"建议"仍然给予拒绝。

中共二大也是共产国际存在期间唯一一次没有共产国际代表出席的全国代表大会。大会结束之时，7 月 23 日，马林与苏俄政府新委任的驻华全权代表越飞从莫斯科启程来华。马林第二次来华兼任越飞助手，活动于

---

① 中央档案馆编：《中共中央文件选集》第 1 册，中共中央党校出版社 1989 年版，第 114 页。

② 中央档案馆编：《中共中央文件选集》第 1 册，中共中央党校出版社 1989 年版，第 66 页。

中共与俄共（布）、中共与国民党、华南与华北之间，发挥着重要的纽带作用。8月12日，越飞一行经中国东北抵达北京，开始与北京政府谈判中俄建立外交关系等问题，马林则从北京前往上海。张太雷继续担任马林助手兼翻译，其作用自然也非同以往。马林与张太雷在上海会合后，立即投入工作，张太雷在有关会议上翻译马林的意见，传达共产国际的指示。

此次马林带着共产国际的指令再度来华，陈独秀等中央领导人感到事关重大，决定召开党的会议，并邀请李大钊南下，共同商议国共合作事宜。这一决定由张太雷向马林通报。由于陈独秀受到上海法租界当局监视，马林也不便抛头露面，会议地点选在杭州西湖。

与此同时，马林于8月25日以苏俄特使越飞的代表身份，在张太雷陪同下与孙中山会谈。马林很清楚孙中山在国民党中享有的威望和权力，只有他才能解决国民党内部错综复杂的问题。此时的孙中山暂居上海，与陈炯明的彻底决裂促使他重新审视与苏俄的关系。

在上海的会谈中，马林向孙中山转达了越飞的问候和信件，同时劝告孙中山，不要仅仅依靠军事手段武力收复广州，要最大限度地开展群众工作，使上海成为全中国工农进行广泛革命宣传的中心。这些话在一定程度上博得了孙中山的赞同。马林很高兴地看到，孙中山比较以前更容易接受他的意见了。在陈炯明叛变后，孙中山"象以前屡次受到的打击一样，这次新的打击也没有动摇他对未来的信心，反而促使他坚定地着手改变党的策略，把军事活动方面的（以及外交方面的）重点转移到革命宣传上来"[1]。马林与孙中山的第二次会面，在某种程度上达成了一种默契，双方都同意在推动孙苏联盟的基础上促进国共合作。

1922年8月28日至30日，中共中央执委会召开西湖会议，解决中

---

[1]　中共中央党史研究室第一研究部编：《共产国际、联共（布）与中国革命档案资料丛书》第2卷，北京图书馆出版社1997年版，第248页。

共二大未能解决的采取何种形式进行国共合作的问题。出席会议的有中央执行委员陈独秀、张国焘、蔡和森、高君宇，候补中央执行委员李大钊，共产国际代表马林、翻译张太雷。马林向与会者传达了共产国际执行委员会的指令，坚持认为共产党必须加入国民党，这是落实国共合作的第一个步骤。

西湖会议并没有作出什么决议，虽然最终达成一致意见，但无疑经过了比较激烈的争论。

陈独秀在1929年12月10日《告全党同志书》中回顾了西湖会议，他说："当时中共中央五个委员：李守常、张特立、蔡和森、高君宇及我，都一致反对此提议，其主要的理由是：党内联合乃混合了阶级组织和牵制了我们的独立政策。最后，国际代表提出中国党是否服从国际决议为言，于是中共中央为尊重国际纪律遂不得不接受国际提议，承认加入国民党。"[1]

张国焘回忆说，李大钊采取了调和的立场，基本上附和马林，"向我们疏通，认为有条件的加入国民党和中共少数领导人加入国民党去为两党合作的桥梁，是实现第二次大会既定政策，同时避免与马林乃至共产国际发生严重争执的两全办法"[2]。

马林有关西湖会议的工作记录只谈到与李大钊、陈独秀等人讨论与国民党的关系，并未细说彼此之间的分歧点与争论。他在1935年8月19日接受伊罗生采访时否认了陈独秀提出的"服从纪律"的问题。[3]

经过两天的讨论，西湖会议以互相谅解的形式，修正了马林原有的中共党员无条件无限制加入国民党的主张，通过了陈独秀提出的国民党取消"打手模"，中共少数负责同志可以根据党的指示加入国民党的决定，从而

---

① 任建树主编：《陈独秀著作选编》第4卷，上海人民出版社2014年版，第415页。

② 张国焘著：《我的回忆》第1册，东方出版社1991年版，第243页。

③ 参见中共中央党史研究室第一研究部编：《共产国际、联共（布）与中国革命档案资料丛书》第2卷，北京图书馆出版社1997年版，第256页。

为实现国共合作迈出了重要一步。

会后，马林、陈独秀、李大钊、张太雷等人在上海会晤孙中山，向其说明中国共产党实行党内合作以建立革命统一战线的主张。9月4日，孙中山在上海召集各省市国民党负责人50多人开会讨论改组国民党事宜。马林、陈独秀应邀参加。会后，陈独秀、蔡和森、张太雷等由张继介绍，孙中山主盟，以个人名义加入国民党。9月6日，孙中山指派了一个由9名国民党要人组成的国民党党务改进案起草委员会，陈独秀位列其中。

此后，孙中山开始着手对国民党进行改组并积极吸收共产党人参与其中。1923年1月1日，公布了《中国国民党宣言》，重新解释了三民主义。1月2日，又公布了中国国民党党纲、党章。在同年1月下旬公布的国民党干部人选中，陈独秀被推为参议，林伯渠被推为中央总务部副部长，张太雷被推为中央宣传部干事。

2.共产国际围绕国共合作问题的分歧

从马林向共产国际提出国共党内合作的建议起，在推动、促成国共两党以党内合作的形式，建立共产国际和苏俄均认同的中国革命统一战线的过程中，围绕国民党的性质、中共党人加入国民党的动机与目的，在共产国际执行委员会特别是共产国际东方部内部，始终存在着两种对立的意见和主张。一种意见是全力开展在国民党的工作，帮助其改组，使其走上革命的道路；在先帮助国民党进行民主革命的基础上，再考虑无产阶级自身力量的发展。马林是这种意见的主要代表。另一种意见主要来自维经斯基，并得到多数执委会委员的支持。维经斯基认为共产党成立初期应该更注重独立发展和工人运动，特别是在中国北部和中部，应加速将共产党建设成为群众性的政党，"通过国民党向与它有联系的工人群众和组织渗透，并从国民党那里夺取这些工人群众和组织，同时在国民党内部建立稳固的共产党集团，实际上也就是分裂国民党，由共产党人夺取国民革命运动的领导权。"①

　　1922 年 11 月 5 日至 12 月 5 日，共产国际第四次代表大会先后在彼得格勒、莫斯科举行。陈独秀、刘仁静和瞿秋白等组成中国代表团参加。大会深入讨论建立反帝统一战线的问题，通过了《东方问题指导原则》②，确立了在殖民地、半殖民地国家必须建立反对帝国主义的统一战线的指导原则，对正在进行中的国共党内合作起到了推动作用。大会同时通过了一个由拉狄克签署的秘密决议——《中国共产党的任务》，它的副标题是"对东方问题提纲的补充"。与《东方问题指导原则》强调"联合战线"的策略不同，《中国共产党的任务》特别强调共产党的独立发展，要求中共党人将主要注意力放在工人运动方面，"中国共产党人的任务就在于，要以在民主基础上实现中国统一的倡导者的身份开展活动。……为了在这场斗争中能代表一种实际的力量，共产党人应该将自己的主要注意力用于组织工人群众、成立工会和建立坚强的群众性共产党方面。"③

　　同期，在中国的马林与越飞共同完成了《关于我们在殖民地和半殖民地尤其是在中国的工作问题——越飞和斯内夫利特的提纲》（以下简称越马提纲）。该提纲是马林根据其来华期间工作经验所得，对中国政策和策略总体思路的逻辑延伸和发展，谈及国共合作的要点有：第一，在殖民地和半殖民地国家里，绝对不能单纯进行共产国际的工作，必须把它与支持民族解放运动结合起来；第二，为了帮助中国实现统一，必须立即着手把中国最大的、真正的政党——国民党建设成为一个群众性的政党，不得给

---

① 中共中央党史研究室第一研究部译：《共产国际、联共（布）与中国革命档案资料丛书》第 1 卷，北京图书馆出版社 1997 年版，第 25 页。

② 该文件也被译为《关于东方问题的总提纲》，参见中共中央党史研究室第一研究部编：《共产国际、联共（布）与中国革命档案资料丛书》第 2 卷，北京图书馆出版社 1997 年版，第 355—366 页。

③ 中共中央党史研究室第一研究部译：《共产国际、联共（布）与中国革命档案资料丛书》第 1 卷，北京图书馆出版社 1997 年版，第 162—163 页。

各派系那些专谋私利的领袖以任何援助，俄国必须答应给国民党以援助；第三，目前反动分子（即中国的更接近帝国主义者的分子）的势力大于革命分子（即国民党人），因此，我们的政策必须使后者强大起来，通过明确的对华友好和反帝政策，壮大亲俄分子的力量。①

　　共产国际四大通过的秘密决议和越马提纲表明，共产国际内部在对华政策、对国共两党态度及国共党内合作的意向方面存在明显分歧；但是，如何处理国共两党的关系，无论是对共产国际，还是对中国共产党，在处理中国革命的现实问题时，都是一个绕不过去的难题。

　　1922 年 12 月，马林离开中国，再次赴莫斯科汇报工作。随后，在1922 年 12 月 29 日和 1923 年 1 月 6 日，共产国际执委会围绕着中国的国共合作问题，在马林和维经斯基之间发生了一场争论。这场争论的实质，就是如何看待统一战线中无产阶级及其政党的地位、利益问题。

　　马林在向共产国际执委会汇报其在华推动国共党内合作的报告中，着意强调中国无产阶级独立运动尚不成熟的社会条件，夸大中共党内对党内合作政策的拥护程度，甚至武断地认为孙中山等国民党人对中共的批评并不在意，其目的在于强调中国现在急需一个革命的联合战线以推动革命运动，中国社会和革命的总的形势还没有发展到重视无产阶级独立的运动及政党的时候。为此共产国际政策的中心应该是，全力支持国民党。"中国总的形势，工人运动的状况，无足轻重的阶级分化，依我看是制定当时那个指示（指《共产国际执行委员会给其派驻中国南方代表的指令》——引者注）的主要原因，从那时以来，没有出现要求必须修改这一指示的事实。"②"我认为，考虑到目前的关系，自然可以利用民族主义运动将之与

① 参见中共中央党史研究室第一研究部编：《共产国际、联共（布）与中国革命档案资料丛书》第 2 卷，北京图书馆出版社 1997 年版，第 404—406 页。

② 中共中央党史研究室第一研究部译：《共产国际、联共（布）与中国革命档案资料丛书》第 1 卷，北京图书馆出版社 1997 年版，第 188 页。

俄国联系起来的希望，甚至可以借助于我们小团体的帮助下使这个运动相信有必要积极开展反战宣传和活动。我认为，这对中国革命的进一步发展是最重要的，而那些希望把我们的力量集中在建立自己的群众性共产党的人（指维经斯基——引者注），在我看来是完全不顾现实情况的。"① 马林对共产国际四大文件中强调无产阶级阶级利益的内容表示强烈不满，认为上述内容同他正在推行并为共产国际认可的政策明显不同。

马林的主张，被维经斯基视为无条件地支持国民党。共产国际执委会的成员对维经斯基的发言多数持支持态度，马林较为孤立。布哈林折中了他们的意见。"对于我们党来说，具有特殊重要意义的任务（要知道最重要的任务是中国的民族革命）是成立工人政党。""形势是辩证矛盾的。一方面，总的任务是民族革命，因此所有民族革命的、民主的人士，包括无产阶级在内，要结成统一战线来解决这个任务。另一方面，却没有无产阶级的独立运动；我们给自己提出的特殊任务是创立这个运动。这种矛盾的形势产生了矛盾的组织形式。"② 布哈林的主张很好地反映出兼具联共（布）和共产国际领导人于一身的联共（布）领导人的复杂心态。

经过反复讨论，共产国际执委会于 1923 年 1 月 12 日通过了布哈林起草的《关于中国共产党与国民党的关系问题的决议》，这是共产国际在国共合作方式问题上第一次作出明确的指示。③《决议》基本采纳了马林的主张，同时也考虑了维经斯基等人的修订意见。《决议》共 7 条，要点有：

---

① 中共中央党史研究室第一研究部译：《共产国际、联共（布）与中国革命档案资料丛书》第 1 卷，北京图书馆出版社 1997 年版，第 182 页。

② 中共中央党史研究室第一研究部译：《共产国际、联共（布）与中国革命档案资料丛书》第 1 卷，北京图书馆出版社 1997 年版，第 191 页。

③ 参见中共中央党史研究室第一研究部编：《共产国际、联共（布）与中国革命档案资料丛书》第 6 卷，北京图书馆出版社 1998 年版，第 532 页。

中国目前的中心任务是反对帝国主义者及其在中国的封建代理人的民族革命；国民党是中国唯一重大的民族革命集团；由于中国国内独立的工人运动尚不强大，"在目前条件下，中国共产党党员留在国民党内是适宜的"。中共在国民党中的任务是：支持国民党的正确政策；反对它同帝国主义及军阀的勾结行为；促使国民党采取亲苏反帝政策。同时，中共绝对不能与国民党合并，不能以取消中国共产党独特的政治面貌为代价，必须保持自己原有的组织和严格集中的领导机构。中共重要而特殊的任务，应当是组织和教育工人群众，建立工会，以便为强大的群众性的共产党准备基础，"在这一工作中，中国共产党应当在自己原有的旗帜下行动，不依赖于其他任何政治集团，但同时要避免同民族革命运动发生冲突"。①

在这个《决议》中，中国的民族革命被规定为最重要的"中心任务"，无产阶级的阶级利益被规定为中共的"重要而特殊的任务"。《决议》既强调了国共党内合作的必要性，又提出共产党必须保持自己的独立性的工作任务，这样的规定本身并没有真正解决二者的复杂关系。

以马林和维经斯基为代表的两种意见的论争，在这次会后并没有结束。1923 年 3 月 8 日，维经斯基在给共产国际执委会东方部主任萨法罗夫的信中，将国民党与军阀等同起来。"迄今为止国民党还没有成为全国性的政党，而继续在以军阀派系之一的身份活动。它甚至没有利用最近的工人罢工、对工人的枪杀和对学生的镇压来开展政治宣传，吸引广大劳动人民阶层、青年学生和知识分子参加反对北方军阀（吴佩孚集团）的斗争。""我们党能否无条件地支持孙逸仙的联盟呢？我断言，不

---

① 中共中央党史研究室第一研究部编：《共产国际、联共（布）与中国革命档案资料丛书》第 2 卷，北京图书馆出版社 1997 年版，第 436—437 页。

能。"① 3月27日，维经斯基再次致电萨法罗夫，建议在中共三大结束前让马林留在中国，并指示他"不要无条件地支持国民党，而要向孙逸仙提出条件：第一，不要把主要精力放在与督军建立军事联盟上，而要放在建立全国性的政党上；第二，支持工人和学生运动；第三，断绝同张作霖、段祺瑞的联系"②。类似的想法，还表现在萨法罗夫同年4月4日代表东方部向共产国际提交的报告中，报告批评国民党、肯定共产党："国民党不是居领导地位的民族资产阶级的政党。""我们的中国共产党一年前还是个知识分子的宣传团体，目前已经同中国工人大群紧密而牢固地联系在一起了。"③ 报告还强调了资产阶级对帝国主义的妥协性："中国资产阶级同外国资本主义结成联盟来反对本国封建主，这是完全可能的。""今后必须坚持采取由共产党领导的独立自主的工人运动的方针。"④

如果说维经斯基等人由于反对马林政策而向左偏激，那么马林则对《关于中国共产党与国民党的关系问题的决议》也有不满而向右偏向，甚至开始强调中共组织的弱小和非无产阶级政党化，进而否定其最初并不反对的独立性问题。马林在1923年4月3日写于上海的信中提出："[共产国际] 第四次代表大会时，远东局发现，从一个大约有250名中国共产党人参加的独立的政治运动中，可以孕育出一个共产主义的群众性政党。这就要求修正4个月前制定的共产党人加入孙中山的国民党的政策。……我坚决反对改变政策。如果要在中国采取建立独立的共产主义政党的政策，

---

① 中共中央党史研究室第一研究部译：《共产国际、联共（布）与中国革命档案资料丛书》第1卷，北京图书馆出版社1997年版，第229页。
② 中共中央党史研究室第一研究部译：《共产国际、联共（布）与中国革命档案资料丛书》第1卷，北京图书馆出版社1997年版，第238页。
③ 中共中央党史研究室第一研究部译：《共产国际、联共（布）与中国革命档案资料丛书》第1卷，北京图书馆出版社1997年版，第240页。
④ 中共中央党史研究室第一研究部译：《共产国际、联共（布）与中国革命档案资料丛书》第1卷，北京图书馆出版社1997年版，第241页。

既和国民党一道工作，但又对其保持独立，这必然会使那个小团体的人们成为一个毫无意义的小宗派。"①

从这一时期马林的书信看，他的基本观点是：在中国，"资产阶级作为一支能领导国民运动的独立社会力量至今还没有从阶级分化中产生出来"，"我们的人应该参加国民党"②；"我坚决主张，如果国民党因其领导上的种种错误而垮台，那就一定还要另建一个革命的国民党"③。与这一时期的陈独秀一样，马林并不是高估了国民党的革命性，"这个党的缺陷，我了如指掌"④，而是认定了中国革命必须要经过一个"国民党阶段"。

换个角度看，在国共党内合作的问题上，上述两种看法的分歧之处也表现为苏俄和共产国际在中国面向谁的问题。马林以民族革命为中心，主张无论共产国际（包括中共），还是苏俄，都要面向国民党，为此，不要过多地考虑中共自身的阶级利益。在他看来，真正的中国共产党只有在加入国民党之后，在民族革命的进行中，才能建立并成长起来。达林在谈到马林时有一句话切中要害："他认为在殖民地和半殖民地国家，共产国际不应该面向共产党，而应该面向资产阶级民主主义政党，甚至面向宗教组织，如荷属印度的伊斯兰教同盟那样。按照他的意见，在中国应该依靠国民党。"⑤ 而维经斯基等人则更多地考虑中国无产阶级的利益，因而强调

---

① 中共中央党史研究室第一研究部编：《共产国际、联共（布）与中国革命档案资料丛书》第 2 卷，北京图书馆出版社 1997 年版，第 446—447 页。

② 中共中央党史研究室第一研究部编：《共产国际、联共（布）与中国革命档案资料丛书》第 2 卷，北京图书馆出版社 1997 年版，第 483 页。

③ 中共中央党史研究室第一研究部编：《共产国际、联共（布）与中国革命档案资料丛书》第 2 卷，北京图书馆出版社 1997 年版，第 460 页。

④ 中共中央党史研究室第一研究部编：《共产国际、联共（布）与中国革命档案资料丛书》第 2 卷，北京图书馆出版社 1997 年版，第 460 页。

⑤ [苏] C. A. 达林著：《中国回忆录（1921—1927）》，侯均初等译，中国社会科学出版社 1981 年版，第 156 页。

以发展无产阶级的阶级力量为中心工作。

具有讽刺意味的是，维经斯基此时的主张，包括强调中国的共产主义运动，并不代表和反映苏俄的国家利益；而马林的主张，联合孙中山，强调中国的民族革命运动性质，却正符合苏俄的国家利益。因此，尽管马林的主张在共产国际执委会内部遭到众多的反对，却得到俄共（布）领导人的大力支持，并最终落实为实际政策。然而，更有意思的是，这一国共合作的始作俑者却因为与共产国际的主流思想不尽相同，而落了个被解职、很快调离中国的结果。这一现象表明，此时的联共（布）还不能完全控制共产国际。

3. 马林的主张得到俄共（布）支持

马林通过党内合作的方式进行国共合作并在此基础上实现孙苏联盟的主张，得到了苏俄党和政府方面强有力的支持。就在共产国际执委会讨论马林主张之时，俄共（布）中央政治局就此问题进行了讨论，除托洛茨基反对外，其余主要领导人（斯大林、季诺维也夫、布哈林）均表示赞成。这一结果直接影响到了共产国际执委会最终的决定，即1923年1月12日通过的《关于中国共产党与国民党的关系问题的决议》。

事实上，苏俄政府在中国支持亲苏势力，以建立有利于自己的中国政府的外交政策可以追溯到十月革命之后。为改变十月革命后苏俄政权始终处于四面是敌的困境，解决与中国北洋政府长达三年的关于中东路、蒙古等问题的谈判，斯大林等苏俄领导人从国家利益出发，认为中国革命最重要的任务是建立统一的亲苏反帝政权。受马林的影响，苏俄政府在华全权代表越飞逐渐放弃了支持、联合吴佩孚的外交努力，从1922年12月开始推行联孙政策，并得到了斯大林的支持。

1923年1月22日，越飞与孙中山在上海会晤。越飞提出苏俄援助孙中山的三个前提条件："1.立即公开承认苏维埃为俄国的合法政府；

2.与苏俄政府公开签订盟约；3.答应不禁止在中国进行布尔什维克宣传。"① 孙中山只表示考虑前两条，不接受第三条。结果，越飞作出让步。1月26日，《孙文越飞宣言》发表，明确提出"共产组织，甚至苏维埃制度，事实均不能引用于中国"，"中国最要最急之问题，乃在民国的统一之成功，与完全国家的独立之获得"②。就越飞的第三个条件而言，表面上看，苏俄在对华外交时总要提到中共方面的"条件"，似乎在力争中共的利益，但其实是将其视为谈判的筹码，只要必要，还是可以放弃的。3月8日，俄共（布）中央政治局决定，同意越飞向孙中山提供200万金卢布援助的主张，并向孙中山派出顾问。所作决定，并不涉及中共对国民党的工作问题。上述材料均表明了苏俄国家利益第一、中国无产阶级利益第二的基本态度。在此前提下要求中共党人加入国民党，其主要目的不是为了发展共产党的力量，而是为了扩大国民党的势力以及增强其革命性，后者又是以亲苏反帝为标准的。

应该说，以民族革命为第一位、阶级利益为第二位的指导思想，在共产国际内部的俄共（布）成员中也不是没有反对者。为此，在1923年4月召开的俄共（布）第十二次大会，俄共（布）中反对同孙中山和国民党合作的人（如萨法罗夫、拉狄克、维经斯基等）在布哈林的报告中受到了当众批评。俄共（布）中央在向代表大会作出的报告中强调，国民党是不受外国资本主义影响的唯一的国民政党。因此，俄共（布）对它的支持"是我们在中国的工作所必需的"③。在得知此决定后，萨法罗夫于4月4日致信俄共（布）中央政治局，"请求政治局重新审查所作的决定，如有必要

①　中共中央党史研究室第一研究部编：《共产国际、联共（布）与中国革命档案资料丛书》第2卷，北京图书馆出版社1997年版，第408页。

②　中共中央党史研究室第一研究部编：《共产国际、联共（布）与中国革命档案资料丛书》第2卷，北京图书馆出版社1997年版，第409页。

③　中共中央党史研究室第一研究部译：《共产国际、联共（布）与中国革命档案资料丛书》第1卷，北京图书馆出版社1997年版，第175页。

可召我来作解释"。他将孙中山等同于军阀,认为孙中山正与张作霖、段祺瑞结盟,认为苏俄若支持孙—张—段,"可能对我们在中国的政策具有致命的后果"。他极力主张在同国民党实行民族革命统一战线的同时,"支持独立的工人运动"。①

在这方面,共产国际和苏俄在职责和利益上存在着分歧,它们基本上扮演着两个不同的角色。从苏俄的角度看,它们需要的是在中国出现强有力的反帝民族斗争,并建立一个亲苏的统一政府,而不大在意、关心中国无产阶级及其政党的实际发展状况,其中的主要原因是中国共产党缺乏必要的实力。对于共产国际而言,他们推行国共合作,除了帮助苏俄并推动世界革命之外,还需要考虑中国无产阶级及其政党的利益。中国共产党力量弱小这一现实,并不能作为不去大力发展其力量的理由,并不能成为在统一战线中以妥协换取生存的依据。因此,共产国际总是要最大限度地保证中国无产阶级的利益,使中国的民族革命在进行过程中或者成功之时,能够步入共产主义运动的轨道。苏俄在中国寻找并支持的当然是现存的反帝的"革命力量",而主要不是潜在的中共势力。或者说,中共虽然最可靠,但眼下还指望不上。从这个意义上说,所谓党内合作的方式是否利于中国共产党的发展,并不是他们所关心的。他们之所以支持并固守这一方式,完全是因为孙中山只认可这种方式;或者说,只有这种方式才能实现合作。他们把中共视为孙苏联盟中自己一方的一个棋子。

无论苏俄、还是共产国际,都认为中国首先需要进行资产阶级性质的民族民主革命,而担负这一革命重任的不是势力弱小的中国共产党,而是代表中国民族主义的孙中山领导下的中国国民党。

---

① 中共中央党史研究室第一研究部译:《共产国际、联共(布)与中国革命档案资料丛书》第1卷,北京图书馆出版社 1997 年版,第 248 页。

4. 马林第三次来华

1923 年 1 月 11 日，马林从莫斯科启程，第三次来华。他在临行前，经布哈林介绍，受到斯大林的接见，接受其指示。此外，还与苏联外交人民委员部负责人加拉罕商谈对华外交工作。马林"现已会说一些俄语"①。共产国际执行委员会主席团于 1 月 10 日签发了新的任命书："任命马林同志为共产国际东方部符拉迪沃斯托克局的第三名委员（另两位是维经斯基、片山潜——引者注）。以前对马林同志的委任予以撤销。主席团认为，马林和魏金斯基同志参加下一次中国共产党代表大会是适宜的。"② 马林肩负着共产国际和苏联外交两个方面的使命，即推动国共合作、维护苏联国家利益。"他被历史地推到了中苏关系的前台，担当了他作为一个第三国的人——既不是中国人，也不是俄国人——事实上难以胜任的涉足中苏关系的使命。"③

1 月 31 日，马林抵达北京。此前，越飞已经前往上海，与孙中山发表了《孙文越飞宣言》，随后于 1 月 30 日离开中国前往日本疗疾。北京在当时也是中共中央所在地，④ 马林与李大钊等中共领导人在苏联代表团住处多次讨论了国共两党合作等问题。2 月中旬，马林受命持孙中山的介绍信，前往奉天与张作霖讨论中东铁路问题。当时苏联支持孙中山的条件之一是希望通过孙中山对张作霖施加压力，保证苏联在中东铁路方面的利益。马林的奉天之行切实感受到张作霖同孙中山的良好关系，张作霖也表示愿意与俄国人进行谈判。

---

① 李玉贞主编：《马林与第一次国共合作》，光明日报出版社 1989 年版，第 108 页。
② 李玉贞主编：《马林与第一次国共合作》，光明日报出版社 1989 年版，第 110 页。
③ 李玉贞：《马林传》，中央编译出版社 2002 年版，第 93 页。
④ 为了就近领导北方的工人运动，中共中央于 1922 年 10 月从上海迁到北京，后因"二七惨案"北方工运转入低潮，中共中央在 1923 年 3 月下旬迁回上海。

在此期间，京汉铁路总工会开始总罢工，吴佩孚在帝国主义支持下，对工人进行血腥屠杀，制造了震惊中外的"二七惨案"，彻底结束了苏联、共产国际此前的联吴策略。同时，血的事实也警醒了中国共产党人，他们认识到在半殖民地半封建社会的中国，只靠无产阶级这一个阶级孤军奋战是不能战胜强大的帝国主义和封建军阀的，无产阶级必须联合农民、小资产阶级和资产阶级民主派，建立反帝反封建的革命同盟。在这之后，国共"党内合作"的进程大为加速。

马林回到北京后，与中共中央领导人商讨京汉铁路工人罢工的善后事宜。3月30日，在李大钊的住所，马林、邓中夏、蔡和森、张国焘、张太雷等人围绕张国焘提出的复工问题进行讨论。[①] 4月，马林前往上海，与陈独秀一起应孙中山的要求，拟定了中国国民党改组计划草案。马林试图按照苏俄建党的模式来改组国民党，强化了组织部和宣传部的地位，组织部兼理财政事务，宣传部下辖出版部、工人部、农民部、军事部、知识分子部、海外部6个部门，并且提出设立由党的总理、组织部的3名部长和宣传部的3名部长组成的中央委员会处理日常事务。在各部门部长人选方面，马林推荐了许多共产党人担任部长，如宣传部部长陈独秀、工人部部长张国焘、出版部部长蔡和森、通讯部部长张太雷等。[②]

4月下旬，马林离开上海前往广州，随后向孙中山转达越飞5月1日的来电：苏联政府准备向孙中山提供200万金卢布的款额作为其筹备统一中国和争取民族独立的工作之用，还准备协助孙中山利用中国北方或西部省份组建一个大的作战单位。[③] 越飞在来电中同时提醒孙中山，必须进

---

① 参见李玉贞主编：《马林与第一次国共合作》，光明日报出版社1989年版，第143页。

② 参见李玉贞主编：《马林与第一次国共合作》，光明日报出版社1989年版，第199—200页。

③ 参见李玉贞主编：《马林与第一次国共合作》，光明日报出版社1989年版，第170—171页。

行广泛的思想政治准备，这是军事行动的基础。马林在与孙中山的接触过程中，反复向其强调加强思想宣传以及改组国民党的重要性和紧迫性，然而孙中山更关心军事行动以及苏联人的军援，对宣传工作和改组国民党不以为然。马林对此很是失望，他以"孙铎"为名，在《向导》上连续发文《吴佩孚与国民党》《中国改造之外国援助》《中国国民运动之过去及将来》，指出：像吴佩孚那样，一个完全专注于军事方面的军人，将会成为中国国家和中国人民的大害，因为他没有一点国民革命的思想；"中国国民党要成功一个强大的党，势必要大大地注意于有力量的和有系统的宣传事业"，"名符其实的革命一定要革命党员有主义的信仰才能发生"。①

同期，张太雷也撰文《羞见国民的国民党》批评国民党。张太雷指出："国民党应当是国民的党，是领导国民群众的政党；所以他的职务应是组织国民群众，在国民群众宣传，鼓起国民的精神。……中国国民党辛亥革命以来十二年的奋斗一无所成，因为他完全和国民断绝关系，而只知道和军人政客交际。……如果国民党能把以前错误的政策改过来，注意于国民群众运动，注意于国民的宣传，国民非特如现时的怕惧国民党将欢迎之不暇。所以国民党不应当如旧礼教的女子怕抛头露面而不见国民群众，应在各种国民群众运动中高树国民党的旗子接近国民，指导国民，鼓起国民精神。这才是真正国民的党，这个国民党一定能如土耳其的国民党能达到同样的成功。"②文章短小精干，只有800多字，但主题明确，层次清晰，文笔犀利。

张太雷于5月下旬离开上海前往广州，抵达后与马林同住广州新河浦路24号春园三楼，参与筹备中共三大。

在此期间，有一个小插曲。或许是马林厌倦了他在共产国际特别是东

---

① 中共中央党史研究室第一研究部编：《共产国际、联共（布）与中国革命档案资料丛书》第2卷，北京图书馆出版社1997年版，第513—514、523页。

② 《张太雷文集》，人民出版社2013年版，第85—86页。

方部中的孤立局面，① 有意在完成此次共产国际交代的出席中共三大的任务之后，希望从莫斯科得到一个正式的身份，一方面可以继续在中国工作，另一方面也可得到一份固定的收入以养家糊口。他上年年底在莫斯科结交的女友西玛·扎尔科夫斯卡娅已经怀有身孕，此次来华二人同行，6月1日，西玛离开广州回莫斯科。马林的理想去处是出任苏联派驻广州的领事或者越飞的顾问。然而，越飞并不支持他的要求，在5月20日致马林的电报中说得很坚决，"你在远东，特别是在中国，只需要做共产国际的工作……假如在外交工作上需要什么帮助，我会尽最大力量掩护你，从经济上改善你的生活。但是除开对孙的工作以外，不会给你单纯做外交工作的职位。对孙的工作也是外交。如果你不接受我最初的决定，莫斯科就不得不另派一个共产国际的工作人员前来"②。苏联代理驻华全权代表达夫谦建议马林担任罗斯塔社驻广州代表，以接替因故离开的斯托扬诺维奇的工作。而马林不愿意为了罗斯塔社的工作而放弃共产国际执委会的工作，在此情况下，马林于6月5日、8日两次致电达夫谦推荐了张太雷："建议任命张太雷同志作罗斯塔社驻广州的代表，月薪200，交通和资料50。[他]能干、可靠，我已开始让他回复电文。"③ 马林的这一请求未被接受。

5. 中共三大

1923年6月12日至20日，中国共产党第三次全国代表大会在广州举行。马林作为共产国际代表参加了这次大会，张太雷与陈独秀、张国焘等一起作为中央代表出席，并得以在会上表明自己的态度和观点。除了正式代表的身份外，张太雷还作为马林的助手，承担翻译工作，并参与会务工作，负责会议资料的记录和整理。

---

① 参见李玉贞主编：《马林与第一次国共合作》，光明日报出版社1989年版，第162页。
② 李玉贞主编：《马林与第一次国共合作》，光明日报出版社1989年版，第175页。
③ 李玉贞主编：《马林与第一次国共合作》，光明日报出版社1989年版，第159页。

　　中共三大的中心议题无疑是建立以国共合作为基础的革命联合战线。相对于中共二大时期的革命联合战线主张，这次大会的一个引人注意的变化在于对国民党在国民革命中居于领导地位的理论认可。中共三大的召开及其结果与马林的出席有一定的关系。有趣的是，维经斯基本来受共产国际委派和马林一起来华出席中共三大，后因故未能成行，其原因可能有三个：一是维经斯基反对中共中央迁址广州和在广州召开党代会，① 而中共三大又要在广州举行；二是远东局三个书记有二人在外，需要他留守；三是他升任东方部副主任，已到莫斯科上任。② 于是，马林便成为唯一出席中共三大的共产国际代表。马林携带的《关于中国共产党与国民党的关系问题的决议》基本上成为中共三大讨论的依据以及三大决议的蓝本。

　　大会听取了陈独秀关于共产国际第四次代表大会的报告，讨论了与国民党的关系、党的建设、工人运动等问题。

　　中共三大讨论之热烈，可见诸当事人的各种记载与追忆。其中，马林当时的笔记与报告最为详尽。从马林的记载中，可以看出，中共三大的争论点不再是是否通过加入国民党实现国共的党内合作问题，而是中共如何在国民党中开展工作的问题。

　　　　"这届党代表大会的任务只是以共产国际执行委员会的提纲为基础勾勒出党明年的策略。我们应努力予以回答的问题，并不是应否加入国民党，我们的党员是应通过加入这个国民党去完成共产党的任务抑或是应将我党人力集中起来去为尚未分化成完全独立的力量的工人阶级建立一个工人党。""我们面临的是一些很具体而实际的问题：我

---

① 参见中共中央党史研究室第一研究部译：《共产国际、联共（布）与中国革命档案资料丛书》第 1 卷，北京图书馆出版社 1997 年版，第 234 页。

② 参见中共中央党史研究室第一研究部译：《共产国际、联共（布）与中国革命档案资料丛书》第 1 卷，北京图书馆出版社 1997 年版，第 253 页。

们应该怎样在国民党内工作。"①

　　概括几位代表人物在大会上的发言，基本上也是两种意见。一种意见以马林、陈独秀、瞿秋白为代表，他们认为中国革命目前的任务，只能是进行国民革命，为此，需要一个能容纳各个革命阶级的组织——国民党。"国民运动要取得胜利，就必须有一个国民党"（马林语）②，"只有国民党才能容纳那些半革命的资产阶级，小资产阶级，农民和无产阶级，没有其它途径"（陈独秀语）③，"我们的职责是领导无产阶级推动国民党，使其摆脱资产阶级的妥协政策"（瞿秋白语）④。另一种意见以蔡和森、张国焘、邓中夏为代表，强调共产党的独立发展，强调即使在现时的国民运动中，也要重点发展共产党，而不是国民党。此外，他们认为只有保持共产党组织的独立性，才能帮助国民党做国民运动；甚至认为不加入国民党，中共也能与国民党合作。"发展共产党的唯一途径是独立行动，而不是在国民党内活动。""当前我们共产党人首先……把工农民众组织起来，引导他们投入到国民革命运动中来。然后下一步，我们再运用自己的力量去改组国民党"（张国焘语）⑤，"建立一个独立的工人政党，不是破坏国民运动，而是促进这个运动。没有证据说明在国民运动中不能有两个政党存在"（蔡

---

①　中共中央党史研究室第一研究部编：《共产国际、联共（布）与中国革命档案资料丛书》第 2 卷，北京图书馆出版社 1997 年版，第 463 页。

②　中共中央党史研究室第一研究部编：《共产国际、联共（布）与中国革命档案资料丛书》第 2 卷，北京图书馆出版社 1997 年版，第 472 页。

③　中共中央党史研究室第一研究部编：《共产国际、联共（布）与中国革命档案资料丛书》第 2 卷，北京图书馆出版社 1997 年版，第 474 页。

④　中共中央党史研究室第一研究部编：《共产国际、联共（布）与中国革命档案资料丛书》第 2 卷，北京图书馆出版社 1997 年版，第 468 页。

⑤　中共中央党史研究室第一研究部编：《共产国际、联共（布）与中国革命档案资料丛书》第 2 卷，北京图书馆出版社 1997 年版，第 476、504 页。

和森语）①，"我们的重要问题是应否让国民党得到发展"，"没有人反对我们与国民党合作，但我们不是为国民党工作，以后我们应改变合作的政策"（邓中夏语）②。

在国共合作问题上，张太雷明显倾向于马林、陈独秀的观点。他在会上多次发言，结合共产国际精神以及他、马林与孙中山会谈的体会，肯定了孙中山希望共产党员参加国民党以改造国民党的诚意，积极主张共产党人加入国民党，推动反帝反封建的国民革命运动。蔡和森于 1926 年回忆中共三大开会情形时说：

> "马林、仲甫、秋白、太雷认为中国目前的革命是资产阶级性的革命，故应与资产阶级联合。……以为目前应加入国民党作国民革命，故当完全作国民党的工作，将来国民革命成功，这时党的独立是不成问题的了，因为那时共产党自然有［会］出现了。"③

张国焘回忆说："在这次争论之中，瞿秋白和张太雷两个是支持马林的。他们在代表中展开活动，宣传马林的解释即是共产国际训令的原意，中共第三次代表大会不宜违抗这训令。"④

在大会结束的 6 月 20 日，张太雷在《向导》第 30 期上发表《国民党目前之两种责任》一文，概括了他的相关认识。对于国民党，他认为"应是一个对外谋得民族独立对内建设人民政府的政党"，当务之急"应当放大眼光，放开喉咙，注视中国全体，唤醒一般人民；领着他们向正确的路

---

① 中共中央党史研究室第一研究部编：《共产国际、联共（布）与中国革命档案资料丛书》第 2 卷，北京图书馆出版社 1997 年版，第 474 页。

② 中共中央党史研究室第一研究部编：《共产国际、联共（布）与中国革命档案资料丛书》第 2 卷，北京图书馆出版社 1997 年版，第 469—470 页。

③ 中央档案馆编：《中共党史报告选编》，中共中央党校出版社 1982 年版，第 48 页。

④ 张国焘：《我的回忆》第 1 册，东方出版社 1991 年版，第 291 页。

上走，向国民革命的路上走"①，提高其革命性，在争取民族解放运动中加强反帝运动，与共产党的政治主张达成一致。张太雷指出，正是由于目前国民党散漫的政治组织，使其在国民革命中没有尽到领导国民夺取政权的责任，致使党内许多人反对国共党内合作。

中共三大以 21 票赞成、16 票反对，仅 5 票的优势通过了最具争议的文件——《关于国民运动及国民党问题的议决案》，从而使大会最终接受共产国际关于同国民党合作的指示，决定采取共产党员以个人名义加入国民党的方式实现国共合作。《关于国民运动及国民党问题的议决案》从理论上对党内合作的可行性进行了充分论证，指出"依中国社会的现状，宜有一个势力集中的党为国民革命运动之大本营，中国现有的党，只有国民党比较是一个国民革命的党"，同时再次强调了中国共产党在国民党内的独立性，即"我们加入国民党，但仍旧保存我们的组织，并须努力从各工人团体中，从国民党左派中，吸收真有阶级觉悟的革命分子，渐渐扩大我们的组织，谨严我们的纪律，以立强大的群众共产党之基础"②。

中共三大的召开及其成果，标志着中国共产党实现了理论的发展和战略的转变，从而使其革命实践活动越来越趋于实际。其中，最主要的转变是中国共产党人在领会和贯彻了列宁关于民族与殖民地问题的思想后，认清了中国现实国情下的社会性质，即半封建半殖民地社会，从而明确了现阶段中国革命无法在战略上一步到位，必须分阶段、分步骤地进行革命。中国共产党现阶段的任务和目标也逐渐清晰，就是反帝反封建，实现民族的独立。同时，建立革命统一战线的思想被越来越多的共产党人认识和接受，对孙中山国民党的态度也由最初的反对、排斥，到

---

① 《张太雷文集》，人民出版社 2013 年版，第 94—95 页。

② 中央档案馆编：《中共中央文件选集》第 1 册，中共中央党校出版社 1989 年版，第 146—147 页。

以个人身份加入国民党，实现国共两党的党内合作。上述战略转变直接加速了国民革命的兴起，开创了中国革命反帝反封建的民族民主革命新局面。

中共三大结束后，马林于 7 月下旬随中共中央一起前往上海。8 月中旬离开上海，结束其在华使命，于 8 月底抵达莫斯科。张太雷于 6 月下旬受马林委托，送机要文件至北京，后赴上海，参与《向导》编辑工作，随后入选孙逸仙博士代表团，并于 8 月中旬随代表团前往莫斯科。

6.斯内夫利特战略

马林一生三次来华：第一次中国之行在 1921 年 6 月至 1922 年 4 月，第二次中国之行是 1922 年 8 月至 12 月，第三次中国之行为 1923 年 2 月至 7 月，前后共近两年时间。马林在华工作最引以为傲的是提出了国共合作的具体方案，即：中国共产党员以个人身份加入国民党，以党内合作的形式，实现国共两党的合作。西方学者也将其称之为斯内夫利特战略。这一方案既依托共产国际东方战略，又结合中国实际情况，虽然在从提出到执行的过程中，遇到来自共产国际内部，特别是中国共产党领导人一定程度的犹豫与拒绝，但最终得以实施。

斯内夫利特战略的提出，无论是对苏俄、共产国际，还是对中国共产党、中国革命，都是一个很有价值和意义的战略策划。第一，它破解了苏俄对华外交遇到的棘手难题，为苏俄对华政策的改变提供了新思路，打破了共产国际内部维经斯基、越飞等人与吴佩孚联盟的错误幻想。第二，它促成了国共两党的合作，建立起反对帝国主义与封建军阀的革命统一战线，掀起了轰轰烈烈的国民革命，加速了中国革命的历史进程。第三，它使年轻的中国共产党，通过国民党的平台，迅速走上了更广阔的政治舞台，得到了锻炼和发展。第四，它使组织松散、缺乏战斗力的国民党，通过国共合作，进行改组，推动了国民党的革命化，成为各革命阶级的联盟。

当然，斯内夫利特战略也存在自身的缺陷，主要表现在：党内合作对于国共两党都不是无条件的。对于孙中山、国民党而言，必须要确认国民党的领导地位；对于共产党而言，则必须要保持自身组织的独立性。如果说孙中山、国民党方面的条件，在合作之初基本得到各方的认可，那么，中国共产党的合作条件，特别是独立性问题，由于不可能得到国民党方面的支持，只能成为自己在合作中不能完全公开的一个努力目标。国共两党的党内合作是在分歧并不明显的情况下确立的。从国共合作后中国革命的形势发展以及中共的自身发展考虑，我们固然可以从可行性方面肯定党内合作形式的提出与确立，同时，又要必须看到这种合作形式对国共两党的合作关系存在着明显的认知分歧和破裂隐患，存在着较为严重的斗争、分裂倾向。党内合作从一开始就呈现出不稳定性、暂时性的特点。

尽管党内合作形式引发了国共两党在合作后（特别是孙中山病逝后）诸多的纠纷与缠斗，并成为国共两党合作最终破裂的一个重要因素；但在合作之初的 1923 年至 1924 年，其积极意义与作用还是显而易见的，换个角度说，中国共产党在三大前后接受马林、共产国际的建议并作出党内合作的决定是正确的。①

马林在中国的革命活动，除了出席中共一大外，其他活动多与其助手兼翻译张太雷一起工作。马林留下了许多珍贵的英文档案，包括他的报告、工作笔记、信件、电文等，牵涉面广泛，其中经常提及张太雷。张太雷也是马林笔下为数不多、赞赏有加的中国共产党领导人，二人在合作过程中也培养了较为深厚的革命情谊。对此，有学者指出：

---

① 参见蔡文杰：《国共党内合作形式的确立及其评析》，《南开学报（哲学社会科学版)》，2004 年 4 期。

"斯内夫利特的一个重大缺陷是，他不仅进入了一个陌生的环境，而且还必须通过他人的观点和经验来理解这种环境。他不会说中文，在他抵达之前，他似乎并没有做任何特别的准备。尽管他确实可以像当时的许多日本左派那样使用当代英语作为一般背景，但他必须依靠口译员的技能来正确地表达自己的观点并就实地情况做出清晰的解释，张太雷在增进斯内夫利特对中国乃至整个中国共产党的理解方面发挥了至关重要的作用。"①

在斯内夫利特战略的提出和实施过程中，张太雷始终支持马林。他们都深受列宁关于民族和殖民地问题理论中联合战线思想的影响，对国共党内合作的重大意义深信不疑，对这一策略具有坚定的信心。马林具有丰富的殖民地斗争经验，担任过共产国际二大民族和殖民地问题委员会秘书。张太雷比较完整地接受过西式高等教育，精通英语，有很强的表达能力、组织能力和协调能力，加上有过赴苏的经历，富有与共产国际方面打交道的经验，他可以同马林直接交流，商讨处理各种棘手问题，为马林提供中国各方面的情况，帮助马林对中国的革命形势作出准确判断，支持并推动斯内夫利特战略的实施。在与马林的合作过程中，张太雷不仅是其助手兼翻译，更多时候也是志同道合的战友。

1923 年 8 月中下旬，马林在哈尔滨遇到了前来中国的鲍罗廷。②"当马林在北上返回莫斯科的途中，与接替他工作的南下的鲍罗廷不期相遇时，可以想象到他会有多么震惊。身为俄国人的鲍罗廷，可以直接受命于莫斯科，也更受莫斯科信任，其共产国际代表的身份将逐渐成为一个符

① Tony Saich, *Finding Allies and Making Revolution: The Early Years of the Chinese Communist Party*, Koninklijke Brill NV, 2020, p.47.

② 参见中共中央党史研究室第一研究部编：《共产国际、联共（布）与中国革命档案资料丛书》第 2 卷，北京图书馆出版社 1997 年版，第 258 页。

号。"① 随着马林从中国的淡出，共产国际通过派遣代表方式指导中国共产党的一个历史阶段结束了。同时，随着鲍罗廷的到来，一个新阶段也开始了。

---

① Tony Saich，*Finding Allies and Making Revolution*: *The Early Years of the Chinese Communist Party*，Koninklijke Brill NV，2020，p.189.

第四章　张太雷第二次苏联之行

1923 年 8 月，张太雷以孙逸仙博士代表团成员身份随团再次前往苏联。在莫斯科他不仅顺利完成了出访使命，并且在这之后，留在青年共产国际执委会工作，先后出席了共产国际五大、青年共产国际四大，作为国际共产主义运动的一位中国革命家活跃在共产国际的舞台上。

一、孙逸仙博士代表团访苏

1. 代表团访苏起因

1921 年 12 月，孙中山和共产国际代表马林在桂林举行了会谈。马林向孙中山提出了同苏俄和共产国际接近甚至结盟的建议。孙中山虽然对马林提到的向国民党提供军事援助一事很感兴趣，但因顾忌西方列强可能的干预态度，表示至少在他完成北伐之前不会立即承认和接受苏俄政府，同时孙中山也表示"愿意派一个最好的同志到俄国去"[①] 考察治党治军经验。这一点基本表露了孙中山"联俄"的初步意向。

1922 年 8 月，因为陈炯明的叛变，孙中山离开广州前往上海。这次

---

① 中共中央党史研究室第一研究部编：《共产国际、联共（布）与中国革命档案资料丛书》第 2 卷，北京图书馆出版社 1997 年版，第 237 页。

179

叛变对孙中山打击很大。美英等帝国主义国家在陈炯明叛变后对孙中山虚与委蛇的态度，促使孙中山放弃幻想，开始考虑与苏俄结盟事宜。

同月，苏俄政府派出的驻华全权大使越飞抵达北京。越飞在华多管齐下，一方面与北京政府进行建交谈判，另一方面也与中国国内的实力派，特别是吴佩孚、孙中山打交道。同北京政府的谈判，由于双方在中东路问题和苏俄红军撤出外蒙古问题上存在明显分歧，没有取得进展和突破，越飞于是推行由吴佩孚、孙中山合作共组北京政府的策略。他在1922年9月18日写给马林的信中提到："对我来说现在最重要的是让孙和吴一起组建政府并与张作霖和解，至少要让张作霖承认和支持孙逸仙—吴佩孚政府。请您支持我的这一政策并向孙作出解释：这样的政府不仅可以指望得到俄国的支持，而且还可以指望得到整个共产国际的支持。我认为，成立这样的政府是当今中国政治的最重要方面。"[1] 他在1922年9月15日和9月18日分别致信孙中山和吴佩孚，表示苏俄将全面支持孙吴合作所组成的新政府，并竭力促成中国的民族统一，摆脱帝国主义的桎梏。[2]

孙中山当时奉行的是联合张作霖共同对抗吴佩孚的政策，一方面反对苏俄政府同北京政府谈判，认为"不仅是浪费时间，而且看来也是危险的"[3]；另一方面，计划利用苏联提供的军火在中国新疆或蒙古建立革命武装，此即所谓"西北军事计划"。他在1922年12月20日给越飞的信中提出："从我离开广州时起，我就认识到以广州为根据地有冒险性，因为它是英国势力和其海军的中心。……我现在可以调大约一万人从四川经过甘

---

① 中共中央党史研究室第一研究部译：《共产国际、联共（布）与中国革命档案资料丛书》第1卷，北京图书馆出版社1997年版，第130页。

② 参见中共中央党史研究室第一研究部译：《共产国际、联共（布）与中国革命档案资料丛书》第1卷，北京图书馆出版社1997年版，第126—129、132—133页。

③ 中共中央党史研究室第一研究部译：《共产国际、联共（布）与中国革命档案资料丛书》第1卷，北京图书馆出版社1997年版，第164页。

肃到内蒙古去，并且最后控制位于北京西北的历史上的进攻路线。但是，我们希望得到武器、弹药、技术、专家等方面的援助。贵国政府能否通过库伦支援我？如果能，能支援到什么程度？在哪些方面？如果这个计划付诸实施，我必须很坦率地说，我的真正敌人肯定将是吴佩孚。英国和其它国家肯定将支持他反对我。"①

经过4个多月的外交斡旋和努力，越飞认识到同吴佩孚合作是不现实的，只有孙中山才可能是苏联在中国的唯一盟友。1923年1月4日，俄共（布）中央政治局会议作出决定："采纳外交人民委员部关于赞同越飞同志的政策的建议，该政策旨在全力支持国民党，并建议外交人民委员部和我们共产国际的代表加强这方面的工作。"② 至此，苏联政府放弃了争取联合吴佩孚的努力，向孙中山的国民党伸出了友谊之手。

1月18日，越飞在上海会晤孙中山。经过多次会谈，双方于1月26日发表《孙文越飞联合宣言》。苏联方面表示支持并援助孙中山实现国家完全独立的革命事业，在抛弃沙俄时期与中国签订不平等条约的基础上，另行开始中俄交涉。孙中山则承认苏联所关心的中东路管理权以及苏联在外蒙古驻军方面暂时维持现状。《孙文越飞联合宣言》的签订，标志着孙中山联俄政策的确立以及苏联对华外交最终以孙中山为合作对象的确定。同期，孙中山继续向越飞阐述他的"西北军事计划"，希望苏联提供军事援助，同时表示，愿意派遣一个军事代表团到苏联学习，就苏联帮助中国革命事宜进行谈判。

5月1日，越飞致电孙中山，告知他苏联政府同意给予200万金卢布的资助，以用于谋求中国的统一和民族的独立，并准备帮助他建一个包括

---

① 中共中央党史研究室第一研究部译：《共产国际、联共（布）与中国革命档案资料丛书》第1卷，北京图书馆出版社1997年版，第166页。

② 中共中央党史研究室第一研究部译：《共产国际、联共（布）与中国革命档案资料丛书》第1卷，北京图书馆出版社1997年版，第187页。

各兵种的军校，以及在中国北部或西部建立一个大的作战单位。①5月15日，孙中山复电越飞，表示接受一切建议，并且将派代表去莫斯科商讨细节。② 同一天，孙中山正式决定派遣蒋介石赴苏。蒋介石当日日记记载："商议赴欧考察事宜。"

2. 代表团的组成

对孙中山来说，派遣代表团赴苏联考察是一件至关重要的大事，他为什么选中蒋介石作代表团的团长呢？在当时，蒋介石既不是一位老资格的国民党党员，也不是著名的政治家，只是一位36岁的年轻将军而已，而汪精卫、胡汉民、廖仲恺、张继、许崇智等人在国民党中的地位和声望都在蒋介石之上。

首先，此时的蒋介石深得孙中山的信任。1922年6月16日，孙中山非常信任的得力助手、时任粤军总司令的陈炯明在广州发动叛乱，并炮轰孙中山总统府，孙中山在部下奋力保护下，突出重围，次日登上永丰舰避难。虽然孙中山保住了性命，但却没有逃出包围圈，处境仍然十分危险。18日，正在宁波老家的蒋介石收到孙中山的急电："事紧急，盼速来。"蒋介石25日从宁波启程，穿越艰难险阻，于29日登上永丰舰。蒋介石的冒死应召让孙中山十分地感动，"介石赴难来粤入舰，日侍余侧，……乐与余及海军将士共生死"③，并委以海上指挥全权。蒋介石在永丰舰上陪伴了孙中山50多个日夜，出谋划策，共渡难关。这次赴难永丰舰，使蒋介石积攒了一笔宝贵的政治财富，不仅为蒋介石

---

① 参见中共中央党史研究室第一研究部编：《共产国际、联共（布）与中国革命档案资料丛书》第2卷，北京图书馆出版社1997年版，第414页。

② 参见中共中央党史研究室第一研究部编：《共产国际、联共（布）与中国革命档案资料丛书》第2卷，北京图书馆出版社1997年版，第415页。

③ 《孙中山全集》第6卷，中华书局1985年版，第571页。

在国民党内后来居上奠定了基础，还成为蒋介石实现访苏愿望的重要砝码。

其次，在孙中山看来，蒋介石是国民党要人中为数不多的军事人才。蒋介石毕业于保定陆军军官学校，后去日本进修军事。他于1910年在日本由陈其美介绍给孙中山，得到孙中山的赏识。1917年7月，孙中山在广州成立军政府，再举护法大旗。蒋介石得知后，马上起草一份《对北军作战计划》，为革命出谋划策。该计划书覆盖面广，考虑详备，备受孙中山的青睐，在以后的护法运动中得以运用。1918年1月，在邓铿的推荐下，孙中山电召蒋介石到广东出任粤军总司令部作战科主任，领上校军衔。在后来的一系列战役中，蒋介石的军事才能得以展露，就连陈炯明也对其刮目相看，称赞道"粤军可百败而不可无兄之一人"①。

就蒋介石本人而言，早有游历苏俄的愿望。杨天石在论述1923年蒋介石访苏之行时，指出蒋介石"早蓄游俄之愿"：1919年11月15日，蒋介石从日本回国的途中，阅读《俄国革命记》，并在日记中写下"想望靡已"四字，他为此开始学习俄文，从11月27日，蒋介石日记开始出现"究俄文"三字，一直坚持到1923年底；1921年1月1日，蒋介石预定当年应做的四件事，首件便是"学俄语，想到俄国去视察一回，实在做一些事业"。②3月5日，蒋介石致信孙中山，进一步表露向苏俄学习的心声，表示国民党应"以苏俄自强自立为师法"③。

1923年7月13日，当蒋介石得知孙中山要派代表团考察苏联时，蒋介石立刻给孙中山的大元帅府秘书长杨庶堪写信："为今之计，舍允我赴

---

① 中国第二历史档案馆编：《蒋介石年谱（1887—1926）》，九州出版社2011年版，第27页。

② 杨天石著：《找寻真实的蒋介石：蒋介石日记解读》上，山西人民出版社2008年版，第85—87页。

③ 中国第二历史档案馆编：《蒋介石年谱（1887—1926）》，九州出版社2011年版，第55页。

欧外，则弟以为无一事是我中正所能办者"，"如不允我赴俄，则弟只有消极独善，以求自全。"①蒋介石的摊牌像是逼迫孙中山，这却是孙、蒋关系密切的写照，孙中山很快就答应了蒋介石的这一要求。

8月5日，蒋介石奉孙中山之命，在上海同马林、张继、汪精卫、林业明等人会商，研究代表团的组成与访问计划，先后两次与瞿秋白、张太雷互访，最终确定代表团的组成人员是国民党员蒋介石（团长）、王登云（英文翻译）、邵元冲（时在欧洲），以及既是共产党员又是国民党员的张太雷、沈定一。

张太雷此时一方面继续作马林的助手兼翻译，同时参与编辑《向导》周报，主要负责撰写国际政治、经济方面的文章。罗章龙回忆说：

> "太雷在编辑工作中要求严格。尝说：'我们要不时地检查《向导》发表的文章，收集读者批评意见，注意群众反应和影响，真正起到导航作用，切不可漫不经意。'……《向导》编委会每期定稿编毕后，他总是反复研究，从内容至文字不断改易稿件，不厌其详。为此，常有延期交付排印之事"②。

张太雷入选代表团是共产国际方面的意见并且由马林运作的。全俄消费合作社中央联社驻上海办事处主任会计维尔德7月26日致信维经斯基，提到："昨天我收到沙茨金同志的电报，要张太雷立即去莫斯科。我把这个问题交给马林同志来解决。"③沙茨金为青年共产国际书记，他急召

---

① 秦孝仪主编：《总统蒋公思想言论总集》第36卷，中国国民党中央委员会党史委员会1984年版，第92页。

② 人民出版社编辑部编：《回忆张太雷》，人民出版社1984年版，第67页。

③ 中共中央党史研究室第一研究部译：《共产国际、联共（布）与中国革命档案资料丛书》第1卷，北京图书馆出版社1997年版，第264页。

已当选青年共产国际执委会委员的张太雷到莫斯科工作，是张太雷入选代表团、再赴苏联的重要动因。而在当时在莫斯科东方大学中国班学习的彭述之看来，选择张太雷和沈定一作为代表团成员，"证明孙中山毫无疑问地是一位精明能干的领导人"，"事实上，张太雷不仅是一位非常杰出的翻译员，而且他还是莫斯科的亲近者，取得苏联政府参加谈判者的信任"。[①]彭述之的看法全面却有失偏颇，张太雷此行的主要目的不是担任"翻译员"，而是作为"莫斯科的亲近者"发挥作用。代表团的专职翻译是王登云，尽管马林、瞿秋白对他表示怀疑和担心，"他对苏联过去就不满意，是带着成见去的"，"担心将军（即蒋介石——引者注）会受到王的影响"，[②]但因为他是国民党党员，并不能阻止他起程。

1923 年 8 月 16 日，蒋介石、沈定一、张太雷、王登云组成的"孙逸仙博士代表团"乘坐日轮"神田丸"号从上海启程，代表团的另一位成员邵元冲从欧洲前往莫斯科。代表团一行 19 日到达大连，后改乘火车，于 21 日下午到达哈尔滨，入住牡丹旅馆。在此，张太雷约见好友张昭德并将其引荐给蒋介石。

8 月 25 日，代表团到达中苏交界地满洲里，受到苏联方面代表迎接，在这里换车进入苏联境内。在前往苏联的列车上，王登云"只吃面包心，把皮扔到地上"，"一副贵族派头"，服务员对张太雷说"在你们中国不会发生任何革命，因为你们那里面包太多了"，[③]这引起王登云的勃然大怒。在经过半个月的颠簸，代表团于 9 月 2 日到达莫斯科，开始了对苏联 3 个多月的访问考察。

---

① 程映湘、高达乐编：《彭述之回忆录（上卷：中国共产主义的起飞）》，天地图书有限公司 2016 年版，第 315 页。

② 中共中央党史研究室第一研究部译：《共产国际、联共（布）与中国革命档案资料丛书》第 1 卷，北京图书馆出版社 1997 年版，第 384—385 页。

③ 中共中央党史研究室第一研究部译：《共产国际、联共（布）与中国革命档案资料丛书》第 1 卷，北京图书馆出版社 1997 年版，第 384 页。

3.在莫斯科的主要活动

代表团在莫斯科的活动中，最重要的莫过于三次与苏联革命军事委员会负责人会谈，商讨苏联的军事援助事宜。

9月9日下午，代表团蒋介石、沈定一、王登云、张太雷与苏联革命军事委员会副主席斯克良斯基、红军总司令加米涅夫等红军高级将领进行了3个多小时的会谈。这是一次关涉代表团访苏目的，具有实质性意义的会谈，核心内容是"西北军事计划"，这既是孙中山的既定军事计划，也是代表团此行的核心任务。在代表团还未到达莫斯科之前，孙中山就分别致信列宁、托洛茨基、契切林，特别强调"蒋将军将向你们政府和军事专家提出在北京的西北地区或更远的地区采取军事行动的计划"①。

代表团向斯克良斯基提出了三项要求：第一，希望革命军事委员会尽量向中国南方多派人，按红军的模式训练中国军队；第二，希望革命军事委员会向孙逸仙的代表提供了解红军的机会；第三，请求共同讨论中国军事作战计划。"代表团说，他们拥有孙逸仙授予的全权，奉命就中国作战计划问题同革命军事委员会进行谈判。"② 随后，代表团很快就将会谈话题的重心转移到了第三个要求上面。

代表团首先说明南方军队总参谋部和国民党决定"把战场转移到中国另一个地区，即西北地区"的原因。一是英国殖民地香港对广州的阻隔和威胁。一方面因为广州唯一的兵工厂在陈炯明叛乱时被炸毁，武器弹药不得不从国外进口，"但是由于在距广州40里的地方有英国的要塞香港，英国人阻止向广州运输军事物资"；另一方面，香港始终

---

① 陈锡祺主编：《孙中山年谱长编》下册，中华书局1991年版，第1690页。

② 中共中央党史研究室第一研究部译：《共产国际、联共（布）与中国革命档案资料丛书》第1卷，北京图书馆出版社1997年版，第284—286页。

威胁着南方军队的后方——广州，"一旦南方军队开始向北方胜利挺进，英国人就会立即通过被收买的附近几个省的督军在后方策划暴动"。二是士兵缺乏革命精神，"总司令部对士兵能否被敌人收买没有把握"。三是长江流域的英美舰队"在很大程度上也妨碍孙逸仙军队从长江流域一带向北方推进"，"控制着香港和连着长江的上海这两大基地，并拥有大量资金可用来行贿的外国人决不会让南方军队"渡过长江、进攻吴佩孚。①

蒋介石随后介绍"西北军事计划"，他指出孙中山目前控制着广东省，掌握着 6 万人的军队，"但其影响已扩大到邻近的几个省，即广西、云南、贵州、湖南、江西和四川"，"他们服从广州的指挥"，而吴佩孚、曹锟控制着湖北、河南、安徽、直隶、山东，有 8 万军队。基于此敌我形势和力量对比，新的作战计划是：以陕西省的游击队为基础，在陕西成立对付吴佩孚的兵团，"在库伦以南邻近蒙中边界地区建立一支孙逸仙的新军。由招募来的居住在蒙古、满洲和中国交界地区的中国人，以及从满洲西部招募来的一部分中国人组成。在这里按照红军的模式和样子组建军队。从这里，也就是从蒙古南部发起第二纵队的进攻。"②

在听完代表团及蒋介石的介绍后，斯克良斯基作出相应的答复。他表示：第一项要求已开始执行，"已向中国南方派去一些人，需要等一等，看南方军队怎样使用已经抵达的同志"，限于语言障碍，"苏联也不可能向中国南方派出大量军事指挥员"。他建议为中国人成立专门的军事学校，包括在彼得格勒或莫斯科"为懂些俄语的指挥人员（不低于营级）而设"的高级军校和在海参崴或伊尔库茨克为"未受过多少军事训练的中国学员"

① 中共中央党史研究室第一研究部译：《共产国际、联共（布）与中国革命档案资料丛书》第 1 卷，北京图书馆出版社 1997 年版，第 286 页。

② 中共中央党史研究室第一研究部译：《共产国际、联共（布）与中国革命档案资料丛书》第 1 卷，北京图书馆出版社 1997 年版，第 287 页。

设立的中级军校。① 第二项要求是完全可以接受的，后续由苏联军事学校管理总部主任彼得罗夫斯基向代表团介绍红军各方面的情况。至于第三项要求，他和加米涅夫"建议在研究了战役的一切细节、目前的军队部署、未来作战地区的政治状况等等之后，用书面形式阐明这项计划"②。

由于孙中山的"西北军事计划"只有一个大致的轮廓，所以具体方案需要由蒋介石来完成。蒋介石从 9 月 10 日开始起草"作战计划"，直至 10 月 5 日修改完成，历时近一个月。其间，沈定一也拟了一个很详细的计划，并附有说明和注释，但蒋介石认为"计划中有很多批评，不能用贬的口气来说国民党"③ 而被弃用。10 月 6 日，蒋介石满怀信心和希望地把自己的劳动成果分别送交苏联革命军事委员会托洛茨基、斯克良斯基、加米涅夫和苏联外交人民委员契切林。同日，加拉罕在给鲍罗廷的信中称此计划为"孙的从北方进军的空想计划"，"这个计划不可能立即实施"，并指出"在莫斯科没有我参加未必能作出什么决定，或许莫斯科想让我在北京解决他们所提出的问题"。④ 这预示着蒋介石踌躇满志写出的作战计划很难取得希望中的结果。

在修改作战计划的同时，9 月 16 日，代表团在苏联军事学校管理总部秘书卢果夫斯基陪同下参观第 144 步兵团，以落实代表团提出的第二项要求，实地了解苏联红军的情况。他根据上级"不举行欢迎仪式，访问尽量秘密进行"的指示，向该团政委和团长通报"说有中国共青团团员来

---

① 中共中央党史研究室第一研究部译：《共产国际、联共（布）与中国革命档案资料丛书》第 1 卷，北京图书馆出版社 1997 年版，第 285 页。

② 中共中央党史研究室第一研究部译：《共产国际、联共（布）与中国革命档案资料丛书》第 1 卷，北京图书馆出版社 1997 年版，第 287 页。

③ 中共中央党史研究室第一研究部译：《共产国际、联共（布）与中国革命档案资料丛书》第 1 卷，北京图书馆出版社 1997 年版，第 382 页。

④ 中共中央党史研究室第一研究部译：《共产国际、联共（布）与中国革命档案资料丛书》第 1 卷，北京图书馆出版社 1997 年版，第 295 页。

访"①。张太雷等作为代表团的成员，称"中国共青团团员来访"并非完全说不过去。代表团参观了连队、营房、红角、号令、修理部、医务室、俱乐部、图书室、机枪小队、厨房、俄共支部，了解"该团的生活起居和组织情况""纪律和同志关系、学习情况、同工农的亲密关系，以及那些形成红军战斗力的因素"。在参观过程中，与蒋介石"主要关心军事组织、行政管理机构和技术装备方面的情况"不同，张太雷"关心政治工作、日常生活和纪律问题"，"其余人表现得有些漠不关心，但对团里的朴素生活、坚强的组织和相互关系也说了许多夸奖和感到惊讶的话"。② 由此可以看出张太雷独特、深刻的观察视角，既关注苏联红军独有的政治工作制度，又有超出代表团其他人的由表及里的洞察能力，诚如卢果夫斯基所揭示的那样，张太雷"沉默不语，很有洞察力，笔记本不离手，他提出的问题总是最重要和需要郑重回答的"，而王登云表现得"肤浅，只关心表面现象"。③ 代表团在参观结束、要离开时，受到了红军战士热烈的欢送，"战士们把他们抬起来，轻轻地摇摆，一直抬到汽车前"，代表团也是难掩激动之情，"整个回来的路上都在谈论红军的'精神'、它的'热情'"。④

　　为探知苏联方面对已送交的作战计划的态度，10 月 21 日，蒋介石携代表团拜访契切林，"没有讨论到什么具体的问题"，反而因蒙古问题起了

---

① 中共中央党史研究室第一研究部译：《共产国际、联共（布）与中国革命档案资料丛书》第 1 卷，北京图书馆出版社 1997 年版，第 290 页。

② 中共中央党史研究室第一研究部译：《共产国际、联共（布）与中国革命档案资料丛书》第 1 卷，北京图书馆出版社 1997 年版，第 291 页。

③ 中共中央党史研究室第一研究部译：《共产国际、联共（布）与中国革命档案资料丛书》第 1 卷，北京图书馆出版社 1997 年版，第 293 页。引文中其实并未指明此为张太雷，但据沈定一自述，他"初到时病了半个多月，常常自己拘留在优待的监狱里，实际上的参观和考察，还不上十天"。（见《沈定一集》下，国家图书馆出版社 2010 年版，第 603 页。）从时间上推断，沈定一极有可能没有参加 9 月中下旬的相关活动。

④ 中共中央党史研究室第一研究部译：《共产国际、联共（布）与中国革命档案资料丛书》第 1 卷，北京图书馆出版社 1997 年版，第 292 页。

争执。对于契切林当时说的"蒙古人害怕中国人",蒋介石10月26日致函契切林,解释说"蒙古人所怕的是现在中国北京政府的军阀,决不是怕主张民族主义的国民党","西北问题正是包括国民党要做工作的真意,使他们在实际上解除历史上所遗传笼统的怕"①。这个问题也引起了代表团内部的争吵,沈定一直接和蒋介石对骂甚至差点打起来,以致苏联外交人民委员部都听说"中国代表团内部在打仗"②。沈定一对蒋介石说:"孙逸仙那里有民族主义。而在你们这里,如果想把蒙古置于自己的监督之下,那有什么民族主义?你们是不是国民党人?到中国去向孙逸仙学习民族主义吧!不能这样解决民族问题,使中国做蒙古的主人。"③沈定一回国后说代表团内分成了两派,他和张太雷是一派,蒋介石和王登云是一派,由此来说,张太雷在此问题上是支持沈定一的。

其实,张太雷、沈定一与蒋介石、王登云的分歧在此之前就已见端倪。代表团在9月9日同斯克良斯基、加米涅夫会谈中,有代表团成员说"士兵完全没有革命精神","即便孙逸仙的现代化军队占领北京,因士兵不可靠……也不得不退出来"④,这在很大程度上否定了"西北军事计划",即不注重军队政治工作的军事行动注定失败,这只能是张太雷或沈定一的观点。沈定一又在起草作战计划中不乏"用贬的口气来说国民党",可从他给留俄同志们的信中窥得一斑,"国民党据说党籍上有六十万人,据我依上例背〔算〕不上百个人,算是我晓得的少,真工作全仗无名英雄,加

---

① 中国第二历史档案馆编:《蒋介石年谱(1887—1926)》,九州出版社2011年版,第122页。

② 中共中央党史研究室第一研究部译:《共产国际、联共(布)与中国革命档案资料丛书》第1卷,北京图书馆出版社1997年版,第383页。

③ 中共中央党史研究室第一研究部译:《共产国际、联共(布)与中国革命档案资料丛书》第1卷,北京图书馆出版社1997年版,第384页。

④ 中共中央党史研究室第一研究部译:《共产国际、联共(布)与中国革命档案资料丛书》第1卷,北京图书馆出版社1997年版,第286页。

他六倍七倍，也不过六七百人"①。这些分歧使蒋介石不得不重视起来，在邵元冲 11 月 4 日从欧洲到达莫斯科的当天，他便同邵元冲商议处置代表团的办法，认为"张太雷为共产党员，张又诱沈定一与公对立，遂使代表团各种计划，考察工作，对俄交涉，以及一切意见与主张，皆不能一致，而时生龃龉"②。尽管这包含着无端指责张太雷之意，但也可以看出张太雷在同蒋介石的斗争中发挥的主导作用。

苏联方面迟迟不答复作战计划以及代表团内部的分歧，引起蒋介石的严重不满和不安，他"神经过敏到极点，他认为我们完全不把他放在眼里"③，以至于在 11 月 10 日"由于神经紧张、过度劳累等原因蒋介石一再要求送他去疗养院休养两周"④。蒋介石其间（10 月 25 日）收到了孙中山的电报，内称"谁是我们底良友，谁是我们底敌人，我们胸中都十二分明瞭，所以我们很希望我们底良友能够谅解我们"，嘱托"吾等与友邦诸同志从长计议"⑤。这多少让蒋介石紧绷的神经"缓和了一些，好像改变了态度"，但"还不很满意"⑥，仍心情不佳。

经过近一个月的等待，苏联方面着手答复代表团的作战计划。11 月 1 日，契切林致信季诺维也夫，建议恢复布哈林、维经斯基、库西宁、片山潜组成的中国委员会，由它"安排几次有孙逸仙参谋长及其随

---

① 陶水木编:《沈定一集》下，国家图书馆出版社 2010 年版，第 608—609 页。

② 秦孝仪主编:《总统蒋公大事长编初稿》第 1 卷，中国国民党中央委员会党史委员会 1978 年版，第 63 页。

③ 中共中央党史研究室第一研究部译:《共产国际、联共(布)与中国革命档案资料丛书》第 1 卷，北京图书馆出版社 1997 年版，第 308 页。

④ 中共中央党史研究室第一研究部译:《共产国际、联共(布)与中国革命档案资料丛书》第 1 卷，北京图书馆出版社 1997 年版，第 313 页。

⑤ 中国第二历史档案馆编:《蒋介石年谱（1887—1926）》，九州出版社 2011 年版，第 122 页。

⑥ 中共中央党史研究室第一研究部译:《共产国际、联共(布)与中国革命档案资料丛书》第 1 卷，北京图书馆出版社 1997 年版，第 383 页。

行人员参加的会议"①，这一建议得到了季诺维也夫、托洛茨基的赞成。在收到加拉罕关于国民党把"资金都用在纯偶然性的军事举措上。没有任何党，没有任何认真的宣传工作"，"国民党已彻底涣散"，"必须改组整个党"②的报告后，11月2日，托洛茨基在给契切林、斯大林的信中表示"应该极其果断地和坚决地向孙逸仙和他的代表们灌输这样一种思想，即现在他们面临着一个很长的准备的时期；军事计划以及向我们提出的纯军事要求，要推迟到欧洲局势明朗和中国完成某些政治准备工作之后"，要"把99%的注意力从大的联合行动上转移到在现有军队中从政治上组织居民的工作上"。③11月3日，托洛茨基在给契切林的信中表示"我认为会见已同斯克良斯基同志和总司令见过面的将军是不合适的。如果有实际问题，可以再组织一次中国代表团和斯克良斯基同志的会见"④。

根据托洛茨基的意见，11月11日下午，苏联革命军事委员会副主席斯克良斯基、苏联红军总司令加米涅夫与代表团蒋介石、王登云、张太雷、邵元冲再次进行会谈。斯克良斯基首先表明态度，不赞成蒋介石等人的计划，指出"目前，孙逸仙和国民党应该集中全力做好政治工作，因为不然的话，在现有条件下的一切军事行动都注定要失败"，"政治准备问题现在对中国来说是最重要的。当然，也不应该忘记军事工作，但是只有在完成了大量的政治工作，准备好那些将大大减轻军事工作负担的内部因素

① 中共中央党史研究室第一研究部译：《共产国际、联共(布)与中国革命档案资料丛书》第1卷，北京图书馆出版社1997年版，第308页。
② 中共中央党史研究室第一研究部译：《共产国际、联共(布)与中国革命档案资料丛书》第1卷，北京图书馆出版社1997年版，第307—308页。
③ 中共中央党史研究室第一研究部译：《共产国际、联共(布)与中国革命档案资料丛书》第1卷，北京图书馆出版社1997年版，第308—309页。
④ 中共中央党史研究室第一研究部译：《共产国际、联共(布)与中国革命档案资料丛书》第1卷，北京图书馆出版社1997年版，第339页。

以后，才能够着手进行大规模的作战行动"①，并以俄国革命为例，强调宣传、组织工作的重要性。

蒋介石回应指出国民党的政治、宣传工作即使在帝国主义和国内军阀的巨大阻力下，"孙逸仙同越飞同志会见后，国民党加强了自己的政治活动，但党认为同时也有必要开展军事活动"，强调中国的情况与俄国不同，"在俄国，共产党只有一个敌人，这就是沙皇政府，而在中国，情况则不同，地球上所有国家的帝国主义者都反对中国的革命者"，"所以在那里采取军事行动是必要的"。斯克良斯基并不认为俄国革命的情况与中国有什么不同，"帝国主义者的反对是很自然的。俄国革命者在十月革命前同沙皇制度作斗争时，也处在同样的条件之下"，"国民党首先应该把自己的全部注意力用在对工农的工作上"，"接近群众，同群众在一起，这就是中国革命党的口号"，"军事行动的时机只有当内部条件很有利的时候才可能出现"。② 蒋介石的竭力争辩没能改变什么，只是苏联方面为了不让蒋介石完全失望，答应让"中国同志"到苏联军事学校学习。蒋介石最后颇为不甘地请他们转交了一封致托洛茨基的信，并提出希望在离开莫斯科之前能够再次会晤斯克良斯基和加米涅夫。

这次会谈让此前信心满满的蒋介石大失所望，他在当天的日记中写道："无论为个人，为国家，求人不如求己。无论亲友、盟人之如何亲密，总不能外乎其本身之利害。而本身之基业，无论大小成败，皆不能轻视惄置。如欲成功，非由本身做起不可。外力则最不可恃之物也。"③

应该说，代表团的其他成员，在"西北军事计划"问题上没有什么话

---

① 中共中央党史研究室第一研究部译：《共产国际、联共(布)与中国革命档案资料丛书》第1卷，北京图书馆出版社1997年版，第310页。

② 中共中央党史研究室第一研究部译：《共产国际、联共(布)与中国革命档案资料丛书》第1卷，北京图书馆出版社1997年版，第311页。

③ 转引自杨天石著：《找寻真实的蒋介石：蒋介石日记解读》上，山西人民出版社2008年版，第110页。

语权。现存档案中也没有发现张太雷在会谈中是否发言。但张太雷内心是赞同苏方意见的，只是不便在会谈中明说。会谈结束后，张太雷在同巴拉诺夫斯基的私人谈话中提到他事先预料到了斯克良斯基作出的答复。张太雷认为：

> "代表团对俄国的访问和革命军事委员会提出的建议对本党将具有极其重要的意义。首先，正如提出的方案中所说，提出新的军事行动的军事集团的影响将大大削弱。在学习了苏联的经验之后，本代表团应该同意革命军事委员会提出的意见。俄国共产党所进行的大量政治工作，无意中使他们不得不相信，在采取军事行动之前应该进行大量的政治准备。在这方面，代表团对俄国的访问不是没有收获的。"①

在强调政治工作的重要性方面，张太雷的观点与共产国际的相关思想是一致的，这种认识在中国共产党党内具有代表性，也是张太雷与蒋介石的重要分歧所在。

11月27日，代表团在离开莫斯科之前，虽然没能再次会晤斯克良斯基和加米涅夫，但病情好转的苏联革命军事委员会主席托洛茨基礼仪性地会见了代表团全体五位成员。这次会面让蒋介石彻底失望，因为斯克良斯基答复代表团依据的本就是托洛茨基的意见，只是托洛茨基这次谈得更明确更具体而已。他说道："只要孙逸仙只从事军事行动，他在中国工人、农民、手工业者和小商人的眼里，就会同北方的军阀张作霖和吴佩孚别无二致。"在托洛茨基看来，中国的革命运动需要有广大人民群众的长期的坚持不懈的政治准备，"国民党的绝大部分注意力应当放到宣传工作上"，

---

① 中共中央党史研究室第一研究部译：《共产国际、联共（布）与中国革命档案资料丛书》第1卷，北京图书馆出版社1997年版，第312页。

"一份好的报纸，胜于一个不好的师团"，"国民党应当立即坚决地、急剧地改变自己的政治方向盘。目前，它应该把全部注意力集中在政治工作上来，把军事活动降到必要的最低限度"。① 蒋介石做了最后的争辩，但无济于事，只能表示"赞同托洛茨基所说的意见"和"党将努力贯彻俄国同志的意见"。至此，寄托着孙中山和蒋介石希望的"西北军事计划"，因未能得到苏联方面的支持而告终。

失之东隅，收之桑榆。代表团在"西北军事计划"的核心任务上无果而终，但在强调"革命党"国民党的领导地位和继续以三民主义为政纲上取得成果。9 月 7 日，俄共（布）政治局候补委员、中央书记鲁祖塔克会见代表团，肯定"国民党按其精神与俄共（布）非常接近"，蒋介石也称"国民党一向认为，苏联共产党是自己的姐妹党"，最后鲁祖塔克"提议把一些细节问题和协调国民党同俄共中央的行动问题交给由代表团和共产国际代表组成的专门委员会去讨论"，"最好有一名国民党代表常驻莫斯科"，②代表团对此表示同意和感谢。

10 月 18 日之前，代表团向共产国际送交了《关于中国国民运动和国民党的报告》，报告指出辛亥革命"并未导致国内政治和经济的任何变化"，"政权一直控制在背信弃义的军阀手中，而外国帝国主义列强对中国经济剥削的影响在日益增长"，归根到底是人民群众因缺乏政治觉悟而没有参加革命，"最重要的原因之一是国民党的宣传工作做得不够，但是实际上，在现有的经济结构和政治条件下要启发他们的觉悟是非常困难的。"接着指出中国的经济结构是现代工业落后的农业国，中国政治是世界帝国主义和中国军阀的政治，占人口绝大多数的"农民深受土匪的袭击和连绵不断

---

① 中共中央党史研究室第一研究部译：《共产国际、联共（布）与中国革命档案资料丛书》第 1 卷，北京图书馆出版社 1997 年版，第 340 页。

② 中共中央党史研究室第一研究部译：《共产国际、联共（布）与中国革命档案资料丛书》第 1 卷，北京图书馆出版社 1997 年版，第 282—283 页。

的内战之害，但是外国资本主义列强对中国的经济剥削并没有使他们感到不安"。这些特点决定了中国国民革命的不妥协性和国际性，"民众中的各个阶级，如无产阶级、农民、资产阶级和学生，都投入到同世界帝国主义和中国军阀的斗争中"。重点阐述国民党三民主义的纲领："民族主义意味着所有民族一律平等，一方面，我们应该捍卫我们的独立而同外国帝国主义作斗争，另一方面，我们应该帮助弱小民族发展他们的经济和文化""民权主义是指每一个人都有一些权利，而这些权利不能因其能力大小而有所区别""第三个主义正确地译成西方语言就是国家社会主义。所有的大工业企业和所有土地都应属于国家并由国家管理，以便避免私人资本主义制度的危害。由于现时的经济条件在中国立即实行共产主义是不可能的，民生主义对当前中国来说是最能被接受的经济制度，也是通向共产主义的第一步"。最后申明国民党要以改组和宣传工作推进中国反帝反军阀的国民革命，这有赖于同苏联的合作，"这种合作会给中国的国民革命者提供重要援助，也会给未来的世界革命带来巨大的好处"。①

11月26日，共产国际执行委员会专门召开会议，听取国民党对共产国际的态度，代表团5人全部到会，蔡特金、皮亚特尼茨基、库西宁、维经斯基等11位委员出席会议。蒋介石在会上发言，就提交的《关于中国国民运动和国民党的报告》作补充说明。他再次强调三民主义中的民生主义是通向共产主义的第一步，"对于中国革命来说，目前最好的政策是，作为第一步，使用'（争取）独立的中国'、'人民政府'、'民族主义'、'民权主义'之类的政治口号。作为第二步，我们将根据共产主义的原则做一些事情"②。蒋介石对共产国际的宗旨与原则有一定的了解，他并没有直接

---

① 中共中央党史研究室第一研究部译：《共产国际、联共（布）与中国革命档案资料丛书》第1卷，北京图书馆出版社1997年版，第297—302页。

② 中共中央党史研究室第一研究部译：《共产国际、联共（布）与中国革命档案资料丛书》第1卷，北京图书馆出版社1997年版，第331页。

反对共产主义，而是用独立中国、人民政府之类的口号取代共产主义。"如果我们使用'（建立）独立的中国'和'人民政府'之类政治性口号，而不是共产主义的口号，那么中国革命的成功将会容易得多。"①季诺维也夫对三民主义表示基本认可，"这些口号不是共产主义的口号。然而我们也承认，这些口号反映了处于开始阶段的争取国家解放的运动，但这些口号应当更具体、更明确。"②

　　或许是为了迎合共产国际执委会的各位委员，蒋介石甚至喊出了推翻全世界资本主义制度的豪言壮语。"国民党建议，俄国、德国（当然是在德国革命取得成功之后）和中国（在中国革命取得成功之后）组成三大国联盟来同世界资本主义势力作斗争。借助于德国人民的科学知识、中国革命的成功、俄国同志的革命精神和该国的农产品，我们将能轻而易举地取得世界革命的成功，我们将能推翻全世界的资本主义制度。"③

　　值得注意的是，蒋介石在通篇讲话中闭口不谈中国共产党在革命中的作用以及已经启动的国共党内合作事宜。相对而言，季诺维也夫的讲话非常理性，并不为蒋介石的一番表白和畅想所打动，同时立场鲜明地指出国共两党在中国革命中各自的地位与作用。

　　"共产国际并不认为国民党是资产阶级的政党或资本主义的政党。否则我们就不会同这样的党打任何交道。我们认为，国民党是人民的政党，它代表那些为争取自己的独立而斗争的民族力量。在这个意义上，即从历史的角度来看，我们认为，国民党也是革命的政党。在中

① 中共中央党史研究室第一研究部译：《共产国际、联共（布）与中国革命档案资料丛书》第1卷，北京图书馆出版社1997年版版，第331页。
② 中共中央党史研究室第一研究部译：《共产国际、联共（布）与中国革命档案资料丛书》第1卷，北京图书馆出版社1997年版版，第336页。
③ 中共中央党史研究室第一研究部译：《共产国际、联共（布）与中国革命档案资料丛书》第1卷，北京图书馆出版社1997年版版，第332页。

国，共产党人（现在还不是）一个强有力的因素，然而，全世界的共产主义运动已经是一个很强大的因素，各国的革命工人正以极大的兴趣和同情关注着国民党，因为他们把这个党看作是人民群众争取摆脱资本主义实现自己独立的力量的体现。"①

"共产国际曾要求中国共产党人成为国民党的一部分并同他们一起工作。但是出现一些困难，这是很自然的。我们希望国民党做工作，把共产党成员和国民党另一部分成员之间可能发生的困难和误解减少到最低限度。"②

在这次会谈之后，共产国际执行委员会主席团于 11 月 28 日通过《关于中国民族解放运动和国民党问题的决议》，阐述共产国际对目前中国革命性质以及国民党任务的认定。"民族政党国民党所领导的中国解放运动，目前已经历着建立组织和集聚力量的阶段。""共产国际相信，革命政党国民党将更多地考虑中国工人运动日益发展的情况，为了加强全国的解放运动，将放手发动工人阶级的力量，全力支持它的经济组织及其阶级的政治组织——中国共产党。""就自己方面而论，共产国际曾经而且还将指示中国共产党、工人阶级和劳动农民，必须全力支持国民党，因为它所进行的反对外国帝国主义和本国封建主义的斗争，将有助于工人阶级的解放、成长和壮大，因为它将在使用土地和管理国家方面，把农民从封建专制的条件下解放出来。"③ 该决议重点解释了三民主义："民族主义，就是国民党依靠国内广大的农民、工人、知识分子和工商业者各阶层，为反对世界帝

---

① 中共中央党史研究室第一研究部译：《共产国际、联共（布）与中国革命档案资料丛书》第 1 卷，北京图书馆出版社 1997 年版，第 337—338 页。

② 中共中央党史研究室第一研究部译：《共产国际、联共（布）与中国革命档案资料丛书》第 1 卷，北京图书馆出版社 1997 年版，第 335 页。

③ 中共中央党史研究室第一研究部译：《共产国际、联共（布）与中国革命档案资料丛书》第 1 卷，北京图书馆出版社 1997 年版，第 342、344 页。

国主义及其走卒、为争取中国独立而斗争。对于上述每一个阶层来说，民族主义的含义是，既要消灭外国帝国主义的压迫，也要消灭本国军阀制度的压迫"，"另一个方面应当是，中国民族运动同受中国帝国主义压迫的各少数民族的革命运动进行合作"；民权主义"应使其有利于中国劳动群众，即只有那些真正拥护反帝斗争纲领的分子和组织才能广泛享有这些权利和自由"；民生主义"解释为把外国工厂、企业、银行、铁路和水路交通收归国有"，"中国的民族工业，国有化原则在现在也可适用于它"，"应当把土地直接分给在这块土地上耕种的劳动者，消灭不从事耕作的大土地占有者和许多中小土地占有者的制度"，以"表明国民党是一个符合时代精神的民族政党"。①

代表团在苏联 3 个多月的访问中，除了上述会谈外，还按照苏方的安排，相继参观了一些工厂、兵营、海军舰队、军事院校。其间，代表团同东方大学中国班学员多有往来。

10 月 10 日，代表团在住处宴请东方大学中国班学员，庆祝双十节，蒋介石"讲述革命党历史"，引发学员的议论，批评其演说"有崇拜个人之弊"，蒋介石颇为光火，反批"中国青年自大之心，及其愿为外人支配，而不知尊重祖国领袖，甚为吾党惧焉"②。据郑超麟回忆，双十节那天代表团在住处请东方大学中国班全体学员吃饭并联欢，蒋介石"向我们讲演国民党历史，结论是请我们加入国民党"③，中共旅莫支部也不甘示弱，派定几个人同代表团往来，意图是"争取"他们。

除了双十节的活动外，郑超麟回忆说，他们曾在学员的寝室开欢迎

---

① 中共中央党史研究室第一研究部译：《共产国际、联共（布）与中国革命档案资料丛书》第 1 卷，北京图书馆出版社 1997 年版，第 342—344 页。

② 中国第二历史档案馆编：《蒋介石年谱（1887—1926）》，九州出版社 2011 年版，第 121 页。

③ 郑超麟著：《郑超麟回忆录》上，东方出版社 2004 年版，第 199 页。

会，欢迎四位代表。他对蒋介石和王登云印象不深，对张太雷、沈定一的印象深刻，"张太雷，魁伟而漂亮，他是中国社会主义青年团领袖之一""沈玄庐生有胡子，很威严，我们在《新青年》上常读他的文章"①。彭述之回忆说，1923年10月底或11月初，蒋介石一定要为我及我的几位同志，举行一次小型的由9人参加的友好晚会。除了代表团全体5人外，东方大学的罗亦农、陈延年、赵世炎、彭述之在座。②

值得注意的是，苏联外交人民委员部东方部主任杜霍夫斯基提交的《对9月2日抵达莫斯科的孙逸仙代表团的评述》中，只评介了蒋介石、沈定一、王登云，并没有提到张太雷：

"1.代表团团长——蒋介石，参谋长，曾在日本接受军事教育。属于国民党左翼，是最老的党员之一，深受孙逸仙的信任。……他对我们红军中的政治工作以及红军的装备很感兴趣。""2.沈玄庐，浙江省议会议员，从国民党建党时起即是党员。……属于国民党左翼。他特别关心农民运动。打算同我们谈这个问题。""3.王——新闻记者，曾在美国受过高等教育，是代表团中的次要人物。选中他是因为他懂英语，而上面提到的两位代表团成员任何一种欧洲语言都不懂。"③

这份评述或许说明苏联方面完全视张太雷为自己的同志。或许正因为张太雷要参与共产国际的工作，代表团在组建时才选王登云作专职翻译。

事实上，张太雷抵达莫斯科后，即得到青年国际为其出具的证明书。

---

① 郑超麟著：《郑超麟回忆录》上，东方出版社2004年版，第198页。
② 参见程映湘、高达乐编：《彭述之回忆录（上卷：中国共产主义的起飞）》，天地图书有限公司2016年版，第319页。
③ 中共中央党史研究室第一研究部译：《共产国际、联共（布）与中国革命档案资料丛书》第1卷，北京图书馆出版社1997版，第288—289页。

9月4日，青年共产国际执行委员会签发第8号文件，证明张太雷同志是青年共产国际执行委员会委员。① 这一证明意味着，张太雷在莫斯科具有双重身份，既是国民党代表团成员，又是共产国际的工作人员。

4. 与马林的最后交往

在代表团工作期间，张太雷还同马林会晤，并积极帮助马林争取再次返华工作。马林回到莫斯科后，在共产国际东方部继续从事与中国和爪哇有关的工作。9月2日，代表团抵达莫斯科时，马林正在乌克兰克利缅丘克的女友西玛家休假，闻讯后即赶回莫斯科，于9月4日与张太雷、蒋介石等见面。随后，在蒋介石撰写《代表团意见书》的过程中提出许多修改意见，为蒋介石顺利完成这一工作提供了一些帮助。

10月24日，马林离开莫斯科前往荷兰办理家事，张太雷、蒋介石等为其送行，马林拜托张、蒋二人关照西玛。马林希望他的下一个工作去向是重返中国。在马林离华之前的7月21日，他在广州就曾写信给廖仲恺，对改组进程中的国民党赋予了深切的希望："新中国，一个真正独立的共和国的诞生，只能依靠一个强大的、具有坚定革命信念和远见卓识的党员组成的现代化政党的不懈的革命斗争。"马林同时流露出想再次返华工作的念头，"希望当形势有所改善即国民党组织清除了封建主义和家长制传统以后，当党的策略有了改变之后，我能再有机会来此参加工作"。②

此时的中国，已经有了来自苏联一北一南两个新的搭档：加拉罕与鲍罗廷，取代了原先的越飞和马林。但马林并不甘心放弃任何一丝赴华的机会，他寄希望于蒋介石和张太雷，通过他们，向孙中山和共产国际方面提出请求。

---

① 参见蔡文杰主编：《张太雷画传》，人民出版社2019年版，第92页。
② 李玉贞主编：《马林与第一次国共合作》，光明日报出版社1989年版，第305页。

11 月 12 日，蒋介石致信马林，告知马林，他没有见到越飞，"关于你赴华一事，离莫斯科前我们会将结果告你"①。11 月 14 日，张太雷致信马林："看来他们（指蒋介石等人——引者注）在这里不会提出请你赴华，但他们回国后肯定会要求孙博士邀请你。这是我从蒋介石将军处得知的消息。他答应在离莫斯科之前给你一个明确答复。"② 张太雷深知马林正处于进退两难之际，作为昔日的革命战友，一直持续关注着马林赴华工作一事。的确如张太雷所说，11 月 28 日，蒋介石再次致信马林，表示在回国后同孙中山晤谈请马林到中国帮助国民党开展宣传工作，并提出给马林提供赴华经费事宜："我将汇钱给你，或请先向张太雷同志借用，日后我归还他。"③

然而，马林并没有等来蒋介石的消息，他不免心灰意冷。1924 年 3 月 8 日他致信季诺维也夫，请求回荷兰工作，"自从外交人民委员会派鲍罗庭为驻中国南方代表以及我本人在 [莫斯科] 这里的东方部工作以来（已经 6 个多月了），我坚信，我在这里用处不大，而且我也不能期望重新被派去中国"，但仍强调"我熟悉中国的情况，我在那里的确会有用处"，以致抱怨"迄今为止，东方对共产国际来说只不过是件装饰品而已"，"必须把少数有经验的人专门集中在几个国家里，共产国际的东方工作才会有成效"。④ 一个多月后，4 月 21 日，当张太雷从回到苏联的达林，以及国内瞿秋白的信函中得知加拉罕、鲍罗廷同意马林回中国的消息后，立即给马林写信，告知这一消息。随后的几天里，张太雷又去苏联外交人民委员部和共产国际执行委员会东方部询问此事。⑤

马林收到张太雷的信函后，于 4 月 29 日分别写信给鲍罗廷、维经斯

---

① 李玉贞主编：《马林与第一次国共合作》，光明日报出版社 1989 年版，第 308 页。
② 李玉贞主编：《马林与第一次国共合作》，光明日报出版社 1989 年版，第 309 页。
③ 李玉贞主编：《马林与第一次国共合作》，光明日报出版社 1989 年版，第 310 页。
④ 李玉贞主编：《马林与第一次国共合作》，光明日报出版社 1989 年版，第 317 页。
⑤ 参见《张太雷文集》，人民出版社 2013 年版，第 129、131 页。

基和孙中山，询问返回中国工作之事的详情。他向鲍罗廷求证同意他回中国的消息是否属实，表示"无论如何我确实想，如果有机会，我将再把中国的工作拣起来"，"中国已相当大，足能容下几个人去与国民运动联系。我愿当其中的一个，并想知道确切情况"①，也希望维经斯基作为"主事的人"帮他如愿以偿。他在给孙中山的信中则表示"我越来越坚信，等待下达派遣我去中国的命令是徒劳的，而我能否去中国继续为国民党工作，则完全取决于先生和其他中国友人"，提出自国民党一大以来，"我就相信我能为党做有益的工作。不论是拟写公文或是在情报局拟写通讯，我为运动的发展效力的可能性都是存在的"，"想直接向先生提出要求赐我一个工作机会，让我做一个国民党革命党员应做的工作。在宣传上我的力量可以得到发挥，尽管我不懂中文。我愿意与先生的一位老同志共事着手为先生写一本传记"。②马林为了来华工作，或争取共产国际委派，或希望国民党直接任用，他的迫切心情跃然纸上，却都没有得到他希望的结果。

由于种种原因，马林返华工作的愿望未能实现，但是张太雷尽了自己的最大努力，两人之间的战友情谊可见一斑。张太雷和蒋介石在中国革命问题上的政治见解存在较大分歧，在代表团访苏期间，他们在与马林的交往过程体现了些许融洽。

11月29日，蒋介石率代表团离开莫斯科回国，于12月15日回到上海。

蒋介石代表团对苏联的访问，从8月16日启程到12月15日回到上海，加上行程，历时4个月，并没有与苏联方面达成具体的军事援助协定，特别是其"西北军事计划"无疾而终，其意义主要体现为增进了彼此的相互了解，密切了双方的合作关系。汪精卫在国民党第二次全国代表大

---

① 李玉贞主编：《马林与第一次国共合作》，光明日报出版社1989年版，第328—330页。

② 李玉贞主编：《马林与第一次国共合作》，光明日报出版社1989年版，第325—326页。

会的报告中，对蒋介石率团访苏作了高度评价：蒋介石等"经过一番切实的考察，知道红军的组织和共产党森严的纪律，遂为后日回国改组本党和开建党军之一大动机。总理从此便决定与俄国携手了，共同奋斗程度又更进一步"①。

应该说苏联方面对这次与国民党的近距离接触还是很重视的。苏方一些重要的领导人，如俄共（布）中央书记鲁祖塔克、苏联革命军事委员会主席托洛茨基、副主席斯克良斯基、红军总司令加米涅夫、苏联中央执行委员会主席加里宁、外交人民委员契切林等相继会见代表团。代表团的行踪也受到苏联方面的密切关注。代表团的重要活动都有专人做记录和报告。苏联外交人民委员部远东司翻译巴拉诺夫斯基不定期地提交书面报告，介绍代表团的行程与动向，为高层提供决策依据。通过接触，苏联、共产国际对孙中山和国民党有了更深一步的了解，从而在一定程度上可以有的放矢地制定对华政策和对国民党的政策，例如，1923 年 11 月 28 日共产国际执行委员会通过的《关于中国民族解放运动和国民党问题的决议》，实际上就是共产国际指导对华关系的纲领性文件。此外，苏联政府随后增派更多的顾问和军事人员来华，帮助孙中山改组国民党，建立黄埔军校，开展革命活动，使国民革命进入 1924 年后在一条新的正确轨道上起步。

代表团访苏活动对其成员的政治态度及走向也有很大影响。代表团回到上海后，瞿秋白见到了沈定一。随后瞿秋白在同鲍罗廷的谈话中，介绍了他从沈定一处了解的代表团情况。尽管在对苏联交涉的公开场合代表团基本保持一致，但围绕对俄国革命以及苏联社会发展、对华政策等问题的看法上，在代表团内部，在共产党人和国民党人间出现了两派：蒋介石、王登云一派，对苏联多有微词，特别是在蒙古问题上；张太雷、沈定一为

---

① 中共中央党史研究室第一研究部编：《共产国际、联共（布）与中国革命档案资料丛书》第 5 卷，北京图书馆出版社 1998 年版，第 6 页。

另一派，坚持中国共产党人的立场，维护国际共产主义运动。在同托洛茨基会谈时，谈到蒙古问题，托洛茨基说，蒙古希望独立，如果你们想同它建立统一战线，你们应该把它视为兄弟，并说你们不想主宰它。这次谈话后，代表团内部在议论这个问题时出现激烈冲突，蒋介石和沈定一发生了口角，差一点打起来。瞿秋白说，沈定一以前认为在中国可以进行无产阶级革命，"现在访苏后，他只相信国民运动"①。

代表团访苏的结果直接影响了蒋介石此后的政治走势。蒋介石对其精心拟定的军事计划被否定，内心十分恼火，而且认定这是俄国人力图控制蒙古、侵略中国的表现，因此对孙中山的联俄政策开始持怀疑态度，埋下了背离孙中山联俄政策的种子，并最终在孙中山逝世之后逐步走上反苏反共之路。率领代表团访苏，也使蒋介石在国民党中的身价倍增，为他捞取了一份相当重要的政治资本，是其政治生涯中迈出的关键一步。1924年5月2日，蒋介石被孙中山任命为黄埔军校校长，仿照苏联红军开始建校、建军。黄埔军校在苏联顾问以及中国共产党人的帮助下，培育出一支重要的革命力量，成为平定商团叛乱、讨伐陈炯明、统一广东革命根据地的主力军。与此同时，蒋介石也逐渐培育了一个庞大的以自己为核心的嫡系军事派别——黄埔系。凭借着这一"家底"，蒋介石得以被任命为北伐军总司令，并成为掌握国民党军政大权的人物，维持了国民党对中国大陆二十多年的统治。

张太雷没有随团回国。结束了代表团的工作任务之后，他留在莫斯科，继续履行共产国际、青年共产国际方面的工作职责。他是青年共产国际执行委员会委员，也是中国社会主义青年团驻莫斯科代表，他从代表团住所移居到共产国际公寓——柳克斯宾馆。

---

① 中共中央党史研究室第一研究部译：《共产国际、联共（布）与中国革命档案资料丛书》第1卷，北京图书馆出版社1997年版，第383页。

二、履行青年共产国际执委职责

1. 在青年共产国际工作

在 1922 年底召开的青年共产国际第三次代表大会上，张太雷在缺席的情况下当选为执行委员会委员，此前，他作为中国社会主义青年团代表曾经出席青年共产国际二大，并被派遣回国整顿中国社会主义青年团组织，他已经成为共产国际范围内认可的中国青年运动的领导人。这次来莫斯科履职，主要分管欧美国家以外地区的青年运动工作。

在到青年共产国际工作之前，张太雷在国内也长期关注亚太地区的国际形势和动向，在党报党刊上发表多篇相关文章，这也是青年共产国际急召张太雷来莫斯科工作的重要原因。

在赴莫斯科前夕的 7、8 月间，张太雷在《前锋》创刊号、《向导》周报先后发表《近代印度概况》《华府条约的效力》《太平洋上英日美的海军竞争》《顾维钧就外长职和中国国际地位》等文章。他关注印度的国民运动，"印度和中国同是东方亚洲大民族，同是被压迫的民族，所差异的不过是统治印度的只有英国一国而宰制中国的是许多国"，"印度资产阶级已经有了觉悟，来领导国民运动完成他在历史上的使命。印度的农民和新兴的无产阶级亦起来反对那阻止印度经济的发展使他们受苦的英国帝国主义。"他鲜明揭示"华府条约是一种骗人的东西"的本质，"资本主义国家的帝国主义政策永远使他们相互冲突，不能使他们减少军备"，"英日美中间在太平洋上的海军竞争依然存在"。他分析顾维钧就任外交部长，"名为维持中国国际地位，实则降低中国地位，使中国成列强的附庸国"，"顾氏是以怕列强共管而出山救中国的，恐怕将来他还要做列强共管中国的委托人呢！"①这

---

① 参见《张太雷文集》，人民出版社 2013 年版，第 104—118 页。

一系列文章体现了张太雷广阔的国际视野和敏锐的分析能力，对他在青年共产国际顺利开展工作颇有助益。

到莫斯科后，张太雷也继续关注国际情况，并学习俄语、德语这两门共产国际通用语言，以更好地开展青年共产国际的工作。他曾写信给马林，请马林代购英文书《1923年工会国际年鉴》《世界工人史》《印度在转变》和语法工具书《俄文文法》《德文文法》《德英、英德详解大字典》以及德文版的《共产主义ABC》。①《共产主义ABC》被邓小平称为马克思主义的"入门"书，② 张太雷此时的马克思主义理论水平决定了他读这本书，不只是为了学习其中的马克思主义基本知识，更多的是将这本"入门"书作为自己学习德语的辅导用书。

青年共产国际执行委员会在共产国际大厦中占了一层楼。共产国际大厦位于玛涅纳亚广场，在克里姆林宫的库塔菲亚塔楼旁边。③ 由于和时任青年共产国际东方部副主任的达林共同签署了多个文件，张太雷应该也是在东方部工作。同样，同达林一样，张太雷住在特维尔斯卡亚大街的柳克斯宾馆。④ 该宾馆是德国商人修建的七层旅馆，在当时称得上是宏伟高大的建筑。十月革命后，苏维埃政府把它没收，用作共产国际宿舍。住的是在莫斯科有常任工作的共产国际执行委员会委员、工作人员以及各国共产党的代表。季米特洛夫、库西宁、马里奥—埃尔科利（陶里亚蒂）等领导人，以及维经斯基、片山潜等均住在柳克斯宾馆。鲍罗廷在被派往中国之前，也携家眷住在那里，并向维经斯基、达林等人询问孙中山、国民党和

---

① 参见《张太雷文集》，人民出版社2013年版，第120—121页。

② 参见《邓小平文选》第3卷，人民出版社1993年版，第382页。

③ 参见［苏］C.A.达林著：《中国回忆录（1921—1927）》，侯均初等译，中国社会科学出版社1981年版，第138页；李珊主编：《俞秀松画传》，学林出版社2019年版，第68—69页。

④ 参见李玉贞主编：《马林与第一次国共合作》，光明日报出版社1989年版，第327页；郑超麟著：《郑超麟回忆录》上，东方出版社2004年版，第199页。

广州等方面的情况。"这是一个友好的国际公社。这里的许多房间已经载入国际工人运动那些著名活动家的传记。人们在卢克斯饭店的房间里讨论各种事件，制定决议方案，协调这样那样的问题。这里的办公室与宿舍没有区别。"①

达林在 1924 年初受命前往中国，出席预定于 3 月在上海召开的中国社会主义青年团中央执委会扩大会议，并于 1 月 24 日从莫斯科启程。行前，1 月 20 日，张太雷和达林共同签署了《关于亚非各国共产主义青年运动状况和任务的简要报告》。亚非各国的青年运动属于青年共产国际东方部的工作范畴，张太雷是以国际青年共产主义运动领导人（而不是中国社会主义青年团代表）的身份签署相关文件的。

2. 参加列宁的悼念活动

1924 年 1 月 21 日下午，列宁在莫斯科附近的哥尔克村病逝。俄共（布）中央就列宁逝世发布《告全党和全体劳动人民书》。1 月 23 日，列宁的灵柩运到莫斯科，安放在工会大厦圆柱大厅。从当日晚上 7 点开始，至 27 日晚止，数十万莫斯科的工人、红军、学生、职员以及从其他地方赶来的工农代表前往瞻仰悼念。

张太雷以青年共产国际执委的身份参加了迎灵、守灵活动。他稍后在国内发表的《列宁底死》一文记载了他亲眼目睹的情景和感受："俄国底工人农民当列宁病的时候，在每次集会上总必须问主席：列宁底病势如何？当主席回答他们说列宁能看报等话，登时欢呼鸣掌；今天骤然听见列宁病没，没有一个不眼含泪而直视，心惊如大石沉海。"当载有列宁棺木的火车开进莫斯科车站时，"军乐奏哀悼乐，接者都脱帽致敬。棺木由嘉

---

① ［苏］C. A. 达林著：《中国回忆录（1921—1927）》，侯均初等译，中国社会科学出版社 1981 年版，第 138 页。

利宁，布哈林等人亲自抬出火车站。当时头上大雪纷纷，鸟雀无声"。此情此景让张太雷感受到"俄国劳农对于列宁的拥戴和他们将来的奋斗"，"中国人民对于列宁底死亦应是无限的悲哀，因为他们失掉一位领导世界革命，就是领导他们革命的领袖，而更须努力干革命的事业，以补偿他们领袖死了对于革命的损失。"①

　　为了表示中国人民对列宁的悼念之情，张太雷特意以中文手迹的形式在莫斯科《工人日报》上发表一篇短文——《列宁与中国青年》，指出："列宁同着俄国革命把中国青年革命的觉悟惊醒了！在运动里的中国青年工人当然人人都知道列宁是他们阶级的唯一领导者"，中国青年学生"正找着了列宁做他们思想上的指导者""而中国学生在目前中国革命运动中占很重要的地位"，高呼"列宁死了！但是在中国青年的心目中活着！"②

　　1月27日，苏联党和政府在莫斯科红场为列宁举行隆重的国葬。下午4时，列宁的灵柩由斯大林、季诺维也夫、加米涅夫、布哈林等苏联党政领导人移至陵墓。同日，张太雷可能参与讨论、起草的《青年共产国际执行委员会为列宁逝世告全世界劳动青年书》发出，号召铭记列宁的遗训、继承列宁的事业，"列宁把西方工人同东方被压迫民族的亿万群众联合成一支大军。愿欧美工人同远东国家的劳动人民和殖民地的奴隶反对世界帝国主义的战斗团结继续保持和巩固。愿东方被压迫的青年同西方青年工人沿着民族和社会解放的道路齐步前进"，"各国青年工人应把自己的队伍更紧密地集合在青年共产国际的周围，巩固国际同群众的联系，进行反对帝国主义和军国主义的斗争，勤奋而顽强地研究列宁创立的革命斗争的战略和策略"。③

---

① 《张太雷文集》，人民出版社2013年版，第123—124页。
② 《张太雷文集》，人民出版社2013年版，第126页。
③ 共青团中央青运史研究室、中国社会科学院现代史研究室编：《青年共产国际与中国青年运动》，中国青年出版社1985年版，第126—127页。

世界各国共产党和革命组织纷纷举行悼念活动。中国共产党向俄共（布）发出唁电，表达沉痛的哀悼之情，同时表示决心继承列宁开创的革命事业，为夺取中国革命和世界革命的胜利而奋斗。此时，中国国民党第一次全国代表大会正在广州举行，孙中山宣布休会三天，随后出席在广州举行的列宁逝世追悼会并书写了"国友人师"的挽幛。根据孙中山的提议，中国国民党以全国代表大会的名义发了唁电。

在列宁安葬之后，张太雷在国际国内场合继续撰文纪念列宁。5月1日，他再次在莫斯科《工人日报》发文，宣布中国工人"今年五一节将有追悼列宁逝世的示威游行，并且要宣誓用全部精力来继续列宁所开始的事业，从资本主义压迫下解放世界无产阶级"①。9月3日，张太雷在《向导》上发表《列宁与义和团》，通过回顾列宁分析中国人民"确仇恨欧洲的资本家，和为资本家用的欧洲的政府"的原因和"八国联军屠杀没有武装的人民"的野蛮，揭露"俄皇政府牺牲全人民为这班少数资本家和高尚的欺骗者"的本质，"他们想制造成民族的仇恨；并因此想从劳动人民对他们的真正仇敌的注意转移过来，这是一切有阶级的觉悟的工人所要注意的"，来揭示"苏俄之所以成为反对帝国主义之殖民地的良友而列宁之所以成为民族解放的记号"。②

3.发表《中国的农民及其革命运动》等文章

身处国际共产主义运动的中心——莫斯科，又工作在青年共产国际执委会，张太雷自然较其他中共党人更多地接触共产国际的相关文件，对共产国际的指导思想以及东方战略有更多的理解和把握。这期间，除了分内的工作外，他也在不断思考中国革命的一些基本问题，并且在共产国际的

---

① 《张太雷文集》，人民出版社2013年版，第137页。
② 《张太雷文集》，人民出版社2013年版，第152—154页。

刊物上发表了两篇文章，结合他所掌握的马克思列宁主义原理和俄国革命的经验，分别探讨了中国的农民问题和青年问题。

需要说明的是，张太雷一生的文章多是时政评论，大多在千字以内。而这两篇文章篇幅均在 3000 字左右，关涉革命对象、革命动力以及革命性质，属于对中国革命基本问题的理论性探索。

《中国的农民及其革命运动》发表在共产国际主办刊物《农民国际》（俄文版）第 2 期（1924 年 5 月），这是张太雷发表的为数极少的俄文文章，从文体上看，或许也是他的一次演讲或报告。不排除张太雷这篇文章意在反驳蒋介石相关观点的可能性，至少在客观上起到了在共产国际范围内廓清蒋介石错误观点的作用。

蒋介石 1923 年 10 月在给共产国际的《关于中国国民运动和国民党的报告》中否认农民与地主、统治者之间存在冲突，否认农民是国民革命的动力，他指出"中国不存在大土地占有制（每个省约有 10 个地主占有一万多亩土地）。在构成农业人口总数的 4300 万个家庭中，由 2300 万是小农。因此在中国很少发生大土地占有者与农民之间的冲突"，"农民没有遭受国家苛捐重税之苦"，结论是"虽然农民深受土匪的袭击和连绵不断的内战之害，但是外国资本主义列强对中国的经济剥削并没有使他们感到不安"，"所以要找到有助于我们处理农民阶级问题的相应政治口号是相当困难的"。[①]11 月 26 日，斯图尔特在共产国际执行委员会会议上就此报告问询蒋介石："如果税不高，那么地租高吗？""如果没有大土地所有者，那么能规定地主为 80% 的土地所有者是些什么人？"蒋介石回答说"小土地所有者向佃户收取地租，最高达 80%，最低 50%。佃户不纳税，而地主纳税。地主纳税额是所收地租

---

① 中共中央党史研究室第一研究部译：《共产国际、联共（布）与中国革命档案资料丛书》第 1 卷，北京图书馆出版社 1997 年版，第 298 页。

的 1/12"。① 蒋介石对农民问题的认识逻辑是混乱的，即使循着他的思路，中国没有大地主、农民不纳税，但农民背负着沉重的地租及税负，直接或间接遭受着地主或统治者的压迫剥削，最后竟得出农民没有"感到不安"、动员很困难的结论。

农民问题是所有革命者必须考虑的问题，它既是一个现实问题，也是一个理论问题，即如何看待占中国人口七成以上的民众问题。蒋介石显然不是一个合格的革命者，这一问题有待于张太雷等中国共产党人的回答。

张太雷在文章中首先概括了中国农民在历史上的处境，"在所有君主制王朝，中国农民都是最受压迫的部分"，近代以来，随着欧洲商品源源不断地流入中国，小农经济受到严重冲击，农民也成为受害者。随后，文章引用了北京政府农商部 1918 年的统计资料，对中国当时的人口结构及农民经济状况进行了数据分析："中国人口由六千多万户家庭组成，其中四千万户是农民，家庭占全国人口的百分之七十。"在农村人口中，"数量较多的是拥有小块土地的小农户。按同一个统计资料，有 17914231 户农民，每户有土地少于 10 亩；有 10303570 户农民，有土地 10 到 30 亩"。文章特别提到，"1914 至 1918 年间，约有 1000 万农户失去了土地。土地逐渐集中到官僚和军阀地主手中"，"在这样艰难困苦的生活条件下，在受到大地主和官僚这样残酷剥削和奴役的情况下，加上连绵不断的内战和土匪袭击摧毁了本来就很弱小的经济，中国农民，尽管思想落后和保守，但也不能不具有革命情绪"。

张太雷列举了近年来频繁发生的农民要求地主或政府减少地租进而发生冲突的事例。"1922 年，浙江省一个地区的所有农民起来造本地大地主

---

① 中共中央党史研究室第一研究部译：《共产国际、联共（布）与中国革命档案资料丛书》第 1 卷，北京图书馆出版社 1997 年版，第 334 页。

的反，因为他们拒绝减少地租。农民把他们抓了起来，迫使他们同意自己的要求。但是军队赶来后，逮捕了很多人，还杀害了几个人。1923 年初，北京地区的佃农派代表团去京城，打着旗子前往中央政府，要求减少地租，因为地主本人和地方当局拒绝这样做。1923 年 7 月，（广东省）海丰 6 万组织起来的农民，提出了减少地租百分之三十的要求。这次有组织的行动又是被军队击溃，并被赶入地下。另一个事件，1923 年 11 月发生在（湖南省）衡山，是 1 万组织起来的农民起来造地主的反，地主中的一些人是达官显贵，而另一些人是这些达官显贵的亲属。农民与召唤来的军队发生了冲突，有 60 人被杀，100 人受伤。约有 100 个农民宅院被镇压者放火烧毁。在内战地区的省份，农民通常都被武装起来，并经常参加同军队的真正战役。"

张太雷由此得出结论："如果中国革命党采取相应措施，组织和领导农民，那么中国农民很快就会成为全国革命运动中的一个很重要的因素。""中国革命党面临的重要任务，是把中国农民引入革命运动轨道。没有组成中国人口巨大多数的并是国家经济基础的农民参加，革命的成功是难以想象的。"①

这篇文章表明，张太雷是中国共产党党内最早关注农民问题的领导人之一。他一方面承认农民思想落后、保守，"百分之九十五的中国农民是文盲，因此在他们当中进行宣传工作是非常困难的"，另一方面又认识到中国农民在中国革命中占有重要地位，强调革命党必须组织发动农民才能革命成功。

这种理论认知在中共四大以前的党内是有代表性的观点。此前，中共三大通过的《中国共产党党纲草案》在分析无产阶级和农民在革命中所占地位时指出，占中国人口百分之七十以上的农民具有非常重要地位，"国

---

① 《张太雷文集》，人民出版社 2013 年版，第 132—136 页。

民革命不得农民参与，也很难成功"。中共三大通过的党史上的第一个《农民问题决议案》，也简要地提出了"有结合小农佃户及雇工以反抗牵[宰]制中国的帝国主义者，打倒军阀及贪官污吏，反抗地痞劣绅，以保护农民之利益而促进国民革命运动之必要"。①

陈独秀在中共三大结束后很快发表了《中国农民问题》一文，依据北京政府农商部 1918 年的统计数据，对中国农村的各阶级作了初步的分析。他将农民分为地主、自耕农（含富农）、半无产阶级和农业无产阶级 4 个阶级。这种划分，对后来的中国共产党人（包括毛泽东）的农村阶级分析是有积极影响的。他的基本结论是："这种农民的大群众，在目前已是国民革命之一种伟大的潜势力，所以在中国目前需要的而且是可能的国民运动（即排斥外力打到军阀官僚）中，不可漠视农民问题。"② 陈独秀在 1923 年 12 月 1 日发表的《中国国民革命与社会各阶级》一文，在农民问题上既指出"农民居处散漫势力不易集中，文化低生活欲望简单易于趋向保守，中国土地广大易于迁徙被难苟安，这三种环境是造成农民难以加入革命运动的原因"，同时也提出"农民占中国全人口之大多数，自然是国民革命之伟大的势力，中国之国民革命若不得农民之加入，终不能成功一个大的民众革命"。③

继陈独秀之后，邓中夏于 1924 年 1 月发表《中国农民状况及我们运动的方针》一文，高度肯定了陈独秀的《中国农民问题》一文，认为它"算是精审可观，对于中国农民状况分析得很细致，很正确"④。邓中夏在基本观点上与陈独秀一致。⑤

---

① 中央档案馆编：《中共中央文件选集》第 1 册，中共中央党校出版社 1989 年版，第 139、151 页。
② 任建树主编：《陈独秀著作选编》第 3 卷，上海人民出版社 2014 年版，第 94 页。
③ 任建树主编：《陈独秀著作选编》第 3 卷，上海人民出版社 2014 年版，第 157 页。
④ 《邓中夏全集》（上），人民出版社 2014 年版，第 342 页。
⑤ 参见蔡文杰：《重评中共四大前陈独秀的阶级分析》，《安徽史学》，1998 年 4 期。

　　张太雷关于农民问题的认识，与当时党的总体认识是一致的。张太雷的上述思想无疑起源于共产国际同期的相关决议与思想，不仅如此，他的这篇文章也一定程度上受到陈独秀文章的影响。除了基本观点一致外，其所共同引用的农商部1918年统计数据也可以说明这个问题。张太雷撰写文章时，在莫斯科不一定能够看到陈独秀《中国的国民革命和社会各阶级》以及邓中夏的文章，但可以推断的是，他对陈独秀《中国农民问题》是熟知的。《中国农民问题》发表在《前锋》创刊号上，出刊于1923年7月。张太雷也在《前锋》创刊号发表了3篇文章，他应该是在前往苏联时随身携带了这一期《前锋》，他在文章中所引用的农商部1918年的统计数据应该是从陈独秀的文章中转述的。

　　总之，张太雷这篇文章的基本观点同当时中国共产党人的总体认识是一致的，也是中国共产党人探索中国革命中的农民问题的一篇重要文献。张太雷与陈独秀、邓中夏等人一样是中国共产党内关于农民问题的早期探索者，只不过他们的探索还基本停留在以学理为基础的理论分析。后来以毛泽东为代表的中国共产党人在农民问题的理论突破则是立足于现实开展的农民运动，是建立在对农民运动考察的基础上实现的。

　　张太雷的另一篇文章《中国社会主义青年团和中国的学生》发表在青年共产国际《少年国际》（中文版）第1期（1924年7月）。《少年国际》是青年共产国际成立后为指导和训练各国团员出版的杂志，创刊于1920年，用俄、德、英、法、瑞典、挪威文同时出版。其中文版是由张太雷、达林等人提议，青年共产国际执委会批准而创办的，宗旨是介绍各国青年运动状况，指导中国社会主义青年团的思想、组织和活动。

　　如果说研究中国革命中的农民问题属于开创性的理论探索，那么论述青年运动则是张太雷非常熟悉的领域："在中国，社会主义青年团的队伍继续壮大，并且如前所述，在1923年年中召开了第二次团代表大会。但是，尽管两次代表大会都作了决议，社会主义青年团却仍然是以青年学生为主的组织。"① 这篇文章的主题是中国社会主义青年团如何在现时革命中发动和争取广大青年学生。

首先，张太雷指出青年学生在知识阶级中比较富有革命性，主要表现为对广大民众的"唤醒"作用。"智识阶级，因为他没有独立的经济基础，并且因为统治阶级需要他做压迫他阶级的工具，他很有钻到统治阶级里去的机会——所以常常是一个反革命的。不过青年学生，他是青年，总比较富有革命性一点，其中往往有少数参加革命运动而为无产阶级服务。""证之各国先例，在无产阶级运动刚开始的时候，青年学生常常在其中占重要的地位。他们到无产阶级和农民中间去唤醒他们起来奋斗和组织。在无产阶级革命运动中是一件很重大的事。"在中国工农运动刚刚起步之时，需要中国的先进知识分子，特别是青年学生来做"往民间去"的运动。"中国的社会主义青年团在学生中有尽力吸收他们来替中国无产阶级和农民服务之责任。"

其次，张太雷认为争取学生工作的第一步是要做好宣传工作，利用多种形式向他们宣传"我们的主义"。"凡成为一个革命党，必是能脱离一切旧的因袭的社会观念。所以我们在学生中第一步的宣传功夫，就是要扫除学生的旧社会观念。""只有把青年的一切旧思想和迷信打破了，才能把我们的主义灌注给他们，使他们到革命的旗子下来。""我们对于学生的宣传，不仅是在自己的出版物上，并要利用学生团体各种出版物来发表我们意见；而且不仅是用文字来宣传，并须利用一切讨论会，演讲会和一切学生的集会来做我们的宣传。"

再次，张太雷强调要建立学生自己的强有力的组织，特别提到学生会在五四运动以后就失去学生群众，"现在最紧的问题，就是如何能把学

---

① ［苏］C. A. 达林著：《中国回忆录（1921—1927）》，侯均初等译，中国社会科学出版社1981年版，第143页。

生会实在能组织在群众的基础上"。张太雷根据他在学生时代的经验和体会，提出学生会要开展多项活动，例如：办学生会报，成立俱乐部、戏剧团，举办音乐会、演讲大会、体育活动，"都是引诱学生集合到学生会来的妙法"。

最后，张太雷强调指出要将学生运动与现时的民族革命运动联系起来。"现今中国目前的政治运动还是反对帝国主义和军阀的运动；所以中国社会主义青年团有极力领导中国学生参加这运动的必要。""我们领导他们做国民运动，要使他们知道没有农民工人的参加，国民运动是没有希望的。因此我们有指示给他们怎样到农民和工人中间去宣传和组织的责任。"①

三、出席共产国际、青年共产国际大会

1.参加共产国际五大中国代表团

共产国际五大和青年共产国际四大于 1924 年 6 月至 7 月召开。这是列宁逝世当年国际共运史上的一件大事。中国共产党派出了以李大钊为团长，包括王荷波、刘清扬、彭述之、罗章龙在内的代表团前往莫斯科出席共产国际五大，张太雷担任代表团秘书兼翻译。

目前学界基本认可李大钊、刘清扬、王荷波、彭述之、罗章龙 5 人为出席共产国际五大的中国代表。② 存于俄罗斯的共产国际五大的档案文献中有两份相关文件，系大会期间中国代表团发出的《致共产国际执行委员会主席团的信》（1924 年 7 月 1 日）、《致共产国际东方部的申请书》（1924

---

① 《张太雷文集》，人民出版社 2013 年版，第 139—144 页。
② 参见黄修荣、黄黎著：《共产国际与中国共产党关系探源》上卷，人民出版社 2016 年版，第 30 页；杨琥著：《李大钊年谱》下册，云南教育出版社 2020 年版，第 511 页。

年7月17日），署名是李大钊、王荷波、彭述之3人。①

根据共产国际五大资格审查委员会的材料，中国代表团确定的代表数是10人，其中有表决权的代表2人，即李大钊、瓦诺夫（王乐夫，即王荷波——引者注），有发言权的代表2人，即刘清扬、彼得罗夫（即彭述之——引者注）。②

另外，彭述之回忆说，五大的中国代表团由5人组成：李大钊、铁路工人唐③、刘清扬、张太雷和彭述之。④张太雷系代表团秘书兼翻译的身份来自罗章龙的回忆。⑤以上史料表明，罗章龙、张太雷、姚佐唐均为中国代表团成员，只是不具有大会发言权或者表决权。

除了张太雷和彭述之，其他代表团成员是分批前往莫斯科的。罗章龙回忆说：

"我初次到苏联，满以为住宿找人均不成问题，哪知车到莫斯科站后顿感人地生疏，茫然不知所措，……我这时想起了太雷，但又不知他的住址。服务员建议我找《真理报》中国部询问，他们消息灵通。她为我拨了《真理报》的电话，找到中国部。对方问我找谁，我说找T.L.Chang。正巧太雷那天留宿在那里。他接电话后，怪我没有早点电告他，并连说不要急，他马上来车站接我。莫斯科车站很广大，但太雷很快找到了我。最后我们一同被安排住在莫斯科的Luxe

---

① 参见《李大钊全集》第5卷，人民出版社2013年版，第536、538页。

② 参见王学东主编：《国际共产主义运动历史文献》第39卷，中央编译出版社2015年版，第443、423页。

③ 应该是姚佐唐（1898—1928），曾任徐州铁路工会会长，出席了共产国际五大和赤色职工国际三大。

④ 参见程映湘、高达乐编：《彭述之回忆录（上卷：中国共产主义的起飞）》，天地图书有限公司2016年版，第336页。

⑤ 参见人民出版社编辑部编：《回忆张太雷》，人民出版社1984年版，第69页。

旅馆。"①

　　共产国际五大 6 月 17 日开幕，历时 20 多天，共举行了 31 次会议，于 7 月 8 日闭幕。参加大会的有来自 49 个国家的 60 个组织代表 510 名。这次大会是在资本主义摆脱战后危机而出现相对稳定的局面、无产阶级革命转入低潮的情况下召开的。大会总结前一阶段实行统一战线策略的情况和革命斗争的经验，讨论并决定在资本主义相对稳定时期的策略方针和加强各国共产党建设等问题。大会设立了关于列宁主义的决议起草、政治、纲领、工人、农民、民族和殖民地问题等 19 个委员会，通过了一系列相关提纲和决议。

　　中国代表团参加了农民、民族和殖民地问题、青年问题 3 个委员会的工作。中国代表团在会前撰写了书面报告。李大钊写出初稿后"同其他五位代表同志一块儿做了详细的研究、修改，然后由他亲自将报告送给了共产国际"②。报告介绍了最近一年来帝国主义在中国的侵略行径以及中国民族运动的现状，既介绍了国民党一大的政治纲领、对内对外政策，也谈到共产党在国民党的工作情况。报告最后指出："中国共产党的力量并不大。它的战线太长，因为它同时开展工人运动和民族运动。我们一直按照第四次世界代表大会所通过的关于反帝统一战线的决议进行工作。我们希望第五次代表大会给予中国问题以特别的关注，对中国党作出有关它今后工作的指示。"③

　　大会在 7 月 1 日晚间召开第二十二次会议讨论民族和殖民地问题时，由于前面多位报告人发言超时，轮到李大钊发言时，主持人格施克无奈

---

① 人民出版社编辑部编：《回忆张太雷》，人民出版社 1984 年版，第 68—69 页。

② 李星华著：《回忆我的父亲李大钊》，上海文艺出版社 1981 年版，第 106 页。

③ 王学东主编：《国际共产主义运动历史文献》第 38 卷，中央编译出版社 2015 年版，第 300 页。

宣布："我们的中国同志琴华（即李大钊——引者注）原本希望作一个报
告，今天他作不完报告了。他的报告将列入记录并在公报中刊登。"①7月
11日，中国代表团在《真理报》刊载声明，该报编辑加的说明是："现
刊载中国代表团的声明，将其补入7月1日讨论民族问题会议的记录
之中。"②

在代表团中，张太雷由于比国内来的代表更熟悉共产国际的工作程序
以及莫斯科的风土人情，事实上成为代表团中最为繁忙的人之一。罗章龙
回忆说：

> "太雷任中共代表团的秘书兼翻译，担负很繁重的工作，他精神
> 充沛，毅力惊人，工作有条不紊，深得守常的赞许，极称其能，说他
> 学贯中西，才华出众。后来，我去欧洲工作，他的担子更重了，但独
> 任其难，仍感到胜任愉快。……一次，守常、太雷、我和亦农等结伴
> 去列宁山渡假日，大家自带罐头，席地而坐，不拘形迹，纵论政治、
> 经济、文化、艺术等问题。当谈到访问苏联的邓肯DenKen歌舞名人
> 时，太雷评价道她舞姿瑰丽、崇高可爱。又对罗丹的雕塑艺术备加赞
> 赏，甚至对于海京伯驯狮虎绝技，亦甚感兴趣。可见他的知识面涉猎
> 很广。在莫斯科时，我们还同去Opera观看过芭蕾舞及歌剧，太雷也
> 是一位知音者。"③

对于张太雷的为人与能力，在莫斯科与他相识，此后多有交往的彭述

---

① 王学东主编：《国际共产主义运动历史文献》第38卷，中央编译出版社2015年版，第
296页。

② 北京大学图书馆、北京李大钊研究会编：《李大钊史事综录（1889—1927）》，北京大学
出版社1989年版，第754页。

③ 人民出版社编辑部编：《回忆张太雷》，人民出版社1984年版，第69页。

之评价甚高。

"张太雷是一个身材坚实而且富有热情的人，他并不像人们所说的是一个美男子，但确是讨人欢喜的，尽管他出生在常州，但能说一口流利而又标准的普通话。他曾在天津南开大学（原文如此，应是北洋大学——引者注）读过书。此外，他又能写得一手好文章。由于他富有才智和幽默感，他总是忍不住要开些玩笑，而这些玩笑的矛头所指，常常使一些人局促不安。但实际上，张太雷是一位难得的、忠诚可靠的朋友。"①

2. 出席青年共产国际四大

共产国际五大闭幕后，张太雷又与卜士奇、任弼时、王一飞等组成中国代表团出席青年共产国际四大。

1924 年 7 月 15 日至 25 日，青年共产国际四大在莫斯科召开。40 多个国家的 144 名代表出席。大会根据共产国际的指示，讨论了关于共青团布尔什维克化的问题。这次大会重新讨论了东方的工作问题，通过了《关于殖民地问题的决议》。决议指出："近一年半以来，殖民地半殖民地国家的青年共产主义运动取得了很好的成绩。在中国，尽管工人运动中有危机，青年团却巩固起来了，并且大大加强了出版工作，尤其是加强了在农民中和民族革命运动中的工作。"②

决议提出了殖民地半殖民地国家共青团的基本任务，即"一方面是掌

---

① 程映湘、高达乐编：《彭述之回忆录（上卷：中国共产主义的起飞）》，天地图书有限公司 2016 年版，第 316 页。
② 共青团中央青运史研究室、中国社会科学院现代史研究室编：《青年共产国际与中国青年》，中国青年出版社 1985 年版，第 139 页。

握广大劳动群众和建立自己的组织，另一方面，还应当支持民族革命运动"①。共青团参加民族运动虽不是自身的目的，但却有利于取得对青年群众的影响和吸收优秀的革命分子从而扩大自己的组织。决议还提出共青团在当前的新任务，要在扩大共青团组织的同时，还要建立由共青团领导的独立的群众性民族革命的青年组织。"共青团面临的任务是吸引广大的年轻的工人、农民、职员和知识分子参加民族革命运动。这可以用建立共青团的群众性外围青年民族革命组织的办法去实现。……对这个统一组织的领导权必须掌握在共青团手中，因为共青团理应成为民族革命青年的精神领导者。"②

7月18日大会召开第四次会议，主题是统一战线问题，主要讨论奥地利代表许勒在大会上作的关于运用统一战线策略的报告，有来自德国、法国、美国、中国等国的9位代表发言，张太雷是其中之一。在听取了许勒的报告后，张太雷作了短暂发言，分析了东方民族运动中的统一战线问题。张太雷的发言主要有以下几个方面的内容。

第一，青年共产国际不仅要关注东方的民族运动，而且要将东方的广大青年置于自己的领导之下。张太雷指出，东方的民族运动正在迅猛发展，应该引起青年共产国际以及西方国家共产主义青年团的更多关注。由于殖民地国家的老年人被传统和宗教迷信所束缚，所以青年人是东方民族运动中最主要和活跃的力量。他们由于受封建制度和帝国主义的压迫日甚一日，将成为巨大的东方革命力量。青年共产国际必须领导他们，"我们不能允许这些巨大的革命力量落入民族资产阶级之手，不能让民族革命的这些力量成为反对我们的反动因素。这就是为什么青年

---

① 共青团中央青运史研究室、中国社会科学院现代史研究室编：《青年共产国际与中国青年运动》，中国青年出版社1985年版，第140页。

② 共青团中央青运史研究室、中国社会科学院现代史研究室编：《青年共产国际与中国青年运动》，中国青年出版社1985年版，第140—141页。

共产国际应该更多地关注东方运动的首要原因"。

第二，东方的共产主义青年团既要做共产主义运动，又要投身于民族主义运动，青年共产国际要给予持续的关注和指导。"我们知道，东方的青年共产主义运动必须积极投身于民族主义运动，但是真正做起来，是非常复杂和困难的。通常存在两种危险：一方面，我们的共产主义青年团在这些民族运动过程中将会被民族势力融合；另一方面，我们的共产主义青年团面对这个问题时将会非常怯懦和消极，并且由于没能积极参加这些运动，他们的角色将被忽略。因此，我们认为这是一条非常危险的路，我们不得不谨慎行事。"东方的共产主义青年团只有在青年共产国际的强有力的指导之下才能成长壮大。

第三，西方的共产主义青年团要与东方的共产主义青年团加强合作。"我要指出一个还没有被足够重视的问题，许勒同志的报告或许也忽略了这个问题。那就是：西方的共产主义青年团与东方的共产主义青年团协同工作的问题，特别是帝国主义国家的共产主义青年团如何做殖民地国家青年工作的问题。"张太雷指出，必须认识到欧洲的资本主义不仅仅是欧洲自身的问题，它很大程度上依赖于殖民地国家，因此，殖民地国家的运动也不仅仅是为殖民地国家自身。那种认为只有在帮助西方国家成功后再去帮助东方国家的观点是错误的。张太雷还举例说明了这一观点。他提出，英国、法国、美国的同志应该在殖民地国家去做大量工作。英国的共产主义青年团要消除英国工人阶级的民族意识和帝国主义心理，去做印度年轻人的工作，要支持他们在印度开展革命运动并推翻英国的帝国主义。美国青年团的工作要与黑人联系起来。"过去的一年里，我们在南非建立了一个青年团。到目前为止，这个青年团仅仅是由白人即欧洲人组成。因此，这种情况就需要我们在黑人中开展工作，并且希望这一工作能够成功，在下一次代表大会上，我们就能够说，我们的大会有了黑人代表。"①

对张太雷的这次发言，国内媒体进行了相关报道。首先是 1924 年 7 月 24 日《官报》第 163 号进行报道，北京《京报》于 8 月 19 日作了转载。报道全文如下：

> "七月十八日，国际青年共产党大会开第四次大会时，中国代表张太雷君（译音）演说，谓东方青年之共产运动，于世界大局，至有关系。近数年来，反对帝国主义之民族运动，发展极速。凡我青年，既富有新思想，复不信迷信旧说，在是种运动中，当然居重要位置，以坚毅之精神，参加其间。一方面严守我人之宗旨，不少失我人独立性，必可达我人之目的。即对于美洲及南非洲黑人之解放运动，亦应加以援助，此为义不容辞者。余意东方之青年共产运动，于西方之青年劳工运动，有极大之联带关系，将来我东方青年之得胜，可称即西方青年得胜之保证也。"②

7 月 22 日，大会召开第十次会议，主题是经济和工会问题，主要讨论瑞士代表巴马特在大会上作的关于工会的工作报告，有来自中国、英国、美国、瑞士等国 7 位代表的发言。张太雷第一个发言，临近会议结束时，又作了补充说明。

如果说上次会议发言，张太雷的视角是立足于发展中国家的青年运动，那么这次发言则专门介绍了中国社会主义青年团的现状与思考。

他首先指出："在青年共产国际第三次代表大会召开之前，中国社会

---

① 以上引文均出自蔡明菲译：《张太雷在青年共产国际第四次代表大会上的发言》，中国社会科学院近代史研究所编：《近代史资料》总 138 号，中国社会科学出版社 2018 年版，第 296—298 页。

② 蔡文杰主编：《张太雷画传》，人民出版社 2019 年版，第 101 页。

主义青年团仅仅是单纯的学生组织，他们只对政治运动感兴趣，而完全忽视了青年工人的经济问题。但是，青年共产国际三大之后，中国青年团执行了青年共产国际三大的决议，开始对经济问题给予了更多的关注。在青年团中工人阶级比例的增加，表明青年团已经在青年工人中开始工作。青年团中青年工人的比例从 20% 上升到了 40%。"

中国社会主义青年团面临的首要任务就是与中国共产党合作成立工会，"这导致了中国青年团不能够集中全部精力在青年工人中开展专门工作"。尽管如此，在这一年半中，中国青年团在青年工人中的工作还是取得了一些成绩，特别是在中国两个最大矿区（萍乡矿区和唐山矿区）已经将青年工人组织起来，成立工会并建立了为青年工人而办的学校，其中，萍乡矿区的学校有 800 名青年工人定期参加。

在肯定成绩的同时，张太雷也指出中国社会主义青年团在纺织工业还没有成功地把工人组织起来。纺织工业的大部分青年工人都是女孩，反动的基督教青年会（Y.M.C.A）利用合法身份对她们有较大影响。"我们唯一能够与这一组织抗衡的，就是在青年工人的斗争中证明我们自己，证明我们始终都是为了工人的利益而斗争，并揭露基督教青年会做上述工作的目的。"

张太雷还提到了来自国内的最新消息：在上海，外国的和本国的资产阶级主张废止童工。这是因为现在上海的纺织业大多数工人是童工，导致产品质量低劣，而资产阶级想提高产品质量，获得更好的市场。这种主张如果被接受，就意味着成千上万的青年工人将被扔到大街上。"我们必须为此进行斗争，中国青年团的任务是就此发动一场大的运动。我们主张禁止使用童工，但是，他们不能被扔到大街上，他们必须被送到学校免费读书。否则，废止童工对于工作的儿童来说就是有害的，而不是有利的。"

发言的最后，张太雷向大会提出一个问题，能否在共产主义组织建立的工会中成立青年部？当青年部遭到成年工人反对时，应该怎样做？"我们知道东方的共产主义青年团没有经验，特别是与经济工会工作的经验，他们有许多东西都需要向西方的兄弟青年团学习。东方的青年团必须运用西方青年团的经验，这些经验是经过长期讨论及更艰难的实践检验后取得的。"

张太雷的发言，特别是最后提出的问题引发了后面多位发言人的讨论，为此，张太雷又作了补充发言。他说："我们认识到，原则上是不允许成立青年部的，但是还是想问：在中国这种情况下是否有例外？我们工作在不合法的环境中，我们可以为了工作允许青年部以不合法的形式存在。这正是我请大会回答的问题。"①

7月25日，青年共产国际四大闭幕，大会选举22名委员和6名候补委员组成青年共产国际新一届执委会，张太雷继续当选为执委会委员。张太雷随后就他参加的两次大会的主要决议和精神，撰写了《第三国际第五次大会对于世界政治经济之观察及其现在之策略》《少年国际第四次大会关于殖民地之新议决案》两篇专题文章，发表在9月11日出刊的《团刊》第10期。

共产国际召开两会期间，陈独秀于7月13日在上海致信维经斯基，就国民党中央执行委员会即将于8月10日召开会议，讨论和决定所谓国民党中的共产党问题一事，请示共产国际方面的对策。此前，国民党中央监察委员邓泽如、谢持、张继等就中国社会主义青年团二大决议案中关于加入国民党的共产党员和团员组织党团以指导党团员工作的内容发难，向孙中山提出弹劾共产党，而孙中山"根本无意制止反动派对我们的攻击"。对此，陈独秀深感国民党内右翼势力的强大，提出应该要有选择地采取行

---

① 以上引文均出自蔡明菲译：《张太雷在青年共产国际第四次代表大会上的发言》，中国社会科学院近代史研究所编：《近代史资料》总138号，中国社会科学出版社2018年版，第298—300页。

动。在信中，陈独秀同时提出尽快召回在苏联的一些同志：

> "鉴于急需给北京、哈尔滨、天津和汉口派遣工作人员，所以我们同意召回的同志务必尽快返回中国，特别是张太雷。我们也期待教授（指李大钊——引者注）返回。"①

7月17日，出席共产国际五大的中国代表团向共产国际东方部提交申请书，指出："目前中国共产党急需工作人员。我们中国代表，请共产国际东方部在共产国际和青年共产国际代表大会之后，派遣彼得罗夫（即彭述之——引者注）和勃林斯基（即任弼时——引者注）二同志到中国从事党的工作。"②

于是，张太雷在青年共产国际四大结束后，奉命启程回国，同行的还有彭述之、刘清扬等人。按照《彭述之回忆录》中的叙述，可以大致了解张太雷等人回国的时间、路线，尽管启程的时间记忆可能有误。

> "约在1924年7月15日前后，我起程回中国了，同行者有张太雷，铁路工人唐和刘清扬。……从莫斯科到西伯利亚的边境——满洲里，我的旅伴和我仿佛被幽禁在同一车厢的叠铺上，整整度过了八天。……我们到达了满洲里，……找到一家可靠的小旅馆，宿了一夜，第二天，我们便钻进了一辆列车，这列车毋须中途耽搁，一直把我们带到了北京。"③

---

① 中共中央党史研究室第一研究部译：《共产国际、联共（布）与中国革命档案资料丛书》第1卷，北京图书馆出版社1997年版，第506—507页。
② 《李大钊全集》第5卷，人民出版社2013年版，第538页。
③ 程映湘、高达乐编：《彭述之回忆录（上卷：中国共产主义的起飞)》，天地图书有限公司2016年版，第351—353页。

　　张太雷与彭述之在北京停留了几天，同北方区委代理书记何孟雄等人会面，后二人一起于 8 月的某一天回到上海，向党中央报到。

　　陈独秀 9 月 7 日致信维经斯基，通报已经结束的国民党中央执行委员会全会的情况，顺便告知张太雷、彭述之等人早已到了上海。①

　　张太雷第二次苏联之行，历时一年，本身具有 3 种身份和使命：一是国民党代表团成员的身份，对外努力为中国的国民革命争取苏联方面的援助，经常作为代表与苏联有关方面联系和交涉，对内保持一个共产党员的立场，贯彻党的主张，维护党的利益；二是中国共产党、社会主义青年团的代表身份，出席共产国际和青年共产国际的代表大会，继续在国际共产主义运动的历史舞台上发出中国共产党的声音；三是青年共产国际执委的身份，为国际共产主义运动，特别是国际青年的共产主义运动作出贡献。对此，他的战友达林回忆说："张太雷始终站在共产国际的立场上，他在思想方法方面、在精神上都是真正的国际主义者。"②

　　随着中国国民革命轰轰烈烈地展开，由于中国革命的需要，张太雷返回国内的政治舞台，与上次不同，这次是中共中央领导人陈独秀亲自点将，要求张太雷回国工作。

---

① 参见中共中央党史研究室第一研究部译：《共产国际、联共（布）与中国革命档案资料丛书》第 1 卷，北京图书馆出版社 1997 年版，第 528 页。

② ［苏］C. A. 达林著：《中国回忆录（1921—1927）》，侯均初等译，中国社会科学出版社 1981 年版，第 157—158 页。

第五章　张太雷与鲍罗廷

1923年8月，就在张太雷随同孙逸仙博士代表团从上海启程时，一位重量级的苏联革命家鲍罗廷正在接受新的指令，以俄共（布）、苏联政府代表的身份前往中国出任孙中山的政治顾问。他就是米哈伊尔·马尔科维奇·鲍罗廷，时年39岁。

一、鲍罗廷来华及其初期工作

1.鲍罗廷其人

米哈伊尔·马尔科维奇·鲍罗廷，原名米哈伊尔·马尔科维奇·格鲁津贝格，1884年7月9日生于沙俄前维切布斯克省（现属白俄罗斯），是一名犹太人。童年时期的鲍罗廷随父亲迁居拉脱维亚的里加，并学习俄语。1900年,16岁的鲍罗廷加入犹太社会民主主义总同盟（简称"崩得"），从事推翻沙皇统治的活动。①

1903年，鲍罗廷加入俄国社会民主工党，在俄国社会民主工党第二次代表大会上追随列宁，成为布尔什维克，随后，开始从事地下革命

---

① 参见中国社会科学院现代史研究室编:《鲍罗廷在中国的有关资料》，中国社会科学出版社1983年版，第290页。

活动，成为里加布尔什维克的主要负责人。1905 年 12 月，鲍罗廷在芬兰塔莫尔福斯出席由列宁主持的布尔什维克代表会议上结识年长其 5 岁的斯大林，开会时常常与斯大林并排而坐，逐渐成为关系密切的战友。1906 年 4 月，鲍罗廷出席在瑞典斯德哥尔摩召开的俄国社会民主工党第四次代表大会，成为大会主席团成员，并结识普列汉诺夫、托洛茨基、加里宁、伏龙芝等革命党人。同年 10 月，赴伦敦，在俄国侨民中从事革命活动，并开始化名鲍罗廷。① 由于英国人对他"在移民团体中的积极作用"② 起了疑心，因此被驱逐出境。1907 年春，鲍罗廷抵达美国波士顿，创办《美国工人》杂志，次年前往芝加哥，与来自维尔纳的范娅·奥尔卢克结婚，后者成为他革命生涯的重要助手。1909 年 9 月，鲍罗廷创办夜校"进步预备学校"，并担任校长。在这期间，鲍罗廷化名迈克尔·阿特修勒，参加美国社会党，发表多篇文章并继续从事革命活动。

　　1917 年俄国二月革命后，沙皇被推翻，在芝加哥的俄国革命者组建"援助俄国革命协会"，随后，其中的多数派约 40 多人将协会改组为"俄国民主主义之友"，鲍罗廷被推举为主席。1918 年 6 月，鲍罗廷告别妻子和儿子启程回国。7 月，鲍罗廷来到莫斯科与列宁会面，给列宁留下了极好的印象。"这位长期流落在外的革命信徒、热情机敏而又富于洞察力的革命支持者无疑代表了新的有生力量，列宁希望的正是这些来自西方的新生力量，以增援自己被围困的守军。"③ 列宁将他写给美国工人的信交给了鲍罗廷，由他带到美国，传达俄国社会主义者的声音，这是十月革命后鲍

---

① 参见 [苏] 维什尼亚科娃—阿基莫娃著：《中国大革命见闻（1925—1927）——苏联驻华顾问团译员的回忆》，王驰译，中国社会科学出版社 1985 年版，第 118 页。

② [美] 丹尼尔·雅各布斯著：《鲍罗廷——斯大林派到中国的人》，殷罡译，世界知识出版社 1989 年版，第 24 页。

③ [美] 丹尼尔·雅各布斯著：《鲍罗廷——斯大林派到中国的人》，殷罡译，世界知识出版社 1989 年版，第 51 页。

罗廷完成的第一个重要使命。

1919 年 3 月，鲍罗廷出席共产国际第一次代表大会。4 月至 7 月，鲍罗廷以共产国际代表身份先后在德国、瑞士、荷兰等欧洲多个国家从事革命活动，把共产国际的宣言和指示送交给当地的革命者。随后于 8 月回到芝加哥。在与家人短暂团聚后，9 月前往墨西哥，在那里，结识了墨西哥社会党的发起人及总书记、小鲍罗廷两岁的印度人罗易，后者在鲍罗廷的帮助下接受列宁主义并将社会党改组为墨西哥共产党。1920 年 1 月底 2 月初，鲍罗廷到阿姆斯特丹出席共产国际西欧局的一次会议。然后经柏林回到莫斯科，随后出席共产国际第二次代表大会。会前，鲍罗廷将列宁在大会的主报告《共产主义运动中的"左派"幼稚病》译成英文版。大会结束后，鲍罗廷奔走于柏林、伦敦等欧洲各地，贯彻共产国际二大决议精神，1922 年 8 月在英国被捕。警方的材料记载了他的身体状况，身高 5 英尺 10 英寸（1.78 米）。[①]1923 年 2 月 20 日，英国当局将其驱逐出境，自此，他再未到过西方。

从上述鲍罗廷的经历可以看到，鲍罗廷是一位具有牺牲精神的革命者，多年海外工作积累了丰富的斗争经验，长于组织和宣传。另外，鲍罗廷也擅长交际和表达，能讲流利的英语，能在各种不同的场合下，根据不同的对象，运用不同的演说技巧与人交往。张太雷曾评价他说："鲍同志，他是最欢喜与民众说话的。他在广州的时候常常到群众会议去演讲。他说的话对于民众运动及一般革命运动，都是极有关系的。"[②]罗易也说"他是一个出色的健谈者和多才的辩论家"[③]。

---

① 参见［美］丹尼尔·雅各布斯著：《鲍罗廷——斯大林派到中国的人》，殷罡译，世界知识出版社 1989 年版，第 102—103 页。

② 《张太雷文集》，人民出版社 2013 年版，第 486 页。

③ ［印度］罗易著：《罗易回忆录》上册，山东师范学院外文系等译，商务印书馆 1978 年版，第 216—217 页。

1923 年 8 月，苏联副外交人民委员加拉罕以驻华全权代表身份出使中国，他的使命是谋求北京政权承认苏联。加拉罕建议鲍罗廷到中国担任孙中山的顾问，得到斯大林的同意。

8 月 2 日，俄共（布）中央政治局召开会议，作出了"四条决定"，即"一个任命，三个责成"：

"（1）任命鲍罗廷同志为孙逸仙的政治顾问，建议他星期四与加拉罕同志一起赴任。（2）责成鲍罗廷同志在孙逸仙的工作中遵循中国民族解放运动的利益，决不要迷恋于在中国培植共产主义的目的。（3）责成鲍罗廷同志与苏联驻北京的全权代表协调自己的工作，并通过后者同莫斯科进行书信往来。（4）责成鲍罗廷同志定期向莫斯科送交工作报告（尽可能每月一次）。"①

"一个任命"表明了鲍罗廷的重任，"三个责成"则为鲍罗廷在中国的行动规定了他的工作原则与程序。他的主要工作是帮助孙中山推动民族解放运动，他不能随心所欲地作决策，必须在莫斯科，特别是联共（布）中央的指导下进行工作。这就坐实了他的共产国际及苏联政府代表的身份与地位。

鲍罗廷在得知他要前往中国担任孙中山的顾问时，感到非常意外。他的经历与兴趣一直在欧洲、美国、拉美甚至印度，中国以及孙中山对他来说，完全是陌生的。而在莫斯科看来，39 岁的鲍罗廷是一位经受过考验的、有着丰富经验的革命家，此前在同海外各国人士打交道时表现了出色的组织才能，擅长英语，能够同孙中山直接交谈。

---

① 中共中央党史研究室第一研究部译：《共产国际、联共（布）与中国革命档案资料丛书》第 1 卷，北京图书馆出版社 1997 年版，第 265—266 页。

2. 鲍罗廷来华及其使命

在此之前，苏联已经确立了支持、援助孙中山国民党的对华政策，但相关人员的派遣以及军需物品的援助还没有实施到位；中共三大确定国共两党的合作政策，国民党也开启了改组之门，但国共合作的运行机制仍未形成，国民党的改组也有待于新的外部力量的大力推进。摆在鲍罗廷面前的任务就是，接棒马林，将孙苏联盟、国共合作的事业进行下去。鲍罗廷正是在这样的情势之下，奉命前往广州。

从事后发生的历史来看，鲍罗廷的来华对国民革命的开展发挥了至关重要的作用，其地位与作用在大革命失败前所有来华的苏俄、共产国际代表中是无出其右的。他是斯大林、联共（布）中央派遣的苏联政府兼共产国际代表，首先推动了国民党的改组，完成了国民党在组织上的脱胎换骨式的改造，帮助国民党确立了以党治国、以党治军的理念，进而推动国民革命不断深入开展，直到建立了广东革命根据地，取得了北伐战争的初步胜利。同时，由于实现了国共两党第一次合作，为中国共产党开展新民主主义革命提供了广阔平台。当时在中国工作的苏联顾问大约有 100 多人，鲍罗廷是他们的首领。简而言之，以鲍罗廷为代表的苏联、共产国际在华顾问，较好地贯彻了苏联、共产国际的东方战略，在推动国民革命开展，促使革命势力发展到大半个中国的历史过程中，发挥了重要的作用。鲍罗廷在华工作离不开他身边的助手，其中，张太雷也发挥了重要作用，或者说，张太雷在大革命时期的革命经历是与鲍罗廷这位顾问密切相关的，也是他与共产国际产生联系的一个纽带。

鲍罗廷是在加拉罕之后乘火车离开莫斯科，沿着西伯利亚—哈尔滨的路线，一个多星期后抵达北京。加拉罕随即于 9 月 23 日致信孙中山，举荐鲍罗廷："莫斯科长期以来一直强烈地感受到我们的政府在广州缺少一个常驻的、负责的代表。随着鲍罗廷的被任命，我们已经朝这个方向迈出了重要的一步。鲍罗廷同志是在俄国革命运动中工作很多年的我们党的一位老党员。……您可以相信他所说的一切，就象我亲自告诉您的一样。""希望鲍罗廷同志到达广州之后，将会更快地推动形势的发展，将会使形势发展大大地超过到目前为止所能达到的速度，这一速度是我所深感遗憾的"。①

在同加拉罕讨论有关策略后，鲍罗廷于9月底动身前往上海，会见了陈独秀等中共中央领导人，随后乘船前往广州。为了避免在香港停留，他搭乘从上海直达广州的运送绵羊的小船。10月6日，鲍罗廷携带加拉罕的推荐信，在一位军事人员波尔亚克的陪同下到达广州，立刻受到孙中山的欢迎。10月9日，孙中山举行欢迎鲍罗廷的招待会。鲍罗廷事后描述说："他非常热情地接待了我，让我在他身边坐下，默默地打量了我几秒钟。"②鲍罗廷对听众说道，苏联坚持三项原则，即民主、民族主义和社会主义，他刚刚了解到这些原则的头两项与孙中山著名的三民主义中的民权主义和民族主义如出一辙。在随后的几年里，鲍罗廷一直试图把孙中山民生主义与苏联的第三项原则即社会主义联系起来。③10月18日，孙中山委任鲍罗廷为国民党组织教练员；10月25日，又聘鲍罗廷为中国国民党临时中央执行委员会顾问。

初到中国的鲍罗廷，对广州局势有了初步了解后，发现国民党情况比他想象得还要糟糕。"我们这次到中国来，觉得中国好象到了大海中一样，什么都没有了，单单剩下几个热心革命的人物。这几个热心革命的人物

---

① 中共中央党史研究室第一研究部编：《共产国际、联共（布）与中国革命档案资料丛书》第2卷，北京图书馆出版社1997年版，第535—536页

② 中共中央党史研究室第一研究部译：《共产国际、联共（布）与中国革命档案资料丛书》第1卷，北京图书馆出版社1997年版，第365页

③ 参见［美］丹尼尔·雅各布斯著：《鲍罗廷——斯大林派到中国的人》，殷罡译，世界知识出版社1989年版，第114页。

是谁，就是国民党、孙总理和帮助他作革命运动的几个同志。"①"主义是好的，但是行为是不对的！"②鲍罗廷清楚地认识到，"国民党简直不能称之为政党"，"它没有明确的政治纲领，几乎任何人都可自称是国民党员"，"没有党章，不交纳党费，也没有党证。没做过统计，谁也不知道国民党有多少党员。有的入党多年，但对党不承担任何义务。"③鲍罗廷由此得出结论：国民党的改组已经刻不容缓。他在 1923 年 12 月 10 日的札记中写道：

> "如果国民党不领导中国国民革命运动，这个运动就不会是什么现实的东西，但是现在这个样子的国民党又不能担起这个运动的领导工作。为了起到这个作用，它必须进行改组。"④

需要说明的是，上述认识在中共三大上曾经进行了充分讨论并形成相关决议。应该说，1923 年下半年，在国民党改组问题上，中共与共产国际代表（无论是此前的马林，还是此时的鲍罗廷）是有共识的，只不过，鲍罗廷对督促孙中山着手改组发挥了直接的作用。

3.鲍罗廷与国民党的改组

鲍罗廷与孙中山坦率而透彻地讨论了将要开展的工作和他们各自的作

---

① 中国社会科学院现代史研究室编：《鲍罗廷在中国的有关资料》，中国社会科学出版社 1983 年版，第 18 页。

② 中国社会科学院现代史研究室编：《鲍罗廷在中国的有关资料》，中国社会科学出版社 1983 年版，第 68 页。

③ ［苏］维什尼亚科娃—阿基莫娃著：《中国大革命见闻（1925—1927）——苏联驻华顾问团译员的回忆》，王驰译，中国社会科学出版社 1985 年版，第 121 页。

④ 中共中央党史研究室第一研究部译：《共产国际、联共（布）与中国革命档案资料丛书》第 1 卷，北京图书馆出版社 1997 年版，第 369—370 页。

用。鲍罗廷向孙中山明确提出，国民党的当务之急就是进行改组。国民党必须改组，必须建立一支独立的、不受军阀支配的军队，并创办一所军官训练学校，此外就是要发动群众，制定一套社会和经济改革计划。

在劝说、推动孙中山着手改组国民党的过程中，鲍罗廷充分展现了出色的工作能力和政治才华。首先，鲍罗廷以其苏联政府顾问的身份，不断劝说孙中山启动国民党改组事宜。鲍罗廷发现在孙中山身上存在着相互矛盾的言行，"在他身上，就像在一滴水上一样，反映了国民党——从共产主义者到新加坡商人的斑斓色彩。孙是个共产主义者，是国民党左派，是国民党中派，又是国民党右派。有时他的言辞极端革命，比我们共产党人还革命；有时他又忘记了所有革命词藻而成了小资产阶级的庸人"[①]。于是，鲍罗廷采取了谨慎行事的态度，在孙中山为他举办的宴会，以及参加的国民党召开的一些会议等公众场合，高调赞扬孙中山的历史功绩与革命地位，充分认定孙中山及其领导的国民党在国民革命运动中的领导地位，同时向孙中山等国民党人多次介绍俄国革命的经验与理念，关于俄国革命取得胜利的原因，关于俄国的军队、红军的政治工作。在鲍罗廷的建议下，孙中山频繁出席并主持国民党临时中央执行委员会会议，亲自参与到全面改组国民党的工作中。

其次，鲍罗廷不只提出改组的大政方针，而且也制定具体方案，他全程参与拟定体现改组精神的国民党宣言、党纲和党章草案。根据鲍罗廷的记载，国民党一大宣言首先是由他于 1923 年 12 月在上海起草，以俄共（布）党章和共产国际决议精神为蓝本，征求了中共中央的意见，将党纲、政治主张一并写入大会宣言。该草案由瞿秋白译成中文、汪精卫修改，随后交给由鲍罗廷、胡汉民、廖仲恺、汪精卫组成的起草委员会讨

---

① 中共中央党史研究室第一研究部译：《共产国际、联共（布）与中国革命档案资料丛书》第 1 卷，北京图书馆出版社 1997 年版，第 433 页。

论。在这过程中，鲍罗廷意识到强求国民党人的认识完全达到共产国际要求的水平是不现实的，为此，他努力将共产国际决议精神的相关内容融入孙中山三民主义，并重新解释了三民主义。张国焘回忆说："鲍罗庭那时住在广州的东山，正忙于草拟大会的各种文件。瞿秋白就住在他那里，任他的助手和翻译。他常邀我们——李大钊、我及其他几位中共代表——到他那里去商谈。每次他都交一些文件给我们看。其中有这次大会宣言的草案，由他与汪精卫、瞿秋白共同草拟的。"① 经过长时间的讨论后，起草委员会达成了协议。宣言草案的最后文本，在鲍罗廷看来，仍然还属于"一个对于中国国民革命运动来说大体上可以接受的基础性文件"，"在国民党目前的状况下，我不可能争取到我们希望得到的东西，而只能争取到我们能够得到的东西"。②

再次，积极发挥共产党在改组中的重要作用。鲍罗廷初到中国时，就多次与北京、上海的共产党人商议国民党改组大计。在设立的国民党临时中央机构中，李大钊作为国民党改组委员赫然在列。鲍罗廷到广州后，立即召集在广州的共产党、社会主义青年团领导人开会，一起研究讨论推动国民党改组的办法，统一思想和行动，积极参与到国民党改组工作中。他在 12 月 10 日的札记中写道："改组国民党的工作使广州的共产党员人心振奋，为他们提供了他们早就向往的工作。应该为他们说句公道话，广州的共产党员为改组国民党做了大量的工作。"③

在国民党一大召开前夕，1924 年 1 月 18 日，为了统一思想和行动，中国共产党在广州召开党团会议。鲍罗廷作报告，介绍了国民党一大宣言

①　张国焘著：《我的回忆》第 1 册，东方出版社 1991 年版，第 316 页。

②　中共中央党史研究室第一研究部译：《共产国际、联共（布）与中国革命档案资料丛书》第 1 卷，北京图书馆出版社 1997 年版，第 464、466 页。

③　中共中央党史研究室第一研究部译：《共产国际、联共（布）与中国革命档案资料丛书》第 1 卷，北京图书馆出版社 1997 年版，第 373—374 页。

的起草过程，分析了国民党的现状并提出了中国共产党的总任务。他说："国民党作为一个政党，是中国国民革命运动的体现，它应该执掌政权。为此首先就必须使国民党成为一个战斗的党，……我们的总任务就是从组织上扶植国民党，帮助它制订党的纪律，以便使它真正成为一个有组织的党。"为此，鲍罗廷提出必须同国民党右派进行斗争以加强国民党左派力量。"为了战胜右派，就必须使孙逸仙能感觉到有一个强大的左派作基础。只要这个左派还没有团结起来，并且不在实践中大显身手，那就不能指望孙同右派进行坚决的斗争。"[①]

1924 年 1 月 20 日至 30 日，国民党第一次全国代表大会在广州国立高等师范学校礼堂举行，这次大会的召开宣告国民党改组的准备工作已经基本完成。在 1 月 20 日的开幕演说中，孙中山指出，"现在的问题，是国民党改组问题"，"此次改组，各种办法已由临时中央执行委员会筹备许久，今提出《中国国民党宣言案》，请秘书长将原文朗读。这个宣言，系此次大会之精神生命。此宣言发表后，应大家同负责任。诸君系本党各省代表，宣言通过后，须要负责回各省报告宣传。此宣言将国民党之精神、主义、政纲完全发表，并应使之实现。此宣言今后即可管束吾人之一切举动，故须详细审慎研究。大家通过后，不能随意改变，都应遵守，完全达到目的，才算大功告成"。[②] 孙中山致词后，大会通过了孙中山指定的胡汉民、汪精卫、林森、谢持、李大钊 5 人组成的大会主席团。

根据鲍罗廷关于国民党一大的笔记记载，1 月 23 日孙中山约谈鲍罗廷，提出取消国民党宣言，用孙中山在大会上为即将成立的全国性政府拟定的纲领来替代宣言。孙中山认为宣言中的反对帝国主义、满足人民基本利益等内容遭到国民党右翼势力，特别是海外的国民党人的反对。"他们的朋

① 中共中央党史研究室第一研究部译：《共产国际、联共（布）与中国革命档案资料丛书》第 1 卷，北京图书馆出版社 1997 年版，第 460—461 页。
② 《孙中山全集》第 9 卷，中华书局 1986 年版，第 99、101 页。

友从海外给孙中山打来电报，表示担心国民党落入了布尔什维克手中"①。

在鲍罗廷看来，"取消宣言草案，就意味着召集全国代表大会是毫无益处的"，"我认为用纲领代替宣言是不能容许的"，"如果国民党宣言被全国代表大会通过，那么它就将成为以真正革命的国民党为首的中国国民革命运动发展的基础"。② 经过长时间的交谈后，孙中山决定通过宣言，同时也公布政府纲领。

大会最终通过了《中国国民党第一次全国代表大会宣言》，重新解释了三民主义。孙中山第一个投票表示赞成。大会实际确立了联俄、联共、扶助农工的三大政策，标志着国民党改组的完成和第一次国共合作的正式形成。这一结果既体现了孙中山晚年推进中国革命的一大历史功绩，也是中国共产党践行民主革命纲领和民主联合战线政策的重大成果。作为苏联驻华顾问，鲍罗廷发挥了重要作用，他在这片古老又陌生的国度，为推动中国革命的发展作出了贡献。对此，孙中山在会后不久有过如下的评论："本党此次改组，得力于俄国同志鲍尔汀（即鲍罗廷——引者注）之训导为多。鲍君本其学识与经验，以助本党之进步，成绩已著。"③

换个角度看，国民党一大的成功召开对鲍罗廷来说，同样非常重要。它所实际确立的联俄、联共、扶助农工的三大政策，不仅是鲍罗廷工作的一部分，而且见到了成效，同时也使鲍罗廷赢得了孙中山的信任，为其此后的在华工作奠定了良好的基础。对此，张太雷曾经评价鲍罗廷说："他对于国民党的改组是有极大的贡献。是后他帮助了中山先生指导党务及政治；中山先生的北上，造成了中国全国广大的民众运动，是他竭力主张与

---

① 中共中央党史研究室第一研究部编：《共产国际、联共（布）与中国革命档案资料丛书》第 2 卷，北京图书馆出版社 1997 年版，第 567 页。

② 中共中央党史研究室第一研究部编：《共产国际、联共（布）与中国革命档案资料丛书》第 2 卷，北京图书馆出版社 1997 年版，第 567—568 页。

③ 《孙中山全集》第 9 卷，中华书局 1986 年版，第 434 页。

筹划的。中山先生曾对他的信徒讲：凡是关于政治的，应当听鲍同志的指导。中山先生的信任他，可想而见了。"① 到 1925 年前后，在广州的苏联各级顾问及工作人员已有二三百人。②

4. 孙中山病逝

国民党一大后，中国革命出现新局面，国民党在政治上、组织上、思想上均有新的发展。在中国共产党的帮助下，各地分支组织纷纷建立，大批工农分子、青年学生加入国民党，为国民党增添了新鲜血液。1924 年 1 月 28 日，孙中山决定在广东黄埔岛上建立中国国民党陆军军官学校。5 月，先后任命蒋介石为军校校长，廖仲恺为军校党代表。6 月 16 日，黄埔军校正式开学，孙中山、鲍罗廷、胡汉民、汪精卫、许崇智等莅临军校。黄埔军校从 1924 年春末招收第一期学员起，到 1927 年 3 月，共招收学生约5000 人，为国民革命培养了一批军事人才，为国民党党军的建立奠定了基础。

黄埔军校在创办之初，困难重重，缺少武器和教官。10 月 7 日，"沃罗夫斯基"号商船装载着第一批运往广州的苏联武器抵达了广州。这一船步枪、机关枪，甚至大炮的武器，极大地提升了鲍罗廷及苏联顾问们的声望和影响力。他们说服蒋介石，没有按照孙中山的吩咐将武器运往北伐前线。10 月 10 日，广东商会主席陈廉伯统领的广州商团武装发动叛乱，组织商人全面罢市，要求推翻孙中山国民党政权及陈炯明回广州主政。10 月 11 日，在鲍罗廷的督促下，身在韶关的孙中山宣布成立革命委员会，由孙中山、汪精卫、蒋介石、廖仲恺、许崇智、谭平山、陈友仁等组成，孙中山同时聘任鲍罗廷为革命委员会顾问，并且明确提出，遇孙中山缺席

---

① 《张太雷文集》，人民出版社 2013 年版，第 486 页。

② 参见中国社会科学院现代史研究室编：《鲍罗廷在中国的有关资料》，中国社会科学出版社 1983 年版，第 256 页。

时鲍罗廷可以代表他进行表决。10 月 15 日凌晨，有鲍罗廷参加的革命委员会发布命令，在广州的黄埔军校、吴铁城部、铁甲车队、工团军、农团军等军事力量进行武装平叛，战斗到黄昏结束，取得完全胜利。平定商团叛乱事件具有重要意义，它进一步巩固了鲍罗廷在广州的地位。

　　在来华的短短一年时间里，鲍罗廷先后协助孙中山改组国民党、推动国共合作，帮助创建黄埔军校，为保卫广州作出重要贡献。这一切，有历史发展的重要契机，也有鲍罗廷个人的努力工作及其成效。总之，为鲍罗廷接下来开展工作奠定了良好的基础。同时，孙中山也非常尊重鲍罗廷。合作共事和私人友谊把他们联系在一起，使鲍罗廷逐渐成为对国民党具有举足轻重作用的人物。

　　1924 年 10 月，冯玉祥发动北京政变，结束了直系军阀控制北京中央政府的局面。冯玉祥、张作霖、段祺瑞等人先后邀请孙中山北上会商国事。鲍罗廷认为北上将是一次难得的政治契机，"给国民党提供了一个登上国民革命斗争大舞台并成为大政党的极好机会"[1]，可以借此宣传国民党一大确定的革命纲领。在鲍罗廷等人的建议下，孙中山于 11 月 10 日发表《北上宣言》，提出召开国民会议的口号。11 月 13 日，孙中山携宋庆龄、陈友仁、邵元冲、鲍罗廷等人从黄埔乘永丰舰一同北上。鲍罗廷随行抵达上海后，孙中山于 22 日自去日本治病，鲍罗廷则自行去北京同加拉罕磋商。

　　12 月 31 日，孙中山抱病从天津乘坐火车到达北京。随后下令将国民党中央执行委员会之政治委员会由广州移至北京，以吴稚晖、李石曾、汪精卫、于右任、陈友仁、李大钊、邵元冲为委员，鲍罗廷继续为顾问。1925 年 3 月 12 日，孙中山在北京病逝。"生命垂危之际，宋庆龄和鲍罗

---

① 中共中央党史研究室第一研究部译：《共产国际、联共（布）与中国革命档案资料丛书》第 1 卷，北京图书馆出版社 1997 年版，第 566 页。

廷一直守护在他的病榻之旁，孙把遗嘱和致苏联遗书交给了鲍罗廷。"①
《致苏俄遗书》是孙中山以英文口述、鲍罗廷笔记的，表达了孙中山临终前对中苏两国在反对帝国主义和争取民族独立革命斗争中的殷切希望。遗书中写道："亲爱的同志，当此与你们诀别之际，我愿表示我热烈的希望，希望不久即将破晓，斯时苏联以良友及盟国而欣迎强盛独立之中国，两国在争世界被压迫民族自由之大战中，携手并进，以取得胜利。"②

在共产国际执委会东方部负责人维经斯基的建议下，中国共产党在3月15日以中共中央的名义致唁中国国民党中央执行委员会，希望国民党"更增加勇气忠实的承继中山先生的遗产，积极进行打倒帝国主义打倒军阀的伟大事业"，同时表示，"在这种情形之下，不仅中国共产党与中国工农阶级热烈的愿与贵党协力奋斗到底，即全世界无产阶级和第三国际下的一切友党皆将与贵党以恳挚之同情和援助"。③

5月17日，鲍罗廷从北京经上海，回到广州。随即参加了中国青年军人联合会第一次全体职员联席会，并作了报告。他说，一路上见到许多青年，"都表示十分愿意继续中山先生遗志与事业"，一到广州，就听说唐继尧又要进攻两广，"因一个军阀，大家都不能安静而听他一个人支配。这种事，是要诸位负责任的"。他告诫在座的军人，要为人民利益而战，"有一个最好的方法，就是我们要作一个最大的宣传，使一般群众都明瞭，一般都明瞭打仗不是为个人利用的"。④

中国青年军人联合会是由黄埔军校政治部发起组织的，以中国共产党

---

① 中国社会科学院现代史研究室编：《鲍罗廷在中国的有关资料》，中国社会科学出版社1983年版，第268页。

② 《孙中山全集》第11卷，中华书局1986年版，第641页。

③ 中央档案馆编：《中共中央文件选集》第1册，中共中央党校出版社1989年版，第403页。

④ 中国社会科学院现代史研究室编：《鲍罗廷在中国的有关资料》，中国社会科学出版社1983年版，第25—26页。

员、社会主义青年团员为核心的进步组织。当天出席联席会的还有汪精卫、傅大庆，以及刚刚来到广州不久的张太雷。

二、广州时期的鲍罗廷与张太雷

广州时期的鲍罗廷与张太雷，总体上说合作相当默契。在担任鲍罗廷翻译兼助手期间，张太雷工作繁忙但有条不紊，经常陪同鲍罗廷到黄埔军校进行讲演宣传，并协助鲍罗廷推动了省港大罢工。但是，中山舰事件发生后，鲍罗廷主张对蒋介石妥协退让，而张太雷主张主动反击，两人发生了观点分歧。关于发动北伐战争，鲍罗廷与陈独秀之间存在争议，张太雷作为中间环节，灵活表明北伐态度，能够注重各方情绪，缓和矛盾。这一时期的张太雷不仅能够很好地处理鲍公馆的事务，还能兼顾中共广东区委的工作，并且顾全大局，注重方式方法，总能以饱满的热情投入到工作之中，起到了不容忽视的积极作用。

1. 张太雷进驻鲍公馆

张太雷自 1924 年 8 月从苏联回到上海后，在一段时间里，既不担任共产国际驻中国代表的翻译，也没有四处奔波，而是留在中共中央机关，参加了蔡和森主编的《向导》周报的编辑工作，同时撰写了大量时事和政论文章。他把家人从常州接到上海，入住当时中共中央宣传部所在地——慕尔鸣路彬兴里 307 号，度过了难得的几个月与家人团聚的时光。其间，他还在上海大学兼任教授并讲授英文。

1925 年 1 月，张太雷出席在上海召开的中国共产党第四次代表大会，参与起草关于青年运动的决议案，会议结束时当选为中央执行委员会候补委员，分工负责青年团中央工作。不久，张太雷在上海主持召开中国社会主义青年团第三次代表大会，在会上作政治报告，会议结束时当选为团中央执行委员会委员、总书记。此后，张太雷在就任团中央总书记的几个月里，除主持团中央局会议外，还独立或与任弼时、恽代英、贺昌、王一知等领导人共同签发 40 多份团中央通告，对共青团的组织、思想建设作出了重要贡献。

5 月 6 日，中共中央与共青团中央联席会议决定，免去张太雷的团中央总书记职务，团中央候补执行委员林育南接任。随后，张太雷受命前往广州接替此前瞿秋白的工作，担任苏联顾问鲍罗廷的助手兼翻译。瞿秋白在出席中共四大后当选为中央执行委员会委员，为此，瞿秋白曾在 1925 年 1 月 26 日致信鲍罗廷，告知他："根据中央的决定，我要长期在上海工作。要给您派去另一个翻译。中央要求您为我解脱您这里的工作。"[1] 张太雷的革命生涯中又一次与共产国际发生了直接关系。对此，彭述之曾将其表述为，张太雷为了中国共产党与国民党之间合作的"最高利益"而重操他的翻译"职业"。[2]

5 月上旬，张太雷抵达广州，入住广州鲍公馆，随即组织了一个翻译室，参加这项工作的有傅大庆、杨明斋、李仲武、卜士奇、黄平等人，当时在中国的胡志明（公开用名李瑞）后来也参加进来。

在广州的苏联顾问人员的办公地点主要有两处：一处在大东路 31 号，是鲍罗廷的办公处和住处，是苏联顾问的政治工作中心；另一处在东山的恤孤院路附近，加伦在此办公，是苏联顾问的军事工作中心，派在各部队或军事机构工作的顾问或工作人员常在此处开会或汇报工作，出入的多是军事工作人员。[3] 王一知回忆说：

---

[1] 中共中央党史研究室第一研究部译：《共产国际、联共（布）与中国革命档案资料丛书》第 1 卷，北京图书馆出版社 1997 年版，第 573 页。

[2] 参见程映湘、高达乐编：《彭述之回忆录（上卷：中国共产主义的起飞）》，天地图书有限公司 2016 年版，第 467 页。

[3] 参见中国社会科学院现代史研究室编：《鲍罗廷在中国的有关资料》，中国社会科学出版社 1983 年版，第 256—257 页。

　　"鲍公馆座落在广州东较场附近，是一所两层的花园洋房。鲍罗廷夫妇和他们的两个儿子住在楼上，有时，有些苏联军事顾问也住在楼上。我们则住在楼下。楼下还有一个翻译室，有几名翻译人员，专门从事当天各地报纸的翻译工作，译稿经整理之后供鲍顾问参考之用。记得翻译室中的人员有李仲武、黄平、傅大庆、卜士奇等人，这个翻译室也归太雷领导，我协助太雷做日常的选材工作，常常是太雷和我两个人挑出要译的内容，分派有关人员去翻译。"①

　　与作马林助手兼翻译不同，张太雷此次协助鲍罗廷不是一个人在工作，而是领导着一个工作团队，这自然增加了张太雷的工作责任与强度，也凸显鲍罗廷与马林在地位与作用方面的差别。

　　郑秀山是鲍罗廷的另一名专职翻译员，由廖仲恺介绍而来，应该是代表国民党，其描述与王一知的回忆大致相同。郑秀山回忆说："楼上为鲍罗廷的办公室，基本工作人员是他的夫人（名字已忘记）、秘书（名字已忘记，据说是他的侄女），与中国籍翻译二人。""当时张太雷同志为翻译人员之一，主要负责对中国共产党及工农团体的联系；廖仲恺介绍的翻译员郑秀山，则负责对政府各机关的联系。"②

　　苏联驻华顾问团译员维什尼亚科娃—阿基莫娃是 1926 年 3 月中山舰事件发生之前抵达广州的，此时张太雷与鲍罗廷的关系已经相当密切了。她回忆说：

　　"鲍罗廷和中共中央候补委员张太雷关系十分密切。自 1925 年起，他就奉调前来帮助鲍罗廷。从那时以来他们形影不离，甚至同居

---

①　人民出版社编辑部编：《回忆张太雷》，人民出版社 1984 年版，第 15—16 页。
②　中国社会科学院现代史研究室编：《鲍罗廷在中国的有关资料》，中国社会科学出版社 1983 年版，第 256—257 页。

一室。鲍罗廷只信任他来翻译自己的讲话，同他一道参加国民党中央执行委员会政治委员会会议。鲍罗廷同国民党政府要员会面时，也邀他同往。张太雷是鲍罗廷的秘书、顾问和私人翻译。他们尽管年岁不同，然而彼此十分敬重。鲍罗廷一家对张太雷宛若亲人。张太雷年青，身材颀长，长头发向后背着，聪颖而坚定的眼神，大胆、率直地望着对谈者的眼睛。他常常开心地微笑着，露出洁白的牙齿。他的生活和穿着都十分俭朴，常穿浅灰色的中国长衫。"①

包惠僧回忆说："张太雷同志以翻译名义作鲍罗廷的助手，他同鲍罗廷住在一起。鲍罗廷对中国共产党以及国共两党联合战线的指导工作，张太雷同志差不多都参与谋议。……鲍罗廷在广州是一个重要人物，他的安全也就是张太雷同志负担着。张太雷同志的工作，不仅要写作，要制订计划，还要行动，因此他在工作中锻炼成为一个机警、细致、勇敢、沉着的人。"②

张太雷到广州不久，声援上海五卅运动的省港大罢工爆发。中共广东区委对发动这次大罢工做了周密的安排，李启汉、黄平、林伟民等往来于省港之间。在中共广东区委和全国总工会的领导下，6 月 19 日，香港的海员、电车、印务等工会首先宣布罢工，其他工会随即响应。6 月 21 日，广州沙面洋务工人和广州市内各洋行工人宣布罢工，到 6 月底，省港两地约有 25 万工人罢工，约有 20 万香港工人返回广东各地。罢工从一开始即声明支持上海的五卅运动，并向港英当局提出政治自由、法律平等、劳动立法等政治要求，具有鲜明的反对帝国主义的斗争性质。

6 月 23 日，广东各界在东较场举行了声讨帝国主义在上海制造五卅

---

① ［苏］维什尼亚科娃—阿基莫娃著：《中国大革命见闻（1925—1927）——苏联驻华顾问团译员的回忆》，王驰译，中国社会科学出版社 1985 年版，第 180 页。

② 人民出版社编辑部编：《回忆张太雷》，人民出版社 1984 年版，第 108 页。

惨案大会，鲍罗廷、张太雷在大会上发表演说。会后举行游行示威，中共广东区委主要领导人陈延年、周恩来参加游行。对此，王一知回忆说："为了抗议英帝国主义的暴行，香港罢工工人回到广州的有二、三十万人，广州成立了省港罢工委员会，举行过多次群众大会，示威游行，为沙基死难烈士进行国葬等。记得那时在东较场开起群众大会来，总有十万人以上。每逢有这种集会，广东区委的领导同志都去参加，我和太雷也去参加，……省港罢工期间，我们经常到罢工工人中去做宣传工作，鼓舞罢工工人的斗志，讲形势，讲政策。东较场开大会的时候，东一个演讲台，西一个演讲台，都需要人去讲话。苏兆征、邓中夏去讲，太雷去讲，鲍顾问去讲，连我这个不会讲话的人也得去讲，胡志明也经常去讲。"[1] 对于张太雷的演讲水平，一位苏联顾问曾有这样的评价："他说话富有鼓动力，热情而令人信服。他是一个有经验的宣传家，善于吸引群众。"[2]

对于鲍罗廷来说，在孙中山逝世后，如何组建广州的国民政府是影响中国革命走向的当务之急。

2. 鲍公馆成为广州的政治中心

中国国民党是一个党员成分复杂的政党，党内左中右派系明显。孙中山在世时，以他的资历、威望与号召力统领全党，国民党一大的成功召开即是一例。在孙中山逝世后，无论是国民党的党权，还是广州的国民党政权均出现暂时的权力真空。虽然孙中山在北上时作了一定的安排，让胡汉民出任代理大元帅，并代理政治会议主席及军事委员会主席，但在孙中山逝世后，胡汉民在党内的地位受到汪精卫、廖仲恺等人的挑战，连云南

---

[1]　人民出版社编辑部编：《回忆张太雷》，人民出版社 1984 年版，第 18 页。

[2]　[苏]亚·伊·切列潘诺夫著：《中国国民革命军的北伐——一个驻华军事顾问的札记》，中国社会科学院近代史研究所翻译室译，中国社会科学出版社 1981 年版，第 384 页。

军阀唐继尧也在觊觎大元帅的权位。此外，从体制角度看，孙中山实行的是在党总理制和在政大元帅制，集党政大权于一身，"都是由他一人的领导"，"总理不在之后，实无人能够承继他的，则委员制实为适应时势的要求。"①

苏联在华首席军事顾问加伦在 1925 年的战事随笔中描述了孙中山逝世后国民党的状况。"1924 年 1 月举行的国民党第一次全国代表大会虽然使国民党发生了深刻变化，但它仍然不纯，国民党仍然是一个由形形色色的分子组成的混合体，其中既有代表极右派的买办资产阶级和贵族地主分子（绅士），又有代表中派的中小资产阶级；其次，还有代表广大工农群众利益的左派即共产党人。""现在，又由于孙中山逝世，党内找不出一个能为大多数军人所公认的资深望重的人，……由谁来执掌最高统帅权，这个问题军界最为关注，他们要求有威望的军人担任领导。"②

陈独秀在 1925 年 3 月 20 日写给共产国际执委会的报告中提到了中国共产党对国民党的政策："（1）捍卫对革命纲领（推翻帝国主义及其工具）的继续执行和党的团结一致；（2）利用各地悼念孙中山的会议，在广大群众中掀起国民革命运动，吸引革命分子加入国民党，以增强左派力量；（3）准备迎接国民党第二次全国代表大会，使右派在会上没有影响。"③

4 月 19 日，马君武、冯自由、彭养光等国民党右翼分子召开国民党同志俱乐部理事会议，公开反对孙中山的新三民主义及其容共政策。所

---

① 中共中央党史研究室第一研究部编：《共产国际、联共（布）与中国革命档案资料丛书》第 5 卷，北京图书馆出版社 1998 年版，第 12 页。

② 中共中央党史研究室第一研究部编：《共产国际、联共（布）与中国革命档案资料丛书》第 2 卷，北京图书馆出版社 1997 年版，第 660、664 页。

③ 中共中央党史研究室第一研究部译：《共产国际、联共（布）与中国革命档案资料丛书》第 1 卷，北京图书馆出版社 1997 年版，第 590 页。

谓国民党同志俱乐部，在鲍罗廷看来，实际是分裂国民党的一个"新党"，由国民党的"老近卫军"组成，是国民党右派形成的标志之一。①

鲍罗廷在从北京回广州的途中，于5月上旬在上海停留，并与中共中央领导人开了几次会，会商下一步的工作。鲍罗廷就广州政府的转型向陈独秀等介绍了他的主要策略："应当把胡汉民政府看作是向较为革命的政府过渡形式，因此，现在不必同它作斗争。主要任务是为将来同过渡形式不可避免要进行的斗争准备军事政治力量。"②

为了解决面临的严峻形势，国民党于1925年5月16日至25日在广州召开一届三中全会，明确宣布接受孙中山遗嘱，重申联俄容共政策，声讨广州地区在孙中山逝世后不服从国民党政权的滇军将领杨希闵和桂军将领刘震寰。

6月4日，杨希闵、刘震寰在广州发动叛乱，占领省长公署、财政部等重要机关。10日，回师广州的东征军与黄埔军校学生军、谭延闿所部湘军等部，合力围攻杨、刘，至14日，平叛军事行动以胜利告终。

6月14日，国民党中央政治委员会举行会议，专门研究决定成立国民政府各项事宜。会议作出多项决定，包括：改组大元帅府，成立国民政府；国民党中央执行委员会内设的政治委员会具有指导地位，各项政治方针均由政治委员会决定，以政府名义执行，等等。15日，国民党中央执行委员会举行全体会议，议决以下各案：（一）国民党中央执行委员会为最高机关；（二）改组大元帅府为国民政府；（三）建国军、党军改称国民革命军；（四）整顿军政、财政。24日，胡汉民以代理大元帅的名义发表《接受中国国民党中央执行委员会关于政府改组决议案》的通电，通告成

---

① 参见中共中央党史研究室第一研究部译：《共产国际、联共（布）与中国革命档案资料丛书》第1卷，北京图书馆出版社1997年版，第597—598页。

② 中共中央党史研究室第一研究部译：《共产国际、联共（布）与中国革命档案资料丛书》第1卷，北京图书馆出版社1997年版，第613页。

立国民政府的本意和性质。

7月1日，国民政府宣告成立，汪精卫、胡汉民、张静江、谭延闿、许崇智、于右任等16人为政府委员，汪精卫、胡汉民、谭延闿、许崇智、林森5人为常务委员，汪精卫为国民政府主席，聘请鲍罗廷为国民政府高等顾问；军事委员会由汪精卫、胡汉民、伍朝枢、廖仲恺、朱培德、许崇智、谭延闿、蒋介石组成，汪精卫为主席，聘请加伦为高等顾问。从而形成了孙中山逝世后汪精卫、胡汉民、廖仲恺、许崇智等组成的党、政、军集体领导的格局。

在国民政府的建制以及人员组成方面，鲍罗廷发挥了很大的作用，他不仅参加国民党中央政治委员会，为成立国民政府议事决策，而且审查涉及政权、政务的规章文件，其结果也体现了鲍罗廷支持汪精卫、联合胡汉民的基本态度。胡汉民由代理大元帅降为国民政府委员兼外交部长，汪精卫升任国民政府主席。胡汉民对此颇为不平，认为"此次政府改组，汪精卫之获得军政领导地位，实受鲍罗廷之操纵"[1]。当然，鲍罗廷为了实现国民党政权内部的平衡，并没有着意考虑中国共产党的权益——国民政府委员中没有一名共产党人。

在如何面对和处理国民党右派的反共以及分裂活动问题上，鲍罗廷与中共中央存在一定的分歧。鲍罗廷为了平息国民党内部的分裂迹象，就曾考虑准备在共产党员问题上作出让步："如果共产党员在中央委员会或政治局内使右派感到厌烦，我们准备召回他们。在中央机构中没有共产党员我们也可以做好工作。"[2] 鲍罗廷5月上旬在上海与陈独秀等领导人会谈时，曾对中共中央提出的在将来的国民党中央委员会中保有7名共产党员的主张表示反对，认为会吓跑中派和无谓地刺

---

① 蒋永敬编：《民国胡展堂先生汉民年谱》，台湾商务印书馆1981年版，第332页。

② 中共中央党史研究室第一研究部译：《共产国际、联共（布）与中国革命档案资料丛书》第1卷，北京图书馆出版社1997年版，第576页。

激右派。① 如果说鲍罗廷这样做完全是在贯彻斯大林派遣他来中国时的
"三个责成",不考虑中国共产党的权益,其实也不尽然,但他的确自
信凭他的能力以及他背后苏联的军援,完全可以摆平孙中山逝世后的
国民党。后来的事实表明,他的这份自信一度显示出了成果——他对广
州国民政府的掌控,但在发展到自以为是的时候,最终被以蒋介石为代表
新右派势力利用和反制,最终葬送此前的革命果实。

不久,"廖案"的发生打破了广州国民政府的平衡。8 月 20 日上午,
著名的国民党领袖、孙中山三民主义的忠实信奉者廖仲恺在国民党中央党
部门口被国民党右派指使的凶手暗杀。这既是中国国民党和国民革命的重
大损失,同时也必然会影响到国民政府的权力结构。当天下午,国民党中
央政治委员会、军事委员会举行临时会议,鲍罗廷、张太雷一同参会。经
鲍罗廷提议,会议决定由许崇智、汪精卫、蒋介石组成特别委员会,授以
政治、军事及警察一切全权,应对时局。

根据凶手陈顺供认以及从他身上搜出的武器、名单等推断,这次暗杀
的主谋是朱卓文,策划者有魏帮平、梁鸿楷、林直勉等人。这些人有的是
胡汉民的老部下,有的是许崇智属下的现役军官。案件侦查过程中,胡汉
民的堂弟胡毅生受到检举,在被抓捕时逃脱,胡汉民一度受其牵连,避难
黄埔。鲍罗廷决意将胡汉民、许崇智排除出权力中心。鲍罗廷利用汪精
卫与胡汉民之间的矛盾,联合汪精卫,在政治委员会中打压胡汉民。9 月
7 日,政治委员会在汪精卫主持下,决定委派胡汉民作为国民党代表赴欧
美从事有关废除不平等条约的外交活动。同期,时任军事委员会委员、军
事部部长兼广东财政监督的许崇智庇护部下梁鸿楷,一直阻止对他部下
的逮捕。鲍罗廷认为:"粤军将领们试图夺取政权,对他们来说,政权首

---

① 参见中共中央党史研究室第一研究部译:《共产国际、联共(布)与中国革命档案资料
丛书》第 1 卷,北京图书馆出版社 1997 年版,第 613 页。

先表现在财权上。政治委员会任命的财政部长是廖仲恺，这就是说需要排除廖仲恺，于是他们就把他干掉了。"①鲍罗廷利用蒋介石与许崇智之间的积怨，默许蒋介石对许崇智及其粤军采取行动。9月18日，军事委员会授予广州卫戍司令蒋介石处置粤局全权。蒋介石随即着手处理广州及周边的许崇智所属部队，控制许在广州的寓所。9月20日，许崇智在陈铭枢的监护下登船离开广州。几天后，胡汉民从黄埔乘苏联轮船出国。

"廖案"及其处理结果，使广东政权转变为汪精卫、蒋介石合作的局面，这也是鲍罗廷所希望的局面。在他看来，随着许崇智和胡汉民的出走，"我们在广州好像有了一个统一的巩固的政权。这个政权的首领是始终最忠诚最积极的工作人员汪精卫、明确表示自己是国民党左派信徒，甚至可以说是极左派信徒的蒋介石和湘军将领谭延闿。……政治委员会和中央委员会、省政府或国民政府作出的任何决定都得到了贯彻执行，没有受到抵制。以前一直受到或胡汉民或许崇智的抵制，而随着这两个人的离去，我们的决定始终得到了准确无误的贯彻执行"②。张国焘回忆说："直到九月间，胡汉民被派赴俄已成定局，中共中央才接到鲍罗庭方面的简单通知，说明为了稳定广东的政局，胡汉民必须离开广州，已决定以国民党代表名义，派往莫斯科出席共产国际的会议。他希望共产国际能留住胡汉民，不让其归国。"③

在这一过程中，蒋介石收获巨大。在政治上，他与汪精卫联手，排挤了胡汉民，使广州的国民党元老派受到重创，为其最终夺取国民党党

---

① 中共中央党史研究室第一研究部译：《共产国际、联共（布）与中国革命档案资料丛书》第3卷，北京图书馆出版社1998年版，第111页。

② 中共中央党史研究室第一研究部译：《共产国际、联共（布）与中国革命档案资料丛书》第3卷，北京图书馆出版社1998年版，第116页。

③ 张国焘著：《我的回忆》第2册，东方出版社1991年版，第63—64页。

权，创造了有利条件；在军事上，排挤了许崇智，瓦解了以许崇智为首的地方实力派粤军集团，扩充了自己的军事实力。蒋介石在国民党、军中的地位的飙升，和鲍罗廷对他的提携有很大关系。蒋介石此时保持着国民党左派的政治形象也让鲍罗廷看走了眼。历史也给了蒋介石进一步发展的机会，败退东江的陈炯明残部集重兵于惠州，与江北的熊克武和粤南的邓本殷相互勾结，企图夹击广州。9 月 28 日，蒋介石出任东征军总指挥，率领第一军、第四军等部进行第二次东征。东征军在苏联顾问的精心策划下，于 10 月 14 日攻克惠州，随后长驱直入，夺取东江地区各县，取得第二次东征的胜利。同期，朱培德、李济深的部队南征邓本殷，于 1926 年 2 月夺取海南岛，取得南征的胜利；勾结陈炯明的熊克武部也被谭延闿、朱培德的部队解除武装；至此，广东全省统一。第二次东征的胜利，进一步提升了蒋介石在国民党内外的声望，同时，助长了蒋介石篡党夺权的野心。

同期，鲍罗廷在广州的地位与威望达到了空前的高度，也是他在华期间最为顺利的时刻。在孙中山去世后，鲍罗廷充分发挥了其利用多数孤立少数的政治能力，成功地扶持起廖仲恺、汪精卫、蒋介石，排挤掉胡汉民、许崇智，至少在形式上，让人感觉到他已成为广州国民政府的核心人物。

从 1925 年 9 月 11 日开始，直到 1926 年 2 月初鲍罗廷请假离开广州，国民党中央政治委员会将会场悄然移到广州东山春园路的"鲍公馆"，政治委员会的几乎所有会议都在"鲍公馆"举行。张静江每次来开会，都要兴师动众地将他乘坐的轮椅抬到鲍罗廷在二层的办公室。汪精卫、蒋介石、谭延闿等国民党要员，经常前来拜见鲍罗廷。鲍罗廷此时不再凭借孙中山的信任，而是通过自己的能量、业绩，其中也包括他在国共之间的纠纷中不大支持中国共产党权益的做法，从而奠定了他在国民党和国民政府中的地位。

这一时期，也是张太雷工作空前繁忙的时期。他与陈延年、毛泽东、周恩来被公认为中国共产党在广东的"四个特别忙的人"①。一方面，鲍罗廷的一切工作几乎都需要张太雷协助。王一知回忆说：

> "到广州以后，太雷的工作比在上海时显得更加繁忙了，他与鲍罗廷在一起，日夕同国民党的领袖们相周旋，每天都有川流不息的国民党军政首脑来与鲍罗廷会谈，每周这些军政首脑还要到鲍罗廷处来开几次会议，这都需要太雷陪同并任翻译。鲍罗廷出去讲演，也是太雷同去。总之，鲍所有活动，是离不开太雷的。而且，事前的准备，事后的整理，都需要太雷来作。"②

此前，由于孙中山擅长英语，鲍罗廷与孙中山交往，可以直接交流，无须翻译。而鲍罗廷与汪精卫、蒋介石等人谈话，则离不开张太雷等翻译协助。另一方面，张太雷于1925年10月出任中共广东区委委员、宣传部部长。"太雷对即将来临的斗争非常兴奋，对胜利满怀信心。他日日夜夜地忙，却总是精神抖擞。"③

12月20日，张太雷在毛泽东主办的国民党中央宣传部机关刊物《政治周报》上发表署名文章《广东政府内政上的两大政策》，为国民革命军的统一广东摇旗呐喊。这是他到广州后，经历了一段繁忙的事务性工作之后，发表的第一篇文章。

张太雷指出，因为陈炯明、杨希闵、刘震寰等军阀的存在，以前国民党在广东的统治是有名无实的，国民党的主义也不能实行，而现在广东统一在即，"国民党在广东现在确已握得统治之权，此时正是国民党实践

---

① 人民出版社编辑部编：《回忆张太雷》，人民出版社1984年版，第109页。
② 人民出版社编辑部编：《回忆张太雷》，人民出版社1984年版，第16页。
③ 人民出版社编辑部编：《回忆张太雷》，人民出版社1984年版，第19页。

其对广东人民的允许之时"①。在张太雷看来，广东人民的大患与影响广东发展的障碍有三：不法军队、贪官污吏、土匪，在军事消灭了不法军队之后，需要解决的两大内政便是整顿吏治和除盗安民。他肯定了国民党中央执行委员会政治委员会作出的划分行政区域以清吏治，组织除盗安民之运动以扫除土匪的两项议决，并进行了深入解读。最后，张太雷指出："国民党政府如此整顿内政，决非安心于建设广东而忽略全国的革命运动。革命党人应当明白中国对外不独立内政不统一经济不发达，无论何省不能希望有满意的建设。国民党政府现在整顿内政的目的即在使广东革命基础更巩固，使广东人民及全国人民能信任国民党是为人民谋福利的党，使广东能为全国革命运动尽力。"②

　　由于广东区委受鲍罗廷指导，张太雷又担任鲍罗廷的助手；因此，张太雷涉及的工作范围绝不限于宣传工作，广东区委许多重要政策的研究，他都会参与其间。王一知回忆说：

　　　　"省港罢工期间，主要决策问题，或由延年、中夏、恩来、兆征、太雷、彭湃分别商量然后再与鲍罗廷顾问商谈，作出最后决定；或由他们与鲍顾问直接商量，研究对策。陈延年同志和广东区委的其他同志，白天忙于各项工作，通常多是在晚上到鲍公馆来，有时要商谈到深夜。太雷每次都参加，既当翻译，又参与商谈工作。"③

　　时任广东区委职工运动委员会书记的黄平回忆说："鲍顾问虽然白天和国民党人打交道，但是晚上我们去了，他总是精神百倍，从来没有说过没有空。每星期有二、三次这样的会，罢工中的各项策略和重大决定都是

---

① 《张太雷文集》，人民出版社 2013 年版，第 201 页。
② 《张太雷文集》，人民出版社 2013 年版，第 204 页。
③ 人民出版社编辑部编：《回忆张太雷》，人民出版社 1984 年版，第 17 页。

在这些会议上做出来的。延年也每会必到，但是这些会议是非正式的，没有记录，没有主席，而且只谈与罢工有关的事，从来没有谈过党方面的事。开始是太雷翻译，后来改为我翻译，因为他白天工作太累了。"①

在此期间，张太雷多次陪同鲍罗廷到黄埔军校讲演。阳翰笙回忆说："鲍顾问大约每个月来黄埔讲演一次，有时则一个半月或两个月来一次。他每次讲演都由太雷同志陪同和担任翻译。……鲍罗廷和太雷同志，去我们入伍生部所辖入伍生团驻地燕塘讲演，入伍生团的负责人，从团长、副团长、参谋长及营长以下全体官兵，都参加听讲。鲍罗廷和太雷同志可能有分工，鲍罗廷每讲完一次话，太雷同志翻译后，鲍顾问总要留出时间来请太雷同志讲话。太雷同志讲话非常直率。他紧密结合中国的形势，阐发我们党的观点，博得听众的好评。"②针对吴佩孚深入湖南直逼广东的情况，张太雷指出，"现在大批土豪劣绅、官僚政客打进国民党里来，成为国民党的基础，也就是国民党右派的基础。右派为什么这样反共，主要原因是他们代表了这些家伙。右派是不要革命的，要的是升官发财。现在的广东是革命政府所在地，是革命的根据地，但在这里存在着危机。危机的所在就是代表反动力量的右派。"③

两人的讲演配合默契，分工明确，能够对准事情的本质，最根本的是两人都能够以人民利益为重，以群众为中心进行宣传，时时刻刻牢记这个中心思想。鲍罗廷常以俄国的成功经验为例，张太雷从旁结合中国的情形进行说明，使讲演总能起到振聋发聩的效果。

1926年1月1日至19日，中国国民党第二次全国代表大会在广州举行。在共产党人和国民党左派的共同努力下，大会确立了以坚持国民党一大宣言和联俄、联共、扶助农工的三大政策作为今后工作的基本方针。同

---

① 黄平著：《往事回忆》，人民出版社1981年版，第26页。

② 人民出版社编辑部编：《回忆张太雷》，人民出版社1984年版，第47—48页。

③ 人民出版社编辑部编：《回忆张太雷》，人民出版社1984年版，第48页。

时，在对背离孙中山三大政策的西山会议派相关人员的组织处理上，大会在蒋介石的策划下，由汪精卫提出建议，通过了一个从宽处理的决议案，仅仅开除了为首的谢持、邹鲁的党籍，而对林森、张继、居正等 12 人书面警告。中国共产党代表谭平山、林祖涵、李大钊等 7 人当选为中央执行委员会委员，约占执委会总数（36 人）的 1/5，毛泽东、董必武等 7 人当选为候补执行委员，占比不到总数（24 人）的 1/3。

列席这次大会的张国焘① 感觉到了国民党人对共产党人的戒心。"在国民党内，居然存在着一个中国共产党，这是国民党人大感不安的；即所谓左派，亦不例外。这次大会中，大多数代表对中共都有或多或少的戒惧之心。开明的国民党代表，往往也要说几句话，表明其纯粹国民党员的立场。"②

1 月 22 日至 23 日，国民党召开二届一中全会，选举了中央常务委员会后，又选出汪精卫、谭延闿、胡汉民、蒋介石、伍朝枢、孙科、谭平山、朱培德、宋子文 9 人为政治委员会委员，仍以鲍罗廷为顾问。政治委员会是中央执行委员会特设的政治指导机关，国民政府的一切重大决策均由它作出，这种体制体现了国民党以党治国的原则。蒋介石从国民党一大时的普通党员一跃跻身于国民党中央领导核心。

由于不是大会代表，鲍罗廷并没有实际参加国民党二大，他只是在开幕日和闭幕日上出现并发表演说，但他对这次大会的进程与结果没有什么不满意的。张国焘在回忆录中对鲍罗廷此时的心态有如下的描述：

> "鲍罗庭对于这种现状也许是引人自傲的。……他坚持中共留在国民党内，与左派亲密结合；但也看不见中共这样做的前途。他没有

① 张国焘不是国民党二大的代表，他是以第一届国民党中央候补执行委员的身份坐在特别席上参会。
② 张国焘著：《我的回忆》第 2 册，东方出版社 1991 年版，第 84 页。

中共迳行夺取国民党领导的想法；只要求中共的势力做国民党左派的基础（他并明白说中共是命中注定了要做苦力的）。他虽进退两难，但对自己的政治手腕，却颇能孤芳自赏。他认为广州局势能由他调排，一切自有办法。"①

3.共产国际、中共广东区委对形势的研判

广州的形势甚至让远在莫斯科的共产国际领导人都感觉到了一片光明。在1926年2月10日召开的有关中国问题的会议上，共产国际执委会主席季诺维也夫在发言中"检讨"了共产国际在工作中不善于向欧洲的工人阶级宣传中国革命发展形势的缺点。"广州其实是中国的小莫斯科，到过那里的同志都证实了这一点。在那里发号施令的首先是共产国际的同志，即鲍罗廷同志。这是事实。"② 季诺维也夫甚至自问"我们在国民党中的影响是不是太大了"③，担心这种状况不能持续太久。参会的执委会委员曼努伊尔斯基也提出中国革命下一步的问题，他说："是否到了修改或者补充（共产国际）二大关于民族运动的提纲的时候了。在这个提纲中我们恰恰指出，我们党、我们支部的策略应当是支持现有形式的民族运动，也就是资产阶级运动。"他以俄国1905年革命前夕的孟什维克策略为参照，提出现在"到了把无产阶级领导权问题提上日程的时候了"，同时提出了相应的问题："如果我们在中国提出这个问题，那么在现时条件下，我们就可能触怒国民党。党是否已完全成熟到提出这个问题的程

---

① 张国焘著：《我的回忆》第2册，东方出版社1991年版，第82页。

② 中共中央党史研究室第一研究部译：《共产国际、联共（布）与中国革命档案资料丛书》第3卷，北京图书馆出版社1998年版，第60页。

③ 中共中央党史研究室第一研究部译：《共产国际、联共（布）与中国革命档案资料丛书》第3卷，北京图书馆出版社1998年版，第60页。

度了呢？"①

　　然而，在广州的苏联军事顾问团团长季山嘉（古比雪夫）、副团长奥尔金（拉兹贡）却对鲍罗廷的工作并不满意，他们之间的分歧主要体现在如何看待中国共产党人在广州军队中的作用。季山嘉在 1926 年 1 月 13 日写于广州的一封信中提到："最近一个时期，我与鲍罗廷同志在关于中国共产党人在军队中的作用问题上发生了原则性的意见分歧。"季山嘉认为，"从军队中清除共产党员的问题，根据我对军队情况的认真研究来看，不仅是完全荒谬的，而且实际上是极为有害的"。而在这个问题上，鲍罗廷则比较迁就国民党，不为中国共产党人争权益，不像是一个共产党人。为此，季山嘉甚至提出："如果有谁来取代鲍罗廷，那我是最满意不过的了。……我不否认，而相反却强调鲍罗廷对我们过去在中国所取得的成就作出的巨大功绩，我认为，他做了他所能做的事情，更多的他做不了。必须向广州派遣一名新的强有力的工作人员，并且必须是优秀党员。""他在现实工作中尽了自己的一切努力，但在以后他会跟不上事态和形势的发展。"② 言外之意，是说鲍罗廷并没有尽到一个共产党员的职责。

　　同期，季山嘉、奥尔金以苏联军事顾问代表团正副团长的名义就共产党在军队中开展工作问题致信中共中央执行委员会。季山嘉等提出，"现在很尖锐地存在着共产党人在国民革命军部队中的工作问题"，而中共中央在这个问题上的态度是不明确的，"广东的军事政治形势却要求紧急解决这个问题"。③ 他们实际上向中国共产党提出了筹备和组建武装力量的问题。"在预见到将来国民革命运动不可避免要发生分裂的同时，应该提

---

① 中共中央党史研究室第一研究部译：《共产国际、联共（布）与中国革命档案资料丛书》第 3 卷，北京图书馆出版社 1998 年版，第 53—54 页。

② 中共中央党史研究室第一研究部译：《共产国际、联共（布）与中国革命档案资料丛书》第 3 卷，北京图书馆出版社 1998 年版，第 15—16 页。

③ 中共中央党史研究室第一研究部译：《共产国际、联共（布）与中国革命档案资料丛书》第 3 卷，北京图书馆出版社 1998 年版，第 17 页。

防军队受到国民党右派的影响，进而造成对中国劳苦大众革命运动的威胁。""我们认为，现在中国共产党的基本任务是争取群众，我们不能让国民革命军脱离我们的影响轨道。……应该把共产党人在军队中的目前工作时期看作是积蓄力量和巩固我们在军队中的影响的时期，所以我们把工作方式方法作如下设想：1.共产党人的整个工作由中央军事部领导，该部也主管组建工农武装工作。2.共产党人要进入相应的国民党军队组织，参加这些组织并以国民党名义在国民党基层组织中施加自己的影响，目的是防止这些组织产生右的倾向。3.共产党人积极参加部队中的各种社会组织并把它们的工作置于自己的影响之下。4.部队中的共产党支部不公开，在严格保密的情况下工作。"①

季山嘉实际提出了中共要适时加强军事工作的问题，以防范国民党右派的分裂革命统一战线行动，而这恰恰是鲍罗廷不予考虑的问题。他们之间的分歧就在于鲍罗廷坚决维护苏联国家利益，坚守"三个责成"，固守中国革命的国民党阶段，而季山嘉则从共产党人的角度，切实为中国工农阶级的利益着想，在考虑国民党阶段之后的革命问题。由于看不到这方面的资料，目前尚不知晓中共中央在收到这封信后的反应。正是因为季山嘉站在阶级立场上看待中国共产党的军队工作，因此自然也会同一心抓军权的蒋介石发生直接冲突，这也是蒋介石在中山舰事件后力求解聘季山嘉职务的原因所在。

张国焘在回忆录中也提到广州的一些军事顾问对鲍罗廷的工作颇不满意。据他回忆，张太雷对张国焘表示，鲍罗廷"在这里花了两年功夫，才把广东的情形摸清楚，如果莫斯科要另找个人来接替这个顾问职务，是很难有适当人选的"②。

---

① 中共中央党史研究室第一研究部译：《共产国际、联共(布)与中国革命档案资料丛书》第 3 卷，北京图书馆出版社 1998 年版，第 20 页。

② 张国焘著：《我的回忆》第 2 册，东方出版社 1991 年版，第 80 页。

中山舰事件发生后，在上海的共产国际执委会远东局受命前往广州调查事件的来龙去脉。8 月 6 日至 9 月 2 日，远东局的 3 名成员维经斯基、拉菲斯、福京与中共中央的瞿秋白、张国焘，在广州同广东区委陈延年、周恩来、张太雷、彭湃等领导人以及鲍罗廷进行多次会谈。他们在 9 月 12 日提交的《关于对广州政治关系和党派关系调查结果的报告》中，检讨了广东区委在国民党二大至中山舰事件发生之间的一些"错误"：

"左派和共产党人过高地估计了自己在 1926 年 1 月国民党第二次代表大会以前的力量和影响，……他们在广东加强了左倾空谈的政策，而当时实际上需要政府实行较为温和的现实政策，需要共产党人停止抛头露面。这也说明有过多的共产党人以及国民党右派（当时相信群众有左的情绪，认为右派并不危险）参加了国民党中央。……实际情况和左倾空谈之间的这种矛盾决定了蒋介石 3 月 20 日的发动。"

"广州的同志们有意识地准备了这场广泛的'进攻'，没有考虑在极端不利时刻的实际力量，没有使农民群众做好准备，他们打算让国民党左派和共产党人彻底夺取整个政权机关，以便迅速推行一系列有利于农民的措施。他们的这一愿望自然不可能对国民党其他派别保守秘密，因而造成了'三二〇事件'的后果和后来的一切。所有这些也可能导致广东基地的丧失，如果反革命力量组织得更好和'三二〇事件'后不能通过退却来纠正错误的话。"①

陈延年在广东区委会议上发言，认可这一批评："在广州同志的观念中，全部任务在于，使国民党和政府的整个机构无论如何要掌握在共

---

① 中共中央党史研究室第一研究部译：《共产国际、联共（布）与中国革命档案资料丛书》第 3 卷，北京图书馆出版社 1998 年版，第 445—446 页。

产党人和左派联盟手里，不能根据目前力量对比作出任何灵活处理和妥协。"①

维经斯基等远东局成员在总结广东区委"错误"时指出："对这种观点的更正确的评述是：完全不懂得国民党（我们也参与其中）在中国民族解放运动中的作用。在拥护这种观点的人看来，国民党只是共产党人的一块招牌，共产党人通过它直接地和有组织地实行对民族解放运动的领导。但是这些同志也明白，现时的国民党甚至它的左派无论如何不能接受国民党内共产党人与国民党人之间的这种关系概念。"② 维经斯基等人是坚决反对广东区委领导人的上述观点的，他们认为，正是这种"指导国民党左派整个政策的广州共产党人的错误大大促进了'三二〇事件'的发生"③。

维经斯基在 9 月 16 日召开的共产国际执委会远东局委员与中共中央执委会委员联席会议上，向陈独秀、瞿秋白、彭述之、任弼时、王若飞等人通报了远东局的报告。维经斯基说：

"广州的同志对如何保持住广东省的政权问题有自己的一整套设想。他们认为，还在去年革命就使那里的关系发展到如此地步，以致唯一的出路就是宣布实行在共产党人领导下的国民党左派专政，否则就必然会发生'三二〇事件'。他们为夺取政权发动了攻势。……我们认为这种想法是错误的。""'三二〇事件'表明，没有蒋介石，左派没有力量来单独进行统治。即使目前，左派将依靠谁呢，依靠李济

---

① 中共中央党史研究室第一研究部译：《共产国际、联共（布）与中国革命档案资料丛书》第 3 卷，北京图书馆出版社 1998 年版，第 448 页。

② 中共中央党史研究室第一研究部译：《共产国际、联共（布）与中国革命档案资料丛书》第 3 卷，北京图书馆出版社 1998 年版，第 480—481 页。

③ 中共中央党史研究室第一研究部译：《共产国际、联共（布）与中国革命档案资料丛书》第 3 卷，北京图书馆出版社 1998 年版，第 484 页。

深吗？……从主观上看，蒋介石还不是革命的敌人，他打击过右派，他需要我们，是可以同他一起工作的。"①

陈独秀的表态是："广州人的错误是：（1）他们孤立地看待广东；（2）他们看不到资产阶级的作用；（3）他们只从共产党人对国民党的需要角度来看待国民党。……中央采取的让步策略是正确的。我们在 5 月 15 日作了更大的让步。广州人根本否认有必要对国民党作出让步，他们希望有一个左的国民党，他们希望恢复 3 月 20 日以前的局面。"②

彭述之表示完全同意陈独秀的意见。"广州的同志有两种有害的倾向，虽然他们可能已经纠正了。他们不仅否定大资产阶级，也否定小资产阶级，他们只考虑工人和农民。对国民党，他们是这样想的，要么他们应当占据它，要么他们应当退出国民党（他们现在否定后者）。想让汪精卫回来，就是想恢复'三二〇事件'以前的局面。广州的错误部分是由于'英国人'（即鲍罗廷——引者注）的论点造成的，就其工作性质而言他只看到了军队和国民党。"③

国民党二大结束后，广东的革命形势继续向前发展，在巩固广东革命根据地的同时，北伐的问题也开始提上日程。而同期，被莫斯科寄予厚望的冯玉祥的国民军则在与张作霖、吴佩孚的对抗中处于不利的状况。为了评估中国的形势，联共（布）中央政治局在 1926 年 1 月作出决定，向中国派出一个享有广泛权力的使团，联共（布）中央书记兼红军总政治部主任布勃诺夫担任团长，使团成员包括远东区委书记库比亚克、全苏工会中

---

① 中共中央党史研究室第一研究部译：《共产国际、联共（布）与中国革命档案资料丛书》第 3 卷，北京图书馆出版社 1998 年版，第 498、500 页。

② 中共中央党史研究室第一研究部译：《共产国际、联共（布）与中国革命档案资料丛书》第 3 卷，北京图书馆出版社 1998 年版，第 501 页。

③ 中共中央党史研究室第一研究部译：《共产国际、联共（布）与中国革命档案资料丛书》第 3 卷，北京图书馆出版社 1998 年版，第 502 页。

央理事会主席列普谢、苏联驻华大使加拉罕。

1926 年 2 月 3 日，鲍罗廷以奉召回国述职的名义向国民党政治委员会告假，随后离开广州北上。2 月 15 日和 17 日，鲍罗廷在北京向布勃诺夫率领的使团汇报工作，回答使团成员的提问，并一起商讨苏联对华政策。

鲍罗廷在报告中详细说明了他到广州后所看到的孙中山国民党既没有群众基础又没有明确党纲的不良状况，介绍了他推动孙中山改组国民党、平定商团叛乱、消弭国共之间的摩擦，以及在孙中山逝世后，协助国民党和国民政府解除许崇智和胡汉民权力、平定杨刘叛乱、统一广东的显著成绩。在谈到目前广州形势时，鲍罗廷自信地说道："当你们去广州时，你们自己会确信，华南的思想势力范围乃是我们的影响。我们从那里赶走了帝国主义，正是在帝国主义的中心赶走了帝国主义的影响。今后我们可以很好地利用这种情况。"[1]

关于广州政府面临的主要任务，鲍罗廷提出自己的看法，他认为："把同军阀的斗争看作是同帝国主义的走卒的斗争，在理论上从来就不正确。我个人认为，帝国主义在整个中国，特别是在广东的最主要支柱不是军阀，而是中国现存的土地关系，落后的中世纪土地关系是帝国主义的最好支柱，只要我们不消灭这个支柱，我们现在和将来都不能同帝国主义进行有效的斗争。"[2] 在他看来，广东的地方政权的官员基本站在豪绅一边，而国民党人又不到农民群众中去，主要是共产党人去发动和组织农民，如此，必然会引发广东 4000 万人的内战。为此，鲍罗廷提出，需要制定土地纲领。"当我谈土地革命时，我不是指现在就进行土地革命，我是从准

---

[1]　中共中央党史研究室第一研究部译：《共产国际、联共（布）与中国革命档案资料丛书》第 3 卷，北京图书馆出版社 1998 年版，第 146 页。

[2]　中共中央党史研究室第一研究部译：《共产国际、联共（布）与中国革命档案资料丛书》第 3 卷，北京图书馆出版社 1998 年版，第 120 页。

备土地革命的角度来看待一切的。"①

鲍罗廷在报告中也谈到了北伐问题,他说:"北伐也是个刻不容缓的问题。……应该北上,但是打着什么口号北上,如何北上?如果重复孙的北伐,即集结军队北上同帝国主义和军阀作斗争,那不会有什么结果。""务必要走,但口号仅仅是反对帝国主义反对军阀是不够的。要联系沿途农民。……不改变土地关系,我们就一事无成。"②很显然,鲍罗廷反对单纯军事意义上的北伐战争,而是将北伐与土地革命结合起来,后者是前者的社会基础。

就国共关系这个敏感问题,鲍罗廷提到,因为共产党人的努力工作,在国民党中引发了"共产党人是否掌握太多权力的问题",为此,他向国民党的领袖们提出:"你们是否认为已经到了散伙的时候?如果你们认为是,那我认为,在这方面没有任何困难。要知道共产党人从一开始就拒绝加入国民党,拒绝加入军队。"鲍罗廷坚持认为中国共产党是在共产国际逼迫下加入国民党的,为的是在国民革命运动中进行合作,他认为:"国共两党可以退到任何一种立场上。散伙不等于彼此对立,可以就某些问题达成协议。"③

不难看出,鲍罗廷在国共关系问题上,已经做好了随时结束合作的思想准备,尽管他在报告中也解释说,这是他要挟国民党左派领袖的一个策略。"有些同志不理解这个步骤,他们以为我的观点是要把这些共产党员同志开除出去。这是我的一个策略。我反对从军队中清除共产党人,我主

---

① 中共中央党史研究室第一研究部译:《共产国际、联共(布)与中国革命档案资料丛书》第3卷,北京图书馆出版社1998年版,第124页。

② 中共中央党史研究室第一研究部译:《共产国际、联共(布)与中国革命档案资料丛书》第3卷,北京图书馆出版社1998年版,第122—123、133页。

③ 中共中央党史研究室第一研究部译:《共产国际、联共(布)与中国革命档案资料丛书》第3卷,北京图书馆出版社1998年版,第137—138页。

张共产党人留在军队内，以便能在军队中建立左派。"① 在鲍罗廷的内心深处，始终将国民党视为国民革命的主体并且居于领导中心地位，将共产党视为他掌控国民党左派领袖的一个棋子，从而忠实地执行他受命莫斯科时的"三个责成"。看清这一点，就不难理解他在中山舰事件、整理党务案发生后采取妥协退让政策的原因。

在报告中，鲍罗廷对广州方面现有的军队状况持乐观态度，认为在 6 个军中，有 4 个是完全可靠的，"他们当中的蒋介石、谭延闿、吴铁城（应为李济深——引者注）和朱培德无可非议。可以同这些军长一起完成一项大的工作。至于其余两人——李福林和程潜，不能把他们算作某一派某一类。也许可以把其中的一个完全拉到我们方面来"②。

布勃诺夫使团原则上接受了鲍罗廷对中国局势的分析以及进行北伐的建议，他们在 3 月上旬完成了既定的任务，随后前往广州进行实地考察。

与共产国际、鲍罗廷对广州革命形势的乐观与"自信"不同的是，此时的广州形势事实上已经暗流涌动、危机四伏。羽翼逐渐丰满的蒋介石并不打算将自己一直置于鲍罗廷的掌控之下，也没有与中国共产党、苏联长期合作的打算。各方政治力量面临着又一次重新洗牌的局面。

4. 创办《人民周刊》

在鲍罗廷离开广州之后，张太雷可以专心于他在广东区委的工作。1926 年 2 月 7 日，由他主编的广东区委机关刊物《人民周刊》创刊。

创办《人民周刊》的一个重要原因是广东缺少中国共产党人公开进行革命宣传的阵地。黄平回忆说："广东在公开环境中没有一个刊物。只有

---

① 中共中央党史研究室第一研究部译：《共产国际、联共（布）与中国革命档案资料丛书》第 3 卷，北京图书馆出版社 1998 年版，第 139 页。

② 中共中央党史研究室第一研究部译：《共产国际、联共（布）与中国革命档案资料丛书》第 3 卷，北京图书馆出版社 1998 年版，第 141 页。

邓中夏办了个《工人之路》，即省港罢工委员会的日刊。后来感觉没有反驳敌人的喉舌，才由张太雷兼职办了个期刊（《人民周刊》）。"① 张太雷从学生时代即深知报刊是了解社会、改造社会的重要宣传媒介，他本人也是"一个不知疲倦的宣传鼓动家"，常说："笔杆和舌头是我们革命者政治斗争的武器，应该不断地运用，不写不讲是不对的！在这个时候，群众是多么希望我们写和讲啊！而且有条件写和讲！"②

《人民周刊》在国内外公开发行，共出版50期。从创刊号至第29期均由张太雷主编，主要栏目有《一周评述》《社论》《论文》《谈话》《专载》《报告》《宣传大纲》等。张太雷既是主编，也是主要撰稿人，他在该刊以"太雷""大雷""雷""木""大""春"等笔名共发表了70多篇文章，在现存张太雷文稿中占到将近一半，为宣传革命作出了重大贡献。该刊也多次发表陈独秀、陈延年、邓中夏、恽代英等中国共产党领导人的文章。《人民周刊》的述评大多由张太雷亲自主笔，其语言针砭时弊，能够结合当前形势，有针对性地发表意见，指导工作。他以深刻的笔触，针对当时国际国内情况，宣传马克思主义，以通俗易懂的语言和感染力，教育和鼓动广大群众投入反帝反封建的革命洪流。

《人民周刊》的定位是为人民利益奋斗的刊物。在"本刊宣言"中，创办者提出了"一个宗旨"和"三个使命"。"本报的宗旨，是反对帝国主义及其一切依附帝国主义或帝国主义所赖以生存的军阀，官僚，买办阶级，地主。根据以上的宗旨，本报有以下的使命：一、本报的使命是要给反帝国主义运动——民族运动——以理论上与策略上的指导。对于妨害反帝国主义运动的理论与政策，本报定驳正之，以免淆乱人民之观听。二、本报的使命是要唤起民众——特别是工农群众参加民族运动；并指导革命

---

① 黄平著：《往事回忆》，人民出版社1981年版，第36页。

② 人民出版社编辑部编：《回忆张太雷》，人民出版社1984年版，第19页。

民众——特别是工农自己阶级的组织之发展。三、本报的使命是要对于巩固革命基础的广东，以及扩大革命基础之意见，诚意的贡献于民众与国民政府之前。"①

　　从创办《人民周刊》，到中山舰事件发生，在这一个月里，张太雷时刻关注时事，分析形势发展，将《人民周刊》作为舆论阵地，为革命指明方向。尤其是在省港大罢工中，张太雷通过《人民周刊》声援罢工，号召全国人民团结一致拥护罢工，他2月24日发表的《广东各界援助罢工周》一文，言辞激烈，回击香港当局突然宣布停止解决罢工的卑劣手段。文章指出："你们一切过去的企图都是幻想，你们前面只有一条道路，就是老老实实地诚诚意意地预备了代价来解决罢工，不然你们只有看了香港成为荒岛而已。"②3月12日，广东各界群众在东较场纪念孙中山逝世一周年，张太雷撰写《纪念孙中山先生》一文，指出"中山先生是中国国民革命伟大的领袖"，"因为他一生努力于革命的实际工作，并从他的经验指示我们完成革命的方法"，③同时强调中国国民革命的成功，要靠民众的势力、要有一个有纪律的党、要与世界被压迫民众共同奋斗，进而号召各民族、各阶级联合起来，共同革命，对当时的舆论起到了引导作用。

　　3月13日，布勃诺夫使团抵达广州，随后会见中共广东区委领导人，听取张太雷所作的关于广东政治形势的报告。一位苏联顾问记载了张太雷报告的部分内容。"在张太雷内容丰富的报告中，关于同国民党右翼和左翼的相互关系问题的阐述是特别有意思的。他认为，1925年秋季是国民党左翼在广东专政的时期。他认为从国民党右翼的西山会议到国民党的第二次代表大会这一阶段的特点是左翼动摇，右翼积极。最后，在国民党第二次代表大会以后，是内部矛盾暴露得比先前更加明显的联合时期。""从

①　《本刊宣言》，《人民周刊》第1期，1926年2月7日。
②　《张太雷文集》，人民出版社2013年版，第218页。
③　《张太雷文集》，人民出版社2013年版，第232页。

张太雷的报告中有一种对广州既成局势的不安。……张太雷的下述结论特别值得注意：'看来，右派现在准备行动了，不久前他们曾试图在第四和第一军之间制造分裂。现在的形势与谋杀廖仲恺前夕的形势相仿。到处是谣言和传单。'"①

张太雷凭借敏锐的政治嗅觉预感到了危机的出现。在3月19日出刊的《人民周刊》第6期上，张太雷发表了《广东革命的危机仍在呵》，这篇短文指出：

"广东已经统一了，反革命的军阀大半已经铲除了，但是广东的危机仍然是存在着呵！一般革命党人醒醒呵！反革命的军阀虽然除去了，但是反革命的基础，民团，土匪，地主，官僚还存在着。国民政府进行财政统一，表面固然一无阻碍，但是事实上处处都是阻碍，贪官污吏遍地都是，这是财政实行统一障碍之一种。靠财政纷乱吃饭的土匪与民团，这是财政统一障碍之又一种。帝国主义者每天在那里勾引反革命分子干反革命的事情，他们造谣离间军队，毁谤政府。军阀及一切反革命派以香港为大本营，专事运动土匪与新编降军。反革命势力混在广东许多团体里面公然做反革命的活动。……革命同志们，广东的危险仍在呵！去年打倒刘杨（即刘震寰、杨希闵——引者注）后大家以为广东大害已去，可以安然了，不知道拿暗幕一揭开，内面不知道一重一重有多少种阴谋与诡计！我们现在又看见这种情形了。"②

---

① [苏]亚·伊·切列潘诺夫著：《中国国民革命军的北伐——一个驻华军事顾问的札记》，中国社会科学院近代史研究所翻译室译，中国社会科学出版社1981年版，第384—385页。

② 《张太雷文集》，人民出版社2013年版，第249—250页。

5. 张太雷与鲍罗廷围绕中山舰事件的不同态度

1926 年 3 月 18 日，广州国民政府海军局代局长、共产党员李之龙接到命令，要求派遣中山舰到黄埔去，但当中山舰到达黄埔后，蒋介石否认下达此命令，中山舰又返回广州。这时，又传出苏联顾问和共产党员要劫持蒋介石强迫其离开广州的谣言。3 月 20 日黎明时分，蒋介石发布命令，广州全城戒严，第一军逮捕李之龙，对大批共产党人进行监视和软禁，同时围缴省港罢工委员会工人纠察队的枪械，包围苏联领事馆、苏联顾问驻地东山，制造了中山舰事件（又称三二〇事件）。

中山舰事件的来龙去脉在很长一段时间里一直是一个悬案。现在看来，蒋介石与中山舰的调动并无关系；但是，当他在得知中山舰"无故"往返于广州和黄埔之间后，利用这一事件大做文章，一石三鸟，通过打击中共、苏联顾问以及汪精卫在广州的势力与影响，提升其政治和军事地位。对蒋介石来说，中山舰事件无疑具有反共性质，是对中国共产党、苏联顾问的一种挑战，具有极大的政治风险，是一种政治赌博，成则篡党夺权，不成就可能身败名裂。

几个月后，1926 年 9 月，蒋介石的特使邵力子[①]在莫斯科提交给共产国际的报告中，谈到蒋介石制造中山舰事件的根源在于国共两党的党争。"'三二〇事件'显然证明，一方面国民党还是强大的，另一方面它的队伍里的意见分歧可能损害国民党和共产党的合作。""从蒋介石同志的观点来看，共产党是无产阶级的政党。他不可能也不应该限制它的发展。然而在统一战线中，它（共产党）应当承认领导中国国民革命的国民党是领导者，并采取措施避免产生致使统一战线削弱国民革命力量的各种麻烦和分

[①] 邵力子是在 1926 年 8 月脱离中国共产党而成为纯粹的国民党党员。参见《"一大"前后：中国共产党第一次代表大会前后资料选编》（二），人民出版社 1980 年版，第 62—63 页。

歧。"①也就是说，所谓国共合作，就是要求中共党人为国民党出苦力，而不能提要求，更不能谈领导权问题了。

在邵力子的补充报告中，他将上面的观点说得更加直白："国民党认为中国共产党人所犯的错误部分地是由于没有领会共产党人加入国民党后应承担的基本任务。两党（国民党和中国共产党）在利用统一战线方式共同为实现中国国民革命而斗争，统一战线方式不是两党站在一条线上的联合方式，而是共产党人加入国民党的一种方式。……在目前的社会条件下只能进行国民革命。而这一革命的领袖应当是国民党。……由此产生两项根本性任务，这两项任务对于在国民党内进行工作的共产党人来说应该是十清楚的：(1)加强和扩大国民党，这是中国革命取得胜利的最基本的条件之一，也是共产党人加入国民党的目的。(2)为了使国民党成为真正强大的政党，党内应当有为工农利益而斗争，从而赢得工农信任的真正的左派。因此，国民党内的共产党人的最重要任务是，帮助加强左派，使它能够胜任完成领导国民革命工作的任务。……（问题是）共产党人竭力要把国民党的年轻左派吸收到共产党组织中去。结果是国民党内几乎没有纯粹的国民党左派。"②

中山舰事件发生后，中共广东区委的几位主要领导人陈延年、毛泽东、周恩来、张太雷均主张进行斗争和反击。时任国民党中央代理宣传部长的毛泽东冒险来到已被包围的苏联顾问驻地，与陈延年、苏联顾问商议对策，力主反击，通电讨蒋。毛泽东提出了两项具体措施：一是"动员所有在广州的国民党中央执、监委员开会通电讨蒋，指责他违犯党纪国法，必须严办，削其兵权，开除党籍"；二是争取李宗仁、李济深等非

① 中共中央党史研究室第一研究部译：《共产国际、联共（布）与中国革命档案资料丛书》第 3 卷，北京图书出版社 1998 年版，第 514—515 页。

② 中共中央党史研究室第一研究部译：《共产国际、联共（布）与中国革命档案资料丛书》第 3 卷，北京图书出版社 1998 年版，第 521—522 页。

蒋系军队，军事对抗蒋介石。① 毛泽东还与周恩来在李富春住处商讨对策。他们认为，在广东的 6 个国民革命军中，有 5 个军的军长同蒋介石存在矛盾，而蒋介石直接指挥的第一军，其中政治骨干大部分是共产党员。基于这种形势，他们提出联合国民党左派和一切能联合的力量给蒋介石以回击。② 周恩来为此专程去和季山嘉谈反击事宜，遭到季山嘉的反对。

张太雷当天得知这一消息后，立刻意识到"这里面有鬼"，"他很沉着，不过这件事刺激了他。他在房子里来回地走，陷入沉思的境地。那天晚上，他怎么也睡不着。"他还向陈延年提出共产党应当组织革命武装以应对时局。③

事件发生时，鲍罗廷不在广州，布勃诺夫等人去见蒋介石，双方商定对这起事件进行调查。布勃诺夫认为蒋介石的行动主要是针对苏联顾问和中国共产党，决定采取妥协态度，解除令蒋介石不能满意的苏联驻华南军事顾问团团长季山嘉、副团长罗加乔夫等人的职务，以让步换取某种均势。布勃诺夫使团在 3 月 24 日离开广州，行前在广州召开苏联顾问团全体人员大会，布勃诺夫作了长篇报告。从他的报告中，我们可以找寻到联共（布）、共产国际对蒋介石制造的中山舰事件，以及不久后的整理党务案采取妥协退让的原因。

布勃诺夫对事件的性质看得很准，他说："三月行动（指中山舰事件——引者注）无非是一次针对俄国顾问和中国政委（指在国民革命军工作的中国共产党人——引者注）的小规模准暴动。它起因于我所指出的那些矛盾，毫无疑问由于我们在军事工作中所犯的一些大错误而复杂化和尖

① 参见茅盾：《中山舰事件前后——回忆录（八）》，《新文学史料》，1980 年第 3 期。
② 中共中央文献研究室编：《毛泽东年谱（1893—1949）》（修订本）上卷，中央文献出版社 2013 年版，第 157 页。
③ 人民出版社编辑部编：《回忆张太雷》，人民出版社 1984 年版，第 22 页。

锐化了。"①但是，他认为苏联顾问及军队中的共产党人在此前的军事工作方面，存在一些错误行为。这种错误主要表现为过高地估计了国民政府以及国民革命军上层的巩固和团结程度，军队集中管理（设司令部、后勤部和政治部）搞得太快，不能不引起军官上层在暗中反对。也就是说，苏联顾问们"常常不只是出主意而是发号施令"②，"我们应当在国民革命进程中保证这次革命取得全面而彻底的胜利并有进一步发展的可能性。但是我们无论如何不能在现在承担直接领导国民革命的这种完全力所不及的任务，也就是依靠自己的双手来直接实行基本的革命措施的任务。"③布勃诺夫的这一观点无非是在论证中国的国民革命应该由国民党承担，苏联顾问也罢，中国共产党人也罢，都不能越俎代庖，只能通过支持国民党左派来推动国民革命的发展。"按照我们总的策略，我们在这里是这样进行活动的：我们通过国民党左派做工作，我们的基本任务是，在通过国民党左派做工作的情况下，现在不仅要关注在国民党左派当中加强共产党的影响，而且要通过在国民党左派当中做工作来直接加强国民党本身。应该说，当然这是一项很长时期的工作，它要求有很大的毅力，要求中国共产党有很灵活、很沉着和很耐心的策略。"④

总体上说，在布勃诺夫看来，中山舰事件的发生是由于苏联顾问和中国共产党在工作中有过火和冒进行为，从而引起军队高层将领不满所致。为此，他才要作出让步，以妥协、退让换取各方政治力量的均衡，避免矛

---

① 中共中央党史研究室第一研究部译：《共产国际、联共（布）与中国革命档案资料丛书》第 3 卷，北京图书馆出版社 1998 年版，第 168 页。

② 中共中央党史研究室第一研究部译：《共产国际、联共（布）与中国革命档案资料丛书》第 3 卷，北京图书馆出版社 1998 年版，第 169 页。

③ 中共中央党史研究室第一研究部译：《共产国际、联共（布）与中国革命档案资料丛书》第 3 卷，北京图书馆出版社 1998 年版，第 163 页。

④ 中共中央党史研究室第一研究部译：《共产国际、联共（布）与中国革命档案资料丛书》第 3 卷，北京图书馆出版社 1998 年版，第 164 页。

盾的进一步激化，防止革命统一战线出现破裂，"葬送"广东"大好"的革命局面。在其思想深处，切实反映着联共（布）领导人对中国革命处于国民党阶段的理论认定。

理解了布勃诺夫在中山舰事件中对蒋介石作出让步的原因，也就理解联共（布）、共产国际此后通过鲍罗廷对蒋介石一而再地退让、妥协的原因所在。

布勃诺夫的妥协行径不仅打压了中国共产党人，而且也影响了汪精卫的态度与走势。布勃诺夫使团走后，主持苏联顾问团工作的索洛维约夫在 3 月 24 日致信加拉罕，提到："我们对蒋介石作出让步，使汪精卫感到自己受了委屈，我们召回他所竭力要保留的季山嘉，使他感到自己受了侮辱，所以他未经我们同意，违背我们的愿望隐匿起来。"① 索洛维约夫不无遗憾地表示："当然，很可能，如果我们更加温和地预先让汪精卫对此做好准备，然后再向蒋介石作出让步，就可能把汪精卫留下来。"② 应该说，不仅是蒋介石制造中山舰事件之前未与汪精卫通气，而且更有布勃诺夫抛开汪精卫直接与蒋介石达成妥协的约定，或许让身为国民党中央执行委员会政治委员会的核心成员、国民政府主席的汪精卫心灰意冷，促使汪精卫告病休假，并于 5 月 9 日前往法国，就此离开了广州的权力中枢。

布勃诺夫在离开广州后也意识到了这个问题，他 3 月 27 日在汕头给鲍罗廷的信中写道："很遗憾的是，我们未能在动身前再次与汪精卫同志交谈，并向国民党中央执行委员会报告我们的结论。"③ 在信中，布勃诺夫重申了他在苏联顾问、共产党与国民党关系问题上的基本立场："我们

---

① 中共中央党史研究室第一研究部译：《共产国际、联共（布）与中国革命档案资料丛书》第 3 卷，北京图书馆出版社 1998 年版，第 178 页。

② 中共中央党史研究室第一研究部译：《共产国际、联共（布）与中国革命档案资料丛书》第 3 卷，北京图书馆出版社 1998 年版，第 178 页。

③ 中共中央党史研究室第一研究部译：《共产国际、联共（布）与中国革命档案资料丛书》第 3 卷，北京图书馆出版社 1998 年版，第 183 页。

对国民党的策略应该是帮助它加强内部的组织性和它同群众的联系，不断推动它在领导国民革命时同工人群众保持密切的联系。在这项工作中，共产党应该表现出很有分寸，很有灵活性，并善于利用各种条件，但绝对不要突出自己，把自己当作助手和领导者。"①

面对布勃诺夫所确定的妥协退让政策，张太雷虽然不赞成，但也无法改变。他与陈延年反复商议，决定以中共广东区委的名义发表《给国民党中央、国民政府、国民革命军及广东人民的一封公开的信》。公开信指出，现在帝国主义者与反革命派"对于共产党造谣与污蔑，格外的厉害与加紧，甚至说共产党有推倒国民政府的阴谋"，中国共产党对此郑重表示，"共产党决计不因为敌人的造谣而放弃他的革命工作，并且警告社会：帝国主义反革命派对于共产党这一种的造谣是分裂国民革命的势力，破坏国民党，推翻国民政府，危害广东和平的一种阴谋。共产党要求革命领袖与一般革命的群众起来打破敌人此种阴谋，并且一致团结起来共同奋斗，以达到我们共同的目的——打倒帝国主义与军阀，建立统一全国的国民政府"②。

由于蒋介石的介入，公开信在国民党中央机关报《国民新闻》的刊载日期被推迟，张太雷立即在4月6日出版的《人民周刊》第8期发表《言论自由与检查党报》，认为"共产党这种宣言非特不应禁止登载，并且应登载在报纸上最注目的地方。……有了共产党三字就不应该登载出来，这亦不是一个正当的理由。况且这禁止共产党宣言赞助国民政府，是绝端违反革命的利益与剥夺国民政府下人民应有的言论自由"③，言辞犀利，字字

---

① 中共中央党史研究室第一研究部译：《共产国际、联共（布）与中国革命档案资料丛书》第3卷，北京图书馆出版社1998年版，第184页。

② 《给国民党中央国民政府国民革命军及广东人民的一封公开的信》，《人民周刊》第7期，1926年3月30日。

③ 《张太雷文集》，人民出版社2013年版，第266页。

珠玑。

中山舰事件发生后，中共中央由于对于事件的真相、蒋介石的真实态度不甚了解，故而持谨慎态度，直到从回国途中经过上海的布勃诺夫使团那里了解到中山舰事件的经过，以及布勃诺夫的处理对策后，才于 3 月 29 日发出指令，不主张对蒋介石反击，同时派出张国焘去广州调查情况。指令提出："从党和军队纪律的观点来看，蒋介石的行动是极其错误的，但是，事情不能用简单的惩罚蒋的办法来解决，不能让蒋介石和汪精卫之间的关系破裂，更不能让第二军、第三军和蒋介石的军队之间发生冲突"①。这一指令显然受到了布勃诺夫的影响。4 月下旬，在接到广东区委的报告后，中共中央制定了新的对蒋政策：鉴于蒋介石的反共行为，中国共产党要团结国民党左派对抗并孤立蒋介石；要尽可能加强第二军、第三军的左派力量，尽可能扩充叶挺的部队、省港罢工委员会指挥下的纠察队和各地的农民武装；在广州成立由张国焘、彭述之、谭平山、鲍罗廷、陈延年、周恩来、张太雷组成的特别委员会，彭述之为书记，与鲍罗廷、广东区委商议实施上述政策。②

彭述之及夫人陈碧兰于 4 月 30 日抵达广州。随后会晤了前一天回来的鲍罗廷。特委会开第一次会议时，彭述之传达中央的决定，而与会代表默不作声，特别是张国焘、鲍罗廷不表态，他们建议彭述之去见蒋介石。③

为了工作需要，陈延年租了一套房子作为特委机关，彭述之、张国焘等人住在那里，特委会的会议也在此举行。彭述之在广州待了一个月，特

---

① 中共中央文献研究室编：《毛泽东年谱（1893—1949）》（修订本）上卷，中央文献出版社 2013 年版，第 158 页。

② 参见程映湘编：《彭述之回忆录（下卷：中国的第二次革命和托派运动)》，天地图书有限公司 2016 年版，第 97—98 页。

③ 参见程映湘编：《彭述之回忆录（下卷：中国的第二次革命和托派运动)》，天地图书有限公司 2016 年版，第 99—101 页。

委会开了3次会议。第三次会议时鲍罗廷托辞缺席，由张太雷转达称"他的意见，在前两次会议上已经表示过了。现在的问题仅在于我们是否同意他的主张"①。因为鲍罗廷的反对，中共中央的上述对蒋政策没有实施。在广州，恽代英向彭述之表达了对蒋介石反共的强烈不满，陈延年、周恩来、张太雷等其他人在彭述之与鲍罗廷之间，均倾向于鲍罗廷。鲍罗廷甚至对陈延年表示，彭述之不离开广州他就无法工作，于是陈延年致信陈独秀，将彭述之召回上海。②

由于广州的突发事件，鲍罗廷奉命结束休假，于4月29日返回广州。此前，蒋介石已联合张静江、谭延闿、朱培德等人，于4月16日召开了政治委员会和军事委员会联席会议，决定在汪精卫休病假期间，由谭延闿出任政治委员会主席，蒋介石出任军事委员会主席，并开始筹划北伐事宜。

鲍罗廷回到广州后，与蒋介石进行了多次会谈。此时的蒋介石觉得自己的力量还不够强大，还不能失去苏联的物质援助，同苏联和中国共产党彻底决裂。于是，他采取了两面手段，一方面高调声称要反对军阀，反对帝国主义，对孙中山的联俄、容共政策不仅不反对，而且很赞成，另一方面对军队中的共产党员大加批评，要求他们退出第一军和黄埔军校。鲍罗廷为了维系广东的革命统一战线也需要拉住蒋介石，他认为，蒋介石的所作所为使得俄国人面临两种选择，"一种是接受他的要求，另一种就是建立反蒋联盟"。显然，鲍罗廷同布勃诺夫一样都选择了前者，继续妥协政策，拒绝接受中共广东区委领导人提出的组织反击的意见。蒋介石事后也提到，在会谈中鲍罗廷"对我的态度极为缓和。凡我所提主张，都作合理

---

① 程映湘：《彭述之回忆录（下卷：中国的第二次革命和托派运动）》，天地图书有限公司2016年版，第107页。

② 参见陈碧兰著：《早期中共与托派——我的革命生涯回忆》，天地图书有限公司2010年版，第232—233页。

的解决"①。鲍罗廷和蒋介石达成以下几个方面的约定：共产党接受蒋介石的建议，限制共产党在国民党内的活动；蒋介石同意鲍罗廷的意见，采取反对西山会议派等国民党右派的措施；鲍罗廷明确表示支持北伐。②

鲍罗廷坚持认为"如果中国共产党不作出让步，那就意味着同国民党合作的终止，革命力量就会局限在一个省里"③，这种退让政策让蒋介石变本加厉。5月15日，国民党二届二中全会召开，蒋介石在会上提出了8条限制共产党在国民党内活动的种种无理要求，鲍罗廷都按照共产国际向国民党左派让步的指示，一一答应，并最终成为会议通过的《整理党务案》，决议共9条，主要内容是：共产党员在国民党各级党部任执行委员的人数，不得超过该党部执行委员总数的三分之一；共产党员不得担任国民党中央机关之部长；加入国民党的共产党员名单须全部交出；共产国际给中国共产党的指示，须事先提交国共两党联席会议通过。

《整理党务案》的通过，对当时的国共关系带来深刻影响。会后，国民党各级党部实施改组，身为共产党员的国民党组织部部长谭平山、宣传部代理部长毛泽东、农民部部长林祖涵均被迫辞去职务，蒋介石接任国民党中央组织部部长，顾孟余代理宣传部部长，原任青年部部长甘乃光调任农民部部长。国共联合战线的形式虽然继续维持，但共产党在国民党和国民政府中的地位遭到严重削弱，同时，蒋介石在国民党内的权势空前膨胀，右派势力在国民党中央占据了优势，这些都为日后国共合作的破裂埋下了伏笔。蒋介石甚至派邵力子于9月专程去莫斯科向共产国际汇报工

---

① 彭明主编：《中国现代史资料选辑》第2册，中国人民大学出版社1988年版，第291页。
② 参见黄修荣、黄黎著：《共产国际与中国共产党关系探源》上卷，人民出版社2016年版，第407页。
③ [苏]亚·伊·切列潘诺夫著：《中国国民革命军的北伐——一个驻华军事顾问的札记》，中国社会科学院近代史研究所翻译室译，中国社会科学出版社1981年版，第392页。

作，表示"国民党强烈希望与共产国际建立更加密切的关系"①，以此隔断共产国际与中国共产党之间的直接联系。

张国焘回忆说："当时一切重要政治问题，都由蒋介石、张静江和鲍罗庭三巨头秘密商谈进行；即一向居间的谭延闿似也没有参与其事。鲍公馆门前的盛况，已大不如昔。从前各要人都来他这里求教，现在他却要移樽到半身不遂的张静江的行馆，向蒋介石、张静江请示。"②

国民党二届二中全会召开期间，鲍罗廷与中共党团保持磋商。广东区委认为目前的任务是北伐，主张原则上不退出国民党，但在策略上应当以退让来威吓。在上海的中共中央方面有两种意见，一种是退出国民党，另一种是在国民党中"办而不包，退而不出"。鲍罗廷支持广东区委的意见，中央派到广州的张国焘也表示赞同。最终确立了"原则上不退出，但必须以退出相威吓"的策略。③

本着这一策略，中共中央在6月4日就时局及与国民党联合战线问题发表《中国共产党中央委员会致国民党中央委员会信》，明确提出："本党与贵党合作之政策早经明白确定，盖此即联合战线之具体的表现也。唯是合作之方式：或为党内合作，或为党外合作，原无固定之必要，因此政策之精神实在团结革命势力以抗帝国主义，凡足以达此目的者，即为适当之方法，原不拘拘于形式。"最后强调："至于'党务整理案'中，关于以后两党合作方式之问题，则吾两党本为革命联盟中之友军，可各自根据其党之议决以相协商，文函会议皆可。"④

---

① 中共中央党史研究室第一研究部译：《共产国际、联共（布）与中国革命档案资料丛书》第3卷，北京图书馆出版社1998年版，第638页。

② 张国焘著：《我的回忆》第2册，东方出版社1991年版，第114页。

③ 中央档案馆编：《中共党史报告选编》，中共中央党校出版社1982年版，第233—234页。

④ 中央档案馆编：《中共中央文件选集》第2册，中共中央党校出版社1989年版，第141—143页。

与中央这封信比较温和的表态不同，张太雷于6月10日在《人民周刊》第14期上发表《到底要不要国民党？》，对国民党内的反共倾向给予回击。张太雷开篇即提出"我们现在到底要不要国民党来实现国民革命"的文章主题，指出"现在国民党是在最危险的时候，个个国民党员，个个革命分子，甚至个个人民都应该严重考虑一下这个问题"。① 文章从以下几个方面论证了这个问题。

第一，国民党之所以成为能够领导国民革命的党，是因为孙中山将国民党改组成为一个全国革命分子的结合，特别是中国共产党员的加入。"中山先生改组国民党的目的是要把国民党变成一个全国革命分子的结合；党要成为一个革命分子的结合方能成为真正能领导国民革命的党。中山先生毅然决定欢迎共产分子加入亦就是本于这个意思。改组后两年半内的成绩证明给我们看，国民党已渐成为一个革命分子结合，因此在全国民众中有很大的势力，确实能领导中国一切国民革命运动。"②

第二，国民党"党内反动派"反对共产分子，其实质是反对孙中山对国民党的改组，从而破坏国民革命的领导中心。"中山先生这一种造党的决心自始就被党内反动派所反对，因为这是违反他们私人升官发财的利益，并且违反他们阶级利益"，"因此他们提出反共产的口号以遮掩他们反对党的改组之阴谋，他们所以反对共产分子是因为共产分子是这革命结合中的一种重要分子而且是最努力于巩固与发展这革命结合的工作。"③

第三，共产党加入国民党是为了推动国民革命，并不是离开国民党就不能生存、发展；现在接受《整理党务案》，作出让步，也是为了国民革命。"为维持这可宝贵的基础，革命分子不能不有五月十五日第二次中央会议的让步，如果不是为国民革命的利益起见，为什么以前为革命分子所

① 《张太雷文集》，人民出版社2013年版，第300页。
② 《张太雷文集》，人民出版社2013年版，第300页。
③ 《张太雷文集》，人民出版社2013年版，第301页。

极端反对的西山会议提出条件现在要由革命分子占大多数的中央会议提出而通过？革命分子的苦心不仅是要维持广东政局并且希望革命的结合能长久继续下去以完成国民革命的工作。"①

第四，没有了共产党员加入的国民党，将失去革命势力的联合，就不再是一个能领导国民革命的党。"假定共产分子都遵令退出了国民党后，是否国民党内就不会发生问题？这是一个很大的疑问。我想如果共产分子被攻击而退出后，……其结果将重新恢复民国十三年改组以前的国民党的情形。那时国民党已不是一个革命的结合而只是一个古董店，或者是一个衙门而已。简单说一句，那时国民党已不是一个能领导国民革命的党了。"②

文章的最后，张太雷回到"到底要不要国民党"的主题，明确提出自己的观点：排挤、打击共产党就是在毁灭国民党，使国民党失去革命领导中心的地位。

> "所以我们可以说攻击共产分子不是共产分子的问题而是国民党生死的问题，是整个儿国民革命的问题。……这是国民党本身最大的危险呵！我们是否要国民党来完成中国的国民革命？如果我们要，那么，我们要防止反动派更进一步要求的阴谋，如果国民党党员，一切革命分子，及人民不起来防止这种阴谋的实现，我们只能看见革命的结合破坏，国民党的势力衰落。我们一定要有决心，我们决不能一方面看着国民党被人毁坏而一方面仍旧高喊着'国民党万岁'！"③

当时在黄埔军校工作的阳翰笙回忆说，中山舰事件、整理党务案事件

① 《张太雷文集》，人民出版社 2013 年版，第 302 页。
② 《张太雷文集》，人民出版社 2013 年版，第 303 页。
③ 《张太雷文集》，人民出版社 2013 年版，第 303 页。

发生后，国民党右派气焰非常嚣张，"我们都憋着一口气。太雷同志的文章，在黄埔学生中引起很大的轰动，我们读后都觉得说得痛快。这篇文章长了国民党左派的志气，给我们党出了一口气。文章打中了蒋介石的要害，蒋介石恨得咬牙切齿。……自以为大权在握，老虎屁股摸不得，就自己跳出来，赤膊上阵，对太雷同志破口大骂"①。

6月28日，蒋介石在黄埔军校大礼堂对全体学生训话时，声色俱厉地谩骂张太雷，指责张太雷的文章破坏国共两党关系、引起两党恶感。张太雷得知后，并没有为蒋介石的权势所吓倒。8月12日，他在《人民周刊》第18期上发表《关于蒋介石同志对"要不要国民党"误会之解释》一文，在回击蒋介石指责的同时，进一步阐释自己的观点。

关于没有共产党员的国民党是否还革命的问题，张太雷指出，"国民党里面除了共产分子之外还有真正信仰孙文主义的左派分子，他们是革命的国民党的台柱。""共产分子在国民党内与左派的结合，使革命政策能有坚强拥护，使左派势力日益发展，近年来国民党内左派势力之发展不能不说共产分子与有力焉。""同志们如果承认这事实，承认共产分子在国民党是帮助左派使其发展使其领导国民党，那末，我们就可知道攻击共产分子的问题是国民党本身的问题，是减少国民党内左派势力的问题，是国民党革命政策的问题。"②

关于国民党党内是否有势力排斥共产党党员的问题，张太雷指出："个个明眼的人都应承认现在在中国国民革命中在党中确有一派人自始至终是反对共产分子，无论那种解释，甚至中山先生亲自对他们解释都无用，无论那种办法，甚至五月十五的议决都不能满足他们，他们一定要共产分子出党。"张太雷还巧妙地暗喻蒋介石正在排挤共产党党员："至于介

①　人民出版社编辑部编：《回忆张太雷》，人民出版社1984年版，第49页。
②　《张太雷文集》，人民出版社2013年版，第361页。

石同志把认为是我说的话牵连到他在黄埔劝学生脱离共产党的演说，那格外使我承当不起破坏介石同志团结黄埔计划的大罪名。我做文章时实在没有知道介石同志有要 C.P. 退出共产党的建议，因为我的文章做在先，本刊十四期出版在先。"[1]

文章的最后，张太雷强调《人民周刊》的办刊宗旨就是为国民革命谋利益，就是为民众说话，为革命说话，就是要批评对革命利益或民众利益有妨害的言行。"批评不是说一定是对的，但是有了批评就不妨使我们重新审查一下，我们过去与现在的行为与政策，这与革命前途是有益而无害的事。如果一说话就加以挑拨感情之罪，那末只有大家不说话才是对的。吾恐此非正当之道也！"[2]

张太雷与蒋介石的这场争论，在当时的广东影响很大。这场斗争揭露了蒋介石的反动面目，鼓舞了共产党员及革命人士与蒋介石为首的国民党右派斗争的斗志。

对于张太雷的文章，鲍罗廷没有明确表示不赞成，但是言语中对张太雷的行为略为不满，认为当前情况，只有稳定大局才是最紧要的。对于鲍罗廷将中山舰事件的责任推卸给广东区委的做法，张太雷有自己的理解。张国焘回忆说："张太雷向我解释，道出了鲍罗庭在这一件公案上所运用的苦心。他说三月二十日事变的发生，不能说是绝对不能避免的，但我们自己（指共产派全体）至少也有部分责任。如果归咎于莫斯科的政策或者俄顾问的作为，在国际上将有极恶劣的影响。如果说是鲍罗庭的错误，他亦将无法继续工作。只有说成是由于中共中央某一短暂时期的措施有所偏差，才是牵动不大的交代。"[3]

事实上，在上海的共产国际执委会远东局 9 月 22 日向联共（布）驻

---

[1] 《张太雷文集》，人民出版社 2013 年版，第 361—363 页。

[2] 《张太雷文集》，人民出版社 2013 年版，第 363 页。

[3] 张国焘著：《我的回忆》第 2 册，东方出版社 1991 年版，第 116 页。

共产国际执委会代表团提出，"鲍罗廷同志在如何对待我们总的对华政策
问题上为自己制定了一整套相当完整的与总的方针相背离的观点。……因
此他在这个岗位上也将是有害的"，进而提出，"撤换鲍罗廷同志并立即任
命一位认真负责的政工人员来接替这个岗位是非常必要的"。[1] 莫斯科对
此予以坚决回绝。联共（布）中央政治局在 10 月 20 日和 21 日召开会议，
不接受远东局关于召回鲍罗廷的建议，并进一步提出"征询国民党中央和
广州政府的意见，他们是否认为任命苏联驻广州政府的正式代表是合适
的，是否认为可以任命鲍罗廷同志担任这一职务"[2]。11 月 11 日召开的联
共（布）中央政治局会议作出决定，重申"让鲍罗廷同志直接听命于莫斯
科"，"责成远东局在就对华的政策问题、国民党问题和军事政治工作问题
作出任何决议和采取任何措施时都必须同鲍罗廷同志协商。如在这些问题
上发生意见分歧，则交由莫斯科解决。"[3] 由此可见莫斯科并没有因中山舰
事件而改变对鲍罗廷的信任。

6. 张太雷阐述北伐意见

北伐是孙中山多年的夙愿，但他的几次尝试均因主客观条件不成熟而
夭折。1925 年 7 月国民政府在广州宣告成立后，即乘第一次东征和平定
杨刘叛乱的胜利，着力于军事统一广东。同期，苏联军事顾问加伦于 9 月
中旬拟定《今后南方工作展望或曰 1926 年国民党军事规划》，提出："为
国民革命运动着想，现在重新提出北伐和进军长江的主张，不仅是现实

---

[1] 中共中央党史研究室第一研究部译：《共产国际、联共（布）与中国革命档案资料丛书》
第 3 卷，北京图书馆出版社 1998 年版，第 530 页。

[2] 中共中央党史研究室第一研究部译：《共产国际、联共（布）与中国革命档案资料丛书》
第 3 卷，北京图书馆出版社 1998 年版，第 586—587 页。

[3] 中共中央党史研究室第一研究部译：《共产国际、联共（布）与中国革命档案资料丛书》
第 3 卷，北京图书馆出版社 1998 年版，第 623—624 页。

的，而且是必要的。"① 他设想在 1926 年下半年开始北伐，将政治中心从广东移到以汉口为中心的长江流域。"国民党进抵长江并占领汉口，使国民党得以占据国内的一个工业中心，这将是对国民革命运动的促进，并由此引起整个时局的突变，这样，北伐对于中国国民革命运动的种种好处，在目前甚至是难以估量的。"②

广州的国民党人乐于接受加伦的意见，并且跃跃欲试。在 1926 年 1 月召开的国民党二大上，蒋介石、汪精卫等国民党要人均表示要通过北伐统一全国。蒋介石在会议期间提交提案，提出"现革命根据地之广东，将近统一，革命基础逐渐巩固，行将秣马厉兵，出定中原"③。汪精卫在国民党二大的闭幕词中，提出大会以后至第三次全国代表大会，国民党所做的工作就是统一全国。对此，鲍罗廷在国民党二大上，做了同样的表态，"我们希望此第二次全国代表大会闭会之后一年内的工作能够猛进到了第三次全国代表大会是要在北京开的，至少也须在南京或武昌开会"④。

中国共产党对北伐也持积极态度。中共中央在 1926 年 2 月下旬在北京召开特别会议，在分析了国内形势后提出，"现在的时局，实在是中国革命的生死存亡的关头。固然应该在北方努力集中一切革命势力来抵御帝国主义的反攻，然而根本的解决，始终在于广州国民政府北伐的胜利，才能使全国人民得着必需的保证，……本党现时最主要的职任，实在是各方

---

① ［苏］А. И. 卡尔图诺娃著：《加伦在中国（1924—1927）》，中国社会科学院近代史研究所翻译室译，中国社会科学出版社 1983 年版，第 214 页。

② ［苏］А. И. 卡尔图诺娃著：《加伦在中国（1924—1927）》，中国社会科学院近代史研究所翻译室译，中国社会科学出版社 1983 年版，第 223 页。

③ 中国第二历史档案馆编：《蒋介石年谱（1887—1926）》，九州出版社 2011 年版，第 458 页。

④ 中共中央党史研究室第一研究部编：《共产国际、联共（布）与中国革命档案资料丛书》第 5 卷，北京图书馆出版社 1998 年版，第 26—27 页。

面的准备广州国民革命势力的往北发展"①。

然而，莫斯科方面的态度最初比较消极。1925年12月3日，联共(布)中央政治局遵照斯大林的指示，"认为广州人拟议中的北伐在目前时刻是不能容许的。建议广州人将自己的精力集中在内部的巩固上"②。中山舰事件发生后，莫斯科对中国的整体形势作出了悲观的判断，在此基础上，继续反对北伐。1926年4月15日，联共（布）中央政治局会议决定采纳斯大林提出的电报稿，以联共（布）中央名义致电加拉罕："中央最近关于不希望广州军队在广州以外进行军事远征而要把广州的力量集中在巩固内部政权以及军队工作上的指示应当不折不扣地执行。"③共产国际执委会远东书记处也于4月27日作出决定，不允许广州政府在目前进行北伐。"关于'北伐'问题，应致函中共中央，说明目前提出广州进攻的问题无论从政治角度还是从宣传角度来说都是根本错误的。"④

事实上，经过中山舰事件和整理党务案事件，国共两党已经不可能再回到合作之初的"友好"状态，但国共两党仍然都不够强大，均需要借助对方力量发展壮大自身，还没有发展到彻底破裂，甚至拔刀相向的程度。北伐也就成了各方势力都能接受的缓和争斗、向外转嫁矛盾的一种方式。同时，北伐也为各方势力谋求更大的发展创造了条件和机会，北伐已然成为广州的一个热门话题。

5月初，吴佩孚的军队攻入湖南，率部退守衡阳的唐生智向广州政府

---

① 中央档案馆编:《中共中央文件选集》第2册，中共中央党校出版社1989年版，第56—57页。

② 中共中央党史研究室第一研究部译:《共产国际、联共(布)与中国革命档案资料丛书》第1卷，北京图书馆出版社1997年版，第742页。

③ 中共中央党史研究室第一研究部译:《共产国际、联共(布)与中国革命档案资料丛书》第3卷，北京图书馆出版社1998年版，第202—203页。

④ 中共中央党史研究室第一研究部译:《共产国际、联共(布)与中国革命档案资料丛书》第3卷，北京图书馆出版社1998年版，第228页。

请求援助。5 月 10 日，国民政府召开军事委员会会议，决定应唐生智的请求，出师入湘。5 月 17 日，国民政府公布唐生智为第八军军长兼北伐前敌总指挥的任命。5 月 20 日，第四军所辖叶挺独立团和第七军一部作为先头部队入湘援唐，就此拉开了北伐战争的序幕。6 月 4 日，国民党中央执行委员会临时会议通过"迅速北伐、任命蒋中正为国民革命军总司令"决议案。7 月 1 日，蒋介石发表北伐总动员令，宣告北伐正式开始。7 月 9 日，国民党在广州举行北伐誓师典礼。7 月 14 日，国民党中央发表《为国民革命军出师宣言》，提出："中国人民一切困苦之总原因，在帝国主义者之侵略及其工具卖国军阀之暴虐，中国人民之唯一的需要在建设一人民的统一政府。……本党为实现中国人民之唯一的需要——统一政府之建设——为巩固国民革命根据地，不能不出师以剿除卖国军阀之势力。"① 鲍罗廷参与了宣言的起草与修订，由于蒋介石的反对，宣言并没有提及鲍罗廷所主张的关于土地的政纲和政策。

6 月 19 日，共产国际执委会远东局在上海正式成立。如何贯彻莫斯科阻止北伐的意图成为远东局的紧迫任务。在北伐战争已经实际开展的情形下，由维经斯基、拉菲斯、格列尔、福京组成的远东局俄国代表团作出决定："认为在广州内部业已形成的形势下举行北伐是有害的"② 。鉴于中共中央"总的情绪又主张进行北伐"③ ，为此，维经斯基劝说陈独秀改变支持北伐的态度。

正是在此背景下，7 月 7 日，陈独秀在《向导》上发表了著名的《论国民政府之北伐》一文，主要观点是，当前的北伐"是南方的革命势力向

---

① 荣孟源主编：《中国国民党历次代表大会及中央全会资料》上，光明日报出版社 1985 年版，第 254 页。

② 中共中央党史研究室第一研究部译：《共产国际、联共(布)与中国革命档案资料丛书》第 3 卷，北京图书馆出版社 1998 年版，第 307 页。

③ 中共中央党史研究室第一研究部译：《共产国际、联共(布)与中国革命档案资料丛书》第 3 卷，北京图书馆出版社 1998 年版，第 321 页。

北发展，讨伐北洋军阀的一种军事行动，而不能代表中国民族革命之全部意义"，"中国民族革命之全部意义，是各阶级革命的民众起来推翻帝国主义与军阀以自求解放：全民族经济解放，尤其是解除一般农工平民迫切的困苦。"①

在陈独秀看来，当前的北伐基本没有考虑到民众的利益，"若其中夹杂有投机的军人政客个人权位欲的活动，即有相当的成功，也只是军事投机之胜利，而不是革命的胜利。""在上述情形之下，所谓革命军事行动的北伐，现在尚未成问题"。因此，"现时国民政府的职任，已经不是北伐而是'防御战争'，广东民众的口号，也已经不是响应北伐而是'防御战争'，全国民众的口号，也已经不是响应北伐而是'拥护革命根据地广东'！"。②

这篇文章的"基调是由远东局和中央共同拟定的"③。应该说，陈独秀的北伐观，同共产国际方面对北伐的理解基本相同，强调了战争的人民性特征。他对蒋介石等"投机军人政客"利用北伐扩充自己实力的揭示是颇为深刻的，后来的事实也不幸被其言中。但是，在北伐伊始，陈独秀以其中共中央最高领导人的身份公开提出反对意见，自然招致国民党右派势力的攻击，在国共依然合作且党权掌握在蒋介石新右派手中的前提下，这种公开表态使中国共产党在政治上一度陷入被动局面。

文章发表后，广东一片哗然，在国共两党内部引起轩然大波。国民党中派、新右派均表示不满。蒋介石指责陈独秀诽议北伐，"其意在减少国民党信仰，而增进共产党地位"④。"顾孟余在中央宣传委员会开会时直

---

① 任建树主编：《陈独秀著作选编》第 4 卷，上海人民出版社 2014 年版，第 105 页。
② 任建树主编：《陈独秀著作选编》第 4 卷，上海人民出版社 2014 年版，第 105—106 页。
③ 中共中央党史研究室第一研究部译：《共产国际、联共（布）与中国革命档案资料丛书》第 3 卷，北京图书馆出版社 1998 年版，第 472—473 页。
④ 中国第二历史档案馆编：《蒋介石年谱（1887—1926）》，九州出版社 2011 年版，第 580页。

斥仲甫同志有意挑拨人民与国民政府之感情；张静江则请包同志（即鲍罗廷——引者注）劝仲甫勿再作这类文章；黄埔特区党部则提出中央党部控告，并禁止同学购阅向报，左倾分子不赞成，竟至用武。……最后勉强敷衍的由主席张静江写一信给仲甫结束此案。"①

　　此时的鲍罗廷在广州已经不再享有中山舰事件之前的那般尊崇，在大权在握的蒋介石面前，鲍罗廷以迁就、退让谋求场面上的"和谐"。他不愿在北伐问题上激化与蒋介石的矛盾，对莫斯科的指示采取了虚与委蛇的应对。鲍罗廷认为陈独秀虽然说出了一些民众的意见，但是制造了麻烦和纠纷。他在8月16日与前来广州的共产国际执委会远东局维经斯基等人的会议中提出，"现在我们支持北伐，甚至广泛地宣传北伐，但同时又对它采取批评态度。从陈独秀的文章中可以得出，我们不支持北伐，而只是批评北伐。……这种方针可能导致同国民党和蒋介石的冲突"②。维经斯基则维护陈独秀主张的正确性，认为"这个方针阐述了党对北伐的唯一正确的立场"，同时认为"策略性地运用这一政治上正确的方针问题要复杂得多"③，赞同鲍罗廷说的不要在广东展开广泛的斗争战线。远东局委员拉菲斯提出，陈独秀文章的价值在于"在北伐问题上它使党的注意力转到内部反革命的危险上"④，具有重大政治意义。随后参会的张太雷在8月19日的发言中有条件地支持了鲍罗廷。对于蒋介石，张太雷提出："可以批评，但要谨慎。应当在军队中、在国民党内、在半红半黄的五金工人那里

① 中央档案馆编：《中共中央文件选集》第2册，中共中央党校出版社1989年版，第347—348页。

② 中共中央党史研究室第一研究部译：《共产国际、联共（布）与中国革命档案资料丛书》第3卷，北京图书馆出版社1998年版，第388—389页。

③ 中共中央党史研究室第一研究部译：《共产国际、联共（布）与中国革命档案资料丛书》第3卷，北京图书馆出版社1998年版，第392页。

④ 中共中央党史研究室第一研究部译：《共产国际、联共（布）与中国革命档案资料丛书》第3卷，北京图书馆出版社1998年版，第393页。

集合所有不满的人。"①彭述之在他的回忆中指出，张太雷等人在中山舰事件后"对蒋介石都是不信任的，反感的，甚至歧视的"，但他们赞同鲍罗廷的意见，"认为这只是一种纯粹的策略（tactics）或手段（means）"，当形势有利时，就要转过来反对和清算蒋介石。②

几乎与陈独秀发表文章的同时，张太雷在 7 月 8 日的《人民周刊》第 16 期上发表了《此次广东出师之意义》。如果说陈独秀文章代表了中共中央的基本态度，那么张太雷文章则基本反映了广东区委对北伐的看法。

张太雷文章在认同北伐已经启动的事实基础上，阐述北伐的目的与意义。首先，文章阐释在广东统一之后，政府没有如广东人民所愿去剿灭土匪、建筑道路、振兴实业，而是出师北伐。这当然不是"穷兵黩武"，而是面对吴佩孚军队南侵的反击，因此，这次的出师"是为保护广东的和平与为扫除广东进步的障碍"，"不是进攻的而是防御的"，"这在战略上说，即'为防御而进击'"。③

其次，文章阐述了北伐的第二个目的，即打败吴佩孚、扩大革命的势力范围，具有全国国民革命的性质。"如果在进攻危害广东的吴佩孚势力的时候我们能取得湖南江西湖北，……革命基础扩大了，革命势力膨胀了，我们距离革命成功的日子亦更近了，中国国民革命一定要在全国革命后才能成功，……所以扩大革命基础亦是此次出师之重要目的。"文章进而畅想了国民革命军占领武汉后与国民军共同行动、完全消灭吴佩孚张作霖势力而实行统一的愿景，"这亦是此次出师之更进的希望了"。④

再次，文章分析了北伐胜利的条件，指出这次出师是有十分的胜利把

---

① 中共中央党史研究室第一研究部译：《共产国际、联共（布）与中国革命档案资料丛书》第 3 卷，北京图书馆出版社 1998 年版，第 406 页。

② 程映湘编：《彭述之回忆录（下卷：中国的第二次革命和托派运动）》，天地图书有限公司 2016 年版，第 109 页。

③ 《张太雷文集》，人民出版社 2013 年版，第 330—331 页。

④ 《张太雷文集》，人民出版社 2013 年版，第 331—332 页。

握。"国民革命军八军可出十万以上的雄兵作战，指挥统一，主干军队受过政治教育，故常以一当百，这在广东数次战争中为人人所共见者，革命军到处帮助人民，故人民亦帮助革命军，所以革命军有人民之合作十万当以百万计。……吴佩孚军队所过地点必遭当地人之袭击，而革命军到处都受欢迎，一路的农民工人必能为之向导，为之运输；……两相比较，此次出师必操胜算，夺取武汉，必为意中事。"①

最后，文章概括了全文的主旨：

> "我们的结论是：广东此次出师是为保卫广东；革命军因保卫广东而进取武汉，以扑灭祸粤之吴佩孚势力；革命基础因此而巩固并扩大；所以广东与全国的民众应一致赞助广东此次的出师；革命军因为人民的赞助所以是一定胜利的。"②

张太雷的文章通篇谨慎乐观，既表明了广东区委对北伐的支持态度，同时也向广大民众宣传了北伐的目的与意义，起到了良好的宣传效果。

7月中旬，中国共产党中央扩大执行委员会会议（即四届三中全会）在上海召开。张太雷与陈延年、周恩来等人赶赴上海参会。或许是受维经斯基、陈独秀的影响，这次会议并没有就北伐问题作出任何决议。同期，北伐军攻占长沙，蒋介石、白崇禧、加伦等组成的北伐军总部由广州出发，赶赴前线。为了统一党内认识，7月31日，中共中央发布第一号通告，阐述"反吴战争中我们应如何工作"，开始纠正此前不够积极的态度。在谈到北伐的意义时，通告提出，"我们并不是反对北伐，是赞成北伐，尤其在现时广东北伐更为必要。……不过我们虽极力赞助广东政府之出兵，

---

① 《张太雷文集》，人民出版社 2013 年版，第 332—333 页。

② 《张太雷文集》，人民出版社 2013 年版，第 333 页。

同时须预防过分宣传北伐之流弊：1.令民众坐待北伐军之到来而自己不努力工作；2.对北伐预有过分之希望而终于失望；3.为北伐而先牺牲民众之自由利益。所以当具体指出现时广东政府出兵的性质，提出我们独立的政治主张，而不可笼统的宣传北伐"①。

根据上述中央有关精神，张太雷相继在《人民周刊》第17期、第18期上发表关于北伐的两篇文章——《此次出师与人民的自由》和《独秀的意见是对的》，进一步阐发中国共产党关于北伐战争中的人民利益问题的观点。

张太雷指出，此次北伐，无论是防御广东，还是讨伐吴佩孚，都应当是为人民谋利益的，这也是革命军队与军阀军队的不同之所在。"革命军既然为人民利益而出师，那么他一切的行动都要证明给人民看确实是为人民的利益。不然，人民就容易误会出师的目的，而因此对之采取漠不关心的态度，或甚至表示不满。"为此，张太雷呼吁广州国民政府要信任人民，要给人民以自由。"为使北伐有伟大的势力起见，我们一定把人民对于北伐的兴趣提高；保证人民完全自由，就可以提高人民对北伐的兴趣。在北伐期间，在国民革命的进行中，人民应有自由发表意见，自由组织团体，自由活动改善他们生活之机会。然后人民才有势力，革命才有基础。"②

针对蒋介石、张静江等人对陈独秀文章的不满与责难，张太雷对此作了有力的辩护。他指出："独秀同志这篇论文中有两点：一，指出对于这次北伐的意义应有真确的认识；二，指出国民政府必须北伐与民众利益双方兼顾。"张太雷再次强调北伐战争必须维护人民的利益，否则与军阀战争无异，也是不会成功的。"只有轻浮之辈看得革命事业太容易，以为这

---

① 中央档案馆编：《中共中央文件选集》第2册，中共中央党校出版社1989年版，第268页。

② 《张太雷文集》，人民出版社2013年版，第343、348页。

一次军事行动就可以完成国民革命了。""打倒军阀决不是完全靠武力所能打倒的，一定要有人民的势力起来代军阀执政，然后才能保障军阀不再起来。至于打倒帝国主义就更是一件难事了，更非全国人民一致合力不可。""至于独秀同志所说北伐时间中民众利益必须顾及，尤为个个革命党人所应注意的。北伐的目的在保卫人民利益，所以在北伐期间决计不可疏忽人民利益。""革命的同志们！不要听了独秀同志的忠告而动气！非但不应动气，更应反省一下我们的错误而设法更正之。"①

张太雷对于北伐的阐释，既坚持了中国共产党一切为了人民的宗旨原则，同陈独秀一样强调北伐战争中的人民利益问题，同时又对北伐战争的发动持积极乐观态度，从而在国共两党之间、鲍罗廷与陈独秀之间，起到了非同小可的调和作用，对于缓和各方矛盾，顾全大局，发挥了重要作用。

三、武汉时期的鲍罗廷与张太雷

北伐军在湖南告捷后，根据加伦建议，对江西孙传芳取守势，集中兵力向湖北进军，打击吴佩孚。8月22日，北伐军攻占岳阳，随后于8月27日、30日攻占汀泗桥、贺胜桥，重挫吴军主力。9月上旬，北伐军兵分三路进攻武汉。9月6日攻下汉阳，7日收复汉口，10月10日对武昌发起总攻，将围攻40天之久的武昌城一举攻克。吴佩孚的主力被消灭，两湖战场取得决定性的胜利。

随着北伐的胜利进军，苏联及共产国际开始调整态度，转而支持广州国民政府的北伐战争。正如布勃诺夫所言："如果说半年前放弃北伐是完全正确的，那么现在北伐的条件已经成熟，应当为此作好准备，以便半年

---

① 《张太雷文集》，人民出版社2013年版，第357—359页。

至一年后向北推进。"①

1.迁都武汉

随着北伐军向长江流域挺进，国民政府控制区域日益扩大，迁都问题提上日程。同时，蒋介石开赴北伐前线后，留在广州的国民党左派力量以及中国共产党人开始考虑如何限制蒋介石的权力，防止其军事独裁问题。鲍罗廷在中山舰事件后虽然接受了蒋介石排挤共产党人的现实，但他将这种妥协视为暂时的策略，准备寻找各种机会反制蒋介石，重新控制局面。他也是以此劝说中共广东区委放弃反击的主张。10月19日，在鲍罗廷指导下，国民党中央执行委员会在广州举行会议，通过了包括提出二五减租、授权组织农民自卫军在内的激进纲领，同时，邀请汪精卫回国，希望以汪制蒋。

蒋介石本想借北伐巩固已取得的党政军各种权力，当他发现广州的迎汪举措后，便提出迁都武汉的建议。9月15日，鲍罗廷在广州致电加拉罕、陈独秀和维经斯基，提到："我刚接到蒋介石的电报，他建议一些中央委员和国民政府成员去汉口。他也请我立即去那里，他担心那里会出现政治上的麻烦。"② 对蒋介石的用意，鲍罗廷看得很清楚，"蒋请我们到汉口去，为的是以国民政府和中央在当地的声望帮助他保持住政权"，一方面震慑在军事上控制湖北的唐生智，因为唐生智的第八军在攻克两湖后已扩充到10个师，对蒋介石的地位构成严重威胁，另一方面，削弱广东业已兴起的"有利于汪精卫回来的运动"③。鲍罗廷虽然在蒋唐之间更愿意帮助蒋介

---

① [苏]亚·伊·切列潘诺夫著：《中国国民革命军的北伐——一个驻华军事顾问的札记》，中国社会科学院近代史研究所翻译室译，中国社会科学出版社1981年版，第333页。

② 中共中央党史研究室第一研究部译：《共产国际、联共(布)与中国革命档案资料丛书》第3卷，北京图书馆出版社1998年版，第495页。

③ 中共中央党史研究室第一研究部译：《共产国际、联共(布)与中国革命档案资料丛书》第3卷，北京图书馆出版社1998年版，第495页。

石，但在蒋汪之间"宁要汪精卫而不要他"①，因此，并没有立即支持蒋介石的迁都建议，而是把工作重点放在即将在广州召开的国民党中央与各地党部联席会议以及加强广东政权方面。

中共中央最初不同意蒋介石的迁都建议。9 月 20 日，中共中央发布《对于国民党十月一日扩大会的意见》，明确提出反对国民政府迁移武汉，建议汪蒋合作，产生一个左派政纲，作为左派行动的标准，以及左派与共产党的合作条件。在 10 月 16 日国民党中央与各地党部联席会议讨论国民政府北迁案时，共产党代表联合国民党左派代表一致表示反对，会议最终决定国民政府仍暂设于广州。

11 月 7 日，北伐军攻克南昌，随后蒋介石将国民革命军总司令部移至南昌。随着江西战事的基本结束，粤、湘、鄂、赣四地已经连成一片，国民政府将要以武汉为中心向全国发展革命势力。同期，一些国民党要员李济深、张发奎、邓演达主张迁都，加伦从军事角度也力主革命中心迁移武汉，认为此举有利于北方问题的解决，不会与唐生智发生冲突。与此同时，鲍罗廷接到来自莫斯科方面指示，指示与 11 月 11 日联共（布）中央政治局会议上斯大林的决定有关，决定指出："鉴于有必要依靠湖北工人的同情和尽快成立华中的行政机构，认为现在在占领浙江和南昌的时候，可以不反对将国民政府和国民党中央迁至汉口。"②因此，鲍罗廷改变了之前暂缓迁都的意见，认为"我们有充分的准备在武汉建立自己的中央"③。

11 月 12 日，国民党中央政治会议作出了原则上迁都的决定。国民党中央党部、国民政府分别在 12 月 3 日、5 日停止办公。国民党中央和国

① 中共中央党史研究室第一研究部译：《共产国际、联共（布）与中国革命档案资料丛书》第 3 卷，北京图书馆出版社 1998 年版，第 496 页。

② 中共中央党史研究室第一研究部译：《共产国际、联共（布）与中国革命档案资料丛书》第 3 卷，北京图书馆出版社 1998 年版，第 624 页。

③ [苏] 亚·伊·切列潘诺夫著：《中国国民革命军的北伐——一个驻华军事顾问的札记》，中国社会科学院近代史研究所翻译室译，中国社会科学出版社 1981 年版，第 495 页。

民政府负责人分 4 批陆续前往武汉。

迁都事宜决定后，张太雷辞去广东区委委员、宣传部部长、《人民周刊》主编等职务，全力准备迁都工作。11 月 16 日，国民政府派代理外交部部长陈友仁、司法部部长徐谦、交通部部长孙科、财政部部长宋子文为调查委员，先行离粤北上武汉，作政府迁移准备。鲍罗廷、张太雷、宋庆龄、叶楚伧及苏联工作人员等 60 余人同行。他们先从广州黄沙车站乘火车到韶关，从韶关走陆路进入江西，再水陆并进，于 12 月 2 日抵达南昌。宋子文是这一批北上人员的负责人和组织者，有一个营的士兵在前后分别警卫，加上临时雇用的民伕，整个队伍行进起来前后长达三公里。①

张太雷负责鲍罗廷以及国民党要员行进过程中的具体事务。这些人多数乘坐轿子，一会儿夫役不足，一会儿轿子又不够，张太雷非常辛苦，"被这批高高在上、变化无常的首长们折腾得疲惫不堪"。② 在沿途的车站或城镇，都有当地卫戍部队组成的仪仗队迎送，人民群众喊口号和放爆竹欢迎政府人员，天气好时就会举行聚会，由政府成员在集会上演讲，向人民讲解宣传，让更多人了解到北伐的重大意义，并号召人民支持国民革命军的北伐战争，理解政府的迁都意图。随行的达林回忆说："部长和太太们，坐在轿子上由民伕抬着。鲍罗廷弄到一匹马骑着。……我的老朋友张太雷在行军。他走得消瘦了，脸颊塌陷了。在群众大会上，鲍罗廷用英语演说，他当翻译。"③

12 月 2 日，鲍罗廷等一行人抵达南昌后，受到当地群众的热烈欢迎，蒋介石于当晚举行洗尘宴会。12 月 3 日，举行南昌市民欢迎大会，蒋介

---

① ［苏］C. A. 达林著：《中国回忆录（1921—1927）》，侯均初等译，中国社会科学出版社 1981 年版，第 214—216 页。

② ［苏］阿·瓦·勃拉戈达托夫著：《中国革命札记（1925—1927）》，张开译，新华出版社 1985 年版，第 164 页。

③ ［苏］C. A. 达林著：《中国回忆录（1921—1927）》，侯均初等译，中国社会科学出版社 1981 年版，第 245—246 页。

石在会上称颂鲍罗廷是世界革命的领袖、中国革命的导师，鲍罗廷同样发表了演说，由张太雷担任翻译。鲍罗廷从沿途所见人民的困苦生活情形谈起，他说："江西物产是很丰富的，然而江西人民是很穷苦的，农民非常穷苦，商民也是穷苦，工人更是穷苦，……大多数的中国人，工作都是很勤的，全世界上都找不出这样勤俭劳苦的人民。"接着鲍罗廷指出中国人民穷苦的主要原因是"从满清到民国，专制政府把中国的土地卖给帝国主义者，把中国国际的地位弄得非常低落"，呼吁全体同志，拿起三民主义的武器，"在国民党领导之下，与国民革命军联合起来向前进，以实现三民主义"。①

12月4日至8日，鲍罗廷等人与蒋介石在庐山会谈，讨论迁都后的外交、财政、政治、军事等问题。会后，鲍罗廷一行从九江乘船溯江而上，于12月10日抵达武昌。

时任中共湖北区委书记的张国焘稍后去武汉鲍公馆拜访鲍罗廷时，从张太雷那里得知鲍罗廷抵达武昌后的情形。鲍罗廷下船后即同迎接他的唐生智一同前往唐生智的总指挥部进行会谈，由张太雷从旁翻译。"鲍罗庭劈头便向唐生智说：'谁能忠实履行孙中山先生的主张，就能成为中国最伟大的人物。'唐生智听了这句话，似乎喜出望外，将身体扭动了几下，欣然回答道：'我愿意这样做。'鲍罗廷接着说了一些如何忠实履行孙中山先生主张的话，不着痕迹的将他已不信任蒋，转而将信任唐的意向表示出来。唐生智因而向鲍罗庭恳切表示：'一切愿听指挥。'"对此，张太雷感叹道："鲍罗庭真有几手，一席话便把唐生智收服了。"② 鲍罗廷此时已有了联唐抑蒋的考虑。

12月11日，汉口各界举行规模浩大的欢迎大会。鲍罗廷、宋庆龄、

---

① 《张太雷文集》，人民出版社2013年版，第537—540页。
② 张国焘著：《我的回忆》第2册，东方出版社1991年版，第167—168页。

徐谦、陈友仁、孙科、唐生智等要人出席并进行演说。12 月 13 日，先行抵达武汉的国民党要员举行谈话会，主要内容是商议迁都之后中央机关的工作。鲍罗廷提议成立国民党中央执行委员及国民政府委员临时联席会议，在中央党部、国民政府未到之前，代行最高职权。此提议得到与会者的赞同，徐谦被推举为主席，鲍罗廷为顾问。随后联席会议迁至汉口南洋大楼办公，鲍罗廷、张太雷随之在南洋大楼居住并办公。

1927 年 1 月 1 日，武汉临时联席会议正式开始工作，发布"确定国都，以武昌、汉口、汉阳三城为一大区域，作为京兆区，定名武汉"[①] 命令。历史进入了武汉国民政府时期。

蒋介石最初并不反对武汉临时联席会议的设立。不久，当他察觉到武汉临时联席会议有可能在鲍罗廷的操纵下威胁到他的权力时，便采取了抵制联席会议的举措，他将部分国民党中央委员和国民政府委员截留在南昌。1 月 3 日，蒋介石、张静江、谭延闿等中央执行委员在南昌召开中央政治会议临时会议，决定中央党部及国民政府暂驻南昌。蒋介石将此决定电告鲍罗廷，邀请鲍罗廷等人到南昌面商。

武汉方面，虽然徐谦等人提出变通方案，即可以组织政治分会，但南昌的国民党要员需到武汉商议迁都的地点问题，蒋介石却只要求在武汉设立政治分会，拒绝迁都武汉。其结果，自然遭到武汉方面的拒绝，由此引发了鄂赣两地的"迁都之争"。

1 月 13 日，联共（布）中央政治局会议决定，允许鲍罗廷赴南昌做蒋介石的劝说工作，"可以同意总司令本人和司令部因前线关系驻在南昌，但国民政府和中央则驻在武汉。"[②] 联共（布）中央政治局的这一决定，不仅电告鲍罗廷，而且通过在莫斯科的邵力子向蒋介石进行转达。

---

① 武汉市江汉区地方志编纂委员会编：《江汉区志》，武汉出版社 2007 年版，第 931 页。

② 中共中央党史研究室第一研究部译：《共产国际、联共（布）与中国革命档案资料丛书》第 4 卷，北京图书馆出版社 1998 年版，第 66 页。

在此前一天，1 月 12 日，蒋介石已经抵达武汉，试图争取武汉人员返回南昌。武汉方面于当晚为蒋介石举行欢迎宴会。会上鲍罗廷直言不讳地批评有军人摧残党权，要求蒋介石尊重武汉方面的意见。他对蒋介石说，"我不是个别将军的顾问，而是全体被压迫的中国人民的顾问……迄今为止我一直是同您一起搞革命的，迄今为止我们都在猛烈射击反革命，而现在却不得不换一种方式提问题……如果有人不想听我们的忠告，那么世界被压迫人民还是会需要我们的忠告的"①。陈公博回忆说，鲍罗廷甚至讲了个西方故事，一个古代的专制君主不听别人意见，不许大臣们讲话，大臣反驳说"只有狗是不会说话的"，以此暗喻蒋介石类似于专制君主。②蒋介石由此感到受到莫大羞辱，在当日的日记中写道："晚，宴会。席间受辱被讥，生平之耻，无逾于此！"武汉之行，使蒋介石与鲍罗廷之间的矛盾迅速激化，自恃拥有一定实力的蒋介石决意驱逐鲍罗廷。

1 月 22 日，蒋介石返回南昌后，与张静江等在南昌的部分中央执监委员致电武汉，声称"中央"已在南昌办公，要求武汉方面取消临时联席会议；武汉方面并不示弱，立即派出何香凝、邓演达、顾孟余前往南昌，督促在赣的国民党要员前往武汉。随着多位国民党要员前往武汉，蒋介石不再坚持迁都南昌，向武汉方面作出妥协。2 月 8 日，南昌政治会议同意中央党部、国民政府迁移武汉。

这场迁都之争，表面上是国民政府和国民党中央执行委员会驻地问题，而实际上是恢复以汪精卫为首的左派权力以及削弱蒋介石地位的问题，是各方势力博弈、争夺革命领导权的斗争。在这个过程中，鲍罗廷改变了此前对蒋介石妥协退让的态度，将国民党左派势力、共产党、武汉地区的反蒋势力在一定程度上形成合力，为最终取得迁都之争的胜利发挥了

---

① 　[苏] A. B. 巴库林著：《中国大革命武汉时期见闻录》，郑厚安等译，中国社会科学出版社 1985 年版，第 52—53 页。

② 　参见陈公博著：《苦笑录》，东方出版社 2004 年版，第 65 页。

中坚作用。

对于这场鲍罗廷与蒋介石在迁都问题上的斗争，莫斯科给予一定程度的支持。2月17日，联共（布）中央政治局会议作出相关决定：

> "我们认为国民党中央对蒋介石的方针是正确的。要采取措施，第一，不要突出鲍罗廷，免得人们认为这场冲突是鲍罗廷和蒋介石之间为争夺影响而进行的斗争；第二，不要把事态发展到与蒋介石决裂的地步，以蒋介石完全服从国民政府为限。"①

斯大林还是希望拉住蒋介石。为了表示对蒋介石的支持，他曾委托在莫斯科的邵力子向蒋介石转交他自己的照片。后来在得知蒋介石制造四一二政变后，斯大林立即向邵力子索回照片，理由是"如果蒋介石真的解除了工人自卫队的武装，我却把自己的照片送给他，工人们会怎样看我"②。

与此同时，蒋介石与张静江等人商议驱逐鲍罗廷事宜。在谭延闿、戴季陶等人建议下，蒋介石决定将驱鲍与联俄分离开来。2月22日至23日，蒋介石在九江与维经斯基谈话，指责鲍罗廷对南昌与武汉之间的纠纷负有大部分责任，"近来鲍开始执行分裂国民革命运动的政策。……我认为这不是共产国际的方针，……即使我现在反对鲍，也不等于我反对共产国际"③。蒋介石此时的羽翼尚未丰满，还不想失去苏联和共产国际方面的支持。

迁都之争以武汉方面的胜利告终，国民党左派势力为之一振，随后在

---

① 中共中央党史研究室第一研究部译：《共产国际、联共(布)与中国革命档案资料丛书》第4卷，北京图书馆出版社1998年版，第118页。

② 中共中央党史研究室第一研究部译：《共产国际、联共(布)与中国革命档案资料丛书》第4卷，北京图书馆出版社1998年版，第214页。

③ 中共中央党史研究室第一研究部译：《共产国际、联共(布)与中国革命档案资料丛书》第4卷，北京图书馆出版社1998年版，第133—134页。

武汉地区开展了提高党权的运动。2 月 22 日，武汉方面宣布结束临时联席会议，中央党部和国民政府在武汉正式办公。

3 月 10 日至 17 日，武汉方面在蒋介石、张静江缺席的情况下在汉口南洋大楼召开国民党二届三中全会。到会的中执监委委员 33 人，鲍罗廷和国民党左派掌控了这次会议。全会的中心议题是提高党权，把政治、军事、外交、财政大权从蒋介石手里合法地转移过来，防止蒋介石走向独裁。在党务方面，取消主席制，由汪精卫、谭延闿、蒋介石等 9 人组成中央常务委员会，在全国代表大会闭会期间，对于党务、政治、军事行使最终议决权；恢复政治委员会，汪精卫、谭延闿等 7 人组成主席团。在政府方面，孙科、徐谦等 5 人组成国民政府常务委员会。在军事方面，取消主席制，由汪精卫、唐生智、蒋介石等 7 人组成军事委员会主席团，处理军事日常事务。蒋介石此前担任的职位，如中常会主席、中央组织部部长、军人部部长，均被撤销或被替代，只保留国民革命军总司令一职，而总司令的权限也由全会通过的条例加以限制。

国民党二届三中全会的结果，大大削弱了蒋介石的权力，基本上恢复到了中山舰事件前国民党左派掌权的局面。3 月 15 日，武汉国民政府正式收回汉口、九江英租界，开辟了中国外交史上的新纪元。此后，工农运动持续高涨，国民革命不断发展，武汉地区笼罩在激昂、亢奋的革命气氛之中。

> "3 月和 4 月初，当武汉试图同蒋介石对抗时，那里似乎变成了世界革命的中心。一批激进的外国人聚集到这个城市，同那些曾在广州或莫斯科受过训练的中国人（多数人是共产党员）一起工作，使整个城市淹没在标语、海报、集会和示威之中。"[1]

---

[1] ［美］丹尼尔·雅各布斯著：《鲍罗廷——斯大林派到中国的人》，殷罡译，世界知识出版社 1989 年版，第 235 页。

2. 编辑《鲍顾问讲演集》

作为第一批迁至武汉的工作人员，张太雷刚到武汉时，曾和鲍罗廷一起住在"面临着一个大池塘的园林，周围绕着高墙，建筑类似城堡"[1] 的湖上园，临时联席会议迁至南洋大楼办公后，鲍罗廷等住在楼上，在第三层占有几间房[2]。

1 月中旬，张太雷与鲍罗廷一同迁居至汉口一元街 2 号的鲍公馆里。这里曾为德商美最时洋行大楼，是一幢三层楼（另有一底层）的西式建筑，对面是武汉国民政府外交部，往东几百米是江边粤汉码头。鲍公馆内部机构完整，可以很好地完成工作，第一层是国民党的宣传机关，政府出版的官方报纸——英文版《人民论坛》及与它相应的中文版《民国日报》，以及一个印刷所设在这里，由鲍罗廷和宋庆龄负责，张太雷曾一度协助。鲍公馆二楼主要是会客室，若有来访者，需要先出示瓷质或丝质红星，再由鲍罗廷秘书阿基莫娃通报。鲍罗廷的住处及办公室都在三楼，在武汉新的鲍公馆，张太雷继续担任鲍罗廷助手兼翻译，直至 1927 年春天担任中共湖北区委书记后才离开鲍公馆。

抵达武汉之后，张太雷依然十分忙碌，类似于当初他刚到广州工作时的情形，既是鲍罗廷的翻译，也是鲍罗廷同外界进行联系与交往的工作助手。其间，张太雷还要陪同鲍罗廷在武汉各地进行演说，宣传革命思想。

社会各界对于鲍罗廷等人的到来表示热烈欢迎，经常邀请他前去演说，地点不仅在礼堂，还可能在工厂、在露天主席台，并且要面对十几万民众的集会，场面十分隆重。这些都需要张太雷陪同，进行同程翻译。时

---

[1] 张国焘著：《我的回忆》第 2 册，东方出版社 1991 年版，第 242 页。

[2] ［苏］维什尼亚科娃—阿基莫娃著：《中国大革命见闻（1925—1927）——苏联驻华顾问团译员的回忆》，王驰译，中国社会科学出版社 1985 年版，第 226—227 页。

为中共湖北区委委员的罗章龙回忆说，在庆祝收回英租界的群众大会上，"鲍罗廷站在所居楼房的阳台上发表演说。鲍严词指责英帝国主义者为国际海盗（International Bandit），各国外交官听了，为之骇然。太雷在旁作翻译，当时没有麦克风等扩音设备，但太雷声音洪亮，传达中国工人的最强音，群众听了非常鼓舞，欢声雷动。"①

在鲍罗廷的演说中，反复宣传的是中国为什么要革命，怎样进行革命，国民党的使命是什么。鲍罗廷说："革命（一）就是使中国人民生活状况好起来；（二）建立一个好的政府；（三）使中国独立，打倒帝国主义，脱离帝国主义的压迫。"②他认为，国民党在现阶段的工农运动面前，没有担负起应有的责任。"有许多同志对于蓬勃的群众运动非常乐观，而对于党（指国民党——引者注）的现状则很悲观。同志们所以有这种观念，是因为事实已经给我们看到，党不在运动的前面，而在运动的后面，党所做的事情是跟在群众的后面，而没有站到群众的前面领导群众向前进行。"③鲍罗廷这一时期的演说，呈现的是他亲身经历中国革命的一些感受和思考，尤其关涉武汉时期所面临的国民革命问题。随后，汉口民国日报馆将其1926年12月至1927年1月在南昌、武汉两地的9篇讲演记录稿，整理编辑后以《鲍顾问讲演集》之名于1927年4月出版。

上述鲍罗廷的讲演均由张太雷翻译，瞿秋白的弟弟瞿景白记录。张太雷特意为《鲍顾问讲演集》撰写了"编者序言"。对于该讲演集，张太雷认为只是收入了鲍罗廷来华后大量讲演中的极小部分，没能将其之前的大

---

① 人民出版社编辑部编：《回忆张太雷》，人民出版社1984年版，第70—71页。

② 中国社会科学院现代史研究室编：《鲍罗廷在中国的有关资料》，中国社会科学出版社1983年版，第184页。

③ 中国社会科学院现代史研究室编：《鲍罗廷在中国的有关资料》，中国社会科学出版社1983年版，第173页。

部分讲演稿收集起来，因此深感遗憾。在"编者序言"中，张太雷总结了鲍罗廷来华 4 年的"积极活动"，高度评价了他对中国革命作出的"极大"贡献：

> "鲍罗廷同志是一位俄国的老革命党，……他在中国国民革命运动中亦已有四年的积极活动。四年前他到中国来是因为中山先生请他来帮助改组中国国民党的。他对于国民党的改组是有极大的贡献。……中山先生曾对他的信徒讲：凡是关于政治的，应当听鲍同志的指导。……自中山先生逝世后，他以党与国民政府顾问的资格帮助国民党及国民政府统一广东及进行北伐。他不仅是做党与政府顾问对于内政及外交有极大的贡献，他并且与民众运动有亲密的关系，给民众运动以好的指导。……鲍同志，他是最欢喜与民众说话的。他在广州的时候常常到群众会议去演讲。他说的话对于民众运动及一般革命运动，都是极有关系的。"[①]

张太雷还结合当时中国革命面临的紧迫问题，特别强调了鲍罗廷有关农民问题的思想认识。"中国国民革命是一个农民革命（土地革命）；中国国民革命一定要铲除了帝国主义，军阀，及一切反革命的基础——农民所受的残酷的剥削，方能真正成功——这是鲍同志很早就发表的意见。……到现在很多革命的同志认识了这个问题，这实在给与了中国国民革命以清楚的途径，及给与了中国农民运动以极大的推动力。这本小册子中的几篇演说对于这土地问题有详细的说明。所以鲍同志这本演说集的出版应该对于革命同志们有所裨益。"[②]

---

① 《张太雷文集》，人民出版社 2013 年版，第 486 页。
② 《张太雷文集》，人民出版社 2013 年版，第 487 页。

《鲍顾问讲演集》的编辑出版，是对鲍罗廷4年多来在华生涯的主要思想的总结，对于研究鲍罗廷的思想及共产国际在华政策具有重要的史料价值。

3. 共产国际执委会第七次扩大会议

随着北伐的胜利进军，中共中央也在考虑如何扩大和深化革命的问题。1926年11月5日至6日，共产国际执委会远东局和中共中央在上海召开联席会议。陈独秀在会上大讲农民问题和土地问题的政纲。他意识到在农民问题上同国民党的复杂关系，提出了领导农民运动的三种政治组织："（1）共产党人和国民党左派一起在国民党的旗帜下领导农民；（2）改组国民党，保留其名称，但实际上是工农的国民党；最后，（3）在共产党人领导下的新党，即工农党。"① 在这里，陈独秀实际上提出了未来"改组"国民党的问题，但这种"改组"仍然立足于中国共产党与国民党左派之间的联盟。为此，他强调，"现在我们无论如何必须保持同国民党左派的联盟"，"应当不急于选择新的组织形式"。②

维经斯基认为，在现阶段的革命运动中，采取"真正的革命策略"非常困难，"一方面要冒陷入机会主义的危险，另一方面又要冒过左和破坏必要的民族革命统一战线的危险"，"必须发展农民运动但同时又不破坏与国民党的统一战线"。③ 为此，他致信莫斯科请求指示。

事实上，远在莫斯科的共产国际领导人已经在畅想中国革命的前途。1926年11月22日至12月16日，共产国际召开执行委员会第七次扩大

① 中共中央党史研究室第一研究部译：《共产国际、联共（布）与中国革命档案资料丛书》第3卷，北京图书馆出版社1998年版，第611页。
② 中共中央党史研究室第一研究部译：《共产国际、联共（布）与中国革命档案资料丛书》第3卷，北京图书馆出版社1998年版，第611—612页。
③ 中共中央党史研究室第一研究部译：《共产国际、联共（布）与中国革命档案资料丛书》第3卷，北京图书馆出版社1998年版，第618—619页。

会议（以下简称"第七次扩大会议"），中国问题是这次会议的中心问题之一。北伐战争的胜利进行，以及由此产生的中国国民革命所呈现出的气势磅礴的发展势头，与苏联、共产国际倾力发展的欧洲革命的低沉形势形成鲜明对比，自然引起莫斯科的高度关注。与此同时，国民革命的发展，特别是革命阵营内部不断激化的矛盾，自然将革命的前途问题提到议事日程上来。

会议历时 25 天，开会 28 次，由于联共（布）党内开展了针对托洛茨基、季诺维也夫、加米涅夫等反对派的斗争，这次会议解除了季诺维也夫执委会主席的职务，由布哈林作政治报告。谭平山和邵力子分别代表中国共产党和国民党出席会议，谭平山作了关于中国问题的报告及讨论后的总结发言。

会议期间，斯大林于 11 月 30 日在共产国际执委会中国问题委员会会议上发表了《论中国革命的前途》的演说，为大会关于中国问题的决议定下了基调。斯大林重申了自己一贯主张的最符合苏联国家利益的中国革命的反帝性质，提出"中国革命既是资产阶级民主革命，又是把自己的锋芒指向外国帝国主义在中国的统治的民族解放革命"[①]。他向中国共产党提出了如下任务："中国共产党人的基本任务正是为中国革命的这条发展道路而斗争。……中国革命的进程、它的性质、它的前途都雄辩地说明中国共产党必须参加中国未来的革命政权。"[②]

布哈林在次日的中国问题委员会会议上发言，他说："我首先想谈一下前景问题。我以为，委员会的全体委员和扩大全会的参加者都持这样的观点，即我们在中国应当采取社会主义发展方针。……我们将建设一个具有反帝内容、工业实行国有化、土地实行国有化、广泛吸收群众参

---

① 《斯大林选集》上卷，人民出版社 1979 年版，第 484 页。

② 《斯大林选集》上卷，人民出版社 1979 年版，第 490 页。

加国家机关、对外贸易实行垄断、废除国债、中苏结盟、中国和西欧无产阶级结盟的无产阶级和农民专政的国家。"① 布哈林认为，最难的问题是确定中国革命的不同阶段，也就是说，什么时候开始启动这个革命前景。他提出当前需要对国民党进行重新组合，争取以和平方式实现。"我们不能瓦解军队和政府。我们的政策是不断地设法夺取军队、政府及各省和中央国家机关中的阵地。""综上所述，现在对我们来说前景是相当明朗的。最重要的是革命阶段问题。我认为，我们现在正处在从革命第二阶段向第三阶段过渡的前夕，因此土地问题具有紧迫的意义。我们不得不在农民和资产阶级之间作出选择。我们无疑选择农民。"②

第七次扩大会议通过了《关于中国问题决议案》，就中国革命的意义和性质、农民和土地、国共合作、武装斗争、无产阶级领导权和中国革命的前途等一系列问题作出明确规定，其中，对中国共产党产生重大影响的是有关中国革命性质、阶段与前途问题的阐述。

关于中国革命的性质问题，决议规定了中国革命的如下性质："虽然中国革命发展之现在阶段，从历史上说，是资产阶级民权革命的性质，但是他必然要带着广泛的社会运动的性质。"③

关于中国革命的阶段问题，决议根据阶级力量的组合将中国革命划分为3个阶段：第一阶段是指无产阶级登上历史舞台之前，以民族资产阶级和资产阶级的知识分子为主要动力的阶段；第二阶段是指无产阶级、农民、小资产阶级和一部分资产阶级结合的阶段，其具体表现就是国民党和广东政府；在第三阶段，"发展运动的主动力，将是一个更有革命性的结

① 中共中央党史研究室第一研究部译：《共产国际、联共（布）与中国革命档案资料丛书》第4卷，北京图书馆出版社1998年版，第17—18页。
② 中共中央党史研究室第一研究部译：《共产国际、联共（布）与中国革命档案资料丛书》第4卷，北京图书馆出版社1998年版，第22—23页。
③ 中央档案馆编：《中共中央文件选集》第2册，中共中央党校出版社1989年版，第671页。

合，——无产阶级，农人及城市小资产阶级的结合，而离开一大部分大资产阶级"①。会议认为中国"革命运动已到了第三阶段之门，正是阶级的新结合之前夜"，"在这过渡时期，历史上必然的，大资产阶级必定日渐离开革命，当此时际，无产阶级应该很广泛的利用现时在事实上还作反帝国主义反军阀斗争的各种资产阶级。"②

关于中国革命的前途问题，决议指出："中国革命的结果，不一定造成使资本主义发展的社会政治环境。中国革命的进程，是在资本主义衰落的时代，是消灭资本主义和建设社会主义的总斗争之一部分。革命国家的结构，将视其阶级基础而定。这个革命国家，不会是纯粹的资产阶级的民权国家，而将成为无产阶级，农民以及其他被剥削阶级的民权独裁制的国家。他将成为过渡到非资本主义（社会主义）的发展之时期中的革命的反帝国主义的政府。"③

第七次扩大会议是一次对中国国民革命产生重大影响的会议。会议结束后，根据谭平山的建议，共产国际主席团成员、中国委员会委员、《关于中国问题决议案》起草人罗易被派到中国，贯彻这次会议精神。以他为首席代表，加上维经斯基、多里奥共同组成了出席中共五大的共产国际代表团。1927 年 1 月 19 日，共产国际执委会政治书记处向代表团发出指示："（中共五大）一切政治决议都完全应以共产国际执委会第七次扩大全会关于中国问题的决议为依据。"④

---

① 中央档案馆编：《中共中央文件选集》第 2 册，中共中央党校出版社 1989 年版，第 670 页。

② 中央档案馆编：《中共中央文件选集》第 2 册，中共中央党校出版社 1989 年版，第 670—671 页。

③ 中央档案馆编：《中共中央文件选集》第 2 册，中共中央党校出版社 1989 年版，第 671—672 页。

④ 中共中央党史研究室第一研究部译：《共产国际、联共（布）与中国革命档案资料丛书》第 4 卷，北京图书馆出版社 1998 年版，第 92 页。

1926 年 12 月，两湖地区的工农运动迅速走向高潮。"在地方行政权力机构被北伐军的军事推进冲得七零八落的情况下，革命的号召和广东工农运动的范例不可避免地在两湖地区引发了一场激烈的自下而上的革命运动。"[1] 在北伐军经过的两湖地区和各中心城市，广大民众纷纷组织起来，提出各种口号和要求，争取自身的经济和政治权益。在不少地方甚至出现自行组织法庭、设立监狱、断绝交通、没收土地等激烈的运动。如何有效地组织和领导工农运动，这是中国共产党面临的紧迫问题。

12 月中旬，根据鲍罗廷的建议，中共中央召开汉口特别会议，出席会议的有陈独秀、张国焘、瞿秋白、李维汉、毛泽东以及鲍罗廷、维经斯基等领导人，张太雷作为中央执委会候补委员参加会议。会议通过的《政治报告议决案》指出，国民革命联合战线存在各种危险倾向，"最主要的严重的倾向是一方面民众运动勃起之日渐向'左'，一方面军事政权对于民众运动之勃起而恐怖而日渐向右。这种'左'右倾倘继续发展下去而距离日远，会至破裂联合战线，而危及整个的国民革命运动"[2]。为此，解决危险倾向的策略是要努力避免联合战线的破裂，办法依旧是支持国民党左派，通过与国民党左派的联合防止国民党右倾，为此就要"改善我们和国民党的关系，纠正同志们关于我们党独立之误解，纠正同志们否认左派存在之错误，一切群众运动尽可能的与左派合作，使左派获得他们的群众（农民及城市小资产阶级），在工农群众实际争斗中勿存幻想（如手工业工人过高要求，工人纠察队执行一部政权，实行耕地农有等），以防止我们过于向'左'。如此才能够停止'左'右倾之距离日远的危险，才能够弄好我们和国民党的关系，才能够巩固国民革命的联合

[1]　杨奎松著：《中共与莫斯科的关系(1920—1960)》，东大图书公司 1997 年版，第 117 页。

[2]　中央档案馆编：《中共中央文件选集》第 2 册，中共中央党校出版社 1989 年版，第 569 页。

战线，这是目前最重要的策略"①。

与一个月前第七次扩大会议的高调看好中国革命的非资本主义前途完全不同，汉口特别会议延续此前对国民党这个革命联盟的高度重视，确立了通过纠正工农运动中的"左"倾倾向，争取国民党左派，防止国共合作破裂的方针政策。这一决定，在当时得到中央政治局和共产国际代表联席会议的同意，而在今天被认为是中国共产党党内的右倾错误逐步发展为右倾机会主义的标志，对大革命的失败负有相当大的责任。②

从会议的文件内容分析，汉口特别会议召开时，中共中央尚未收到或学习共产国际执委会第七次扩大会议的《关于中国问题决议案》。1927年1月21日，维经斯基致信共产国际执委会俄国代表团，提到："共产国际执委会第七次全会的决议我们日前才收到。现在正在译成中文。过几天中央委员会要讨论。"③ 共产国际执委会远东局成员拉菲斯意识到第七次扩大会议的决议必然对中共中央产生较大的冲击，他说："决议中所表述的，对中国党来说是全新的内容。必须做十分认真的准备工作，才能使中央委员会掌握这个方针，并相应地改变党在各个方面的工作的整个性质。"④ 为此，拉菲斯向莫斯科建议扩大中共中央执行委员会的人员组成，以此推动中国共产党贯彻决议内容。

---

① 中央档案馆编：《中共中央文件选集》第 2 册，中共中央党校出版社 1989 年版，第 569—570 页。

② 参见中共中央党史研究室著：《中国共产党历史 第 1 卷（1921—1949）》上册，中共党史出版社 2011 年版，第 202 页。

③ 中共中央党史研究室第一研究部译：《共产国际、联共（布）与中国革命档案资料丛书》第 4 卷，北京图书馆出版社 1998 年版，第 99 页。

④ 中共中央党史研究室第一研究部译：《共产国际、联共（布）与中国革命档案资料丛书》第 4 卷，北京图书馆出版社 1998 年版，第 50 页。

4.声讨蒋介石反革命政变

江西战事结束后，蒋介石指使国民党右派控制江西省党部，开始暴力压制工农运动，同时挥师江浙，并寻求帝国主义势力和江浙财团的支持。为配合北伐军进军，上海工人在中国共产党的领导下，举行了 3 次武装起义，最终取得胜利，并建立起上海总工会及其 2000 多人的工人纠察队。蒋介石纠集国民党右翼势力赶赴上海、南京，在上海成立淞沪警备司令部，禁止一切工运活动。武汉方面洞察到蒋介石分裂国民党以及革命统一战线的行为，于 1927 年 4 月初多次开会并向蒋介石发出警告。罗易甚至于 4 月 12 日在汉口致电蒋介石，建议蒋介石"放弃计划在南京召开的、实际上是分裂党的会议。不然，在此紧急关头分裂国民阵线的重大责任将由您来承担"[1]。同日，蒋介石在上海制造了四一二反革命政变，上海总工会被破坏，工人纠察队被军队缴械，开始在他所控制的江浙地区公开捕杀共产党人和革命群众。在事变后的 3 天时间里，上海共产党员和革命群众被杀害 300 多人，被捕者 500 多人，失踪者 5000 多人。

4 月 15 日，蒋介石在南京召集在宁中央执监委员会议，决定定都南京，取消在武汉的中央党部和国民政府，取消跨党分子之党籍，恢复蒋介石国民革命军总司令的职权。4 月 18 日，蒋介石、吴稚晖、胡汉民、蔡元培等在南京就职，宣布南京国民政府成立，公然与武汉国民政府决裂。次日，南京政府发布《国民政府通辑共产党首要令》（"国民政府秘字第一号令"），通缉包括鲍罗廷、陈独秀、谭平山等共产党人和部分国民党左派共 197 人，张太雷位列第 52 名。[2] 不久，南京的国民党中央成立所谓"中央清党委员会"，江苏、浙江、安徽、福建、广西等省以"清党"为名，

---

① 中共中央党史研究室第一研究部译：《共产国际、联共（布）与中国革命档案资料丛书》第 4 卷，北京图书馆出版社 1998 年版，第 183 页。

② 参见罗家伦主编：《革命文献》第 16 辑，1957 年版，总 2825—2827 页。

对共产党人和革命志士进行抓捕和屠杀。在广州的李济深也制造白色恐怖，李启汉、萧楚女、邓培等共产党人英勇就义。同期，北方的奉系军阀张作霖大肆逮捕包括李大钊在内的大批共产党员和其他革命者。国民革命的形势急转直下。

蒋介石的叛变，除了反共反人民之外，还明显呈现出坐拥军权的蒋介石对抗拥有党权的武汉国民政府的迹象。武汉方面的中国共产党与国民党左派联合起来采取了积极应对的态度，试图通过党纪、舆论来制服蒋介石，武汉地区一度出现了群众性的讨蒋运动。汪精卫抵达武汉后，打着反蒋旗号，得到武汉各方的一致拥护，迅速取得对武汉国民党和国民政府的领导权，他联合掌握军权的唐生智，力图控制武汉方面的局势。国共两党于4月16日落实两党联席会议安排，国民党方面由政治委员会主席团成员汪精卫、谭延闿、孙科、徐谦、顾孟余等出席，共产党方面由陈独秀、瞿秋白、张国焘作代表，鲍罗廷和罗易时有参与。两党通过这个机制，协调合作中的问题，稳定反蒋联合战线。4月17日，武汉国民党中央议决：开除蒋介石党籍，免除其本兼各职，按反革命罪条例惩治。4月20日，中共中央发布《中国共产党为蒋介石屠杀革命民众宣言》，完全赞成国民党中央决定，呼吁革命民众起来"打倒蒋介石——封建资产阶级的反动的代表，帝国主义的工具！"①

鲍罗廷在得知蒋介石叛变革命后，立即痛斥蒋介石，"坚决主张同蒋介石作坚决彻底斗争"②。"在汉口一次国民党党政军机关负责人参加的会议上，鲍罗廷发表讲话，严厉地揭露和批判了蒋介石背叛人民革命，镇压群众的罪行。太雷在场担任翻译。他在翻译过程中，表示了极大的革命义

---

① 中央档案馆编：《中共中央文件选集》第3册，中共中央党校出版社1989年版，第44页。

② 中共中央党史研究室第一研究部译：《共产国际、联共（布）与中国革命档案资料丛书》第4卷，北京图书馆出版社1998年版，第221页。

愤，当说到蒋介石残酷屠杀农民工人与迫害共产党人时，声泪俱下，深深感染了在场的听众。"① 同时，鲍罗廷也意识到，"武汉国民政府的政治和财政状况正在恶化"，革命进入到"紧张时期"②。

对于武汉方面下一步的行动，鲍罗廷力主向北与冯玉祥国民军会合，讨伐奉系军阀张作霖，"我们应当扩大国民政府的势力范围，通过国民革命军向西北挺进摆脱外国巡洋舰对我们形成的包围圈"③。这也是武汉国民党方面的主流意见。他反对立即向东南进军，讨伐蒋介石的南京政府，认为那样不会成功，"向东南挺进孕育着危险，有可能断送革命"④。

东征的要求是中共上海特委提出来的。4月16日，周恩来在特委会上提出："武汉方面对于老蒋无积极对付的方策，而主张先北伐，并怕老蒋军事力量太大，自己完全站于弱点，是很不好的。照我们观察，对于老蒋军队并不无法，且应先解决老蒋然后可以北伐。现在我们应打一电报给武汉方面提出抗议，要求赶快决定打东南的方策，马上派得力人员来东南准备军事活动。"⑤

罗易则在4月18日给共产国际执行委员会的电报中指责"立即北上的政策是小资产阶级左翼想回避进行土地革命的必要性"，认为向东讨伐南京可以作为口号来动员革命群众，主张在北方采取防御措施，帮助冯玉祥向北推进，用"革命的土地政策"巩固长江以南（湖北、湖南、江西、福建、广东、广西）的革命政权，改组并集结革命军队，然后再向北推

---

① 人民出版社编辑部编：《回忆张太雷》，人民出版社1984年版，第35页。

② 中共中央党史研究室第一研究部译：《共产国际、联共（布）与中国革命档案资料丛书》第4卷，北京图书馆出版社1998年版，第221页。

③ 中共中央党史研究室第一研究部译：《共产国际、联共（布）与中国革命档案资料丛书》第4卷，北京图书馆出版社1998年版，第224页。

④ 中共中央党史研究室第一研究部译：《共产国际、联共（布）与中国革命档案资料丛书》第4卷，北京图书馆出版社1998年版，第227页。

⑤ 中共中央文献研究室、中央档案馆编：《建党以来重要文献选编》第4册，中央文献出版社2011年版，第166页。

进。① 对此，鲍罗廷表示"如果共产党反对立即北上，他就辞职"②。由于中共中央领导人最终接受了鲍罗廷的建议，罗易对此非常不满，他指责鲍罗廷：

> "每次作出这样重大的决定都不同共产党中央委员会和共产国际代表团商量。虽然共产党中央委员会容忍了这种情况，但共产国际代表团认为，这是不能容忍的，对于共产党的发展来说是不正常的。这不是国民革命中的合作，这是共产党完全屈从于国民党政治委员会的决定。"③

罗易为此致电共产国际执委会并抄送斯大林，提出："共产国际应当向国民党派驻代表。在目前形势下，同国民党没有更密切的联系就不能领导共产党。涉及革命未来的决定是由国民党作出的。……共产党必须接受国民党的一切决定。这就使共产党成了国民党的附庸，有碍于它的发展。"④

对罗易和鲍罗廷的主张，蔡和森后来曾作过如下的评论：

> "鲁易同志所说的一些原则都是很对的，很可宝贵的，只可惜没有说出办法，每次开会都象上课一般，只是空洞洞的教我们一些原

---

① 中共中央党史研究室第一研究部译：《共产国际、联共（布）与中国革命档案资料丛书》第4卷，北京图书馆出版社1998年版，第202页。

② 中共中央党史研究室第一研究部译：《共产国际、联共（布）与中国革命档案资料丛书》第4卷，北京图书馆出版社1998年版，第203页。

③ 中共中央党史研究室第一研究部译：《共产国际、联共（布）与中国革命档案资料丛书》第4卷，北京图书馆出版社1998年版，第198页。

④ 中共中央党史研究室第一研究部译：《共产国际、联共（布）与中国革命档案资料丛书》第4卷，北京图书馆出版社1998年版，第203页。

则，这是不够的。……以我看来，老鲍是有办法而无原则，鲁易是有原则而无办法。"①

4月18日，国共两党联席会议决定继续北伐，打破反革命的军事包围，扩大革命基地。4月19日，武汉政府举行第二次北伐誓师典礼。次日，北伐军总指挥唐生智率领武汉地区的主力第四军、十一军、三十五军、三十六军进军河南，经过浴血奋战于6月1日与冯玉祥的国民军会师郑州。

鲍罗廷与罗易的分歧与争论实际上只是联共（布）中央、中共中央内部各种不同意见的一个缩影。张太雷与陈独秀、彭述之等基本赞同鲍罗廷的北伐意见。张太雷的堂兄张志让在1927年3月间去武汉参加革命工作，不久找到张太雷，与他进行了较长时间的谈话。张志让回忆说："张太雷与我说了革命的概况和形势，指出当前革命战争有两条路线，一是向北进军，这是革命的路线，是应采取的路线；一是向长江下游发展，直到上海，这是同帝国主义妥协的路线。"②张太雷的上述认识既和中央领导人保持一致，也与鲍罗廷的影响有关。

5. 中共五大

4月4日，中共中央决定，在中央执行委员会完全迁到汉口前，在汉口成立由瞿秋白、张国焘、谭平山负责的中共中央执委会、中共湖北区委联席会议，成员包括张太雷、蔡和森、罗章龙、毛泽东、陈延年、苏兆征、李立三、邓中夏等。中共中央执委会委员、中共湖北区委委员当天与共产国际代表团举行联席会议，已经接任中共湖北区委书记的张太雷在会

---

① 中央档案馆编：《中共党史报告选编》，中共中央党校出版社1982年版，第114页。

② 《张志让自传》，中国人民政治协商会议全国委员会文史资料研究委员会编：《文史资料选辑》第85辑，文史资料出版社1983年版，第98页。

上作了关于反帝运动的报告。会议还讨论了即将召开的第五次全国代表大会的议程和时间。①

4月20日，中共中央正式在汉口办公。当日，陈独秀主持召开中共中央执委会中央局会议，张太雷同瞿秋白、张国焘、蔡和森、彭述之、邓中夏等人参加，鲍罗廷、罗易出席部分会议。陈独秀向与会者通报了他与汪精卫、谭延闿商谈的情况。陈独秀特别提到，日益发展的工农运动不仅使帝国主义恐惧，也使汪精卫、谭延闿深感不安；汪、谭提出"工农运动也许不应当那么激进"，抱怨"工农运动不属于国民党，而属于共产党"。唐生智也"摇摆不定"，声称"他支持工农运动，但他的军官们不同意"。② 陈独秀虽然不支持汪精卫等对工农运动激进的看法，但强调"共产党和国民党在合作，它们有统一的政策。共产党不占他人的位置。共产党不攻击政府，而是帮助政府。共产党和国民党可以就任何问题作出一致的决定"③。

4月22日至26日，陈独秀主持召开中央执委会会议，就第五次全国代表大会的议事日程、大会报告和决议起草、各委员会名单等事项作出工作安排。张太雷参加大会秘书处和政治委员会的工作。

中共五大召开前，罗易对自己要求这次代表大会落实第七次扩大会议精神的使命感到忧虑。他在4月18日、20日致电莫斯科，陈述他的担心。

"大多数共产党领导人不仅不了解共产国际新的提纲，而且还反对这个提纲，虽然他们表面上也表示接受。""陈独秀一再证明，共产

---

① 参见中共中央党史研究室第一研究部译：《共产国际、联共（布）与中国革命档案资料丛书》第4卷，北京图书馆出版社1998年版，第170—171页。

② 中共中央党史研究室第一研究部译：《共产国际、联共（布）与中国革命档案资料丛书》第4卷，北京图书馆出版社1998年版，第207页。

③ 中共中央党史研究室第一研究部译：《共产国际、联共（布）与中国革命档案资料丛书》第4卷，北京图书馆出版社1998年版，第207页。

国际的提纲原则上是正确的，但实际运用却很难，需要时间。"①

"尽管中共表面上接受共产国际的提纲，但中央委员会的多数委员，特别是陈独秀不同意这个提纲，并想避开讨论。"②

远东局的一位工作人员阿尔布列赫特也发现在中共中央负责宣传工作的彭述之声明"不同意决议"，"无条件接受决议的瞿秋白实际上被排除在工作之外"。③ 为此，罗易甚至向莫斯科建议推举新的领导人的问题。"我们认为，最重要和最困难的将是选举新的中央委员会。应当改变和加强党的领导。……应在代表大会后立即将陈独秀作为党的代表召到莫斯科。"④后来的事实表明，罗易的到来以及努力，对中共五大正式接受共产国际执委会第七次扩大会议决议起了相当大的作用。

面对严峻的革命形势，1927 年 4 月 27 日至 5 月 9 日，中国共产党第五次全国代表大会在武汉召开，出席大会的代表有 82 人。张太雷与项英、陈潭秋等组成湖北代表团出席会议。由罗易、多里奥、维经斯基组成的共产国际代表团参加并指导了大会。为了宣示国共两党继续合作的态度，国民党应邀派出谭延闿、徐谦、孙科等代表到会祝贺。徐谦在开幕式上致祝词，汪精卫也于 5 月 4 日到会场听取罗易的报告。

大会先是在武昌高师一附小举行开幕式，随后，移至汉口近郊黄陂会馆继续进行。由湖北代表罗章龙提议，大会首次组成了陈独秀、蔡和森、

---

① 中共中央党史研究室第一研究部译：《共产国际、联共（布）与中国革命档案资料丛书》第 4 卷，北京图书馆出版社 1998 年版，第 202 页。

② 中共中央党史研究室第一研究部译：《共产国际、联共（布）与中国革命档案资料丛书》第 4 卷，北京图书馆出版社 1998 年版，第 209 页。

③ 中共中央党史研究室第一研究部译：《共产国际、联共（布）与中国革命档案资料丛书》第 4 卷，北京图书馆出版社 1998 年版，第 131 页。

④ 中共中央党史研究室第一研究部译：《共产国际、联共（布）与中国革命档案资料丛书》第 4 卷，北京图书馆出版社 1998 年版，第 210 页。

张国焘、瞿秋白等 15 人的主席团，张太雷位列其中。

4 月 29 日，陈独秀代表第四届中央执行委员会作《政治和组织的报告》，总结了一年来党的路线方针政策的得失利弊、经验教训。5 月 4 日，罗易作了题为《中国革命的前途和性质》的报告，阐释共产国际执委会第七次扩大会议的决议案。随后大会就上述两个报告进行讨论。

在会上，大会发放了瞿秋白最新撰写的长篇檄文《中国革命中之争论问题》。该文立足于对共产国际执委会第七次扩大会议《关于中国问题决议案》的研究，着重论述了无产阶级同资产阶级争夺领导权，以及农民土地、武装斗争等问题，指名批判彭述之的右倾错误，同时对鲍罗廷、陈独秀中央的右倾策略表示不满。杨之华回忆说："开会的时候，在每个代表的座位上放着一本小册子，封面上印着：'《中国革命中之争论问题》，瞿秋白著'，扉页上印着：'第三国际还是第〇国际？——中国革命中之孟塞维克主义。'代表们被这本小册子的醒目的题目吸引住了，很有兴趣地翻看着。会场的气氛活跃起来了，出现了笑声和议论声。"①

张太雷是支持瞿秋白意见的。王一知回忆说："我在上海访问黄平的时候，黄平几次同我谈起在'五大'前夕，太雷等十分不满于陈独秀的退让政策，他们曾打算推荐陈延年代替陈独秀，但是延年同志没有同意。太雷出席了第五次代表大会，在会上与瞿秋白等同志站在一起，同党内的陈独秀右倾投降主义作了斗争"②。虽然由于陈独秀不赞成瞿秋白的做法，大会没有对瞿秋白的文章进行专门的讨论，"这本小册子在当时并没有能引起全党同志严重的注意"③，但由此可见当时党内在指导思想与策略方面已经出现较大的意见分歧。羊牧之回忆说：

---

① 杨之华著：《回忆秋白》，人民出版社 1984 年版，第 79 页。

② 人民出版社编辑部编：《回忆张太雷》，人民出版社 1984 年版，第 35 页。

③ 中央档案馆编：《中共党史报告选编》，中共中央党校出版社 1982 年版，第 297 页。

"我记得小组讨论时，太雷、秋白、弼时、述之等在一个小组，讨论非常激烈。……太雷发言时说：我们北伐军本来是几经激战，一路顺利，谁知蒋介石到达江苏后即与帝国主义者互相勾结，狼狈为奸，马上在上海发动'四一二'事变，把大批共产党残酷屠杀，是持其军力和背景的支持，方敢如是，目下且有进逼武汉之势，大好形势，顿时恶化，蒋之所以敢如此，我们大家固有责任，但主要负责是我党领导者不得辞其咎。述之辩论说：蒋介石事变，应与我党一贯政策分开，国共合作是我党一贯正确的政策，这个政策，为国际所指示，大家所公认，无可厚非。请问没有合作，哪有北伐的胜利？太雷辩曰：合作固然必要，但合作又应与政策分开，不能因为合作，就把党的政策右倾，如不要搞农民运动，农民运动过火，工人不准武装，一切迁就国民党以图合法生存等等，请问这还有什么共产党？还有什么无产阶级？"①

罗易在大会上非常活跃。他在大会期间作了《中国革命问题和无产阶级的作用》《无产阶级和小资产阶级》《中国革命的前途和性质》《国民革命和社会主义》《非资本主义发展和社会主义，民主专政和无产阶级专政》《布尔什维克的党》等多篇报告或发言，重点解读共产国际执委会第七次扩大会议的决议案。罗易报告明确提出了中国革命的非资本主义前途问题，在现时基本纲领方面，强调了进行土地革命的重要性。如此一来，"中共五大实际上不是围绕陈独秀的报告，而是围绕着罗易的讲话进行讨论和制定决议的"②。

5 月 9 日，大会通过了《中国共产党接受〈共产国际执行委员会第七

① 人民出版社编辑部编：《回忆张太雷》，人民出版社 1984 年版，第 82 页。
② 黄修荣、黄黎著：《共产国际与中国共产党关系探源》上卷，人民出版社 2016 年版，第 509 页。

次扩大全体会议关于中国问题决议案〉之决议》《政治形势与党的任务议决案》《土地问题议决案》《中国共产党第五次全国代表大会宣言》等文件，选出了由 31 名中央委员和 14 名候补中央委员组成的第五届中央委员会，张太雷当选为中央委员会委员。在随后进行的五届一中全会上，陈独秀、蔡和森、李维汉、瞿秋白、张国焘、谭平山、李立三、周恩来当选为中央政治局委员，张太雷、苏兆征当选为中央政治局候补委员，陈独秀继续担任总书记。

从理论层面讲，中共五大通过的各项决议全面落实了共产国际《关于中国问题决议案》的精神。决议中充溢着所谓第三阶段的理论。中共五大认为，以蒋介石为代表的反动行为"决非个人的行动，乃是代表了一个阶级——民族资产阶级"①。因此，中国革命已经进入第三阶段，"在这阶段中，革命势力之社会基础是无产阶级，农民，与城市小资产阶级的革命的联盟。在这革命的联盟之中，无产阶级将实行其领导权。""第五次大会认为现在革命阶段的特质是需要建立一个工农小资产阶级的民权独裁制。只有这个政权，以无产阶级作领导，才能解决现在革命中的重要问题，并引导革命向非资本主义之发展方向进行。"②如果说，第七次扩大会议决议认为中国革命正处于第二、三阶段的过渡时期，那么，因为四一二政变，即所谓民族资产阶级的整体叛变，第三阶段已经开始了。革命的现实发展，已经进入无产阶级、农民与城市小资产阶级的革命联盟成为社会基础的新阶段。

在共产国际及其代表三令五申强调的土地问题上，中共五大决议指出，"现在阶段之中，革命的主要任务，是土地问题的急进的解决。这土

---

① 中央档案馆编：《中共中央文件选集》第 3 册，中共中央党校出版社 1989 年版，第 102 页。

② 中央档案馆编：《中共中央文件选集》第 3 册，中共中央党校出版社 1989 年版，第 49、47 页。

地问题的急进的解决（土地革命），是巩固工农小资产阶级革命联盟所必需的"①。决议否定了没收一切土地的激进观点，宣布在现阶段要实行推翻土豪乡绅的政权，没收大地主及反革命派的土地，对小地主和革命军人现有的土地不予没收的原则。

关于国民党，中共五大继续认同国民党"是国民革命的指导者"②，认为，"革命的现时阶段之中，共产党与国民党的关系，比以前应当更加密切。资产阶级之退出，使国民党日益成为工农小资产阶级三种被压迫阶级的联盟，无产阶级是这个联盟的原动力。在这种情形之下，共产党不仅与国民党共同担负责任，而且共同担负政权。共产党一定要使一切革命政策，政纲与策略之决定中，都考虑到工农的利益。共产党不能做国民党的旁观者或反对者。"③中共加入国民党及国民政府，以及行使无产阶级的领导权，"并非是以竞争者的态度要夺得政权。所以这样，是为的巩固革命分子的结合，保障革命的发展。"④在这里，中共一方面要参与国民党、国民政府的工作，以实施无产阶级领导权，另一方面又顾忌联合战线的破裂，并作出无意取代国民党的表白。

中共五大召开于大革命最后的非常时期，虽然在争取无产阶级领导权、革命前途、土地革命等问题上提出了一些正确的思想或原则，但在拯救革命危机方面由于存在较大的分歧而没有提出切实有效的具体措施。一方面，在理论上全面接受了中国革命的非资本主义前途的思想，强调了无

---

① 中央档案馆编：《中共中央文件选集》第 3 册，中共中央党校出版社 1989 年版，第 57 页。

② 中央档案馆编：《中共中央文件选集》第 3 册，中共中央党校出版社 1989 年版，第 105 页。

③ 中央档案馆编：《中共中央文件选集》第 3 册，中共中央党校出版社 1989 年版，第 56 页。

④ 中央档案馆编：《中共中央文件选集》第 3 册，中共中央党校出版社 1989 年版，第 106 页。

产阶级与资产阶级争夺领导权的问题，另一方面在策略上继续维持联合国民党左派、依托国民党这面旗帜的统一战线策略。理论和策略的严重背离使五大难以担负挽救革命于危难之中的历史重任。

今天看来，问题的症结应该在于，中国共产党能否解除莫斯科过度依赖建立在国共党内合作基础上的联合战线这个"紧箍咒"，能否破除中国革命必须经过一个"国民党阶段"的思想认定，从而确立起中国共产党领导中国革命的主体意识，构建以中国共产党为核心的革命政权。其原因正如有学者所分析的："武汉国民党既不是小资产阶级的代表，更不代表农民利益，根本是害怕土地革命、反对土地革命的。只要不突破党内合作框架，共产党开展土地革命和组建工农武装的任务，就不可能完成。反过来，共产党不顾武汉国民党的态度，开展土地革命，组建工农武装，国共合作也必然不能坚持。"①

罗易对中共五大的结果是满意的，他在会后发表的《中国共产党第五次大会之意义》一文中提到："第五次大会的使命，就是指示革命的前途，供给一个观察明敏的，坚决勇敢的领袖组织，以领导在这严重时期中的革命运动。此次大会已经完成这个使命，并指出无产阶级是革命的骨干。"②

鲍罗廷没有现身中共五大会场。如果参加，他只能以共产国际代表成员的身份出席大会，而他与罗易的分歧显而易见，这或许成为他没有出席五大的原因所在。但是，鲍罗廷对中共在决策方面的影响力并没有削弱，张国焘对此的解释是：

"真正紧急的问题仍在经常假座鲍公馆举行的中央政治局会议里

---

① 曾成贵著：《弄潮：鲍罗廷在中国》，中国社会科学出版社 2014 年版，第 365 页。

② 中共中央党史研究室、中央档案馆编：《中国共产党第五次全国代表大会档案文献选编》，中共党史出版社 2015 年版，第 338 页。

争论不休，大会似反成了无关重要的装饰品。人们多觉得这样一些带机密性的紧急问题是不宜在人多口杂的大会中讨论的，也有人觉得在这紧急关头，一切应该当机立断，才能应付非常，这时举行大会从容讨论，在时机上根本就不适宜。所以向重现实的鲍罗庭就从不参加大会，也不予以重视。"①

6. 鲍罗廷离开中国，张太雷等临时常委临危受命

从 5 月开始，武汉的国民党领导人汪精卫、谭延闿、孙科等不断指责工农运动存在过火行为。曾以"左派"自居的武汉国民党领导人在内外交困的情况下，日趋右倾动摇，以民众运动失控为由，逐渐走上了限制、取缔乃至镇压民众运动的道路。5 月 12 日至 13 日，中共中央政治局与共产国际代表举行联席会议，研究与国民党左派在同小资产阶级和农民的关系的基础上建立相互关系的问题。陈独秀通报了同汪精卫谈话的情况。汪精卫抛出了"存在两个党组织是不合适的"的观点："如果领导权属于国民党左派，共产党跟随他们，那就不需要共产党。如果是另一种情况，领导权在共产党人手里，那就不需要国民党。"②汪精卫还说，他收到了江西几位将军发来的电报，表示反对蒋介石，同时也反对共产党。汪精卫没有就后者发表意见。此时此刻，汪精卫已经揭示了国共合作的核心问题，即领导权的问题，并提出了否定共产党存在的必要性。面对汪精卫的诘难，鲍罗廷仍然选择以妥协谋求合作的策略，提出 3 点意见："（1）两党密切合作，共同解决所有问题；（2）制定对小资产阶级的总的政策，没有这种政策，灾难就不可避免；（3）制定对农民的总的

---

① 张国焘著：《我的回忆》第 2 册，东方出版社 1991 年版，第 233—234 页。

② 中共中央党史研究室第一研究部译：《共产国际、联共（布）与中国革命档案资料丛书》第 4 卷，北京图书馆出版社 1998 年版，第 248 页。

政策。"① 鲍罗廷强调说:

> "唯一的出路是向小资产阶级作出让步。但主要问题是,共产党能否控制工人群众和自己的省级组织。……我本人对此表示怀疑。如果共产党自己不能做到这一点,也许它同国民党一起能够做到。这就是我为什么讲共同解决的原因。国民党相信,你们能领导群众,但实际上却不能。出路只有一条:或者同国民党决裂,或者一起作出决定,一起执行。"②

鲍罗廷已经意识到国共合作有可能已经走到尽头,但还是选择了后者。对于鲍罗廷来说,国共联合战线是他的最后防线,何况莫斯科只是同蒋介石断绝关系,还没有明令结束国共合作的联合战线政策。

鲍罗廷的意见得到陈独秀的支持。5 月 13 日,中共五大后的中央政治局通过了《关于小资产阶级问题共产党与国民党的关系》的决议,具体贯彻鲍罗廷提出的"向小资产阶级作出让步"的意见。

中共五大结束后,中共湖北区委改组为中共湖北省委,张太雷、陈潭秋、郑超麟组成常委会,张太雷担任书记。由卜士奇等人任鲍罗廷的翻译。张太雷搬出鲍公馆,一度居住在武昌湖上园的党中央机关所在地。同在省委工作的包惠僧回忆说:"一九二七年五、六月间,党中央调张太雷同志任湖北省党委书记。当时正是国共联合战线最后濒于破裂的关头,既要同国民党团结,更要同国民党斗争,真所谓任重道远,千头万绪,然而

---

① 中共中央党史研究室第一研究部译:《共产国际、联共(布)与中国革命档案资料丛书》第 4 卷,北京图书馆出版社 1998 年版,第 249 页。
② 中共中央党史研究室第一研究部译:《共产国际、联共(布)与中国革命档案资料丛书》第 4 卷,北京图书馆出版社 1998 年版,第 250 页。

张太雷同志却从容不迫地部署工作。"①

在武汉方面国民党领导人日趋右倾的情况下，军队中一些反动军官相继举起反共旗帜，发动武装叛乱。5月17日，武汉国民革命军独立十四师师长夏斗寅率部在宜昌叛变，并进攻武汉。武汉卫戍司令叶挺率所部二十四师出击，击败夏斗寅叛军。5月21日，唐生智所部三十五军第三十三团团长许克祥率部在长沙叛变，解散湖南省工会，农民协会等革命团体，制造了"马日事变"。武汉政府根据唐生智意见，提出两项处理原则：军队维持治安；农工纠察队应严守秩序不得报复，并派遣谭平山、陈公博、彭泽湘等人组成特别委员会前往长沙查办工农运动。鲍罗廷自告奋勇一同前往，途中受阻于岳阳的当地驻军，知道长沙已经成立清共委员会，前往长沙将会非常危险，于是，原路返回，查办之事不了了之。

马日事变发生后，武汉城内外，一片肃杀之气。蔡和森回忆说："许克祥的反革命，任他在湖南延长的发展，我们所在地的湖北，自夏斗寅叛变后，已有四十三县的农民和农协处在土劣军阀的白色恐怖之下，死的农民已达三千以上。"②出于安全考虑，湖北省委迁到武昌胭脂山啸楼巷二号，张太雷也迁居到武昌偏僻的一处民宅。王一知回忆说："我常到太雷办公的地方去，只见他工作得非常紧张，有许多同志来找他汇报情况，商量办法。他手写、耳听、口答，是那样敏捷，那样果断。……我确信他是一个优秀的革命工作的领导者和组织者！"③

此时此刻，国共合作已经危机四伏。张太雷在主持湖北省委工作后，殚精竭虑，为挽救革命进行了多方面的努力。5月下旬，在湖北省委的领导下，湖北省农协成立自卫部，开办两期农民武装训练班，都是各县农协选送的农民积极分子，约300人，施行政治、军事训练，培养基层农民

---

① 人民出版社编辑部编：《回忆张太雷》，人民出版社1984年版，第111页。
② 中央档案馆编：《中共党史报告选编》，中共中央党校出版社1982年版，第116页。
③ 人民出版社编辑部编：《回忆张太雷》，人民出版社1984年版，第36页。

武装骨干。张太雷和董必武、谭平山、李汉俊等被聘为政治教官，前去讲课。

远在莫斯科的联共（布）领导人开始意识到革命形势的危急。5月13日，斯大林要求联共（布）中央政治局致电鲍罗廷、罗易和陈独秀，提出3条"建议"，主要内容是：第一，国民党的国内政策最主要的是要在各省，特别是广东省有步骤地开展土地革命，口号是一切权力归农会和村委会，这是革命和国民党成功的基础；第二，现在就应当开始组建8个或10个由革命的农民和工人组织的、拥有绝对可靠的指挥人员的师团，用来解除不可靠的部队武装；第三，应当加强在蒋介石后方的工作和对蒋介石部队的瓦解工作。[①] 斯大林虽然强调了开展土地革命和组建工农武装的紧迫性，但仍然不放弃依托国民党的联合战线政策。

5月下旬，罗易多次致电莫斯科，阐述武汉的危险局势："这里的局势非常严重。国民党和国民政府完全处于反动军阀的控制之下。除了汪精卫和邓演达外，国民党中央委员会是右倾的，……反对进行土地改革。攻击工农运动的倾向越来越明显。事态的发展导致同蒋介石的和解，并把领导权让给封建资产阶级分子。国民党在正式宣言中实际上要求取缔群众运动和共产党。"[②] 罗易指责鲍罗廷、陈独秀负有重大责任："鲍罗廷完全赞成这种趋向，并要求共产党支持国民党的退让政策，他认为共产党人的良好行为是改变局势的唯一手段。他为达到此目的提出的计划将意味着实际取消共产党。"[③]"他对共产党影响最大，因为他是莫斯科的代表，对同莫斯

---

① 参见中共中央党史研究室第一研究部译：《共产国际、联共（布）与中国革命档案资料丛书》第4卷，北京图书馆出版社1998年版，第252—253页。

② 中共中央党史研究室第一研究部译：《共产国际、联共（布）与中国革命档案资料丛书》第4卷，北京图书馆出版社1998年版，第273页。

③ 中共中央党史研究室第一研究部译：《共产国际、联共（布）与中国革命档案资料丛书》第4卷，北京图书馆出版社1998年版，第274页。

科的联系手段拥有垄断权。"①"共产党不敢反对鲍罗廷的政策，因为他的政策被认为是莫斯科的政策，只好不情愿地采取违心的行动。"②"一些老的领导人（陈独秀、谭平山）与其说是共产党人，不如说是国民党人。集体领导实际上从来没有过。五大以前实际上没有中央委员会。在上海领导党的是陈独秀、在广州是鲍罗廷。"③ 罗易提出，国共两党的联席会议已经成为国民党对共产党发号施令的工具。"该委员会给国民党提供了使共产党人服从国民党政策的机会。……党始终处在既成事实面前，它可以同意或不同意，在后一种情况下意味着公开反对国民党和国民政府的政策，在目前形势下，这是不可能的。因此，共产党必须服从国民党作出的任何决定。"④

5月30日，联共（布）中央政治局致电鲍罗廷、罗易和苏联驻汉口总领事普利切，下达了更全面、更具体、更严厉的一系列指令，这些指令后来被称为"五月紧急指示"，主要内容如下：

第一，不进行土地革命，就不可能取得胜利。要"从下面实际占领土地"，必须同过火行为作斗争，但不能动用军队。第二，对手工业者、商人和小地主作出让步是必要的，只应没收大、中地主的土地。第三，改组国民党中央。务必要更新国民党上层人士，充实在土地革命中脱颖而出的新领导人。第四，动员两万共产党员和来自两湖

① 中共中央党史研究室第一研究部译：《共产国际、联共（布）与中国革命档案资料丛书》第4卷，北京图书馆出版社1998年版，第292页。
② 中共中央党史研究室第一研究部译：《共产国际、联共（布）与中国革命档案资料丛书》第4卷，北京图书馆出版社1998年版，第282页。
③ 中共中央党史研究室第一研究部译：《共产国际、联共（布）与中国革命档案资料丛书》第4卷，北京图书馆出版社1998年版，第289页。
④ 中共中央党史研究室第一研究部译：《共产国际、联共（布）与中国革命档案资料丛书》第4卷，北京图书馆出版社1998年版，第291页。

的五万革命工农组建军队。"这是很困难的事情，但没有别的路可走。"
第五，成立以著名国民党人和非共产党人为首的军事法庭，惩办和蒋
介石保持联系或唆使士兵迫害工农的反动军官。①

"五月紧急指示"从内容上分析，可以说是莫斯科指导中国革命以来
最为激进的政策，特别是立即组建自己的可靠的军队，也应该是应对危局
的急策。但问题在于，莫斯科此时依然寄望于以汪精卫为代表的武汉国
民党执行这样的指示，并没有要求中国共产党独立地从事武装斗争和土
地革命。为了表示对汪精卫武汉政府的支持，联共（布）中央政治局在6
月23日作出决定再给武汉政府拨款200万卢布援助，对武汉方面提出的
1500万卢布的要求，莫斯科也在考虑之中。② 对此，斯大林私下抱怨说：
"看来，如果我们不提供这1500万，就拒绝立即反对蒋介石。"③

6月7日，中共中央政治局开会讨论"五月紧急指示"。张国焘回忆说：
"这份电报在中共中央政治局会议上宣读的时候，所有到会者都有啼笑皆
非之感；一致觉得这是无法执行的。"④

陈独秀表态说：电报表明，莫斯科不了解中国的实际情况。关于土地
革命问题，农民运动中的过火行为破坏了同地主、绅士和军官的统一战
线，并形成了反动派的统一战线，在这种情况下，不能谈及土地问题。关
于革新国民党中央，"国民党的领导是在党的代表大会上选举产生的。现
在我们怎样能改变它呢？"关于组建新的军队，应该同现有军队的将领接

---

① 中共中央党史研究室第一研究部译：《共产国际、联共（布）与中国革命档案资料丛书》
第4卷，北京图书馆出版社1998年版，第298—299页。
② 参见中共中央党史研究室第一研究部译：《共产国际、联共（布）与中国革命档案资料
丛书》第4卷，北京图书馆出版社1998年版，第345页。
③ 中共中央党史研究室第一研究部译：《共产国际、联共（布）与中国革命档案资料丛书》
第4卷，北京图书馆出版社1998年版，第352页。
④ 张国焘著：《我的回忆》第2册，东方出版社1991年版，第249页。

触，否则没有可能建立自己的武装力量。关于组建革命法庭，实际上也是不可行的。陈独秀最后表示："我们衷心赞同指示，但问题是我们党未必能够贯彻执行。"① 谭平山认为："我们不应过高估计莫斯科的电报。它们是想让我们振作精神。……解决土地问题，这是一项重大任务，完成这一任务需要做充分准备，仅有响亮的口号是不行的。"② 会议决定，向莫斯科报告实际情况，在收到莫斯科答复前暂不采取任何措施。

6 月 10 日，汪精卫、徐谦、谭延闿、顾孟余、孙科等武汉国民党要人与冯玉祥在郑州举行会议，决定：豫陕甘三省为冯玉祥防地，唐生智等部回师武汉；冯玉祥的第 2 集团军扩编为 7 个方面军；成立三省政府委员会，冯玉祥等人为主席；在开封设立国民党中央政治委员会分会，冯玉祥为分会主席。至此，冯玉祥不仅掌握了上述三省的党政实权，而且部队已发展至四五十万人，成为当时最大的军事力量。

汪精卫等希望用河南省的地盘拉拢冯玉祥，但对冯玉祥提出的每月300 万元的军费无能为力。冯玉祥在郑州会议结束后又与蒋介石联系，并在 6 月 20 日与蒋介石、胡汉民等在徐州会谈，接受了蒋介石 50 万元的现款以及每月 250 万元的军费承诺。于是，冯玉祥在徐州会议后即致电汪精卫、谭延闿等，要求武汉方面解聘鲍罗廷，结束国共合作。他本人回到河南后开始驱逐其军队中的共产党人。冯玉祥倒向南京，对武汉政府堪称是致命一击，加速了汪精卫等人分共、反共的步伐。对此，张太雷曾经明确指出："大革命失败的关键时刻，就在郑州会议。""徐州会议是断送大革命的最后一幕"。③

---

① 中共中央党史研究室第一研究部译：《共产国际、联共（布）与中国革命档案资料丛书》第 4 卷，北京图书馆出版社 1998 年版，第 308—309 页。

② 中共中央党史研究室第一研究部译：《共产国际、联共（布）与中国革命档案资料丛书》第 4 卷，北京图书馆出版社 1998 年版，第 309—310 页。

③ 人民出版社编辑部编：《回忆张太雷》，人民出版社 1984 年版，第 71 页。

此时的中共领导人与共产国际代表还在为要么破裂、要么维系国共合作的抉择而纠结，他们几乎天天在开会商议对策。截至 6 月 6 日，在中共五大结束后不到一个月的时间里，单是中共中央政治局常委会及其扩大会议便开了不少于 18 次。① 叛乱事件接二连三，面对如此严峻的形势，连一贯空谈、畅想愿景的罗易也提出了"为取得短暂的喘息时间实行战略退却"② 的主张。为了争取汪精卫，罗易于 6 月 5 日向汪精卫出示了"五月紧急指示"，原本想逼迫汪精卫改组国民党军队，结果成为日后汪精卫分共、反共的证据与借口。鲍罗廷得知此事后，十分愤怒，立即找到罗易进行斥责，随后致电斯大林，要求召回罗易，同时对罗易采取了一些管控措施，如：不允许罗易参加国共两党联席会议，不同意罗易参加中央政治局会议，不主动让罗易收看来自莫斯科的电报，等等。③

6 月 22 日、23 日，共产国际执委会、联共（布）中央政治局相继作出决定："立即将罗易同志从共产国际执委会代表职位上召回，因为他给国民党中央的一些委员看了只发给鲍、罗、柳三同志而无论如何不能给其他人看的电报。""我们召回罗易是因为他违反了纪律。"④

10 年后，已经历练成为无产阶级政治家的毛泽东在延安回顾大革命失败时，对埃德加·斯诺说：

陈独秀应负最大责任，仅次于陈独秀，对于失败负最大责任的是

---

① 1927 年 6 月 6 日，中共中央政治局常委召开第十八次会议。参见中共武汉市委党史研究室、中共五大会址纪念馆编：《中国共产党第五次全国代表大会》，中共党史出版社 2007 年版，第 129 页。

② 中共中央党史研究室第一研究部译：《共产国际、联共（布）与中国革命档案资料丛书》第 4 卷，北京图书馆出版社 1998 年版，第 293 页。

③ 参见中共中央党史研究室第一研究部译：《共产国际、联共（布）与中国革命档案资料丛书》第 4 卷，北京图书馆出版社 1998 年版，第 322 页。

④ 中共中央党史研究室第一研究部译：《共产国际、联共（布）与中国革命档案资料丛书》第 4 卷，北京图书馆出版社 1998 年版，第 344、346 页。

俄国首席顾问鲍罗廷。鲍罗廷完全改变了他的立场，他在 1926 年是赞成大规模重新分配土地的，可是到了 1927 年又竭力反对，对于自己的摇摆没有提出任何合乎逻辑的根据。鲍罗廷站在陈独秀右边一点点，他随时准备尽力去讨好资产阶级，甚至于准备解除工人的武装，最后他也下令这样做了。共产国际的印度代表罗易，站在陈独秀和鲍罗廷两人左边一点点，可是他只是站着而已，他能说，而说得太多了，却不提出任何实现的方法。①

为了挽救革命，张太雷主持下的中共湖北省委于 6 月初制定《关于国民党及工运、农运之策略要点》，从整军经武、准备应变的指导思想出发，明确提出武装农民"上山"和争取地方武装等策略。湖北省委开展城市肃清反革命运动，先后拿获敌对势力暗藏在城市中的反革命分子；严厉镇压乡村土豪劣绅的叛乱暴行，利用党所掌握的政权和军队，配合农民武装打击反革命复辟；坚决维护工农利益，抨击国民党右派势力对群众运动的污蔑和限制；动员党员干部上山下乡，整军经武，准备应变。②

6 月 6 日，张太雷在《向导》上发表《武汉革命基础之紧迫的问题》一文，提出自己的主张。张太雷首先驳斥了当时甚嚣尘上的工农运动过火论的观点，指出革命内部发生了摇动，很多同志看不到现在两湖的厄运是帝国主义勾结中国大资产阶级所给予我们的，而是不自觉地听信了他们的话，以为是工农运动所造成的；现在武汉政府将一切困难推到工农运动身上，口口声声骂工农的幼稚与过火。"敌人向我们的进攻，我们是不怕的，我们最怕的是：我们把应对着敌人的枪口来对着我们自己的基本势力示威。这

① ［美］埃德加·斯诺著：《西行漫记》，董乐山译，东方出版社 2005 年版，第 154 页。
② 参见中共湖北省委党史研究室编著：《中国共产党湖北历史　第 1 卷（1921—1949）》上册，中共党史出版社 2021 年版，第 201—205 页。

是目前敌人压迫我们的时候最值得我们考虑的一件事。"① 其次，张太雷提出了目前需要采取的对策："我们现在应付的方针，就不应是撤退或解散我们的队伍，而应是整顿与强固我们的队伍，并一变以前无组织的反抗，使成为有组织的抵抗反革命的进攻。……现时我们在反革命有准备的进攻而我们没有准备的抵抗时，我们要退却一步以便整顿我们队伍使有纪律有组织以谋最后的胜利。"② 最后，张太雷提出 3 条湖北省应该采取的举措：一是加强组织领导，用革命纪律巩固民众运动，而不应是压制民众；二是提高国民党湖北省党部的地位并巩固其下级党部；三是给农民政治上经济上正当的出路，要继续进行打倒劣绅土豪的运动。文章批驳了汪精卫等人对工农运动的恶毒攻击，虽然也主张暂时"退却"，与中央保持一致，但也间接批评了鲍罗廷、陈独秀等人压制工农运动的右倾错误。

6 月 26 日，中共中央政治局与共产国际代表召开联席会议，讨论政治形势与任务。陈独秀表示现在已无路可走。

> "我们面前有两条路：右的道路与左的道路。右的道路意味着放弃一切，左的道路意味着采取激进行动。在这两条道路上等待我们的都是灭亡。此外还有一条中间道路，即继续目前的局面，这也是不可能的。"③

鲍罗廷表示，如果接受包括"五月紧急指示"在内的莫斯科指令，以国共合作为基础的革命统一战线就不存在了，中国共产党的独立自主问题就自行解决了，因此要寻求新的、与莫斯科一致的行动纲领。他提出：在

---

① 《张太雷文集》，人民出版社 2013 年版，第 489 页。

② 《张太雷文集》，人民出版社 2013 年版，第 489—491 页。

③ 中共中央党史研究室第一研究部译：《共产国际、联共（布）与中国革命档案资料丛书》第 4 卷，北京图书馆出版社 1998 年版，第 357 页。

土地问题上变没收土地为减租；在革新国民党问题上，采取自下而上的更新国民党的办法；至于武装工农问题实际上是不可能的，提出这个口号没有实际意义；此外，鲍罗廷反对共产党人退出国民政府。①

谭平山明确支持鲍罗廷的观点，主张我们首先应该找到自己的立场，然后再通报莫斯科。张国焘提出莫斯科的指示不能接受，应当加以拒绝并通知莫斯科。瞿秋白则回避问题，只谈了自治的可能性。周恩来提出莫斯科经常改变自己的指示，应当弄明白莫斯科到底想怎么办。张太雷发言："从罗易到来时起，从共产国际代表团来到这里之后，我们这里就经常出现分歧。一切都始于北伐。这种情况不能容忍，还是应该取得一致。"②任弼时明确反对鲍罗廷的意见，认为鲍罗廷要把我们引上歧途，应当完全彻底地接受莫斯科的指示。陈独秀最后表示，如果我们想取得政治独立，就应退出国民党。会议最终通过了鲍罗廷的主张，由瞿秋白和张国焘起草致莫斯科的电文。

国共合作危在旦夕，鲍罗廷和陈独秀主导下的中共中央进退失据，左右为难，解不开困局。7月3日，中共中央通过关于国共两党关系的决议，继续以妥协维系与汪精卫的合作。7月上旬，张太雷在武昌胭脂山啸楼巷二号主持召开湖北省委会议，分析当前险恶形势，认为汪精卫已有叛变迹象，决定凡在武汉已经暴露身份的共产党员，都要暂时离开武汉。

7月8日，联共（布）中央政治局召开紧急会议，决定：共产党人必须示威性地退出国民政府，退出国民政府不意味着退出国民党，共产党人必须留在国民党内，并在国民党的一切组织中和拥护它的群众中，为改变国民党的政策和改组其领导机关人员进行坚决的斗争；"中国共产党应

---

① 参见中共中央党史研究室第一研究部译：《共产国际、联共（布）与中国革命档案资料丛书》第4卷，北京图书馆出版社1998年版，第357—360页。

② 中共中央党史研究室第一研究部译：《共产国际、联共（布）与中国革命档案资料丛书》第4卷，北京图书馆出版社1998年版，第362页。

该召开（最好是秘密召开）紧急代表会议，以便根据共产国际执委会的指示纠正党的领导所犯的根本性错误。"① 为了不被驱逐，建议鲍罗廷离开武汉。

7月9日，斯大林在给莫洛托夫和布哈林的信中流露出回天乏术的真实心态，同时，他把责任全部推给了中共中央以及由他或共产国际派出的鲍罗廷、罗易等驻华代表身上。斯大林不认为退出国民政府和国民党就可以改善共产党的处境，"但是，没有别的路可走，反正最终我们还得走上这条道路。""现在主要问题不在于此。主要问题在于，目前的中国共产党能否体面地摆脱这个新的时期（地下工作、逮捕、屠杀、枪决、自己队伍中的变节、挑拨离间等等），成为坚强的、经受过锻炼的党，而没有分化瓦解，变成一个或几个小宗派。"② 斯大林指责中共中央没有执行共产国际执委会的指示，"不善于利用这个与国民党合作的宝贵时期，去大力开展工作：公开地组织革命、组织无产阶级、组织农民和革命军队，实现军队革命化，促使士兵与将军相对立。""中共中央有时也奢谈无产阶级领导权问题。"③ 斯大林同时责备了共产国际代表："应该把鲍罗廷、罗易，以及在中国妨碍工作的所有反对派分子清除出中国。通常派到中国去的不应该是我们不需要的人员，而应该是优秀的工作人员。"④

7月12日，中共中央进行改组，经鲍罗廷提议，由张国焘、李维汉、周恩来、李立三、张太雷组成中央临时政治局常务委员会。从此，陈独秀

---

① 中共中央党史研究室第一研究部译：《共产国际、联共（布）与中国革命档案资料丛书》第4卷，北京图书馆出版社1998年版，第398页。

② 中共中央党史研究室第一研究部译：《共产国际、联共（布）与中国革命档案资料丛书》第4卷，北京图书馆出版社1998年版，第406页。

③ 中共中央党史研究室第一研究部译：《共产国际、联共（布）与中国革命档案资料丛书》第4卷，北京图书馆出版社1998年版，第407—408页。

④ 中共中央党史研究室第一研究部译：《共产国际、联共（布）与中国革命档案资料丛书》第4卷，北京图书馆出版社1998年版，第408—409页。

离开了中央领导岗位，鲍罗廷在离开中国之前，又完成了一件来自莫斯科的指令。

7月13日，中央临时政治局常委会发表《中国共产党中央委员会对政局宣言》，对武汉国民党中央的反动清党罪行进行了严厉谴责，宣布撤回参加国民政府的共产党员，同时声明共产党员绝无理由退出国民党，将要和国民党中的革命分子继续合作，继续开展反帝反封建的革命斗争。

在大革命最后关头，张太雷受命于危难之际，与周恩来等一道，毅然担负起挽救革命的重任，领导全党用武装斗争反抗国民党反动派。包惠僧回忆说：

> "一九二七年七月中，我同张太雷同志在武昌胭脂山啸楼巷二号即湖北省委所在地，因工作进行会谈，他总是那样从容不迫，有条不紊地处理工作，局势愈紧张，他的工作态度愈镇静而坚定。我当时是奉命到南昌待命，而同他接洽转移组织关系的问题。握别时，他很亲切地对我说：暴风雨来了，我们要随时准备应变。这是我同张太雷同志最后一次的会谈，他对人的态度是那样和蔼可亲。他当时穿一件白衬衫，下着一件旧西装裤子，脚穿一双黄色旧皮鞋，蓬松的头发向后梳着，面色苍白显得清瘦，有点疲劳过度的神态。"[1]

7月13日至16日，鲍罗廷在宋子文、瞿秋白等人陪同下，秘密离开武汉前往庐山。7月14日，联共（布）中央政治局召开秘密会议，决定鲍罗廷结束其在华使命，立即动身返回莫斯科。[2]

7月15日，汪精卫主持召开国民党中常会第二十次扩大会议。汪精

---

[1]　人民出版社编辑部编：《回忆张太雷》，人民出版社1984年版，第111—112页。

[2]　参见中共中央党史研究室第一研究部编：《共产国际、联共（布）与中国革命档案资料丛书》第4卷，北京图书馆出版社1998年版，第414页。

卫在会上报告了从罗易处看到共产国际电报的经过，认为这个电报有 5 层意思，随便实行哪一条，国民党就完了。会议决定分共，并制裁共产党人违反国民党主义政策的言行。随后，汪精卫集团控制的武汉国民党中央公开背叛革命，疯狂屠杀共产党人和革命群众。至此，由国共合作发动的大革命宣告失败。

7 月的最后一个星期，鲍罗廷回到武汉，住在宋子文家中。7 月 23 日，罗米纳兹抵达武汉，鲍罗廷被正式解除职务。7 月 27 日，鲍罗廷同 30 多位随行人员在一支部队的保护下到达武汉车站，登上专列，宋子文、汪精卫等到车站送别。几天后抵达郑州，冯玉祥安排他乘专列到下一站。后在 8 月 5 日组成车队经宁夏穿越戈壁，离开中国，此后再未踏足中国大地。送别的人群中并没有张太雷的身影。

罗米纳兹到达武汉后，中央临时政治局常委会召开会议，罗米纳兹在会上传达了共产国际的最新指示，作了批判陈独秀的报告。几十年后，五人常委之一的李维汉对他们的工作作了总结和概括：中央临时政治局五人常委时期，"虽然还谈不上已经是对投降主义的纠正，但开始改变了右倾投降主义统治我党中央的状况，改变了向汪精卫反动集团一味退让的政策"①，尤其是作出了 3 项重大决定。

第一，同意举行南昌起义。"五人常委派了李立三、邓中夏、谭平山、恽代英等一部分中央负责干部前往九江，准备组织党在北伐军中的一部分力量，重回广东，继续革命，反对新老军阀。旋因军事形势变化，敌情紧急，李立三同志等一致向中央建议，在南昌举行起义，并征得当时在庐山休息的瞿秋白同志的同意。政治局常委同意了他们的建议，并派周恩来同志前往南昌担任前敌委员会书记，委员还有李立三、恽代英、彭湃等人，遂于 8 月 1 日胜利地举行了有重大历史意义的南昌

---

① 李维汉著：《回忆与研究》（上），中共党史出版社 2013 年版，第 120 页。

起义。"①

第二，组织湘鄂粤赣四省农民秋收暴动。"这是五人常委在汪精卫公开叛变以后至 7 月下旬这段时间里决定的。根据这一决定，中央在 8 月 3 日以前就草拟好了《最近农民斗争议决案》草案。随后中央农民部还根据《最近农民斗争议决案》草案，为中央草拟了《中共中央关于湘鄂粤赣四省农民秋收暴动大纲》。8 月 3 日，中央便作出决定，通知各有关省委。《大纲》明确要求在上述四省组织秋收暴动，并规定了秋收起义的战略。八七会议在讨论《最近农民斗争议决案》时，我又向大家说明：中央农民部已根据《最近农民斗争议决案》草案拟定了湘鄂赣粤四省秋收暴动计划。这样，五人常委会关于秋收起义的决定就得到了八七会议的追认。"②

第三，召开中央紧急会议，即后来的八七会议。"中央紧急会议原来准备在 7 月 28 日举行，并由秋白、太雷和我与国际代表一起进行筹备工作。……直到 8 月 7 日，出席会议的人仍不能到齐，中央委员到了不过半数，各地到会的只有湖南代表及尚未赴上海的新任书记邓中夏同志。在这种情况下，便只有召集在武汉的中央委员、监察委员、共青团中央委员及湖北、湖南、上海的负责人开会。因此，这次会议既不叫中央全会，也不叫中央政治局会议，而是叫中央紧急会议。"③

张太雷在出任中央临时政治局常委后的一段时间里，继续兼任湖北省委书记。湖北省委机关从武昌迁到汉口，撤销了汉口市委，省委兼理汉口地区的工作。他的工作非常紧张，积极安排中共党员撤离武汉，并将一些已经暴露的党员干部或隐蔽、转移，或派往贺龙、叶挺部队，又安排没有暴露的党员干部继续坚持斗争。"张太雷天天来，每天办公时间也比以前

---

① 李维汉著：《回忆与研究》（上），中共党史出版社 2013 年版，第 121 页。
② 李维汉著：《回忆与研究》（上），中共党史出版社 2013 年版，第 121 页。
③ 李维汉著：《回忆与研究》（上），中共党史出版社 2013 年版，第 121—122 页。

长得多"①。张太雷对郑超麟表示："过去忽略本地工作是错误的。如果将开省大会的精力拿来训练汉口工人同志，一定得到更好得多倍的效果。"②湖北省委开会也是半秘密的，免除不必要的仪式，对此，郑超麟的理解是："我们准备着从公开的党变为秘密的党。"③张太雷在自己的职责范围内，进行挽救革命的一系列努力，可以说，张太雷在中共湖北区委(省委)主持工作期间作出了重要贡献，为中共湖北区委（省委）的历史添上了浓墨重彩的一笔。

在中国大革命的风暴中，鲍罗廷和张太雷是不可或缺的重要分子，在那段可歌可泣的岁月里，张太雷与鲍罗廷通力合作，谱写了令人难以忘却的红色记忆。张太雷既是鲍罗廷的翻译，又是鲍罗廷的参谋，在鲍罗廷与国共之间担任"特殊联络员"。合作过程中，张太雷与鲍罗廷协作沟通，为中国革命工作呕心沥血、夜以继日，不论是工作还是生活，鲍罗廷都得到了张太雷的悉心照顾与协助。尽管两人在合作过程中发生过分歧，但还是结下了深厚的革命友谊，同时在中国革命历史上，留下了永载史册的记忆。

在第一次国共合作最后一段路程的武汉国民政府时期，鲍罗廷担任了重要的角色，他是这一时期贯彻共产国际政策的主要代表，对武汉国民政府的成立起到了重要作用；但在革命危急关头，他始终坚持"退让"，最终造成了不可弥补的损失。毫无疑问，如同鲍罗廷对大革命的兴起与高潮发挥了重要的积极作用一样，鲍罗廷对大革命的失败也同样负有相当大的责任。从某种意义上讲，鲍罗廷是共产国际的一个符号，是共产国际指导中国革命成功与失败的一个缩影。所谓成也萧何，败也萧何。

年轻的中国共产党人虽然无法挽救大革命失败的命运，但在大革命的

---

① 郑超麟著：《郑超麟回忆录》（上），东方出版社 2004 年版，第 259 页。

② 郑超麟著：《郑超麟回忆录》（上），东方出版社 2004 年版，第 259 页。

③ 郑超麟著：《郑超麟回忆录》（上），东方出版社 2004 年版，第 259 页。

风暴中经受住了考验，得到了历练。张太雷便是其中的一个代表人物。武汉时期是张太雷跻身中央一线领导的重要时期，开始承担起领导中国革命的重要职责。武汉也见证了张太雷由一个中国共产党早期组织成员、中国共产主义青年团的创始人之一、活跃在国内国际两个舞台上的中国革命者，到中国共产党的领导人之一、无产阶级革命家的成长过程。

第六章　广州起义中的共产国际因素与
张太雷的决断

随着蒋介石、汪精卫等国民党右派相继叛变革命，国共合作掀起轰轰烈烈的大革命惨遭失败。张太雷受命于危难之际，进入中共中央临时政治局常委会，担负起挽救革命的重任，领导全党武装反抗国民党。八七会议后，张太雷自告奋勇奔赴广东，历任广东省委书记、中共中央南方局书记等职，直接肩负起武装暴动的任务，他兢兢业业、紧密筹备广州起义，最终在广州起义中高高举起了苏维埃的红色旗帜，他用自己的生命和鲜血将这面红旗浸染得更加绚丽。

一、广东接应南昌起义军计划的实施

1. 调任广东省委书记

1927 年 7 月 12 日，在汪精卫的武汉国民政府即将叛变革命的危难之际，张太雷与张国焘、李维汉、李立三、周恩来组成中央临时政治局常委会，代行中央政治局的职权。随后开会决定举行南昌起义，并确定起义后部队的行动方向：立即南下，占领广东，取得海口，求得共产国际的援助，再举行第二次北伐。7 月 25 日，联共（布）中央政治局致电在汉口的共产国际代表罗米纳兹和国民革命军总司令部总军事顾问加伦，表示认可南昌起义及南下广东的军事计划，"如果有成功的把握，我们认为你们的计划是可行的"，但"乌拉尔斯基（即加伦——引者注）和我们其他著名的合法军事工作人员参加是不能容许的"①。7月27日，在江西大旅社成立南昌起义的领导机构——由周恩来、李立三、恽代英、彭湃组成的中共前敌委员会。8月1日凌晨，南昌起义爆发，在拂晓占领南昌，中国共产党人和国民党左派人士参加的联席会议随即召开，会议选出周恩来、宋庆龄、邓演达、何香凝等25人组成的中国国民党革命委员会。

7月下旬，罗米纳兹和其助手纽曼到达汉口，接替鲍罗廷的在华工作，改组中央是其重要任务之一。在共产国际的帮助下，中共中央于8月7日在汉口召开紧急会议（即八七会议）。罗米纳兹在会上发言："过去的错误是在指导机关"，"四月一直到七月底，党的指导都是照着改良主义去决定他的策略"，"直到八月初南昌事变起，于是才开始有一坚决的转机"，同时指出"指导党的工农分子是很少的"问题，强调"此会虽无权改组中央，但有权可以选举临时中央政治局"②。蔡和森、邓中夏、任弼时等与会代表都赞成改组中央指导机关及增加其工人阶级的成分，其中蔡和森的意见尤为激烈，他"始终不主张旧指导人多留于改组之中央"，以至反对罗米纳兹提出的中央临时政治局人员名单，因为该名单除增加苏兆征、罗亦农外，"一切皆是旧人"，王荷波、向忠发、顾顺章等工人，毛泽东、彭公达等湖南农民运动的支持者均未在列，他提出"新中央只留秋白，毛泽东应加入，太雷应出外工作而不应留秘书厅，维汉可留中央组织部或秘书厅工作而不必兼常委名义"③。对于蔡和森的意见，张太雷回应称"过去是决定去广东"④。从会议的结果来看，蔡和森的意见在很大程度上被接受，苏

① 中共中央党史研究室第一研究部译：《共产国际、联共（布）与中国革命档案资料丛书》第7卷，中央文献出版社2002年版，第17页。

② 中共中央党史资料征集委员会、中央档案馆编：《八七会议》，中共党史资料出版社1986年版，第49—54页。

③ 《蔡和森文集》（下），人民出版社2013年版，第907—908页。

④ 钱听涛等编：《张太雷研究史料选》，中央文献出版社2007年版，第464页。

兆征、向忠发、瞿秋白、罗亦农、顾顺章、王荷波、李维汉、彭湃、任弼时被选为中央临时政治局委员，邓中夏、周恩来、毛泽东、彭公达、张太雷、张国焘、李立三被选为中央临时政治局候补委员。

会后，张太雷再次提出去广东工作，中央临时政治局予以批准。为落实八七会议通过的《党的组织问题议决案》提出的要求——"组织南方局于广东，至少须有政治局委员或候补委员三人加入"①，8月11日，中共中央致信广东、广西省委和闽南临时委员会，告知由周恩来、张太雷、彭湃、陈权、恽代英、黄平、张国焘组成南方局，张国焘为书记，在南方局下组织军事委员会，周恩来为主任。在周恩来等未到任以前，由张太雷、杨殷、黄平组成临时南方局，以准备和指导广东、广西、闽南的暴动及一切政治军事事宜，传达八七会议精神和整顿三地的党组织，并说明"前敌委员会与临时南方局相遇以后，前敌委员会即可取消"②，同时任命张太雷为中共广东省委书记。

8月22日，中共中央致信南方局转广东省委，询问"南方局是否已组织""对暴动的工作是否已经准备到可以即时发动"，分析宁汉合流后李济深、黄绍竑等部南下进攻南昌起义部队的形势，要求广东省委根据中央的《中国共产党为汉宁妥协告民众书》③"搜集当地材料，用省委名义发一宣言"，在东江、西江举行暴动，来接应和配合南昌起义部队，并"立即派出原路交通（步哨）与贺、叶通消息，并为之作向导"④。

张太雷8月19日即同黄平到达香港，20日开会向广东省委传达八七会议精神，通过《中共广东省委拥护中央紧急会议之决议》，确定暴动计

---

① 中央档案馆编：《中共中央文件选集》第3册，中共中央党校出版社1989年版，第302页。
② 广东革命历史博物馆编：《广州起义资料》（上），人民出版社1985年版，第6页。
③ 中央档案馆编：《中共中央文件选集》第3册，中共中央党校出版社1989年版，第315—326页。
④ 广东革命历史博物馆编：《广州起义资料》（上），人民出版社1985年版，第7—8页。

划、改组省委，组织广州、西江、北江暴动委员会。8月22日，张太雷向中央常委会报告上述工作，说明广州暴动的时机是"在我军（指南昌起义军——引者注）进攻石滩时，沿三条铁路之工农及市内罢工工人，工代会工人同时动作，定可成功也"，表示两广肃清反革命派委员会要等到革命委员会到来后才能取消，"现时所以不取消者，因工作不便，一时不能无指挥故也"①，并附上省委拥护八七会议的决议、省委名单、暴动计划、口号、军事的编制与工作方法、暴动时及暴动后的工作大纲。

9月9日，中央复信广东省委，表示同意暴动计划和省委名单，但在广州暴动的时机上不同意张太雷的意见，要求"立即开始，不要等待贺、叶军队到来，技术上并可参照两湖暴动计划"②。中央还重申8月31日给广东省委信中"指明张发奎到我们军队中来的危险性以及我们的态度应该是坚决的与他绝缘，张发奎已经是南昌事变的反叛者，已经是我们公开的敌人，我们与他已毫无妥协之可能"的意见，要求"南方局应迅速的将中央意见转知前委"，"前委应坚决的不犹豫的执行中央的策略"③；中央也同意张太雷暂时保留省委的意见，但提醒广东省委要注意其中"因一时利害关系而来与我们合作的分子"，"坚决的在各方面照着中央的政策做去，不能有丝毫让步或妥协的心理"④；中央最后批评了广东省委《关于暴动后各县市工作大纲（决议案）》中"[不] 没收以靠田租为生活者（不论其居住城市）之土地，其限度以三十亩或五十亩为大致标准，……田租至多不过百分之三十，由当地农会决定其多寡"⑤ 的提法，强调"我们无所谓减租不减租，我们根本就不交租，一开始即提出抗租的口号，由抗租而进到没

---

① 《张太雷文集》，人民出版社2013年版，第494、495页。

② 广东革命历史博物馆编：《广州起义资料》（上），人民出版社1985年版，第11页。

③ 广东革命历史博物馆编：《广州起义资料》（上），人民出版社1985年版，第11页。

④ 广东革命历史博物馆编：《广州起义资料》（上），人民出版社1985年版，第11—12页。

⑤ 中央档案馆、广东省档案馆编：《广东革命历史文件汇集(中共广东省委文件)1927年》，1982年版，第29页。

收地主土地"①。

事实上，广东省委关于土地问题的表述，依据的是八七会议通过的《最近农民斗争的议决案》，其中提出农民暴动的口号有"对于小田主则减租，租金率由农民协会规定之"②。只是中央后来在土地问题上的看法逐步发生变化，这体现在 8 月 23 日《中央复湖南省委函》中："对小地主则提出减租的口号，'没收小地主土地'的口号不提出，但我们不要害怕没收小地主土地，革命发展到没收小地主时，我们要积极去组织领导，其结果仍是没收一切土地，不马上提出这一口号只是对小地主的一种策略。"③当中央 9 月 9 日复信广东省委时，中央的意见已发展为"广东的暴动必然要实行达到没收地主的土地"④。

与此同时，南昌起义军继续向广东挺进。8 月 26 日、31 日，南昌起义军先后在瑞金、会昌击溃国民党军钱大钧部，以周恩来为首的前委决定利用国民党在福建兵力空虚的机会，绕道长汀、上杭入东江，取消原定由寻乌入东江的行军计划。9 月 5 日，南昌起义军进抵福建长汀，周恩来随后致信中共中央，报告瑞金、会昌两次战役情况，"经此两战，我虽胜敌，但兵员与子弹之缺乏，实成为入潮梅后必生之最大困难"，"我方目的在先得潮、汕、海陆丰，建立工农政权，……子弹兵员之补充乃是最急"⑤，要求中央转告广东省委鼓动东江、潮汕地区的工农响应南昌起义军的行动，在革命委员会到达汕头后，请张太雷主持外交工作。对于急需的"子弹兵员之补充"，周恩来指出"子弹及机关枪缺乏，请电知 ×× 能于外埠装好

---

① 广东革命历史博物馆编：《广州起义资料》（上），人民出版社 1985 年版，第 12 页。

② 中央档案馆编：《中共中央文件选集》第 3 册，中共中央党校出版社 1989 年版，第 295 页。

③ 中央档案馆编：《中共中央文件选集》第 3 册，中共中央党校出版社 1989 年版，第 353 页。

④ 广东革命历史博物馆编：《广州起义资料》（上），人民出版社 1985 年版，第 12 页。

⑤ 广东革命历史博物馆编：《广州起义资料》（上），人民出版社 1985 年版，第 13—14 页。

货物，一俟汕头攻下，在十日内即能运至汕头方好。……如汕头攻下，请派得力人员尤其是军事人员前来工作为要"，并提请中央"向 ×× 商借香港票或沪票四十万"以充作补充兵员的军费。① 这里的"××"是指苏联方面。

苏联方面同期也在作相应的准备工作。8 月 11 日，联共（布）中央政治局应加伦的要求，"拨给 15000 支步枪、1000 万发子弹（算在库伦储备物资帐上）、30 挺机关枪和 4 门山炮，带 2000 发炮弹"，准备运往海参崴，同时责成米高扬"紧急弄清楚在汕头设立商务代表处或另外一种经济机构的可能性"②，8 月 18 日再次责成加拉罕和米高扬"在 24 小时内商定派工作人员去汕头的问题"③，以落实上述工作。8 月 25 日，联共（布）中央政治局会议在听取米高扬关于汕头的报告后，不仅决定"由革命军事委员会在两周内在海参崴集中 500 万发步枪子弹和 1000 发炮弹"，还决定加派军事工作人员，"批准斯切潘诺夫和尼洛夫同志作为派往广东工作的人选"，"由中国委员会确定派往南昌部队的下列专业人员：联络员、机枪手、炮手和工兵以及五名不分兵种的师级首长"，从军事学校的毕业生中选取"5 名完全可靠的学生来从事我们在华的工作"。④

在周恩来和南昌起义军没有同张太雷和广东省委取得联系之前，以张太雷为首的广东省委一直在积极进行接应南昌起义军的工作。9 月 12 日，张太雷在香港主持召开省委会议，通过广州工作大纲，决定派黄平、杨殷、黄锦辉去广州，分别负责工人运动、暴动准备、调查军事的工作。13

---

① 广东革命历史博物馆编：《广州起义资料》（上），人民出版社 1985 年版，第 14 页。

② 中共中央党史研究室第一研究部译：《共产国际、联共（布）与中国革命档案资料丛书》第 7 卷，中央文献出版社 2002 年版，第 16 页。

③ 中共中央党史研究室第一研究部译：《共产国际、联共（布）与中国革命档案资料丛书》第 7 卷，中央文献出版社 2002 年版，第 20 页。

④ 中共中央党史研究室第一研究部译：《共产国际、联共（布）与中国革命档案资料丛书》第 7 卷，中央文献出版社 2002 年版，第 23—24 页。

日，广东省委对琼崖工作发出指示信，通报东江各县农民军起义和汕头暴动的情况，指出"在琼崖的工作，切不可使其变为纯粹的军事行动，一定要含着显明的阶级斗争的意义"，要求解除地主的武装、推翻其政权、没收大中地主的土地，发展工农军和工会、农会，"工农中之勇敢活动分子全数加入党"。①14 日，广东省委致信潮梅暴动委员会，指出"此次潮梅暴动，在响应我军（指南昌起义军——引者注）的意义上讲当然太早，但其政治上影响则非常之大"，"潮梅工农力量在将来我军真正来时，必能使敌人时刻有没法暴动之可虑"，认为汕头因暴动有数十位工人被捕"在表面是暴动的结果，而实际上是反动派迟早要下手的"，告诫潮梅暴委"不可因此次暴动在响应上太早又因汕头受压迫而发生埋怨 × 咎之事"，"我们暴动本不完全在响应，暴动结果利害相较利多而害少"②，这体现了张太雷独到的长远眼光和革命乐观主义精神。广东省委在信中要求汕头恢复秘密支部和义勇队，继续进行小规模的红色恐怖工作，"我们不大规模做，其原因为欲积聚实力以便响应"，要求各县农民军注意收缴敌人武器和向士绅富商筹款，加强各县的相互联络和支持，通告各县确立"以自己的力量来解决东江组织工农政府""叶贺军队是来帮助我们的，不可专依赖于他们"的认识。③

　　暴动工作的准备和进行离不开党组织坚强有力的领导和执行。根据八七会议精神和中央工作安排，广东省委进行了整顿党组织和党、团关系的工作。9 月，广东省委就党的发展工作发出第三号通告，指出"必须要党的组织好，才能执行及实现党的政策"，但目前"组织不很严密，指

---

① 中央档案馆、广东省档案馆编：《广东革命历史文件汇集(中共广东省委文件)1927 年》，1982 年版，第 36 页。

② 中央档案馆、广东省档案馆编：《广东革命历史文件汇集(中共广东省委文件)1927 年》，1982 年版，第 39—40 页。

③ 中央档案馆、广东省档案馆编：《广东革命历史文件汇集(中共广东省委文件)1927 年》，1982 年版，第 40—41 页。

导机关亦多不健全"，要求清查投机妥协消极分子，将"最勇敢最肯牺牲的分子，逐一列名（附事实）呈报省执委，以为改组各县市区党部的准备"①。张太雷深感"许多奋斗的工农都在党外，以上是组织方面的大缺点"②，因此在通告中指出这些工农分子"虽未填写志愿书加入本党，但他们在革命的实际工作上已完全做了本党的中坚党员"，强调"只要他们是真能勇敢奋斗牺牲，并热烈拥护农工利益的分子可以无条件的吸收他们入党，以充实党的指挥力量和扩大党的真实基础"③。

　　9月19日，广东省委就党、团关系问题发出第八号通告，在八七会议《党的组织问题议决案》规定的"须切实实现各级党部与团互派代表的原则，——团部代表有表决权，并引青年团的团员群众参加党的政策问题之讨论"④之外，提出共青团各级书记为共产党各级委员会的委员、共青团同志参加农会工会党团、共产党在共青团的青年农民和军事等工作方面予以帮助等具体举措，创造性地落实落细八七会议的组织工作要求。同日，广东省委根据收到的《中国共产党为汉宁妥协告民众书》，发出《中共广东省委通告（第七号）——汉、宁妥协与时局》，宣告在蒋介石、汪精卫先后叛变革命，宁、汉又勾结压迫民众之际，"叶贺军队……愿为工农群众之先锋，率师回粤，所向无敌，现已由大埔攻潮汕，不一月必可克复广州"，"工农群众已起来，革命的中心，将重新建立于广东。"⑤

---

① 中央档案馆、广东省档案馆编：《广东革命历史文件汇集（中共广东省委文件）1927年》，1982年版，第44—45页。

② 《张太雷文集》，人民出版社2013年版，第503页。

③ 中央档案馆、广东省档案馆编：《广东革命历史文件汇集（中共广东省委文件）1927年》，1982年版，第46页。

④ 中央档案馆编：《中共中央文件选集》第3册，中共中央党校出版社1989年版，第305页。

⑤ 中央档案馆、广东省档案馆编：《广东革命历史文件汇集（中共广东省委文件）1927年》，1982年版，第52页。

直到 9 月 15 日，张太雷才通过周恩来派来的人员获知南昌起义军的情况——在击溃钱大钧部后，正在经长汀、上杭、大埔向潮汕进军。16日，张太雷向中央报告接应南昌起义军的部署："西江及广西定二十五日一致暴动，牵制李、黄军队（即李济深、黄绍竑——引者注）。北江农军力薄，现命其做破坏工作"，"广州市及三条路刻日举行大规模破坏及恐怖工作，并同时准备将来军队到石滩时之大暴动"，汇报广州即将面对的新情况，"张发奎军队确将于二十日以后到达广州，张与李不和，但反共。……薛岳恨李与张有联络。"① 在张发奎部到达广州后，张太雷随即安排对敌军的工作，派人员到张发奎的第二方面军当留守主任。张太雷此后又与前方失去联系，20 日向中央报告称"确信我军已到大埔，大埔离汕头只四、五日路程。潮梅一带并无多少军队，……是以我军下来不成问题"②。为配合南昌起义军的行动，西江、广西、中路等地的农民及广州计划暴动，这些都需要大量经费，总共要 5 万元，共产国际代表纽曼为此计划赴上海筹款。

2.广州暴动准备工作的继续推进

张太雷继续紧锣密鼓地推进广东暴动的准备工作。9 月 22 日，广东省委就各区、县的暴动策略发出第九号通告，要求各地设立革命委员会作为"指挥当地暴动及暴动胜利后工作"的机关，"一切军事行动须听暴委或革命委员会之命令"，③ 暴动前须有严密的计划、暴动中及暴动后须注意武装工农及保证工农军在党的领导之下，坚决解除敌人武装和彻底改造投降的军队、土匪。无论是对广东省委，还是对南昌起义军而言，经费都是

---

① 《张太雷文集》，人民出版社 2013 年版，第 499 页。

② 《张太雷文集》，人民出版社 2013 年版，第 502 页。

③ 中共中央党史资料征集委员会等编：《广州起义》，中共党史资料出版社 1988 年版，第46 页。

至关重要的问题，在吸取之前"东江方面之绅富多带钱逃走香港，我军到时恐一元也找不着"①的教训后，广东省委在通告中强调"筹款是一件非常重要之事，对富绅须用各种可能方法硬筹，并严防现款出口"②。同时，广东省委发出《工农军作战方法与军队作战方法》，对工农军、城乡暴动的作战方法及指挥人员的工作方法作了细致的规定：基于工农军"缺乏甚至于没有军事的训练，专凭个人的勇敢"③的实际情况，工农军要避免同敌军正面战斗，利用熟悉当地地形道路的优势袭击敌军侧后方，包括敌军后方的军需机关、军械机关、交通机关；由于城市的工人大多数缺少枪支，城市暴动因此需要农军的帮助，其特点是巷战，"必须熟悉街道，按照作战目标适当分配兵力"，"战斗开始，须完全取攻势，……取得一机关，当即指定负责管理人，军队则仍不停止"；指挥人员要制定严密的计划，战前作详细的敌情、地形侦察，"侦察后，即须决心分配兵力，监督及指挥战斗，不可稍有犹豫"，"没有训练的军队，尤其是工农军，假使兵败没有办法收容，故在战斗之前，即当示意各级指〔挥〕人员，以败后收容地点及方法。"④

9月23日，中央对广东省委的《关于暴动后各县市工作大纲》提出批评意见：一是重申9月9日给广东省委信中强调的没收包括小地主在内的所有地主土地的意见；二是对小商人在县革命政府的选举代表中占百分之二十持保留态度，"完全要看他们对于革命的态度而定"⑤，而在大城市

---

① 《张太雷文集》，人民出版社2013年版，第502页。

② 中共中央党史资料征集委员会等编：《广州起义》，中共党史资料出版社1988年版，第46页。

③ 中央档案馆、广东省档案馆编：《广东革命历史文件汇集(中共广东省委文件)1927年》，1982年版，第69页。

④ 中央档案馆、广东省档案馆编：《广东革命历史文件汇集(中共广东省委文件)1927年》，1982年版，第72页。

⑤ 中央档案馆编：《中共中央文件选集》第3册，中共中央党校出版社1989年版，第373页。

暴动胜利后组织的苏维埃政权中是不容许有小商人代表的；三是"不没收工厂作坊"的规定是不严谨的，反革命的工厂作坊必须没收。中央的上述批评还比较温和，属于对广东省委相关政策的补充完善，那么接下来对《工农军作战方法》的批评可谓严厉。中央批评广东省委对工农军的使用及败后收容的安排，是"胆小，怕牺牲不相信群众力量"的表现，这样"必然会影响到群众不能坚决的作战"，"势必只能在乡村中迂回作战，而不能去夺取城市"，批评广东省委在城市暴动上等待农军帮助的意见，"实在太书生了"，"在乡村中农民暴动很激烈，城市已经很恐慌，而工人群众的革命情绪又很高涨的时候，我们无论有多少枪支，都应立即举行暴动"。最后再次强调"此时广东全省应不等待叶贺之达到，即行发展普遍的暴动"。[1]

中央如此严厉地批评广东省委的原因，在于二者在暴动问题上有两个分歧点：一是细节上的，即城乡暴动的连接点，广东省委是以农军帮助来连接城市暴动的，中央并没有否认农军负有夺取城市的任务，但不认为这是城市暴动等待农军帮助的理由，因为在中央看来，"等待直接的军事力量"，"便是军事投机"，"断不能有等待军事的心理"[2]，中央认为的连接点是乡村农民暴动风起云涌，城市工人暴动随之而起，相互响应配合。二是根本上的，中央不认可广东省委关于工农军"与有训练有组织军队作战，想要取得胜利，是难能的事"，"虽多亦难于胜寡，甚至于只有损失"[3]的判断，认为"如果我们真正把暴动的主力建立在农民群众的身上，而不是靠单纯的工农军的军事行动，则我们枪支虽少，不难扑灭有数倍枪支的敌

---

[1] 中央档案馆编：《中共中央文件选集》第3册，中共中央党校出版社1989年版，第373—374页。

[2] 中央档案馆编：《中共中央文件选集》第3册，中共中央党校出版社1989年版，第374页。

[3] 中央档案馆、广东省档案馆编：《广东革命历史文件汇集(中共广东省委文件)1927年》，1982年版，第69页。

军"①。中央、广东省委的共识是不否认以下事实：工农军缺乏军事训练、缺少枪支，农民群众有的只能用铁枪、木棒当武器，而区别在于如何认识和应对这些缺点，中央认为勇气、决心等革命情绪可以弥补甚至忽略这些缺点，广东省委则更加务实地直面这些缺点，提出合乎实际的作战方法以及失败后的收容安排，最大限度地保护、保存有生力量。通过比较可以看出中央在这方面的"左"倾和脱离实际。

　　限于当时的通讯条件，中央的这封信没有及时送到广东省委手中，张太雷9月20日也曾向中央抱怨"除接到第一、第二期通讯及汉宁妥协宣言外，别无接到何种指示"②。因此，9月23日，广东省委发出的第十号通告未能体现中央的意见及新决议，其是"根据于中央所发之《中国共产党现在的任务与政策》及省委以前决定之暴动后各县市工作大纲，对后者略有修改"③。通告仍保留有不没收小地主土地的相关表述，尤其是对国民党的政策仍延续中央常委8月21日通过的《中国共产党的政治任务与策略的议决案》，即上面引文中的"《中国共产党现在的任务与政策》"，刊载于张太雷收到的《中央通信》第二期，这是广东省委当时掌握的"最新"中央文件，故广东省委对该议决案进行了简要的摘编：工农暴动仍在革命的左派国民党旗帜下进行和只限于宣传苏维埃的意义。同样根据该议决案，广东省委把之前《关于暴动后各县市工作大纲》中选举产生县市革命政府的"人民代表会"改称"平民代表会议"，更为重要的是对选举代表的阶级比例和结构进行了调整，把县平民代表会议的小商人及贫苦知识分子代表占比从10%改为5%，市平民代表会议的小商人、学生、教职员等代表

---

① 中央档案馆编：《中共中央文件选集》第3册，中共中央党校出版社1989年版，第373页。

② 《张太雷文集》，人民出版社2013年版，第502页。

③ 中共中央党史资料征集委员会等编：《广州起义》，中共党史资料出版社1988年版，第48页。

占比从 20% 改为 10%，把余出来的占比份额分配给了士兵，此前没有把士兵纳入平民代表会议代表的范围。①

3. 在汕头主持南方局会议

果然同张太雷 9 月 20 日给中央的报告中所料想的那样，9 月 23 日、24 日，南昌起义军先后攻占潮州、汕头。9 月 26 日，张太雷到达汕头，被推举为南方局书记，主持召开南方局会议，决定：取消起义军原用的国民党革命委员会名义，改为苏维埃；将军队开往海陆丰，会合当地农民武装，改组为工农革命军；布置张国焘、李立三、谭平山等离开部队，起义军一切事宜由周恩来负责处理。② 会议内容主要来自张国焘《我的回忆》③，这使得有些内容值得推敲：（1）改换"国民党"的旗帜为"苏维埃"可信。这是因为前有中央 9 月 23 日给广东省委的信中已附上 9 月 19 日通过的《关于"左派国民党"及苏维埃口号问题决议案》④，后有 9 月 29 日张太雷给中央的信中报告"国民党的恢复已决定停止"⑤，由此可以推断张太雷后来收到了中央的新决议。（2）将南昌起义军开往海陆丰，和当地农民武装会合不确。一是因为张太雷 9 月 27 日、29 日给中央的信中两次要求中央迁来，"不然恐要倒台，此事甚关重要"⑥，以便改组军委、整顿政府机关，还要求中央派来财政、外交、军事、政治等各种工作人员。若要主动放弃汕头，何必多此一举？二是张太雷在这两封信中一再说"反动派与农民斗

① 参见中共中央党史资料征集委员会等编：《广州起义》，中共党史资料出版社 1988 年版，第 51 页。
② 参见中共中央文献研究室编：《周恩来年谱（1898—1949）》上卷，中央文献出版社 2007 年版，第 127 页。
③ 参见张国焘著：《我的回忆》第 2 册，东方出版社 1991 年版，第 320 页。
④ 参见中央档案馆编：《中共中央文件选集》第 3 册，中共中央党校出版社 1989 年版，第 372 页。
⑤ 《张太雷文集》，人民出版社 2013 年版，第 507 页。
⑥ 《张太雷文集》，人民出版社 2013 年版，第 506 页。

争，军队不够分配，现仍叫农军自己想法给枪他们去打"，"军队现集中，故甚难××××农民，有枪给农民军，但无子弹"①，由此不难看出南昌起义军此时限于兵力或其他军事行动，还没有直接去会同农民军作战的意图。三是 9 月上旬周恩来就进军潮汕问题给中央的信，就已阐明攻占汕头的重要目的是打开获取苏联军事物资的出海口，因此张太雷在 9 月 27 日给中央的信中通报："汕头口岸甚小甚危险。敌军舰常在海口检查，请注意，并通知毛子（指共产国际代表——引者注）。"② 前后联系起来可以看出，在汕头接收苏联军事物资的计划并没有被放弃。(3) 在此次会议上，因与会者对张国焘的动摇不满，故推选张太雷为南方局书记，9 月 28 日南方局会议决定增加李立三、恽代英为委员，罗绮园为秘书，亦因不满谭平山的工作，决定谭平山离粤赴苏。"平、国二同志均为同志所不满"③，被安排离开部队没有问题，但未说对李立三不满，他还被补为委员参与南方局的工作，具体主持政治警察工作，说李立三也被安排离开应当不确。

南昌起义军在占领潮汕后，筹办军饷两日，9 月 26 日开始向揭阳集中，28 日在揭阳北部的山湖地区击败国民党军王俊部。陈济棠后来派部队赶来增援，起义军英勇作战，苦战两昼夜，歼敌三千人，但因敌我力量悬殊，自身伤亡超过 1/3，再战不利，30 日凌晨主动撤出战斗，退回揭阳。当起义军主力正同陈济棠部苦战时，黄绍竑部趁机绕到起义军后背，先后向潮州、汕头发起进攻，起义军留守在潮汕的兵力十分薄弱，不得不先后在 9 月 30 日黄昏、10 月 1 日凌晨放弃潮州、汕头。10 月 3 日，南昌起义军撤到普宁县流沙，随即召开紧急会议，周恩来在会上宣布今后不再使用国民党革命委员会的名义，打出苏维埃的旗帜，决定起义军余部向海陆丰

① 《张太雷文集》，人民出版社 2013 年版，第 506、508 页。

② 《张太雷文集》，人民出版社 2013 年版，第 506 页。

③ 《张太雷文集》，人民出版社 2013 年版，第 507 页。

撤退，帮助农民开展斗争，作长期革命斗争的准备。会后，南昌起义军在向海陆丰方向前进途中，遭到陈济棠部的截击，大部损失，一部进入海陆丰地区同当地农军会合。至此，轰轰烈烈的南昌起义宣告失败。

在张太雷9月26日到达汕头召开南方局会议之前，广东省委组织的暴动和南昌起义军都还打着"国民党"的名号，此后才举出"苏维埃"的旗帜，这体现的是共产国际、联共（布）中央和中共中央在大革命失败后对国民党政策的转变。

7月26日，苏联《真理报》发表社论《国民党左派的危机》，建议中国共产党团结和联合真正的国民党左派，虽然对于这样"争取国民党的斗争结局如何"尚未可知，但国民党已出现的重大危机要求把苏维埃的问题提上议事日程，"共产党员应当毫不迟疑地着手宣传苏维埃思想，以便一旦争取国民党的斗争失败，出现新的革命高潮时能动员号召群众成立工农兵代表苏维埃，把它们作为劳动群众的机关与资产阶级的组织相抗衡。即使争取国民党的斗争获得良好结局，也不能排除国民党组织本身有发展为苏维埃的前途，所以我们现在就应该立即在中国宣传这种思想。"[1]这相当程度上反映的就是联共（布）中央的意见。8月8日，联共（布）中央政治局决定给在华的罗米纳兹、加伦发去电报："关于苏维埃的最近指示是这样：发动国民党左派群众起来反对上层；如果不能争得国民党，而革命将走向高潮，那就必须提出苏维埃的口号并着手建立苏维埃；现在就开始宣传苏维埃"[2]。8月9日，联共（布）中央委员会和中央监察委员会联席全会以决议的形式重申上述观点："共产党应该采取一切办法发动国民党左派的下层反对其上层，并在这方面开展坚强有力的运动。同时，共产党

① 安徽大学苏联问题研究所、四川省中共党史研究会编译：《苏联〈真理报〉有关中国革命的文献资料选辑》第1辑，四川省社会科学院出版社1985年版，第528页。
② 中共中央党史研究室第一研究部译：《共产国际、联共（布）与中国革命档案资料丛书》第7卷，中央文献出版社2002年版，第18—19页。

应该大力宣传苏维埃的思想。如果共产党使国民党革命化的尝试不能成功，如果不能使这个组织民主化，不能把它变为工人和农民的最广泛的群众性组织；另一方面，如果革命将进入高潮，那末就必须把建立苏维埃这个口号由宣传性的口号变成直接斗争的口号，并着手组织工人、农民和手工业者苏维埃。"①

罗米纳兹在收到电报后认为这是要建立苏维埃的意思，8月12日，斯大林复电纠正罗米纳兹："我们没有建议成立苏维埃，我们只是讲宣传苏维埃的思想。……要尽一切努力使国民党革命化和民主化。只有当重建革命国民党的尝试明显无望和明显失败，而随着这种失败出现新的革命高潮时，只有在这种情况下才走上建立苏维埃的道路。"②8月13日，联共（布）中央政治局决定致电罗米纳兹、加伦，表示批准斯大林的电报，强调"跟国民党结盟必须不是从外部，而是从内部"，并指出"广东的暴动应在成立真正革命的国民党政府、切实实行土地革命并同共产党结成紧密联盟的口号下进行"。③

8月21日，中央常委通过的《中国共产党的政治任务与策略的议决案》吸纳和解释了联共（布）中央的意见。对于"中国共产党应当组织工农暴动于革命的左派国民党旗帜之下"，列举出3个理由：一是"国民党是各种革命阶级的政治联盟之特殊的形式"；二是"国民党是一种民族解放运动之特别的旗帜"，"中国共产党现在不应当让出这个旗帜，使一般叛徒篡窃国民党的名号，而做军阀及反动资产阶级掌握里的玩物；三是为了争取左派国民党的主要群众——小资产阶级中的革命分子，"本

---

① 中共中央马克思恩格斯列宁斯大林著作编译局译：《苏联共产党代表大会、代表会议和中央全会决议汇编》第3分册，人民出版社1956年版，第285页。

② 中共中央党史研究室第一研究部译：《共产国际、联共（布）与中国革命档案资料丛书》第7卷，中央文献出版社2002年版，第22页。

③ 中共中央党史研究室第一研究部译：《共产国际、联共（布）与中国革命档案资料丛书》第7卷，中央文献出版社2002年版，第21页。

党现在和他们合作而组织秘密的革命的国民党"，中国共产党及工农群众团体都加入国民党，以"使革命的国民党民权主义化"，"使国民党成为群众团体联合的党，使反动分子不能假借国民党党部名义，来实际上做阻滞革命的工作"。① 既然在左派国民党的旗帜下组织工农暴动，故现在还只限于宣传苏维埃的意义，"只有到了组织革命的国民党之计划，完全失败，同时，革命又确不［在］高涨之中，那时本党才应当实行建立苏维埃"，若计划成功，"本党就应当在革命超越资产阶级民权主义的范围时，使苏维埃制度得以从新的革命政权之中生长出来，——这种新的革命政权（指有左派国民党人参加的革命委员会——引者注），现在就要着手组织，依照最广泛的各种革命阶级选举的最民权主义的代表制度。"②

在讨论此议决案时，共产国际代表沃林提出反对意见，指出"这一政治方针的主要毛病是必须和可能保持国民党以前的作用（尽管是新的'革命的左派国民党'）和我们同这个党以前的组织关系的偏见"③。他逐条批驳了中央常委会阐述的理由，他首先从革命形势上根本否认了重建革命的左派国民党的可能性，"左派国民党目前不仅不存在，而且在阶级斗争日益尖锐的现时条件下和在向革命更高阶段过渡的情况下，不可能重建成为一支真正革命的力量"；其次指出血淋淋的反革命行动都是在国民党的旗帜下进行的，"国民党的旗帜已经是令人憎恨的了"，"在群众面前强调'左派'国民党的革命威望听起来简直是对这些群众的嘲笑，或者说只能意味着脱离这些革命群众"；最后是从经济和历史上否定小资产阶级的革命性，

---

① 中央档案馆编：《中共中央文件选集》第 3 册，中共中央党校出版社 1989 年版，第 335—337 页。

② 中央档案馆编：《中共中央文件选集》第 3 册，中共中央党校出版社 1989 年版，第 338 页。

③ 中共中央党史研究室第一研究部译：《共产国际、联共（布）与中国革命档案资料丛书》第 7 卷，中央文献出版社 2002 年版，第 77 页。

它们"不会跟革命群众一起来同反革命派进行流血的和无情的斗争"。①
总之，他认为"不能以与'左派'国民党的试验成功与否来决定苏维埃作
为政权机关形式的问题"，批评"'组织''左派'国民党来举行暴动的计
划或者是天真，或者是完全迷失方向，最后或者简直是机会主义"，"建立
苏维埃的口号（而不是宣传苏维埃的思想）现在就应当作为能切实实现工
农革命民主专政并确立无产阶级领导权的革命政权的唯一形式来加以接
受"。② 显然，沃林并不知道中共中央的此项议决案是根据联共（布）中
央的意见作出的，他的意见相较于联共（布）中央是微不足道的，自然丝
毫没有被议决案采纳，这也是他9月20日在莫斯科专门就此向共产国际
执行委员会写书面报告的原因。

　　随着中国革命形势的发展，中共中央逐步认识到重建左派国民党是不
可能实现的。9月19日，中央政治局会议通过《关于"左派国民党"及
苏维埃口号问题决议案》，指出中共重建左派国民党的努力不仅毫无成
绩，而且国民党的旗帜已成为"资产阶级地主反革命的象征，白色恐怖的
象征，空前未有的压迫与屠杀的象征"，"土地革命的急剧的发展，已经使
一切动摇犹豫的上层小资产阶级脱离革命的战线"，所以"以后关于组织
群众的革命斗争，当然无论如何说不上再在国民党的旗帜下进行"，"现在
的任务不仅宣传苏维埃的思想，并且在革命斗争新的高潮中应成立苏维
埃"③。更为重要的是，这个决议案突破了大革命以来共产党与国民党的党
内合作方式。对于国民党左派分子，"我们应当赞助他，推动他到继续革
命斗争的道路，使他完全与国民党的反革命上层分子断绝关系"，他们只

---

① 中共中央党史研究室第一研究部译：《共产国际、联共（布）与中国革命档案资料丛书》
　　第7卷，中央文献出版社2002年版，第80—81页。

② 中共中央党史研究室第一研究部译：《共产国际、联共（布）与中国革命档案资料丛书》
　　第7卷，中央文献出版社2002年版，第85页。

③ 中央档案馆编：《中共中央文件选集》第3册，中共中央党校出版社1989年版，第
　　369—370页。

是"革命的暂时的同道者，可以在每次斗争中，使他们来赞助我们及革命的民众"①，也就是把他们看作党外统一战线的对象，不再拘泥于国共两党的党内合作方式。9月20日，共产国际执行委员会致电罗米纳兹，指出在具备"左派国民党的思想确实遭到失败和存在新的革命高潮"的条件下，"建立苏维埃和扩大苏维埃地区的时机由共产国际执委会执行局和中共中央来决定"②。可以看出，在调整对国民党的政策上，中共中央与联共(布)中央、共产国际不谋而合，中共中央在收到这个电报之前，就已不失"时机"地作出了新的决议案。

9月27日，斯大林在共产国际执行委员会和监察委员会联席会议上驳斥托洛茨基的批评时，明确指出"现在，当国民党人因为勾结反革命而声名狼藉、威信扫地的时候，在运动取得成功的情况下，苏维埃就能成为而且事实上就要成为把中国工人和农民团结在自己周围的基本力量"，强调由中国共产党领导苏维埃，"共产党人不会再参加国民党了，即使革命的国民党再次出现在舞台上"。③根据斯大林的意见，9月29日，联共(布)中央政治局致电罗米纳兹和中共中央，询问为何没有告知是否收到9月20日的指示，并作出具体指示：第一，"广东的形势要求尽快着手在所有大大小小工业化城市里建立工人、手工业者和士兵代表苏维埃，因此要采取措施来建立苏维埃"；第二，"试图由共产党人来建立左派、革命的国民党，这是不能允许的，……建议只结成外部联盟，丝毫不能束缚中共的领导权"；第三，"要跟武汉和整个汪精卫派进行无情的斗争，他们指望张发奎把广东省变成自己的据点。张发奎现在是主

---

① 中央档案馆编：《中共中央文件选集》第3册，中共中央党校出版社1989年版，第370页。
② 中共中央党史研究室第一研究部译：《共产国际、联共(布)与中国革命档案资料丛书》第7卷，中央文献出版社2002年版，第88页。
③ 中共中央党史研究室第一研究部译：《共产国际、联共(布)与中国革命档案资料丛书》第7卷，中央文献出版社2002年版，第92页。

要敌人。"①中共中央当时正在从汉口迁往上海的途中，与共产国际、联共（布）中央的通讯并不顺畅，10月14日，青年共产国际代表希塔罗夫在给沙茨金的信中无意间回答了联共（布）中央的询问："广东的基础对于夺取政权，对于建立苏维埃政权（这是我们在得到上面最后批准前就决定了的）是最有利的。"②

二、南昌起义军南下失败后的广州暴动准备工作

1. 坚持推行广州暴动计划

潮汕失守后，张太雷随南昌起义军撤退，于10月13日辗转返回香港。10月上旬，中央常委在得知潮汕失守的消息后，致信南方局和广东省委，要求广泛地发动农民暴动以围攻广州，集结南昌起义军同农民军直奔广州。广州城内的工人、贫民也起来准备暴动，目标是占领广州，而后在广州召集工农、士兵、贫民代表会议（即苏维埃），选举产生中国临时革命政府。尚在迁移途中的中央对广东情况的了解有限，此时的意见还十分积极，但在陆续收到各方面的报告后，中央的意见发生了变化。10月12日，中央再次致信南方局和广东省委，指出"叶、贺既已溃败，在最短时间暴动夺取广东全省政权的计划，暂时已经不可能"，"广州暴动的计划应即停止"③，给广州以及广东的暴动计划按下了暂停键。同时继续安排工农暴动工作：一是"要矫正从前以农民为副力等待叶、贺军队到来的错误观念

---

① 中共中央党史研究室第一研究部译：《共产国际、联共（布）与中国革命档案资料丛书》第7卷，中央文献出版社2002年版，第118—119页。
② 中共中央党史研究室第一研究部译：《共产国际、联共（布）与中国革命档案资料丛书》第7卷，中央文献出版社2002年版，第133页。
③ 广东革命历史博物馆编：《广州起义资料》（上），人民出版社1985年版，第29、30页。

（见中央前次各信），相信农民为暴动的主力，坚决的领导他们继续不断的暴动"①，南昌起义军余部则要拥护和帮助农民暴动；二是为应对张发奎到广州后对工人的欺骗政策，要领导工人起来示威游行，争取经济、政治权益，以此来揭露张发奎的虚伪面目；三是在组织上由南方局、广东省委指导整个广东的工作。

10月15日，张太雷主持召开南方局和广东省委联席会议，通过《最近工作纲领》，作出了不同于中央的判断。一方面回顾南昌起义的地位和目的，其是粤、湘、鄂、赣四省暴动计划的一部分，"将为农民暴动之一种帮助，而只是一种帮助"，且"广东各地农民确实有不依赖军队的帮助，而自动占领城池之事"，故"广东的暴动完全是独立的行动，当然决不能因叶、贺军队之失败而取消之"。另一方面指出"广东工农群众的伟大力量与剧烈斗争，及广东封建资产阶级之不能稳定而自行崩溃之实际状况"，具体列举出广州海员工人示威运动、琼崖农民占领五县和李济深、黄绍竑、张发奎三支军阀势力在广东的相互斗争等例证，所以说"广东土地革命运动仍是高涨，暴动的计划仍应继续实现，现在的暴动还不应停止，而应努力扩大"。②

基于此判断，会议制定出包含10项内容的行动计划，归结起来就是张太雷在会上报告的一句话，即"抛弃过去的错误观念，彻底执行党的新政策"③。"过去的错误观念"是指军队的军事投机和工农等待军队两种观念，因此申明"军队之责任是在唤起广大的农民革命的力量，军队应与农民的革命力量打成一片，不应站在农民的革命力量以外，以为自己是土地革命的主力"，"只有靠工农力量——土地革命的主力军——起来才能得到胜利"，而工农"要极力打破等待军队胜利的依赖心理，须以工农群众自

---

① 广东革命历史博物馆编：《广州起义资料》（上），人民出版社1985年版，第29页。
② 广东革命历史博物馆编：《广州起义资料》（上），人民出版社1985年版，第39—41页。
③ 《张太雷文集》，人民出版社2013年版，第514页。

己的斗争，扩大到夺取政权"①。"党的新政策"是指广东省委已收到的中央新指示，主要有两项：一是没收包括小地主在内的一切土地，实行彻底的土地革命，二是抛弃国民党的旗帜和建立工农兵苏维埃。行动计划据此规定：一是"扩大土地革命与建立工农兵政权的宣传。土地革命应根本打倒地主制度（不限大、中地主），反对完租，……政权应归于工农兵代表会(苏维埃)，使工农与兵士均能明确的了解土地革命，夺取政权而合作"；二是"国民革命军之名义立即废除"，"以后军队及全省工农讨逆军一律改称工农革命军"，"一律废除青天白日旗，改用红旗，以斧头、镰刀为标识，与国际旗同。"②同时规定工农革命军在行动中"尽死力鼓动农民起来争夺土地与政权，大杀土豪劣绅"，派专人负责"没收地主富商之一切财产，以之充军饷及救济贫苦工农"，"极不得已时，亦可以当地［在］党与农协之同意与帮助［下］，［酌］量在农民中摊派一切必要之给养。"③

为保证中央新政策的贯彻执行，共产国际代表纽曼在会上指定由张太雷、周恩来、恽代英、黄平、杨殷、彭湃组成南方局，张太雷接替张国焘担任南方局书记，杨殷此前已参与临时南方局的工作，现补入南方局。南方局下设军事委员会，指定由周恩来、张太雷、黄平、赵自选、黄锦辉、杨殷组成，中央此前确定周恩来为主任，但未明确军事委员会的组成人员。会议决定改组广东省委，由陈郁、周祥、何振武等25位正式委员和黄学增、张善鸣、杨善集等11位候补委员组成委员会，由张太雷(书记)、黄平（组织）、恽代英（宣传）、阮啸仙（农委）、杨殷（工委）、黄谦、陈郁组成常务委员会。

对于会前（10月14日）发生的广州海员工人示威运动，张太雷不仅在会上引为工人群众伟大力量与斗争的例证，还在会后（10月31日）在

① 广东革命历史博物馆编：《广州起义资料》(上)，人民出版社1985年版，第41、42页。
② 广东革命历史博物馆编：《广州起义资料》(上)，人民出版社1985年版，第41—42页。
③ 广东革命历史博物馆编：《广州起义资料》(上)，人民出版社1985年版，第43页。

中共中央机关刊物《布尔塞维克》上发表文章予以肯定，指出这次示威运动是"从间接反对封建资产阶级政府的运动扩大到直接反对反动政府，及要求建立广东工农政权的运动"，"完全是群众的自动的革命的行动"①。这次示威运动之所以引得张太雷的重视和赞赏，是因为其既是贯彻中央10月12日指示的具体行动，又在行动过程中践行了中共中央、广东省委的要求。在10月17日举行的广州市工人代表大会上，有工人代表提出"青天白日旗是白色恐怖的旗子，我们还要他吗？我们从此要打倒这白色恐怖的旗子，而应该用我们工农的镰刀斧头红色旗"②，大会遂一致同意改换红旗。对于张发奎提出的被捕海员工人的释放条件，即"一、声明不是共产党，二、抚恤死伤反动的工贼"，工人群众的态度坚决，对张发奎"此种欺骗政策，毅然以'打倒'的口号答复之"。③ 张太雷还借此重申联席会议强调的观念："全国的工农及其同盟军将因广州市工人的大示威运动而更坚强其信念及更确信其自己的力量。军队是工农的一种工具，可以今日消失了，明天再有一更完善的军队，工农本身的力量则永远是不灭的，而且是日益增长，一直到夺取政权建立共产主义社会。"④

会后，张太雷离开香港、前往上海，至迟在10月23日到达上海。10月23日，中共中央致信南方局和广东省委，批评广东省委制定的行动计划"仍带有偏重军事的倾向，而未能完全把暴动主力建筑在农民身上"，中央决定另行起草一个计划和取消南方局，"广西划归广东省委指挥，……二十五师则设一特委归广东省委指挥"⑤，并告知中央定于11月8日召开紧急会议，张太雷代表广东省委出席，由省委通知周恩来11月7日之前

① 《张太雷文集》，人民出版社2013年版，第516—517页。

② 《张太雷文集》，人民出版社2013年版，第517页。

③ 《张太雷文集》，人民出版社2013年版，第517、518页。

④ 《张太雷文集》，人民出版社2013年版，第516页。

⑤ 广东革命历史博物馆编：《广州起义资料》（上），人民出版社1985年版，第52—53页。

赶到上海以参加会议。在此之前，中共中央曾有召开中央全会的动议，希塔罗夫 10 月 14 日在给沙茨金的信中透露，为总结南昌起义军南下失败的经验教训，"即将召开的党中央全会将作出最终的决议"①。因此，10 月 27 日，联共（布）中央政治局决定致电罗米纳兹，"建议不召开全会，而召开中共中央政治局会议，以便在中央政治局作出决议后同其他中央委员单独或分组达成一致。"② 但在收到此电报前，中共中央已改变原有的动议，决定召开紧急会议。

　　10 月 24 日，中共中央发出《中央通告第十三号——为叶贺失败事件》，肯定"南昌暴动的'八一革命'在中国革命史上有极重大的意义"，"南昌暴动在湘鄂粤各省工农武装暴动的总政策之中，始终是中国革命史上最光荣的一页"，"是算党抛弃机会主义而走上布尔塞维克道路的新纪元"③，继而主要批评前敌委员会的错误，顺带批评南方局指导广东农民暴动的错误："（一）政纲和口号上拘泥规定五十亩以下不没收，另提减租至百分之三十的口号；（二）战术上农军只取侧面攻击——仅仅作帮助叶贺，牵制敌人之计，……（三）根本上没有发动农民群众，所谓暴动，大半是，或是完全靠已经组织好的农军势力行动——或为纯粹的军事行动，而不是农民群众的暴动；（四）地域上海南及高雷虽起，而无关大局，……（五）既没有把广东农民运动做主力，又根本没发动群众，所以使群众之中发生等待叶贺的心理。"④ 中央作出此批评所依据的材料包括张太雷、张国焘、

---

① 中共中央党史研究室第一研究部译：《共产国际、联共（布）与中国革命档案资料丛书》第 7 卷，中央文献出版社 2002 年版，第 133 页。

② 中共中央党史研究室第一研究部译：《共产国际、联共（布）与中国革命档案资料丛书》第 7 卷，中央文献出版社 2002 年版，第 136 页。

③ 中央档案馆编：《中共中央文件选集》第 3 册，中共中央党校出版社 1989 年版，第 394—395 页。

④ 中央档案馆编：《中共中央文件选集》第 3 册，中共中央党校出版社 1989 年版，第 402 页。

李立三关于南昌起义经过的报告,其中张国焘、李立三对广东工农运动的评价总体比较消极,张国焘在报告中称入粤后"所经大埔、三河坝、高陂、留[镏]隍、潮州、汕头等处,工农势力均极弱"①,李立三则举出具体的事例,南昌起义军到大埔后,当地的工农讨逆军"连拘捕反动派的工作都不敢做","军队开拔时要他们召集一百农民组织农民军,保卫县政权,结果仅得五十余人",三河坝号称是工农讨逆军第八团团部所在地,仅有七十几个农军,"交了一百五十枝枪给他,结果找不着农民来拿",在汕头组织五百工人义勇队代替当地的警察,"经过三天的号召仅得七十余人",认为这是只注意"军事技术的布置,全未注意煽起群众的工作,更未注意群众的组织"所致。②

11 月 1 日,广东省委召开改组后的第一次会议,讨论和拥护中央第十三号通告,"对于广东方面之批评,除与事实不符应声明者外,完全接受并议决努力改正,依照中央政策发展工农群众运动,以达到夺取政权之目的"③。对于广东省委认为中央的批评有"与事实不符"的地方,并未见到广东省委声明的文件,仅根据张太雷给中央的报告和各地的信列举如下:"东江各县如海陆丰、兴宁、五华、普[宁]、潮阳、揭[阳]、梅县农军都先后起义,汕头在二日亦准备暴动,曾一夜放十九响炸弹,潮汕路亦断"④,"自九月七、八日起,潮梅各县,已相继起事,除汕头市因指挥失当未能占领,汕市现受摧残外,各县也[有]占城者,有占后退出,但

---

① 中央档案馆编:《中共中央文件选集》第 3 册,中共中央党校出版社 1989 年版,第428 页。

② 中央档案馆编:《中共中央文件选集》第 3 册,中共中央党校出版社 1989 年版,第417—418 页。

③ 中央档案馆、广东省档案馆编:《广东革命历史文件汇集(中共广东省委文件)1927 年》,1982 年版,第 125 页。

④ 中央档案馆、广东省档案馆编:《广东革命历史文件汇集(中共广东省委文件)1927 年》,1982 年版,第 35 页。

缴得枪筹得款者，海陆丰已于十二、十三日占领，共缴得五百多枪，俘虏一营兵。石魂已于月初由海陆丰向普宁进发，沿路号召暴动"①，尤其是普宁农民围攻县城，在南昌起义军的帮助下攻得县城，这在中央第十三号通告、张太雷报告、李立三报告中都有提到。将此与中央的批评相比较，可以看出中央的有些批评，比如根本没有发动农民群众，是言过其实或者说苛责的。

那么，广东的工农运动没能达到中央的要求及张国焘、李立三的期待的原因是什么呢？一是广东党的力量比较薄弱。广州四一五反革命政变以后，党组织遭到严重破坏，尚在恢复整顿之中，"广州一千人罢工，西江有数千奋斗的农民，只有几个同志并无党的组织，北江自□□入湘后党完全倒台，东江亦在同一状况之下"②，而且党组织还不时遭到军阀势力的打击，9月汕头被"捕去四、五十人"，"广州方面亦连被破获六、七个机关，捉去五十人以上，最近两月在广州枪毙七、八十人。梧州有二百余人被捕"③，广州仅9月10日就有被捕的52人被军阀杀害④。二是活动经费供应不上。9月16日、20日，张太雷先后在给中央的报告中提出2万元和5万元的经费请求，"现在已无一文在手，……如现在不接济款项，贻大事，责攸归"⑤。但直到攻下潮汕，经费问题也未能解决，张太雷9月27日在给中央的报告中说"财政 × 成问题"，"钱及政府问题速决定通知"，"汕头商人三日内交出十万维持伙食"⑥。三是缺乏武器弹药。在取得潮汕后，

① 《张太雷文集》，人民出版社2013年版，第499页。

② 《张太雷文集》，人民出版社2013年版，第504页。

③ 中央档案馆、广东省档案馆编：《广东革命历史文件汇集(中共广东省委文件)1927年》，1982年版，第35—36页。

④ 广东省档案馆编：《广州起义前后的全国时局　粤海关情报记录译辑（1927.4—1928.4)》，1982年版，第92页。

⑤ 《张太雷文集》，人民出版社2013年版，第500页。

⑥ 《张太雷文集》，人民出版社2013年版，第505—506页。

张太雷两次报告中央"子弹尚须大大补充，请即设法，愈快愈好"，"七九子弹要大批的，如上海可买先买来，多少来都是好的"①，军队的弹药尚且不够用，更不要说武装农民，只能要求"徒手群众，均须以铁枪，木棒作武装，参加暴动"②，以致如上文提到的普宁农民围攻县城，敌军"有枪八百余枝，机关枪大炮都有"③，若不是军队来助攻，农民单凭自己的力量很难攻下。

在张太雷离港在沪期间，广东省委继续推进各项工作。首先是中央关注的海南工作。中央在 10 月 12 日给广东省委的信中就要求"特别注意海南岛之继续占领，并要立即派一人前往侦察其是否可以成为广东暴动的一根据地"④，在第十三号通告中亦批评海南工作的不足。因此，10 月 24 日，广东省委致信琼崖特委，为"最短期间作收复海南全岛之举"⑤，要求大杀土劣地主，没收一切土地，一切政权归农会，发动农民暴动来消灭驻防军及联团，党员发展至一万人，并投入敌军队伍中去鼓动士兵起来反对长官。27 日，广东省委制定《经营琼崖计划》，包括派军事人员编制训练农民军，秘密调入广州工人纠察队六百人，运入步枪、手榴弹、轻重机关枪等武器弹药，以"占据琼崖为军事策源地"⑥。其次是农民运动工作。10 月 28 日，广东省委发出《关于农民运动工作大纲》，共四点，前两点是重申广东省委已在 10 月 15 日联席会议上确定的政策，即没收一切土地，建设

---

① 《张太雷文集》，人民出版社 2013 年版，第 505、507 页。

② 中央档案馆、广东省档案馆编：《广东革命历史文件汇集(中共广东省委文件)1927 年》，1982 年版，第 71 页。

③ 中央档案馆编：《中共中央文件选集》第 3 册，中共中央党校出版社 1989 年版，第 418 页。

④ 广东革命历史博物馆编：《广州起义资料》(上)，人民出版社 1985 年版，第 30 页。

⑤ 中央档案馆、广东省档案馆编：《广东革命历史文件汇集(中共广东省委文件)1927 年》，1982 年版，第 95 页。

⑥ 中央档案馆、广东省档案馆编：《广东革命历史文件汇集(中共广东省委文件)1927 年》，1982 年版，第 111—112 页。

工农的革命政权和打出共产党"镰刀斧头"的红旗。后两条是接受中央第十三号通告批评而作出的,第三点承认过去暴动"多系以一小部分农军起来动作,而不是整个农民群众的政治行动。这亦是军事投机的错误",提出"今后【各】地必须注意是以广大农民群众起而争斗,农军只是这个运动的中坚"①;第四点根据中央第十三号通告"政治指导集中于党是非常之重要。……各地党部必须深深建筑于群众的基础上"②的要求,提出"过去农运之领导,多系农民特派员个人之指导","以后我们要使农运的领导归党部","已发展有农运的地方,必应尽量发展党,无条件的吸收勇敢的农民分子,坚决的向工农群众开门,以增多党的工农化。"③最后是工人运动工作。11月4日,广东省委第一次会议作出对广州市委的决议,肯定市委领导的工人运动工作,"对于市委领导十月十四日海员运动的策略,反对张发奎〔的〕态度,省委完全认为对的;二十四日预订之罢工决定,不罢是对的","现在又继续动作,领导铁路工人披露汪派之假面具,省委亦认为是对的"。④前者上文已多次提到,中者张太雷在10月19日文章中说过,广州市工人代表大会"决定二十四日停工一天开广州工人群众大会,通过土地革命的政纲,提出打倒李济深张发奎政府建立工农的广东之口号"⑤,后者是指11月3日铁路工人示威运动,广东省委11月4日就此向中央作了报告。据报告,铁路工人示威运动有三四千人参加,先是到汪精卫处请愿复工未果,后群众开会决定游行,在惠爱东路遭到公安局的铁甲车保

---

① 广州农民运动讲习所旧址纪念馆编:《广东农民运动资料选编》,人民出版社1986年版,第134—135页。

② 中央档案馆编:《中共中央文件选集》第3册,中共中央党校出版社1989年版,第404—405页。

③ 广州农民运动讲习所旧址纪念馆编:《广东农民运动资料选编》,人民出版社1986年版,第135页。

④ 中央档案馆、广东省档案馆编:《广东革命历史文件汇集(中共广东省委文件)1927年》,1982年版,第131页。

⑤ 《张太雷文集》,人民出版社2013年版,第517页。

安队弹压，周文雍等 20 余人被捕，省委认为"要揭破汪派欺骗的假面具，亦应有激烈的行动。经此，汪之假面具已完全给工人群众看见"①。

2. 制定和落实《广东工作计划决议案》

11 月 9 日至 10 日，中央临时政治局扩大会议在上海召开，通过由罗米纳兹起草的《中国现状与党的任务决议案》，指出"现时全中国的状况是直接革命的形势"，"现在虽还没有到总暴动的时机，而党的任务却正在于努力鼓动各地城乡革命的高潮。创造总暴动的局面"，提出武装暴动的总策略："（一）努力使群众自发的革命斗争得有最高限度的组织的性质；（二）努力使相互隔离零星散乱的农民暴动，变成尽可能的大范围内的农民总暴动；（三）努力保证工人阶级的爆发与农民暴动互相赞助互相联络。"② 由此可见，在罗米纳兹的介入下，中央此时对形势和任务的判断已不同于 10 月 12 日，这也体现在 10 月 23 日中央给南方局、广东省委的信中，只是批评广东省委制定的行动计划，而没有批评广东省委作出的判断，可以看作对此判断的默认。同时，会议通过的《政治纪律决议案》完全延续中央第十三号通告对南方局的批评，对南方局、广东省委作出全体警告的处分："南方局广东省委指导农民暴动的错误，在于不了解土地问题策略的口号，不发动群众而只有军事行动，应全体予以警告。"③

11 月 17 日，中央临时政治局常委会议召开，周恩来代表组织局提出由张太雷、恽代英、张善鸣、黄平、陈郁、黄谦、周文雍组成广东省委常委会，会议通过由周恩来、张太雷、黄平起草的《广东工作计划决议案》。

---

① 中共中央党史资料征集委员会等编：《广州起义》，中共党史资料出版社 1988 年版，第 74 页。

② 中央档案馆编：《中共中央文件选集》第 3 册，中共中央党校出版社 1989 年版，第 453、458、455 页。

③ 中央档案馆编：《中共中央文件选集》第 3 册，中共中央党校出版社 1989 年版，第 483 页。

决议指出李济深、黄绍竑的桂系军阀和张发奎、黄琪翔的粤系军阀在广东的争斗，"实际上仍是工农群众革命潮流高涨的影响，动摇了统治阶级两广派在广东的政权"，提出"广东实力派若果掌握了全广东的统治权，则其对工农的屠杀压迫决不亚于李、黄时代"，"广东工农群众在此次政变中唯一出路，只有利用这一政变的继续战争机会，坚决地扩大工农群众在城市、在乡村的暴动，煽动兵士在战争中哗变和反抗，并急速使这些暴动会合而成为总暴动，以取得广东全省政权，建立工农兵士代表会议的统治。"① 并制定了宣传、组织、工运、农运、军队等方面的具体工作计划。

　　也是在这一天，黄琪翔武力驱逐李济深、黄绍竑的部队出广州，粤系军阀控制广州政权，粤桂战争爆发。11 月 18 日，广东省委趁此机会领导广州工人群众两千人举行示威大会，大会通过决议：（一）国民党现在是军阀屠杀工农的工具，李济深、黄绍竑、张发奎、黄琪翔，是在广东执行屠杀工农的刽子手。……必须打倒李济深、黄绍竑、张发奎、黄琪翔的军阀政权，工农兵暴动起来，推翻国民党反动统治，建立工农兵革命政府。（二）为要建立工农兵的革命的领导，由大会正式产生广州工农兵代表会议。（三）恢复广州工人代表大会领导权，打倒工贼改组委员会，夺回各工会。（四）拥护省港罢工，反抗国民党政府勾结省港帝国主义解散罢工，维持饭堂、宿舍，切实保障工友职业，津贴一律发现金。（五）释放四月十五日后一切政治犯。（六）实行八小时劳动，提高工人工资，工人参加工厂管理。（七）武装工农，恢复工人自卫队。（八）实力援助市郊农民，实行土地革命，没收一切土地，铲除封建反革命基础。② 大会及游行结束后，中共中央军事部顾问谢苗诺夫召集张善鸣、吴毅、贺昌等广东省委委员开会，表示不赞成广州暴动，"张发奎与李济琛的冲突是小资产阶级与

---

① 广东革命历史博物馆编：《广州起义资料》（上），人民出版社 1985 年版，第 54—55 页。
② 参见广东革命历史博物馆编：《广州起义资料》（下），人民出版社 1985 年版，第 318—319 页。

地主阶级的冲突，我们如果现在广州暴动，即是帮助了李济琛。他主张以共产党军事委员会名义和黄琪翔说话（当时张未回），他以为军事问题与政治问题是不同的。"他的意见受到张善鸣、贺昌等的坚决反对。他接着到香港召集军委开会，会议讨论认为"绝对不能与张妥协，广州应准备暴动"。①

广东省委紧随其后开会重申"对广州问题仍认为前次决议（指10月15日南方局和广东省委联席会议通过的《最近工作纲领》——引者注）是对的，广州目前固然夺取政权一时不可能，但积极准备及目前骚动是必要的"，并列举出广州暴动需要具备的条件："1. 要积极发展群众的经济斗争，以至杀工贼改组委员，夺取工会，一直达到最高点，工人自己起来暴动。2. 敌人的统治摇动，社会秩序敌人已无能力维持。3. 要张、李战争打到最厉害的时候。4. 要各地农民暴动起来与广州一致。5. 要一般市民开始厌恶军阀战争，最低限度不积极反对我们。"②10月19日，广东省委发表《关于反抗军阀战争宣言》，与上述意见相一致，指出"张发奎、黄琪翔与李济琛、黄绍雄，在反动方面完全是一样的，他们对于广州工人与各地农民的压迫完全是一样，而且叶、贺军队之失败亦是由于他们一致进攻的结果。他们都是豪绅资产阶级的代表，是我们工人、农民、兵士们的无可妥协的敌人"，号召"广大工人、农〔民〕、兵士群众们起来，用我们自己的力量，打倒一切军阀，消灭一切强盗土匪的战争，推翻国民党军阀反动的统治，建立工农兵代表会的政权"。③

11月22日，张太雷从上海回到香港后，向中央报告广东的情况。首

---

① 中共中央党史资料征集委员会等编：《广州起义》，中共党史资料出版社1988年版，第102页。

② 中共中央党史资料征集委员会等编：《广州起义》，中共党史资料出版社1988年版，第102页。

③ 中央档案馆、广东省档案馆编：《广东革命历史文件汇集（1927—1928）》，1982年版，第31—32、34页。

先就是谢苗诺夫仍坚持与张发奎谈判的意见，因为"张发奎又要见我们最高负责同志，毛子又与广市委争论，现市委来信要我即去广州解决"①。再就是询问东江成立革命委员会是否符合中央精神，"因中央前有取消一切革命委员会之议决"，即 10 月 23 日中央致广东省委的信要求"所有从革委的组织即应取消"②。其实，中央对此的意见是有反复的，11 月中央临时政治局扩大会议通过的《中国现状与党的任务决议案》，又指出"组织暴动的当地革命委员会，继续以临时政权的性质为暴动之指导机关"，"各地农民暴动的发动，应当以当地农民的秘密团体（农民协会等）所推出的革命委员会来指导（城市暴动便是工会等推举的革命委员会）"③。据此，广东省委 11 月 26 日成立了广州起义的领导机关——革命委员会，由张太雷、黄平、周文雍组成，"太雷专管军事与政治，黄平、周文雍管理工人方面的指挥（因为周文雍是赤卫队总指挥），另以吴毅（市委委员、省委候补委员）为秘书，并理党务。"④

11 月 25 日，广东省委发出第二十五号通告《关于组织暴动、建立工农兵政权问题》，重申"此次张、李的冲突，只是两派军阀相互〔争〕地盘加重屠杀剥削工农群众的战争"，要求全省各县农民起来暴动，"各地农民暴动的潮流，应导之使趋向政治、经济及无产阶级中心之广州"，"使各方都与广州中心联合"，"与广州工人联络成夺取全省政权的总暴动"，强调暴动必须是农民群众的大暴动，而不是仅依靠农军或土匪，坚决没收一切土地、肃清地主士绅，建立工农兵苏维埃政权，在斗争中"勇敢之工农

---

① 《张太雷文集》，人民出版社 2013 年版，第 520 页。

② 广东革命历史博物馆编：《广州起义资料》（上），人民出版社 1985 年版，第 52 页。

③ 中央档案馆编：《中共中央文件选集》第 3 册，中共中央党校出版社 1989 年版，第 459 页。

④ 中共中央党史资料征集委员会等编：《广州起义》，中共党史资料出版社 1988 年版，第 186 页。

分子无条件的大批介绍入来"。①

11月26日，张太雷主持召开广东省委常委会，黄平、吴毅、陈郁、沈青、王强亚及纽曼参加会议，讨论广州暴动问题，决定立即暴动，指出"反对张发奎，因为他与李济深一样的反动"，再次否定了谢苗诺夫的意见。会议确定了准备暴动的方法："(1) 召集全体工会同志一致活动，筹备总同盟罢工 (此非示威性质，而为领导暴动的总同盟罢工)。(2) 组织赤卫队筹备武装活动。(3) 加紧张发奎军队内的工作，使暴动时有一部分军队投到工人方面。(4) 市郊农民的暴动。"② 会后，张太雷在11月28日致信广东省委通报会议内容，同时依此推进各项准备工作：一是组织两千人的工人赤卫队和两连敢死队，"秘密准备许多铁尺刀棍手榴弹炸弹炸药等，少数的手枪驳壳及许多冷器，如此武装了工人赤卫队及工人群众"，"准备运输工人汽车夫等，以及一切运输用具以备暴动时之用"。③ 二是趁着"广州警卫团、第五军、财政厅驳壳队及俞作柏部均招兵"④ 的机会，派罢工工人应征加入、夺取武装。三是鉴于"东莞、宝安目前工作很重要"⑤，派专人领导暴动工作，组织农民自救团，利用土匪进行土地革命。

11月28日，广东省委根据省委常委会的精神发表《中国共产党广东省委员会号召暴动宣言》，列举李济深和张发奎残杀工农群众、镇压示威运动、扶植白色工会等反革命事实，指出他们都是"屠杀工农的刽子手太师蒋介石高足门生"，号召工农士兵"用我们自己的力量来保护广州，反

---

① 中央档案馆、广东省档案馆编：《广东革命历史文件汇集(中共广东省委文件)1927年》，1982年版，第137—139、143页。

② 《张太雷文集》，人民出版社2013年版，第521页。

③ 中央档案馆编：《中共中央文件选集》第4册，中共中央党校出版社1989年版，第13页。

④ 中共中央党史资料征集委员会等编：《广州起义》，中共党史资料出版社1988年版，第104页。

⑤ 中共中央党史资料征集委员会等编：《广州起义》，中共党史资料出版社1988年版，第106页。

对李济琛，同时也反对张发奎"，"决战的时间快到了"，"准备为广州苏维埃而战争！变军阀的战争为工农兵革命胜利的战争！"①。广东省委还在宣言中公开张发奎多次派来代表"要求同他们协商怎样共同保护广州，反对李济琛、黄绍竑"的情况，一方面表明"共产党同任何军阀没有一点共同的利益，我们要的是民众起来打倒和消灭一切军阀的统治"，"张发奎、黄琪翔及其他的先生们，是同一样的军阀，同一样的反革命"，另一方面表示"我们共产党不反对协商，就是同敌人协商亦可"，提出六项先决条件："（一）即刻释放一切革命的政治犯；（二）即刻交还现被走狗改组委员会所强占的革命工会会所；（三）完全保留并保护省港罢工工人原有一切权利；（四）完全恢复言论、出版、集会、示威、罢工及工人阶级组织的自由权。共产党、革命工会及广州工人代表大会完全享有公开活动的自由；（五）逮捕处罚一切惯于以恐怖手段对付工人阶级的分子；（六）即刻武装广州工人，在广州工人代表大会指挥之下。"②

3. 把握广州暴动的时机

11月29日，纽曼向联共（布）中央政治局报告"我们决定在广州采取准备起义和成立苏维埃的坚定方针"，"鉴于上述决定的特殊性和重要性，恳请你们立即向广州发出指示"，并说明"张发奎和黄琪翔不止一次非正式地要求会见，由于他们搞恐怖，我们拒绝了"。③同日，苏联驻广州总领事馆总领事波赫瓦林斯基在给加拉罕的电报中表达了反对意见："立即举行暴动的方针是错误的，因为党没有力量在广州夺取和建立政

---

① 广东革命历史博物馆编：《广州起义资料》（上），人民出版社1985年版，第68—69、71、73页。

② 广东革命历史博物馆编：《广州起义资料》（上），人民出版社1985年版，第69—70页。

③ 中共中央党史研究室第一研究部译：《共产国际、联共（布）与中国革命档案资料丛书》第7卷，中央文献出版社2002年版，第140页。

权"，"拒绝同张发奎会见，我认为是错误的"①，要求联共（布）中央政治局作出明确指示。不等联共（布）中央政治局的指示，纽曼就以共产国际代表的身份禁止谈判，12月初张发奎再次寻求谈判，广东省委予以拒绝，以至提出撤销坚持谈判的谢苗诺夫的职务。

对于广东省委应否同张发奎谈判，无论是历史当事人，还是后来的研究者，都存在不同的看法及争论。谈判要有共同的利益基础，是一个相互妥协让步的博弈过程，那么，比较当时双方的条件和诉求，就不难看出这个谈判能否实现及取得成果。张发奎回忆说他在黄琪翔的引荐下会见了恽代英，这一点存疑，但他在这个场景下表达了他的观点："我对他说：'我在广东主政，你们共产党别再骚扰我！在我这方面，我不会加害你们。'""他知道我从未杀过、抓过共产党，除非他们参与暴乱。我对他说：'让我独自留在广东吧，你们把广东视为革命基地，我们也要在广东实现理想。'"②张发奎把广东看作他的地盘，且不容许中国共产党的暴动。广东省委则在《号召暴动宣言》中强调"张发奎及其将领绝对不能从李济琛手里夺回广州的自由"，"用我们自己的力量来保护广州"，"建设我们工农兵自己的苏维埃（工农兵代表大会）政权"，提出口号"打倒凶手蒋介石、张发奎！宣布黄琪翔、朱晖日的死刑！"③两相比较可以看出，张发奎和广东省委可谓是针尖对麦芒，广东省委的《号召暴动宣言》仅在名称上就已触及张发奎的"底线"，而且其中提出的六项先决条件更多的是姿态和策略，"我们知道张发奎、黄琪翔等绝对不会接受我们这些条件，因为他们是军阀"④，而不是真的要与张发奎谈判。

---

① 中共中央党史研究室第一研究部译：《共产国际、联共（布）与中国革命档案资料丛书》第7卷，中央文献出版社2002年版，第141页。

② 张发奎口述：《张发奎口述自传：国民党陆军总司令回忆录》，当代中国出版社2012年版，第107页。

③ 广东革命历史博物馆编：《广州起义资料》（上），人民出版社1985年版，第70—72页。

④ 广东革命历史博物馆编：《广州起义资料》（上），人民出版社1985年版，第70—71页。

　　况且张发奎方面也很难接受广东省委提出的谈判条件，"当局开紧急会议，黄琪翔、陈公博赞成，张发奎无表示，朱晖日极力反对，李福林未出席，卒无结果"①。从中也可以看出黄琪翔对谈判持积极态度。谢苗诺夫后来在总结广州起义失败原因时指出："说服张发奎，特别是说服黄琪翔投诚的工作，一点也没有做。……黄琪翔对这一点很感兴趣，他是张发奎的助手，是个杰出的年轻将领，对苏联和共产党有一定的好感，他在自己军队里容留共产党员比谁都久。共产党员在他的军队里担任许多负责的职位。"②他关于黄琪翔对共产党友好的观察是符合事实的，汪精卫在12月9日、10日连电张发奎，指责黄琪翔"容共""掩护共党"③，张发奎也回忆说"黄琪翔左倾，他同情共产党，支持邓演达继续同共产党合作的政策"④。但问题的关键在于他不是粤系军阀的决策者，也不敢起事反对张发奎，张发奎说黄琪翔"也明白第四军不听他的，所以他从来不反对我"，"在广州他从未做过违抗我命令的事"⑤，同时汪精卫一再要求张发奎"所部凡有纵容共党者，立即严加惩办，决勿稍存宽恕，贻误无穷"⑥，等待黄琪翔的只有被撤职，朱晖日甚至提出枪毙他。

　　12月1日，广东省委发出第二号紧急通告，指出"省委决定广州须立即准备暴动，以待时机的到来即可爆发，实行夺取政权"，要求"广州市同志应即全体动员，以从事于准备暴动的工作。各个同志都要有领导暴

---

①　丁言模等著：《张太雷年谱新编》，上海辞书出版社2011年版，第270页。

②　中共中央党史研究室第一研究部译：《共产国际、联共（布）与中国革命档案资料丛书》第7卷，中央文献出版社2002年版，第330页。

③　广东革命历史博物馆编：《广州起义资料》（下），人民出版社1985年版，第481—482页。

④　张发奎口述：《张发奎口述自传：国民党陆军总司令回忆录》，当代中国出版社2012年版，第106页。

⑤　张发奎口述：《张发奎口述自传：国民党陆军总司令回忆录》，当代中国出版社2012年版，第106—107页。

⑥　广东革命历史博物馆编：《广州起义资料》（下），人民出版社1985年版，第482页。

动的决心及明白他们的责任"，宣传鼓动工人起来夺取政权和准备举行全市大罢工，组织赤卫队和鼓动士兵起义，领导各县农民夺取政权、大杀土豪劣绅、夺取反动武装的武器。①

张太雷率先垂范，12月4日，他召集第四军教导团的200多名党员开党的活动分子会议，说明广州起义的意义和教导团所担负的战斗任务。②在此前后，第四军教导团的党团员积极进行军事训练和继续吸纳革命士兵，张太雷多次参与训练工作，两周内发展革命士兵120余人。③5日，张太雷召集支部书记联席会议，报告军事力量和准备总罢工，对于会上提出的"武装问题""得广州后之攻守问题"，答复称"武装已有准备，至少于起事后夺取敌人武装，工人群众可起来拥护"，估计汽车、海员、手车、粮食、印务等工人可罢工。④

12月5日，中央答复广东省委11月29日转交的张太雷关于广州暴动问题的信，表示赞成广州暴动计划，并要求"注意广州市及四郊工农群众之发动"，公开广州市工人代表大会，"工代会应当做成群众斗争之公开指导机关，做成发动暴动的机关"，农民、士兵起来斗争后派代表加入工代会，"使工代会如此变成工农兵代表会"。同时答复张太雷11月22日给中央的信，"东江革命委员会，为陆丰一区的暂时指挥机关"，"广州以外的农民暴动，仍可用革命委员会"，"各县则组织革命委员会为发动暴动之机关，直到苏维埃成立为止"。最后强调"以广州为集中的目标——夺取省政权是对的，但是，千万不要忽略了乡中土地革命苏维埃政权的根本工作"，向工农群众普遍深入地宣传"土地革命（土地党纲草案）劳动政

---

① 广东革命历史博物馆编：《广州起义资料》（上），人民出版社1985年版，第76—77页。
② 中国人民解放军军事科学院编：《叶剑英年谱（1897—1986）》上册，中央文献出版社2007年版，第54页。
③ 参见广东革命历史博物馆编：《广州起义资料》（上），人民出版社1985年版，第367页。
④ 中共中央党史资料征集委员会等编：《广州起义》，中共党史资料出版社1988年版，第211页。

纲及政权目的"，增强群众斗争的自觉性和目的性。① 根据中央来信精神，广州市工人代表大会代表会议召开，选举苏维埃执行委员 7 人，其中党员 6 人、非党员 1 人，并通过举行暴动的最终决定和行动计划。②

　　12 月 8 日，广东省委向中央报告暴动的准备情况，已掌握留守广州的第四军教导团、警卫团的大部，"教导团一团警卫队，已有二千五百，可望扩充至三千以上；警卫团两营是旧的，无同志，一营是我们的，惜枪不足，但可用团长的地位帮助解决那两营"，而张发奎部"在广州的只有保安队千余及零碎军事机关的守卫，恐在最近期间即须动作，因张发奎有欲解决教导团意"。③ 在敌我力量对比暂时处于有利地位和情势日益危急的情况下，广东省委和纽曼决定举行广州暴动，同时也认识到"我们的力量并不大，但是我们相信发动后一定能得到广大群众的拥护，这种平民革命的行动，一定能影响敌人的军队使之瓦解。假使我们坚持两星期，一定能得到国际具体的帮助"④，为此提出"要饭吃，要田耕，要太平；没收资本家财产，没收一切田地给农民、兵士；一切权力归工农兵政府"的口号和"八小时工作，增加工资，工人监督工厂，政府［抚恤］失业工人，恢复罢工工人原有权益；没收一切土地给农民、兵士；增加一切雇员薪金，兵饷每月二十元；消灭军阀战争，建立工农兵代表会议；联合苏俄，反对帝国主义"的政纲⑤。

　　12 月 9 日，纽曼向联共（布）中央政治局作了类似的报告，也指出

---

① 中央档案馆编：《中共中央文件选集》第 3 册，中共中央党校出版社 1989 年版，第 541、543 页。

② 参见中共中央党史资料征集委员会等编：《广州起义》，中共党史资料出版社 1988 年版，第 211—212 页；中央档案馆编：《中共中央文件选集》第 4 册，中共中央党校出版社 1989 年版，第 14 页。

③ 广东革命历史博物馆编：《广州起义资料》（上），人民出版社 1985 年版，第 89 页。

④ 广东革命历史博物馆编：《广州起义资料》（上），人民出版社 1985 年版，第 90 页。

⑤ 广东革命历史博物馆编：《广州起义资料》（上），人民出版社 1985 年版，第 89—90 页。

了暂时有利的敌我力量对比,"广州只有两个团,两个团里我们的影响都很大","广州本地唯一有组织的敌人是警察",因此"坚决请求立即给我们指示,我认为暴动时机已完全成熟,拖延会给力量对比带来不利变化,因为铁军(指张发奎部的第四军主力——引者注)将回来,我们的部队将调走","如果我们收不到对今天这份电报的答复,我们就于星期一(即12月12日——引者注)清晨发动"。他同样认为"占领广州的希望是很大的,但要守住是非常困难的。但我们想,利用军阀之间的斗争,工人[发动]的规模,解除士兵的武装和农民暴动,是能够对付的"。①

广东省委和纽曼都在强调利用稍纵即逝的有利时机,但工农力量、士兵工作、国际援助等其他条件还不太充足或者充满不确定性。在此之前(12月5日),在上海的共产国际代表佩佩尔和米特凯维奇先后致信共产国际执行委员会分析广州的形势。佩佩尔将粤桂战争的发展形势视作影响广州暴动的决定因素,他认为若战争"不超出军阀倾轧的范围",中国共产党就"不应诉诸武装暴动","如果战争发展为真正的战争,如果统治阶级内部出现真正的裂痕,如果因为战争而在大城市里出现紧急的局势,如果我们能够不仅把自己的力量,而且把广大群众动员起来,那么我们党应该也必须转向直接组织武装暴动。在这种情况下,广州将自然而然成为暴动的中心"。② 米特凯维奇对广州的形势持谨慎乐观的态度,他认为"需要从广州这个工人中心建立苏维埃开始,这是第一点,第二点胜利是否巩固,扩大根据地是否可能还很不明朗",利用粤桂战争造成的"政权的瘫痪状态","如果在这个时候把工农武装起来,并把军队稍加分化瓦解,那么我们就能严肃地提出广州的问题,否则任何一派一旦腾出手来进行镇

---

① 中共中央党史研究室第一研究部译:《共产国际、联共(布)与中国革命档案资料丛书》第7卷,中央文献出版社2002年版,第169—171页。

② 中共中央党史研究室第一研究部译:《共产国际、联共(布)与中国革命档案资料丛书》第7卷,中央文献出版社2002年版,第156页。

压，它的军事力量就会把一切打得粉碎。"①同广东省委、纽曼一样，他们看到了粤桂战争带来的机会，但还有着太多"如果"之类的不确定性因素。而在莫斯科的越飞在 12 月 5 日将关于中国形势的报告草稿送交加拉罕，他对酝酿中的广州暴动持消极态度，提出"放弃局部的和单独的发动，准备在一个大的地区内同时举行大规模的工农暴动"②。

但箭在弦上，不得不发。12 月 10 日，联共（布）中央政治局复电纽曼，并抄送米特凯维奇，同意举行广州暴动："鉴于群众中存在一定的情绪和当地比较有利的形势，不反对你们的意见，建议行动要有信心要坚决。"③

与此同时，广州的形势愈发严峻，广州当局已察觉到广东省委的暴动迹象。12 月 7 日前后，广州公安局加紧在码头、车站的侦缉和搜查工作，防范香港的共产党人进入广州；12 月 8 日，广州当局军警查封广州米业工会，"结果检获红旗一束，及传单文件多宗，当场由军警将在会居住之工人装束者廿余人，连同红旗、文件一并拘捕而去"④；12 月 9 日，张发奎通过密报得知共产党将于 12 日举行暴动，他命令黄琪翔从前线回到广州，"黄返广州后，连日与张发奎、朱晖日密商一切"⑤；12 月 9 日、10 日，汪精卫连电张发奎、朱晖日、李福林等，要求"饬军警严拿匿迹苏俄领事署内之共党；如苏俄领事有包庇情事，应即勒令出境"⑥，并派其妻子陈璧君

---

① 中共中央党史研究室第一研究部译：《共产国际、联共（布）与中国革命档案资料丛书》第 7 卷，中央文献出版社 2002 年版，第 161 页。

② 中共中央党史研究室第一研究部译：《共产国际、联共（布）与中国革命档案资料丛书》第 7 卷，中央文献出版社 2002 年版，第 191 页。

③ 中共中央党史研究室第一研究部译：《共产国际、联共（布）与中国革命档案资料丛书》第 7 卷，中央文献出版社 2002 年版，第 173 页。

④ 丁言模等著：《张太雷年谱新编》，上海辞书出版社 2011 年版，第 274 页。

⑤ 中共惠阳地委党史办公室、中共惠阳县委党史办公室编：《叶挺研究史料》，广东人民出版社 1987 年版，第 309 页。

⑥ 广东革命历史博物馆编：《广州起义资料》（下），人民出版社 1985 年版，第 482 页。

到广州，要求"不要释放政治犯"和"设法解决教导团"①，朱晖日随即查抄人力车夫工会、印刷工会，并准备查抄苏俄领事馆。

在这千钧一发之际，广东省委决定提前举行暴动。12月10日，张太雷、黄平、周文雍组成的革命委员会开会改定11日举行暴动，并决定军事布置和支部任务：一是"军事的布置仅军队的分配和各联队分区集中，布置则由各联队自定"，"十号晚始通知赤卫队各联队"②；二是支部的任务为"分配同志工作""准备总罢工""参加赤卫队""宣传暴动意义"③，召集各支部书记到客栈接头；三是"决定事前通知各方的手续应到如何程度"④，张太雷曾问黄平"是否要让叶剑英知道暴动日期"，他说"他入党不久，又是教导团的团长，还是不告诉他好，暴动后再请他来"⑤；为了保证叶挺的安全，他在"起义前的几个小时——十二月十日晚上才赶到广州"，"他是在连什么情况都不清楚的状态下，来指挥起义的"⑥。广东省委随即向中央报告这一决定，"省委认为广州暴动之时机已到，此时如不动作，教导团力量将被其解散，同时敌人更加紧的向我们进攻，故广州暴动即须很快的发动"，"决定明日即行爆发广州之暴动"，提出建立苏维埃政府（以工人9人，农民、士兵、共产党员各3人组成）、消灭反革命派、没收大资本家财产、没收一切土地给农民、组织红军、工业国有等行动政纲，并强调"以上这些无论政权能维持几久，甚至三天或一星期，我们都要作去"。⑦

---

① 广东革命历史博物馆编：《广州起义资料》（上），人民出版社1985年版，第97页。

② 中共中央党史资料征集委员会等编：《广州起义》，中共党史资料出版社1988年版，第212页。

③ 中共中央党史资料征集委员会等编：《广州起义》，中共党史资料出版社1988年版，第212页。

④ 广东革命历史博物馆编：《广州起义资料》（上），人民出版社1985年版，第313页。

⑤ 黄平著：《往事回忆》，人民出版社1981年版，第49页。

⑥ 聂荣臻著：《聂荣臻回忆录》，解放军出版社1986年版，第84页。

⑦ 广东革命历史博物馆编：《广州起义资料》（上），人民出版社1985年版，第98—99页。

对于暴动的具体时间和计划，纽曼在 12 月 9 日给联共（布）中央政治局的报告中已作了说明："黎明时首先由独立团（即教导团——引者注）和赤卫军占领警察总局，然后占领其他战略据点和机关，同时举行总罢工，选举代表苏维埃，用缴获来的军用品进行武装，颁布法令，等等，农民从郊外冲进市内。"① 在决定提前暴动后，广东省委与共产国际代表再次讨论此问题。谢苗诺夫开始时提出的计划是"中午 12 时，组织工人示威游行；示威游行时宣布总罢工；武装的教导团参加示威游行，并开始占领政府机关和各区"②。在讨论过程中，与会者认为"如果在白天，那就一定由号召总罢工起，继而与保卫队警察发生冲突，然后爆发武装大暴动"，有人提出"要在晚上，像黄琪翔解决黄绍竑的方法，比较容易解决敌人"，聂荣臻提出"决定那天晚上暴动时，我还以为太早一点"，张太雷说"现在不必再说了"，最后与会者一致认为"如果白天来，群众力量不够，很成问题，所以决定在晚上"。③ 在聂荣臻的回忆里，是纽曼"主张白天搞"，"举行总同盟罢工，从罢工发展为示威游行，进而形成城市暴动，夺取政权，成立城市苏维埃"，聂荣臻等人建议"晚上搞，趁敌人警戒稍微松懈的时机，来个突然袭击首先占领敌人的军事机关，成功的可能性比白天大"。④ 会议最后决定"采取夜间的方案"："先是教导团举行夜间暴动。……在夺取这个团以后，就分成几个营，开始夺取城市，而赤卫队集中在市区的两三个据点里，准备夺取市中心。"⑤ 叶挺到达广州后，在此基础上制定

① 中共中央党史研究室第一研究部译：《共产国际、联共（布）与中国革命档案资料丛书》第 7 卷，中央文献出版社 2002 年版，第 170 页。

② 中共中央党史研究室第一研究部译：《共产国际、联共（布）与中国革命档案资料丛书》第 7 卷，中央文献出版社 2002 年版，第 322—323 页。

③ 中共中央党史资料征集委员会等编：《广州起义》，中共党史资料出版社 1988 年版，第 314 页。

④ 聂荣臻著：《聂荣臻回忆录》，解放军出版社 1986 年版，第 81—82 页。

⑤ 中共中央党史研究室第一研究部译：《共产国际、联共（布）与中国革命档案资料丛书》第 7 卷，中央文献出版社 2002 年版，第 323 页。

更为具体的、分阶段的行动计划，"先肃清广州城区及兵工厂，第二步占领河南消灭李福林的势力，第三步占领黄埔，在短期中发展工人的武装，改编俘虏，预定成立三师军队。"①

三、广州起义的爆发与失败

1. 广州起义爆发

1927年12月11日凌晨二时，张太雷同叶挺、徐光英、周文雍、恽代英等到北较场四标营教导团驻地部署暴动，张太雷作起义动员报告，任命教导团各级指挥人员，李云鹏为团长，叶镛为第一营营长，赵希杰为第二营营长，饶寿柏为第三营营长，并议定战斗部署："以一营又工兵连解决沙河、燕塘部队，以一营解决北较场及省党部、公安局一带敌军，其余一营，则分向东山及广九站攻击，并解决长堤一带的敌人队伍。"②工人赤卫队在起义前被分为七个区的七个联队，"完全集中工会后，并指定第一联队车夫工人，攻打公安局；第二联队印务、五金工人，攻打七、六、二区署；第三联队粮食工人，攻打太平戏院保安队、五区署；第四联队建筑工人，攻打大佛寺保安队及四区署；其余三联队担任攻打各区署"③。

凌晨三时半，广州起义爆发，张发奎、黄琪翔、朱晖日等闻讯逃往河南（珠江以南）的第五军李福林处。教导团分三路进发，第一营进攻东较场、广九车站和公安局，第二营和炮兵连直奔沙河，消灭步兵团，接着东进燕塘，消灭炮兵团，第三营进攻省长公署和观音山。警卫团则在处决反

---

① 中共中央党史研究室、中央档案馆编：《中国共产党第六次全国代表大会档案文献选编》下卷，中共党史出版社2015年版，第829页。
② 广东革命历史博物馆编：《广州起义资料》（上），人民出版社1985年版，第368页。
③ 广东革命历史博物馆编：《广州起义资料》（上），人民出版社1985年版，第376页。

动军官后，第三营进攻驻肇庆会馆的第四军司令部、文德路仰忠街的第四军军械库和驻文德路的第十二师师部留守处。黄埔军校特务营、工人赤卫队、市郊的农军也纷纷响应起义。

到早晨六时，省党部、省公署、公安局等市内重要机关相继被攻下，尚有第四军军部、十二师师部未攻下。中午，工农红军副总指挥叶剑英向教导团炮兵连连长交代两项任务：一是到观音山（今越秀山）解决叛变的警卫团第二连，二是解决叛军后，在观音山上炮击第四军军部。[①] 下午二时，教导团放火焚烧第四军军部，延及中央银行、永汉南路等地，12日早晨攻下十二师师部，放火烧毁该师部、子弹库，延及文德路等地。[②] 中央银行虽然被焚烧，但"该行具有防火性能的坚固库房，并未摧毁。贮存的钞票现金，未遭劫掠"[③]，广州苏维埃政府的财政愈加困难，"结果苏维埃政府的各机关，买小菜的钱都没有。"[④]

教导团在战斗中先后缴获步枪五千余支，机关枪十余架，大炮、迫击炮各数十尊，子弹无数，俘虏两千余人。[⑤] 这些缴获的枪支多数发放给工人，遗憾的是除了赵自选率领的农工纠察队有组织性和战斗力外，其余的工人赤卫队由于缺乏军事和组织训练，"来领枪的是非常踊跃，都是争先恐后的，但是有的能放枪，有的不能放枪，甚至有携长枪而带短枪子弹的，有带短枪而带长枪子弹的，有的携了枪便回家去的，有派去担任一种任务而不执行的"[⑥]。从公安局狱中解救出来的一百余位黄埔学生，"一齐

---

① 中国人民解放军军事科学院编：《叶剑英年谱（1897—1986）》上册，中央文献出版社2007年版，第54页。

② 广东革命历史博物馆编：《广州起义资料》（上），人民出版社1985年版，第362页。

③ 广东省档案馆编：《广州起义前后的全国时局　粤海关情报记录译辑（1927.4—1928.4）》，1982年，第147页。

④ 广东革命历史博物馆编：《广州起义资料》（上），人民出版社1985年版，第356页。

⑤ 广东革命历史博物馆编：《广州起义资料》（上），人民出版社1985年版，第368页。

⑥ 广东革命历史博物馆编：《广州起义资料》（上），人民出版社1985年版，第357页。

列队来公安局自请编制，发枪后即去作战，勇敢异常，是日未被枪击死，而劳死者六、七人，犹不稍懈"①。张太雷派广东省委军委干部曾干庭做俘虏的宣传教育工作，取得良好的效果，他们"对于土地革命的宣传，将来要分给土地给他们。饷粮要提高，每月廿元等，他们尤最赞成"②，但因缺乏下级干部和起义旋即失败而没来得及进行改编工作。

早晨六时，张太雷在公安局主持召开广州苏维埃政府和苏维埃执行委员代表第一次联席会议，宣告广州苏维埃（工农兵代表会议）成立，确定苏维埃政府成员名单：主席苏兆征（未到以前张太雷代理），人民内务委员黄平，人民肃清反革命委员杨殷，人民土地委员彭湃（因现任海陆丰苏维埃主席，以赵自选代理），人民劳动委员周文雍，人民外交委员黄平，人民司法委员陈郁，人民经济委员何来，人民海陆军委员张太雷，秘书长恽代英，工农红军总司令叶挺，工农红军总参谋徐光英。③

会后，广州苏维埃政府发表《广州苏维埃宣言》，公布第一次会议通过的决议：（一）广州一切政权属于工人、农民、兵士；（二）苏维埃的武力：组织三军，第一军由赤卫队扩大组织而成，第二军是海陆丰的农民赤卫军，第三军是以教导团作中心，加上许多走到工农革命方面的军士组织而成；（三）为保护苏维埃，一切工人、农民、兵士及下级革命军官应该到红军中去反抗帝国主义、军阀及反革命派；（四）应该一点都不怜惜地消灭一切反革命；（五）应该即刻给工人八小时工作制；（六）没收一切大资本家的公馆、洋楼做工人的寄宿舍；（七）苏维埃政府应该维持失业工人的生活，其需要若干，先由各自工会制定预算并报苏维埃核发；（八）维持并增加省港罢工工人原有的利益和特权；（九）只有中华全国总

① 广东革命历史博物馆编：《广州起义资料》（上），人民出版社1985年版，第358页。
② 广东革命历史博物馆编：《广州起义资料》（上），人民出版社1985年版，第357页。
③ 参见广东革命历史博物馆编：《广州起义资料》（上），人民出版社1985年版，第116—117页。

工会与他所属的工会才有一切自由的行动；（十）禁止国民党的活动，他的一切组织应即取消，若是有为国民党宣传的，应该受革命的裁判。① 据此发表《广州苏维埃政府告民众》和散发《工人武装起来》的传单，号召广东以及全国的工农兵起来暴动，保卫苏维埃政权，"广州已经是工人阶级的广州了，工人阶级要自己负起保卫广州的责任！""保卫广州苏维埃，便是保卫自己的政权，便是保卫自己一切政治经济的权利。"②

《广州苏维埃政府告民众》同时宣告"今天，下午两点钟有一个群众大会在东较场举行，一切苏维埃委员将在那儿同革命的群众们讲话"③，后来改为"十二时在第一公园召集苏维埃大会"，但"这天因群众多愿去攻打敌人，参加这个大会很少数"，广州工人代表大会晚上"召集全体职员会议，讨论明天之群众大会，决定了召集的方法"④。这样，群众大会的时间定在了12日。

晚上十二时，张太雷、叶挺、聂荣臻、黄平、周文雍、谢苗诺夫等在公安局总指挥部召开会议，研究形势，讨论下一步的行动。叶挺指出"赤卫队的组织散漫，绝不能照军事的指挥其作战。俘虏兵士改编困难，实际上我们的物理〔资〕太少，且由北来之敌兵二团已到江村，明日一定与河南的敌人一致进攻广州，总之我们已陷入保守的地位"，"要准备退到海陆丰去"⑤。他的意见受到共产国际代表的反对和批评，纽曼认为"搞起义只能进攻，不能退却"，"批评叶挺撤出广州的主张是想去当土匪"⑥，谢苗诺夫指出"我们的胜利还有很大的前程，我们应当依靠工农很大的力量，去

① 参见《张太雷文集》，人民出版社 2013 年版，第 524—525 页。
② 广东革命历史博物馆编：《广州起义资料》（上），人民出版社 1985 年版，第 119 页。
③ 广东革命历史博物馆编：《广州起义资料》（上），人民出版社 1985 年版，第 109 页。
④ 广东革命历史博物馆编：《广州起义资料》（上），人民出版社 1985 年版，第 377 页。
⑤ 中共中央党史研究室、中央档案馆编：《中国共产党第六次全国代表大会档案文献选编》下卷，中共党史出版社 2015 年版，第 831 页。
⑥ 聂荣臻著：《聂荣臻回忆录》，解放军出版社 1986 年版，第 87—88 页。

获胜利，作退步想的便是机会主义者"，会议决定"明日改编工人赤卫军及俘虏，预备编成三师兵力"①。12日凌晨二时又下达"明晨四时先肃清长堤，再进攻兵工厂河南"②的命令。

12日凌晨三时半，李福林的第五军在国民党海军"江大"舰、"宝璧"舰的掩护下，从河南渡珠江向河北（珠江以北）进攻，"闻冲锋四次，俱被共军击退，未能登岸。至八时以后，枪声渐息，但仍时发时停，两军尚互以枪炮隔河轰击"③。上午，驻守在陈家祠的敌军莫雄部从北面发起进攻，至中午攻占观音山部分阵地，并下山冲进吉祥路，直逼红军总指挥部。叶剑英急命红军总指挥部副官陈赓率领部队前往观音山，同随后赶到的教导团第七连将敌军击退，夺回观音山。下午，第五军在军舰掩护下渡过珠江，从东郊猎德进攻大东门，同时，从韶关沿粤汉铁路南下的敌军周定宽团和陆满团前来增援莫雄部，教导团被迫退出观音山。

2.张太雷牺牲与广州起义失败

经过一天的战斗，被捕的反革命分子有数百人，"除了几个人立时在'枪毙'二字之下处理掉以外，其余认为形迹可疑的就关起来。小小公安局关了二百多人"，张太雷看到此情形后，下令全部枪毙，由人民肃清反革命委员杨殷执行，但他因事务繁忙而没有执行，在张太雷牺牲后，"此事更无人提及"④，这些人后来成为军阀反攻广州的内应和向导。

12日早晨，广东省委发出《对于广州暴动的通告》，向广东各地通报党的宣传和工作要点："1.建设广州市工农兵政府；2.没收资本家财产；3.没

---

① 中共中央党史研究室、中央档案馆编：《中国共产党第六次全国代表大会档案文献选编》下卷，中共党史出版社2015年版，第831页。

② 广东革命历史博物馆编：《广州起义资料》（上），人民出版社1985年版，第355页。

③ 广东革命历史博物馆编：《广州起义资料》（下），人民出版社1985年版，第494页。

④ 中共中央党史资料征集委员会等编：《广州起义》，中共党史资料出版社1988年版，第190页。

收阔佬住宅给工人住；4.工人监督生产；5.增加工资；6.武装工农，成立红军；7.政府给养失业工人；8.恢复省港罢工工人原有权利；9.增加一切雇员薪水；10.没收一切土地，分给农民、兵士；11.赤军兵士月饷二十元；12.消灭军阀战争；13.联合苏维埃，反对帝国主义"，要求各地"普遍的宣传，积极领导工农群众起来暴动，向着广州进展，保护广州暴动的胜利"。①

中午，在"打倒帝国主义！工农兵起来拥护苏维埃政府！赤色恐怖消灭白色恐怖！"②的大会标语下，推迟一天的广东工农兵群众拥护苏维埃政府大会在丰宁路西瓜园广场举行，张太雷及数百名群众参加大会。大会通过广州苏维埃政府成员名单、起义政纲和《广州苏维埃追悼死难烈士宣言》，号召"广州全体的工人、农民、兵士，只有以极大的努力，继续死难烈士之志愿，为保护广州苏维埃，扫荡军阀、豪绅、地主、资本家的势力而奋斗，以补救这样的损失"，"永远要纪念这些烈士的奋斗精神，永远要保持这些烈士所成就的事业"，"本苏维埃要不顾一切的为工人、农民、兵士的利益奋斗，死难烈士的志愿，便是本苏维埃的志愿，他们的精神永久与苏维埃政权保障着农民、工人、兵士，而且要领导他们继续向前"。③

张太雷在会后去观音山或公安局的路上，与敌军发生遭遇战后牺牲。对于张太雷牺牲的具体时间、地点，各种史料的说法略有差异。广东省委在12月19日给中央的报告中说"太雷同志与××（应为纽曼——引者注）在西瓜园开苏维埃，四时给乱枪打死，军［车］中四人只××及车伕得

---

① 广东革命历史博物馆编：《广州起义资料》（上），人民出版社1985年版，第124—125页。

② 广东革命历史博物馆编：《广州起义资料》（上），人民出版社1985年版，第128页。

③ 广东革命历史博物馆编：《广州起义资料》（上），人民出版社1985年版，第126—127页。

生逃"①；陆定一在 12 月 29 日给共青团中央的报告中说"观音山的一带路上，时有敌人的枪子，时太雷及洋人由群众大会乘汽车回来，在四牌楼遇到敌人，太雷及车夫死在车中，洋人不知怎样脱险回来"②；历史当事人纽曼在 1928 年 3 月说，"12 月 12 日午后，我是唯一的生还者，在枪林弹雨下回来，而张太雷同志和所有与我们同乘一辆车的同志们都已牺牲"③；曾干庭在 1928 年 1 月关于参加广州暴动的报告中说"下午太雷偕第三国际代表赴观音山指挥时，太雷同志忽中弹殒命"④；广州工人代表大会1928年 1 月的报告称"下午三时，敌人从小北门攻来，占领观音山及大北门一带。我们苏维埃政府委员张太雷竟在这处牺牲了"⑤；叶挺 1928 年说"另有敌兵一队，由大北万（应为大北门——引者注）直至惠爱街，适与张太雷、纽曼同志（他们是赴西瓜园的群众大会）的汽车相遇，张太雷同志便死在汽车上了"⑥。从广州起义失败不久的各种报告来看，明确说明张太雷牺牲的具体时间是下午三时或四时，具体地点是四牌楼或惠爱街，更多的是笼统地说是下午从西瓜园去观音山的途中。

新中国成立后，1956 年 3 月举办参加广州起义的工人座谈会，工人赤卫队第一联队第一大队第一中队中队长梁梅枝发言说："十二日中午，广州人民在西瓜园广场召开拥护苏维埃政府成立大会。张太雷会后在回公安局归途中，中敌人的伏击牺牲在惠爱西路西园酒家附近"，"据负责警戒

---

① 中共中央党史资料征集委员会等编：《广州起义》，中共党史资料出版社 1988 年版，第
　　225 页。

② 中共中央党史资料征集委员会等编：《广州起义》，中共党史资料出版社 1988 年版，第
　　192 页。

③ 纽曼：《致叶挺事件调查委员会》（1928 年 3 月 26 日），转引自李岚：《从叶挺事件调查
　　委员会史料看安德列与广州起义》，《广东党史与文献研究》，2019 年第 5 期。

④ 广东革命历史博物馆编：《广州起义资料》（上），人民出版社 1985 年版，第 369 页。

⑤ 广东革命历史博物馆编：《广州起义资料》（上），人民出版社 1985 年版，第 378 页。

⑥ 中共中央党史研究室、中央档案馆编：《中国共产党第六次全国代表大会档案文献选
　　编》下卷，中共党史出版社 2015 年版，第 832 页。

该地段的赤卫队员说：他们赶来时，张太雷还未断气。"① 聂荣臻在回忆录中说："起义的领导机关就十分仓促地在西瓜园召开群众大会，……张太雷亲自主持大会，宣布苏维埃政府成立。在开完会回来的路上，由于不注意警戒，中了埋伏，被敌人冷枪打成重伤后不幸牺牲。"② 这两个回忆不同于前面的报告，都说张太雷是被敌人伏击、受重伤后牺牲的。从常理上讲，伏击的前提是敌军掌握张太雷的行踪，若敌人凭此杀害广州起义主要领导人，势必会大肆宣扬，但敌方的资料并未表明这一点，所以张太雷的牺牲更可能是混乱的战斗过程中的遭遇战。而张太雷之所以奔赴前线指挥军事，除了因为他是人民海陆军委员外，还因为共产国际代表纽曼、谢苗诺夫对叶挺不满，12日和张太雷、黄平、周文雍商议决定由张太雷接替叶挺担任工农红军总司令，任命叶挺为军事委员会名誉主席，叶剑英为前敌总指挥。③

张太雷牺牲后，"领导机构以至整个起义都失去了核心"④，加之敌军已攻下观音山等重要据点，开始迫近赤卫队总部、工农红军总指挥部（公安局），叶挺、聂荣臻到财政厅天台也观察到形势愈发不利，徐光英同时带来敌军还有15分钟到公安局的消息。12日傍晚，叶挺、聂荣臻回到公安局，便与恽代英、黄平及将返回东山苏联驻广州领事馆的纽曼商议，"决定负责同志应即走开，突围而退与否，仅决定一以委之于军事指挥同志。及后徐光英同志下令教导团退出广州，嗣与赤卫队总指挥周文雍同志遇，仓皇退避"⑤。聂荣臻和黄锦辉分别具体负责通知到教导团和工人赤

---

①　中共中央党史资料征集委员会等编：《广州起义》，中共党史资料出版社1988年版，第571页。

②　聂荣臻著：《聂荣臻回忆录》，解放军出版社1986年版，第88—89页。

③　李岚：《从叶挺事件调查委员会史料看安德列与广州起义》，《广东党史与文献研究》，2019年第5期。

④　聂荣臻著：《聂荣臻回忆录》，解放军出版社1986年版，第89页。

⑤　广东革命历史博物馆编：《广州起义资料》（上），人民出版社1985年版，第314页。

卫队。聂荣臻到教导团通知团长李云鹏说"现在情况紧急，再坚持下去已不可能，总指挥部命令立即经花县向海陆丰方向撤退"①，当天晚六时部队"即接着退却命令，即刻就自黄花岗、沙河一带向花县退却"②。黄锦辉只交代曾干庭"如遇我们的队伍，即令向黄花岗集中，向花县退却的命令"③。

在此过程中，徐光英对撤退工作缺乏全面细致的考虑和安排。负责与警卫团联络的蔡升熙当天晚上回到公安局后，徐光英交代他躲避起来，却"对全部之处置，屡问不得要领"④。徐光英后来承认"赤卫军是没有通知，并且相信赤卫军和教导团同在一地方作战，总可由军队通知，谁知工人过于自由行动，不能固定在一地方，军队退走时只能通知一部分而已"⑤，这使得多数工人赤卫队没来得及撤离，而遭到敌军的围攻和捕杀，损失惨重。

在 12 日早晨的进攻受挫后，张发奎下令调江门的薛岳部、台山的潘枝部、黄埔的黄慕松部和虎门的许志锐部回广州镇压起义。⑥13 日凌晨三时，张发奎所调各部均到位，凌晨四时开始分四路渡河进攻，第一路由金花庙附近渡河，进攻西濠口，第二路由广三驳轮运兵至黄沙登陆，接应由北路南下的周定宽、陆满两团，第三路由士敏土厂渡河，进攻东堤，第四路由猎德渡河，沿广九路进攻，向东堤夹击，海军各舰掩护各路渡河，张发奎、黄琪翔、朱晖日、李福林在军舰上指挥，广州市内反动的机器工会工人千余人协助作战，东堤、西濠口、财政厅、

① 聂荣臻著：《聂荣臻回忆录》，解放军出版社 1986 年版，第 90 页。

② 广东革命历史博物馆编：《广州起义资料》（上），人民出版社 1985 年版，第 381—382 页。

③ 广东革命历史博物馆编：《广州起义资料》（上），人民出版社 1985 年版，第 370 页。

④ 广东革命历史博物馆编：《广州起义资料》（上），人民出版社 1985 年版，第 366 页。

⑤ 广东革命历史博物馆编：《广州起义资料》（上），人民出版社 1985 年版，第 373 页。

⑥ 参见广东革命历史博物馆编：《广州起义资料》（下），人民出版社 1985 年版，第 494 页。

公安局相继失陷，起义军向东郊退去，中午时分，广州再次落入军阀之手。①

广州失守后，反动军队和白色工会大肆搜捕、杀害起义人员，仅 14 日一天，"第二师枪毙百余人，公安局枪毙三十一人，内有俄人五名，其他各处亦均有执行枪决者，致尸骸遍布各马路，计天字码头百余，观莲街口俄人一，省澳轮船码头二，十三行二，普济桥二，丰宁路二，丰宁大益巷口五，三区分署四，西门口四，维新路口四，纸行街一，大北直街口教导团兵士十五、工人三，永汉路三，公安局二十余，调查未及者，尚不知凡几。"② 根据事后的大致估计，"不能退出之赤卫队完全牺牲去，而敌人更派队到各户搜查，他们认为可疑的，悉数提出枪决，枪决了约一千余是无辜的。我们的赤卫队死的约有二千余，军队约有三百余。农民死的数目不知。"③ 这些血淋淋的事实反映了反动军阀的凶狠残忍，东方通讯社香港分社即一针见血地指出："所谓达二千人之惨杀者，殆不能不归罪于自称白卫军之李福林军、薛岳军与右派工人会之广东总工会、机器工会等之复仇的与报私愤行为也云云。"④

14 日下午，反动军队闯入东山的苏联驻广州领事馆，拘捕苏联总领事波赫瓦林斯基，"所有华俄男女，上至副领事，下至书记，均受胁迫，随兵士至公安局"⑤。到 15 日，"公安局门前置有被枪决之劳农领事馆馆员尸骸十余具"⑥，其中包括苏联副领事哈西斯。作为回应，22 日，联共(布)中央政治局决定逮捕和监禁在苏联的国民党人员，"直到华南领土上的所

---

① 参见广东革命历史博物馆编：《广州起义资料》（下），人民出版社 1985 年版，第 496—497 页。
② 广东革命历史博物馆编：《广州起义资料》（下），人民出版社 1985 年版，第 497 页。
③ 广东革命历史博物馆编：《广州起义资料》（上），人民出版社 1985 年版，第 378 页。
④ 广东革命历史博物馆编：《广州起义资料》（下），人民出版社 1985 年版，第 499 页。
⑤ 广东革命历史博物馆编：《广州起义资料》（下），人民出版社 1985 年版，第 498 页。
⑥ 广东革命历史博物馆编：《广州起义资料》（下），人民出版社 1985 年版，第 499 页。

有苏联公民被释放为止，此后将他们驱逐出境"①。23 日，共产国际执行委员会致电各国共产党中央委员会，要求"举行群众集会、示威游行和在英国、日本和美国领事馆前游行。口号是保卫中国革命和苏联"②，抗议和反对广东军阀杀害苏联驻广州领事馆人员的暴行。

四、中国共产党、共产国际对广州起义的评价及经验教训总结

1.中共中央、广东省委对广州起义的宣传与总结

广州起义爆发后，12 月 14 日，中共中央发表《中国共产党为广东工农兵暴动建立苏维埃告民众》，肯定广州起义"是工农兵士群众第一次革命暴动的胜利"，"是工农兵士群众第一次自己起来取得政权"，"这是全中国工农兵群众的革命先锋。全中国的工人农民兵士同志们！我们的胜利，已经在广东开始了；我们大家要一致起来拥护这一胜利，扩大这一胜利。"③ 在随后发表的《中国共产党中央执行委员会告工人书》《中国共产党中央执行委员会告农民书》中进一步指出"这次广州工友、农友、兵士联合起来举行的伟大的暴动，就是广东工友、农友、兵士胜利和得到解放的开始，也就是全国工农兵胜利和得到解放的开始"④。

---

① 中共中央党史研究室第一研究部译：《共产国际、联共（布）与中国革命档案资料丛书》第 7 卷，中央文献出版社 2002 年版，第 176 页。

② 中共中央党史研究室第一研究部译：《共产国际、联共（布）与中国革命档案资料丛书》第 7 卷，中央文献出版社 2002 年版，第 178 页。

③ 中央档案馆编：《中共中央文件选集》第 3 册，中共中央党校出版社 1989 年版，第 562、565 页。

④ 广东革命历史博物馆编：《广州起义资料》（上），人民出版社 1985 年版，第 135 页。

　　同日，主持中央工作的瞿秋白为《布尔塞维克》撰写社论《伟大的广州工农兵暴动!》，盛赞广州起义"在中国历史上，是空前的壮举"，"始终成为中国革命史上破天荒第一遭最伟大最壮烈的被压迫剥削阶级之暴动"，阐述广州起义的5点意义："中国革命潮流确实是一天一天的高涨，中国革命确实是深入而扩大""广大群众自己的力量举行暴动，有组织的军事势力不过成一种辅助的力量""这次暴动说明土地革命在中国革命中占何等重要的位置!""中国革命之最适宜的政权形式，只有苏维埃制度""豪绅资产阶级万不能以假改良政策欺骗群众了"，总之"这次广州工农兵伟大的暴动，证明中国共产党革命的新战略是绝对正确的"，"完全证明只有中国共产党是真正能领导中国工农贫民革命的党"。① 苏联《真理报》前一天发表的社论《工农的广州!》与这篇文章有不少相通的地方，指出这次起义即使被镇压，也无法抹杀其伟大意义，"因为这次起义是工农群众发动的第一次获得胜利的起义"，其表明"中国革命正在向前发展"，"在这次起义中，起决定性作用的不仅有军队和农民群众，而且还有工人群众"，这是"广州起义的力量"所在："劳动群众具有与中国人民的压迫者、剥削者、掠夺者和刽子手斗争到底的革命激情和决心"，同时"也只有在一系列胜利和失败中与工农群众休戚与共的中国共产党，才能保障对红色广州面临的困难斗争实行正确的领导"。②

　　在得到广州起义失败的消息后，12月17日，中共中央发表《中国共产党为广州暴动再告全国民众》，宣告"工人与农民经过了三天的血战，至本月十三日，才被迫不能不放弃广州"，号召民众铭记"这十一十二两日"，"存在两天的苏维埃政权——工农兵代表会的政府可为我们的团结一致继续争斗直到博得胜利的标帜"，"要记忆着死难同志底鲜红血液正

---

① 《瞿秋白文集·政治理论编》第5卷，人民出版社2013年版，第160—162页。
② 广东革命历史博物馆编：《广州起义资料》（下），人民出版社1985年版，第474—475页。

是争斗中的旗帜，我们必须高举着这个旗帜勇往前进，坚决我们的意志誓死争斗，不达到胜利不止"①，从广州起义中汲取继续推动革命前进的动力。

12月17日，中共广东省委和共青团广东省委发出《为广州暴动以后给各地党团通告》，通报广州暴动的决策、发生经过及失败后的敌我形势，指出广州暴动受挫并不意味着广东全省暴动的一蹶不振，"因为党决定广东暴动的时候，亦未估计其能维持政权到好久，甚至一起来便被压迫下去。但我们最少可以使反动政权一变而益摇动，并且对苏维埃政权做一次行动的宣传，促起群众更高度的阶级自觉"，要求各地"将广州此次暴动经过及其意义，与全省革命前途，向工农群众宣传，使其增加工农兵联合起来夺取政权的勇气，而加紧斗争"。②中共广东省委据此发表《中国共产党广东省委员会号召全省工农兵士继续暴动宣言》，从革命形势和道路上详细地阐发广州起义的意义，"广州暴动虽然受了挫折，广东全省工农革命的潮流并不因而低落，反转日益高涨"，"广州暴动的暂时失败，并不能损害工农兵革命胜利的整个形势"，"这次暴动和苏维埃政权的影响，仍继续在全广东工农兵士贫民中间扩大，人人知道，暴动夺取政权，是唯一的出路，而且必得到最后的胜利"。③

12月18日，中共中央致信广东省委，肯定广州提前暴动是"非此不可"，表示"深信这次广州暴动是广东总暴动的开始，是全国各地工农暴动的信号"，"广东群众是久已起来了，武装暴动，夺取政权的目标，在工农群众中也已认清了"，"只要我们党努力领导已经爆发的农民革命的高

---

① 中央档案馆编:《中共中央文件选集》第3册，中共中央党校出版社1989年版，第576—577、579页。

② 广东革命历史博物馆编:《广州起义资料》(上)，人民出版社1985年版，第166—167页。

③ 广东革命历史博物馆编:《广州起义资料》(上)，人民出版社1985年版，第129—131页。

潮，领导他作不断的发动，全省的暴动局面是必然成就的"①，并决定派李立三担任广东省委书记，负责总结广州起义的经验教训和恢复省港的工作。次日，《布尔塞维克》为此刊发《广州工农兵暴动的信号！——悼我们五千多白色恐怖之下的死者并继续他们的斗争》，详述中共中央关于广州暴动的意见，"广州的工农兵暴动，是在最近半年来湖南、湖北、江苏、江西、山东、直隶等省继续不断的农民暴动、工人斗争之中，一个比较大的爆发，尤其是广东省内各县农民暴动半年以来发展的汇合"，"他是全国工农兵暴动总爆发的信号。全国的工农兵士贫民群众，看见这一信号，都要更加团结更加紧张的准备暴动，发展暴动"，"广州部分的失败，只有激起广东全省工农更大的愤怒，更大的革命力量"。②

12月19日，广东省委向中共中央报告广州暴动的大致经过和党员、群众的意见，"有少数负责同志以为暴动时期太早了"③，暴动中没有充分发动群众和坚决地处决反革命分子，暴动准备及撤退安排工作存在不足。除上述意见外，广东省委说明后续还有讨论和决议上报中央，目前正在要求各地就广州暴动"只报告所知的事实，未有决议和批评"④。12月20日，李立三到达香港，当晚即召开广东省委临时会议，讨论广州暴动问题，指出"广州暴动因为全省农民暴动未能充分起来，致广州的苏维埃政权未能持久的胜利，所以广州暴动，不是各地农民暴动发展到最后的一幕而形成的广州暴动的爆发；而是广州暴动的爆发，更推动全省农[暴]动的发展"，"广州暴动不特不能消弭军阀的斗争，而且激成军阀内部更大的冲突，使其政权不能稳固"。⑤

---

① 中共中央文献研究室、中央档案馆编：《建党以来重要文献选编》第4册，中央文献出版社2011年版，第796—797页。

② 《瞿秋白文集：政治理论编》第5卷，人民出版社2013年版，第168—170页。

③ 广东革命历史博物馆编：《广州起义资料》（上），人民出版社1985年版，第177页。

④ 广东革命历史博物馆编：《广州起义资料》（上），人民出版社1985年版，第179页。

⑤ 广东革命历史博物馆编：《广州起义资料》（上），人民出版社1985年版，第186页。

12月28日，李立三向中共中央报告广东省委决定1928年1月1日召开全体会议，讨论广州暴动的详细经过，并初步提出广州暴动的错误，包括"未尽力发动群众，并且阻止煽动群众的工作""全未执行镇压反革命派的工作""全未执行没收一切政府及反动派财产的政策""退走时极为慌乱，全未通知各处"①，基本上吸纳了前述党员、群众的意见。

1928年1月1日，广东省委全体会议通过《对于广州暴动决议案》，总结广州暴动的意义、影响和失败的原因、教训。一方面指出广州暴动是"全省暴动的开始""代表全国工农革命的情绪，推翻统治阶级，建立苏维埃政权，最重要的一幕"②，增强了全省、全国工农群众认清国民党反动面目的阶级意识和推翻反动统治的决心、信心，巩固了中国共产党在工农群众中的领导地位。另一方面分析广州暴动失败的原因：一是"暴动最高的指导机关完全系智识分子"③，缺乏指挥能力和忽略党的组织工作，致使暴动指挥工作忙乱无序；二是改变省委原定的以群众为中心的暴动策略，"指导机关未能充分注意发动群众工作""绝少注意并讨论如何发动群众的方法"④，使得工农群众都没有起来；三是工人赤卫队缺乏军事和组织训练，作战和组织能力都很弱，对白军士兵的争取工作做得也不够。同时列举出指导机关偏重军事、军事指挥不统一、宣传组织工作不足、退却毫无计划等9点错误，特别指出"当时指导机关完全是军事投机的方法""以致使此次暴动的胜利不能维持，尤其是一个莫大的错误"⑤。因此，除了向暴动中牺牲的党员群众致敬外，"尤其是张太雷同志的死，使我们受了莫大的损失，使工农群众失掉了最好的领

---

① 中共中央文献研究室、中央档案馆编：《建党以来重要文献选编》第4册，中央文献出版社2011年版，第825页。

② 广东革命历史博物馆编：《广州起义资料》（上），人民出版社1985年版，第206页。

③ 广东革命历史博物馆编：《广州起义资料》（上），人民出版社1985年版，第208页。

④ 广东革命历史博物馆编：《广州起义资料》（上），人民出版社1985年版，第209页。

⑤ 广东革命历史博物馆编：《广州起义资料》（上），人民出版社1985年版，第212页。

袖"①，决议提出撤销黄平、周文雍、陈郁、恽代英的省委常委、委员，以及杨殷的省委委员、吴毅的省委候补委员职务。

1月3日，中共中央临时政治局会议通过《广州暴动之意义与教训》，继续肯定广州暴动"是阶级斗争整个儿的发展之客观条件的结果所必然要发生的，当时对于工人阶级没有别条路，只有直接起来夺取革命的政权。本党广东省委员会决定十二月十一日的暴动日期，是很正确的"②，分别论述广州暴动的政治意义和国际意义。在政治意义上，"城市中的苏维埃政权第一次出现于中国及整个殖民地的亚洲；被压迫及受列强帝国主义与国内反动势力双层剥削的民众，用自己的力量把压迫者及剥削者的统治推翻了，建设起自己的政权，这是世界历史上的第一次"，无产阶级在暴动中证明自己"真正是革命的领导者"，并与农民结成紧密的革命联盟，"中国共产党在广州暴动之中，的确是一般被压迫民众的领导者与组织者及无产阶级领导民族革命的主力军"，资产阶级及其代表国民党则暴露了"他们是反对工人阶级的革命的死敌"的反动面目。③在国际意义上，"广州苏维埃政权之奋斗自相［始］至终成为国际阶级斗争之一幕"，"领导暴动的中国工人阶级是国际无产阶级先锋队的一部份。指导暴动的中国共产党是共产国际支部之一。工农兵群众之夺取政权，不独反对国内的剥削阶级，并反对外国帝国主义的强盗们。"④更为重要的是，广州暴动标志着"革命已经过渡于比简单的资产阶级国民革命更高的形势，这就是过渡于苏维埃革命——无产阶级领导之下的工农

---

① 广东革命历史博物馆编：《广州起义资料》（上），人民出版社 1985 年版，第 208 页。
② 中央档案馆编：《中共中央文件选集》第 4 册，中共中央党校出版社 1989 年版，第 11—12 页。
③ 中央档案馆编：《中共中央文件选集》第 4 册，中共中央党校出版社 1989 年版，第 30—32 页。
④ 中央档案馆编：《中共中央文件选集》第 4 册，中共中央党校出版社 1989 年版，第 33 页。

独裁革命"①。决议从主客观两方面分析广州暴动失败的原因，客观原因是反动军阀联合起来、调集重兵镇压起义，且得到了帝国主义列强的帮助，主观原因包括革命军事委员会在暴动胜利后没有集中力量进攻河南、黄埔和石龙，也没有及时拘捕东山的军阀首领，争取白军士兵和黄色工会工人的工作做得不充分，没有发动广州市郊农民暴动配合起义，"赤军突围而退的行动，没有充分的规画"②。

相较于广东省委的决议，中共中央对广州暴动的意义评价得更高，对广州暴动失败原因的分析也更加全面，尤其是同样对暴动指导机关的批评，中共中央尚停留在工作不足的技术层面，广东省委则上升到指导机关阶级构成、军事投机的政治层面，以至提出对广州起义领导人员的政治纪律处分。

1月8日，中央致信广东省委，称根据参加广州暴动的共产国际代表的报告，中央通过了《广州暴动之意义与教训》，现发给各级党部讨论，"根据广州暴动的全部事实，中央、广东省委以及各级党部均保留一个批评权"，要求"省委速将广州暴动的全部材料及省委扩大会的结论寄来中央，以便做这个议案大纲的补充"③。1月12日，中央发出的《中央通告第二十八号——论武装暴动政策的意义》，在论及广州暴动时又指出"广州暴动的胜利，主要是能发动群众，造成工农兵三大力量之结合；他的失败，主要的也是发动群众之尚不充分"④。

1月10日，广东省委向中央报告省委全体会议通过的《对于广州暴

---

① 中央档案馆编：《中共中央文件选集》第4册，中共中央党校出版社1989年版，第35页。

② 中央档案馆编：《中共中央文件选集》第4册，中共中央党校出版社1989年版，第26页。

③ 广东革命历史博物馆编：《广州起义资料》（上），人民出版社1985年版，第270页。

④ 中央档案馆编：《中共中央文件选集》第4册，中共中央党校出版社1989年版，第56页。

动决议案》等决议案，并提请中央批准其作出的政治纪律处分决定。同期，广东省委也相继发出第一、二号通告，向广东各级党部通报省委全体会议经过和《对于广州暴动决议案》。通告进一步地批评广州暴动的失败表明"过去的党在政策上组织上都犯着极深的机会主义，不单是不能领导革命，并且是阻碍革命的罪人"①，要求宣传和讨论省委关于广州暴动的决议，"如有意见或批评，无论是同意于省委决议，或反对省委决议，或省委决议以外的新的意见，均可写成文字寄来省委"②。

2. 中共中央、广东省委关于广州起义评价的争论

在收到中共中央的《广州暴动之意义与教训》后，1月16日，广东省委召开常委会议，通过《省委对中央政治局会议通过之〈广州暴动之意义与教训〉的决议案》，指出中央决议"对于暴动前的经过及事前的准备描写"，"与当时的事实有很多不相符合的地方"，"是智识阶级的虚伪——就是上海工人骂我们的'吹牛皮主义'"③，列举苏维埃委员系党指定而无广州工农参加、参加暴动的群众不超过一两万人、广州苏维埃没有签发禁止国民党存在和给工农兵的命令、几乎没有退出广州的决定和计划等事实，认为中央对广州暴动失败的原因过于强调客观原因和模糊指导机关的错误，"一般几乎是替当时指导机关掩饰错误，没有给我们一点正确的教训"④，要求中央根据广东省委《对于广州暴动决议案》对中央决议进行修改。当日晚上，广东省委报告中央派省委常委罗登贤前去面告省委对中央决议的意见，⑤同时，李立三致信中央政治局，"我以中央政治局后补委员

---

① 广东革命历史博物馆编：《广州起义资料》（上），人民出版社1985年版，第259页。
② 广东革命历史博物馆编：《广州起义资料》（上），人民出版社1985年版，第265页。
③ 广东革命历史博物馆编：《广州起义资料》（上），人民出版社1985年版，第280页。
④ 广东革命历史博物馆编：《广州起义资料》（上），人民出版社1985年版，第284页。
⑤ 中共中央党史资料征集委员会等编：《广州起义》，中共党史资料出版社1988年版，第299页。

的资格坚决的提议要求中央根据广东的决议案重行讨论修改发出"，"如果中央决议案系根据参加暴动的外国同志的报告，我并提议中央政治局应向国际建议惩罚这个同志。"①

在收到广东省委关于广州暴动、中央决议的决议和听取罗登贤的当面报告后，1月18日，中共中央发出《告广东同志书》，批评广东省委《对于广州暴动决议案》的"根本精神和其指示的前途都极不正确，极其摇动"②。一是省委决议的根本错误是"没有认识广州暴动的全部意义和其给予全世界、全中国工农兵的伟大创造"，而"将省委会讨论和注意的中心，寄托在查办当事指导机关和负责同志的这一问题上去"，肯定中央决议对广州暴动的意义、影响和失败的原因、教训"都布置适得其分"，即使将省委决议列出的事实补入中央决议，"暴动的全部批评分量仍然不会变更"，"中央决议案不过尚缺少些可批评的事实，而省委决议案却表显一个极不正确的指导和估量"；二是指出省委决议的前后矛盾，广州暴动的意义、影响部分强调群众暴动的情绪、力量和决心，广州暴动失败的原因、教训部分则批评指导机关完全没有发动群众和军事投机，而若后者成立，"则这一暴动定是过早无疑，甚或至玩弄暴动"，"会立刻摇动了这一暴动时期的根本问题，亦即是取消了整个的广州暴动"，这表明"省委全体会未能将广州暴动前后的全部事实胪列清楚，将其意义认清，而只是受了广州同志失败后愤激的影响，以致本末倒置，通过了这样一个极其动摇而矛盾的决议"；三是肯定广州暴动是"广州教导团、警卫团的兵士群众和赤卫队的工人群众汇合而发动暴动"，"这种行动是在领导群众推翻统治阶级建立苏维埃政权，便是这种行动的发难者仍然是工农士兵群众"，执行的是中央和广东省委当时"在广东布置一个工农兵士总暴动局面，以进至

---

① 广东革命历史博物馆编：《广州起义资料》（上），人民出版社 1985 年版，第 286 页。
② 广东革命历史博物馆编：《广州起义资料》（上），人民出版社 1985 年版，第 287 页。

直接行动，夺取政权的政策"，存在两天的苏维埃政府未能落实全部任务，"我们只能指责暴动中的全部布置还没能运用周密，还没能组织完备，还没能执行无缺，尤其是军事的行动更缺欠一个统一而且有组织的计划和指挥"；四是继续说明广州暴动的群众性，"教导团士兵群众和赤卫队的工人群众的军事行动便无疑地是代表工农群众对于苏维埃政权的热烈要求和在努力实现"，"暴动开始后群众显然是逐渐增加"，工人赤卫队在教导团12日晚撤走后仍坚持与敌军战斗即是明证，只是"当时指导机关发动群（众）的工作还没有计划完密，还没有执行充分"；五是否定广州暴动是军事投机，指出暴动的客观条件和主观准备同时具备，"在这些条件之下发动的暴动和暴动开始后的一切行动，恰恰与军事投机相反"；六是承认退出广州时的责任问题，"参加退却会议的同志之责任问题，自仍不能卸去"，"参加会议同志之不镇定，也是极可批评的"；七是重申广州起义失败的主客观原因，并增加了"党的力量还是薄弱，还不是指导这样一个伟大的创造"的主观原因；最后是否决省委对广州起义领导人员政治纪律处分的决定，"这次广州暴动，指导机关以及负责同志不仅在坚决执行党的政策，且对于这一伟大创造，实尽了一切的力量"。①

由此既可以看出中共中央与广东省委对广州起义认识和评价存在的分歧，又可以窥见产生这种分歧的重要原因，即广州起义是当时中共中央和广东省委共同决策和布置的，这中间也有共产国际的因素。中共中央的《广州暴动之意义与教训》指出"广州暴动在中国共产党的策略上，实在有极伟大的政治上历史上的意义和成绩"，"这次胜利的暴动的基础，无疑的是共产国际在中国革命中历来政策之正确"，"广州经验是共产国际前一期政策之正确的事实上的证据"，"也就对于中国共产党内过去抵抗共产国

---

① 广东革命历史博物馆编：《广州起义资料》（上），人民出版社1985年版，第287—301页。

际策略的机会主义的余毒，给以致命的打击"。① 米特凯维奇就此向共产国际执行委员会报告中央决议及对广东省委决议批评的主要内容，指出中央决议的特点是肯定广州暴动的政治意义，否决"广州暴动是盲动"的观点，"不愿谴责暴动，而宁愿对它的严重性估计不足"，强调许多事实证明"广州暴动确实具有非常广泛的群众性"。②

在看过中共中央的《告广东同志书》后，1月24日，李立三致信瞿秋白，表示不同意中央对广东省委决议及一、二号通告"暗示了一般同志重视党内改造，而忽略党外斗争，实为目前暴动开始后的广东紧急的客观环境上所不许"③ 的批评，反而认为现在唤起党员同志注意党内改造问题正当其时，进一步指出他与中央在广州暴动上意见不同的根源是"观念问题"：他认为包括广州暴动在内的各地暴动失败"大都是由于指导机关政治观念的错误或者是动摇不定，甚至临危变节的结果"，而"这些指导机关中负责同志百分之九十以上是知识分子，这些知识分子，因客观革命愈高涨愈深入而愈加破产"，"充分表现知识分子在革命中的作用已经减少到极小限度"，进而指出党在政治上的机会主义余毒尚未扫清"完全是由于党的组织上的机会主义的根深蒂固毫未去动摇"，要求改造党的组织，"第一极力增加工人同志到指导机关中来（须占半数以上），并要打破从前的形式主义；第二极力扩大党的民主化；第三要加紧党的政治纪律"，最直接的就是将"动摇的知识分子"赶出指导机关、开除出党。④

1月25日，中共中央致信李立三，鉴于他对中央决议有不同意见，

---

① 中央档案馆编：《中共中央文件选集》第4册，中共中央党校出版社1989年版，第26—27页。

② 参见中共中央党史研究室第一研究部译：《共产国际、联共（布）与中国革命档案资料丛书》第7卷，中央文献出版社2002年版，第278—279、293—295页。

③ 广东革命历史博物馆编：《广州起义资料》（上），人民出版社1985年版，第299页。

④ 中央档案馆、广东省档案馆编：《广东革命历史文件汇集（中共广东省委文件）1928年（一）》，1982年版，第179—183页。

且涉及共产国际代表，而中央对他主持的广东省委全体会议及通过的决议也认为极其不妥，要求他来上海面谈，派邓中夏前去代理广东省委书记职务。同日，中共中央致信广东省委，继续批评省委决议，指出"这种不正确结论如再执论下去，客观上势必要动摇广州暴动本身，至少日期上会发生问题"，"在工农群众中宣传起来，结果将必减少工农群众向敌人斗争的情趣，转而掉转头来消极地怀疑于我党的政策和领导机关"，强调中央决议"说明这个伟大暴动的全部构造，主观上客观上的原因、困难、缺点以及错误，然后这个革命前途之指示"，才能"教育群众、领导群众以达到群众在其客观可能上，都能闻风兴起，使中国普遍走入苏维埃的革命时期"①，并对省委决议的发动群众和退却责任问题及1月16日省委给中央的信所列事实进行了详细的解释和回应，认为省委批评中央"'便是知识阶级的虚伪'，'就是吹牛皮主义'未免拟于不伦"，"对中央对下级党部均有不妥"，要求"省委必须服从中央的意见，停止省委决议案在各级党部的讨论，速将中央决议案散布下去"②。

根据中央的要求，2月9日，邓中夏主持召开广东省委常委扩大会议，传达中央的意见和精神："中央所坚持的就是根本精神不能动摇，事实或可补充"，"而省委决议非取消不可"，"中央这个决议不容讳言少许带了一点宣传作用，因为这个决议不单是要普遍散发至全中国，并且要发到各国去（中央决议已发表于苏联《真理报》1928年2月5、7、9日——引者注）。"③会议主要围绕广州暴动失败的原因和教训展开讨论：一是未充分发动群众问题。李立三认为中央决议最主要的缺点是没有明确指出广州暴动未充分

---

① 广东革命历史博物馆编：《广州起义资料》（上），人民出版社1985年版，第307—308页。

② 广东革命历史博物馆编：《广州起义资料》（上），人民出版社1985年版，第317—318页。

③ 中共中央党史资料征集委员会等编：《广州起义》，中共党史资料出版社1988年版，第305页。

发动群众问题，"失败原因主观说得很不周到，只说客观上反动势力的压迫，这会使群众感觉反动势力总是比我们大，因此会发生消极的心理；再说敌人武装怎么多，我们武装怎样少，这会使群众偏重于军事投机的观念"①，恽代英、吴毅、罗登贤、黄谦、叶耀球、王强亚、袁炳辉从事实或逻辑上发言支持李立三的意见。沈宝同从暴动条件上分析认为若不说未充分发动群众，而强调客观困难，"就是客观上困难群众不能起来的，那末群众既不能起来，则暴动是不应该的了"②，这与中央决议肯定发动广州暴动是矛盾的。另外，叶耀球举出未充分发动群众的例证，称他曾就苏维埃政府发布告一事询问张太雷，张太雷"答谓布告只是以前政府对商人发表的，苏维埃政府已是工农自己的政府，当然无须乎拘文发一张布告"③，他认为这使工农群众对苏维埃政府不太了解，王强亚也认为"苏维埃无布告的确是很大的错误，因为工农分子一定要有一张布告，才使他们比较容易起来"④，张善鸣则不以为然，他说"无发出布告问题，并不是这样简单——以为有布告群众便可起来，无布告便少起来"⑤。二是军事投机问题。李立三坚称"广州暴动用的是军事投机的方法"，他所依据的仍是广州暴动未充分发动群众，"不充分发动群众就是不大信任群众的力量，不信任群众的力量，当然是军事投机的方法"⑥，吴毅也持类似的观点，"估量军事投机

---

① 中共中央党史资料征集委员会等编：《广州起义》，中共党史资料出版社 1988 年版，第 307 页。

② 中共中央党史资料征集委员会等编：《广州起义》，中共党史资料出版社 1988 年版，第 315 页。

③ 中共中央党史资料征集委员会等编：《广州起义》，中共党史资料出版社 1988 年版，第 310 页。

④ 中共中央党史资料征集委员会等编：《广州起义》，中共党史资料出版社 1988 年版，第 312 页。

⑤ 中共中央党史资料征集委员会等编：《广州起义》，中共党史资料出版社 1988 年版，第 316 页。

⑥ 中共中央党史资料征集委员会等编：《广州起义》，中共党史资料出版社 1988 年版，第 321—322 页。

方法并不是根据军事步骤","不过当时主观上的确对群众不太信任",故"可说是仍有些军事投机的余毒"①,李源、黄谦、王强亚从广州暴动只注意军事计划或军事布置上认为其有军事投机方法问题,张善鸣、叶耀球、李海筹则支持中央的意见,认为广州暴动有士兵、工人群众参加,不能说是军事投机,袁炳辉转达共青团广东省委的意见,认为广州暴动"绝对不是军事投机,或半军事投机"②。三是退却责任及政治纪律问题。吴毅、叶耀球、李源、王强亚、恽代英、沈宝同、罗登贤、袁炳辉、黄谦都认为退却缺少计划,相应的政治纪律处分不能完全取消、可作修改,张善鸣认为政治纪律处分可与省委决议分开,卢永炽、李海筹认为政治纪律处分应完全保留、不作修改。而讨论政治纪律处分的前提是保留省委决议,恽代英、王强亚、黄谦、李源均表达了"中央决议暴动意义说得多,事实材料少。省委决议积极的意义说得很少,但事实多"的意思③,意在说明中央决议与省委决议可互为补充,这与中央取消省委决议的意见不合。

对于会议上的各种意见,邓中夏表示"发动群众注意不够,也许可以要求中央加上去,但不能武断说指导机关是军事投机的方法。事实太不符合的当然可以修改,省委决议应取消,政治纪律另外决定"④是讨论的原则。会议最后根据李立三的建议决定:第一,省委发一个通告,内容说明中央决议如何好,省委决议如何偏,广州暴动意义忽略详细说明,应适用中央决议不适用省委决议,应立即根据中央根本精神宣传下去。第二,中

---

① 中共中央党史资料征集委员会等编:《广州起义》,中共党史资料出版社 1988 年版,第 322 页。

② 中共中央党史资料征集委员会等编:《广州起义》,中共党史资料出版社 1988 年版,第 318 页。

③ 参见中共中央党史资料征集委员会等编:《广州起义》,中共党史资料出版社 1988 年版,第 311、313、320、326 页。

④ 中共中央党史资料征集委员会等编:《广州起义》,中共党史资料出版社 1988 年版,第 326 页。

央决议中事实的确有些不符，应把中央决议马上发下去，不过要声明事实有些不符的。第三，依中央根本精神做一个"广州暴动的经过"报告给中央。第四，根据会议情形及讨论结果报告中央，请求中央作如下修改：(1) 事实不符的；(2) 没有充分发动群众；(3) 过去农民运动工作没做好；(4) 退却问题应说明显些，指出没有充分计划，及报告政治纪律处分不能取消。①

2月26日，中共中央发出《中央通告第三十五号——〈广州暴动之意义与教训〉决议案的补充》，回顾中央与广东省委关于广州暴动不同认识的来龙去脉，作出最后的结论：一是广东省委的两次决议必须取消和纠正；二是广东省委根据中央决议的根本精神宣传广州暴动的意义；三是《中央通告第二十八号》已说明广州暴动失败的主要原因是未充分发动群众，"但决不能因此掩盖了其他主观上以及客观上的错误和缺点"；四是广东省委指责广州暴动的指导机关运用军事投机的方法是极不合适的；五是说明退却时的客观困难意在"明负责同志在当时并非临阵脱逃而是那时指导机关的能力薄弱不足以应此剧变"；六是重申不能给广州暴动的负责同志以政治纪律处分，"若认为退却时负责同志应有所处分，则只能适用普通纪律"；七是批评广东省委决议及李立三将"党的改造也和广州暴动混在一起""过去各级指导机关的不尽善，也完全归论到暴动中的指导机关身上"是不可取的；八是更正中央决议中的事实细节，强调"事实不合的地方大都是程度的浅深数量的多寡或是已经决定了的事尚未有做到，并非原则上的冲突，即是说将这些与事实有出入的各项完全改过，暴动的全部批评分量仍然不会变更"。② 可以看出，中共中央对广东省委常委扩大会议意见

---

① 参见中共中央党史资料征集委员会等编：《广州起义》，中共党史资料出版社1988年版，第327页。

② 中央档案馆编：《中共中央文件选集》第4册，中共中央党校出版社1989年版，第128—131页。

的采纳范围，就是邓中夏在会议上强调的讨论原则，亦即中央的意见——接受中央已指出的未充分发动群众问题和修改若干事实细节，其余的军事投机方法、政治纪律处分及保留省委决议的意见均被否决。

3.共产国际对广州起义的评价

在此期间，共产国际也开始讨论广州暴动的问题。1月6日，越飞致信共产国际东方书记处副主任索洛维约夫，表示对广州暴动的失败，"现在没有人会来重复1905年时普列汉诺夫的耶利米哭诉：'本来是不应该拿起武器的'。或许1927年12月广州的失败会导致自己二月和十月（指俄国的1917年二月革命和十月革命——原书注）。我们只是想，对于中国来说达到这不需要12年，或许只需要12个月。"① 这里他把广州暴动比作俄国1905年革命，并乐观地预测中国革命的胜利不会像俄国那样需要12年，而可能只需要12个月。1月10日，赤色职工国际总书记洛佐夫斯基在给米特凯维奇、琼森的信中同样认为"中国的事变要比俄国的事变进展得快得多"，不会像俄国1905年至1917年那样经过那么长的时间，但他认为广州暴动表露出盲动主义或先锋主义的危险，"在广州的同志没有考虑到列宁关于如何组织和在什么样的条件下组织起义的忠告"。② 言外之意是说广州暴动不完全具备列宁所说的起义条件："起义要获得胜利，就不应当依靠密谋，也不是靠一个党，而是靠先进的阶级。此其一。起义应当依靠人民的革命高潮。此其二。起义应当依靠革命发展进程中的转折点，即人民先进队伍中的积极性表现得最高，敌人队伍中以及软弱的、三心二意的、不坚定的革命朋友队伍中的动摇表现得最厉害的时

---

① 中共中央党史研究室第一研究部译：《共产国际、联共（布）与中国革命档案资料丛书》第7卷，中央文献出版社2002年版，第185—186页。

② 中共中央党史研究室第一研究部译：《共产国际、联共（布）与中国革命档案资料丛书》第7卷，中央文献出版社2002年版，第197—198页。

机。此其三。"①

1月31日，共产国际执行委员会讨论中国问题会议最后一次会议召开，布哈林作总结发言。在讨论到策略问题时谈及广州起义，布哈林以询问罗米纳兹和纽曼的方式，批评广州起义在同共青团组织协调行动、争取广州机器工会等黄色工会方面的准备工作做得不够，"我们没有起义的政治准备，而只有技术准备"②。布哈林由此提出广州起义的时机选择问题，既不认可纽曼说当时广州"积极的、有觉悟的、革命的无产阶级"具有力量优势的观点，也反对讨论"武装暴动的时机选择得是否正确"是孟什维主义的指责，他认为不推迟暴动的理由"我们即使不举行暴动也会被打垮"不具有决定性意义，"在采取暴动方针时，稍微等一等或做一些以下工作更合适"，包括"在改良主义工会拥护者中间进行更广泛、更有力的工作，做总罢工的准备工作，在广州周围的农民当中进行更广泛、更有力的工作，至少报告给党中央，让青年组织的中央知道这件事，以便立即得到中国其他地方的支援"。③布哈林批评罗米纳兹提出的在广州起义中"对付工会中的国家官吏采取恐怖手段是正确的，在广大工人群众参加这场斗争的情况下也是必要的"观点，"如果你们以为，枪杀一些工会工作人员，你们就是取得了光辉的成就，广州暴动因为烧毁了多少多少房子就壮丽辉煌，那就错了"，他指出在中国共产党还不善于说服群众的情况下，不要采取任何个人恐怖行为，"要使全党面向群众，消除一切必然造成以强迫工人取代说服工人的做法"。④对于广州起义的教训，布哈林反对纽曼的

---

① 《列宁选集》第3卷，人民出版社2012年版，第274—275页。

② 中共中央党史研究室第一研究部译：《共产国际、联共（布）与中国革命档案资料丛书》第7卷，中央文献出版社2002年版，第234页。

③ 中共中央党史研究室第一研究部译：《共产国际、联共（布）与中国革命档案资料丛书》第7卷，中央文献出版社2002年版，第239—241页。

④ 中共中央党史研究室第一研究部译：《共产国际、联共（布）与中国革命档案资料丛书》第7卷，中央文献出版社2002年版，第236—238页。

"广州失败只是由于军事技术上的原因"观点，他认为是"我们没有足够广泛的社会基础来举行胜利的暴动"，但广州起义不是盲动，可以说是"技术上有所准备，政治上准备不足，政治组织上准备不足，过分片面地从军事政治意义上去理解"①，他最后指出"广州暴动的经验教训是：必须加强党在群众中的工作，工会工作，说服群众的工作，同一切取消主义倾向和所有想以别的口号来取代暴动的人作斗争。一方面要同恐怖主义和盲动主义作斗争，另一方面要同机会主义和普列汉诺夫主义作斗争"②。

　　会议主要是布哈林发言，其他与会者对他的观点提出不同意见。罗米纳兹不同意布哈林"对个别一些问题如个人恐怖行为，广州等的立场"③，批评他在广州暴动时机选择上的论点过于机械。加拉赫尔指出布哈林说"广州暴动不是盲动，但随后举出一些论据，证明广州暴动还是盲动"，布哈林辩解称在他看来，在"盲动，或者是顺利进行的暴动"之外，"还有第三种类型的暴动：不是盲动，而是这样一种暴动：有社会基础但不够广泛，时机选择得不对，群众不积极参加，因而遭到失败。"④纽曼对布哈林没有谈到广州暴动的意义表示不满，布哈林认为在这样的会议场合没必要这样做，会议"首先应该阐述有争议的和可能产生意见分歧的东西"，发表的宣言及相应指示可以阐发和宣传广州暴动的意义，正在起草的决议在"强调暴动的世界历史意义"的同时，更重要的是"应该从所犯的错误中得出应有的结论"，"要更多地注意暴动的准备问题，各种形式的准备问

---

① 中共中央党史研究室第一研究部译：《共产国际、联共（布）与中国革命档案资料丛书》第7卷，中央文献出版社2002年版，第238—239页。

② 中共中央党史研究室第一研究部译：《共产国际、联共（布）与中国革命档案资料丛书》第7卷，中央文献出版社2002年版，第241—242页。

③ 中共中央党史研究室第一研究部译：《共产国际、联共（布）与中国革命档案资料丛书》第7卷，中央文献出版社2002年版，第253页。

④ 中共中央党史研究室第一研究部译：《共产国际、联共（布）与中国革命档案资料丛书》第7卷，中央文献出版社2002年版，第254页。

题，要更多注意无产阶级和农民的联系，行为的配合，所有党组织和所有工人支部的相互通气等问题。"①

这次会议的全部材料提交给 2 月 9 日至 25 日召开的共产国际执行委员会第九次全会中国委员会，据此讨论形成《共产国际执行委员会第九次全会关于中国问题的决议》，指出："广州起义是无产阶级在中国组织苏维埃政权的英勇的尝试，它对于工农革命的发展起了巨大的作用，但是起义的领导工作仍然还有许多缺点：在工人、农民当中以及在敌军中的准备工作做得不够；对参加黄色工会的工人采取了不正确的态度；党组织本身和共产主义青年团对起义的准备工作做得不充分；党中央完全不了解广州事件的情况；在政治上发动群众的工作做得很差（没有开展广泛的政治罢工，没有通过选举产生起义机关——广州苏维埃）。对于这些缺点，在政治上对共产国际负责的直接领导人（H.同志等），是负有责任的。尽管有这些领导上的错误，但广州起义应当被看作中国工人的极其伟大的英雄主义范例，中国工人有权担负起领导伟大中国革命这一历史使命。"②这个决议在广州起义缺点上的说法主要吸纳了布哈林的批评意见，这引起罗米纳兹的强烈不满，以致他在会议期间向中国委员会声明"我不同意俄国代表团和中国代表团提交的决议草案中的许多论点"，"我放弃在委员会内和在全会上为自己的观点进行辩护的权利，不言而喻，我将毫无保留地服从联共中央和共产国际执委会关于中国问题的决议"。③

在共产国际执行委员会第九次全会召开期间，琼森和谢苗诺夫以不同的方式发表对广州起义的看法。2 月 13 日，琼森复信洛佐夫斯基，指出

---

① 中共中央党史研究室第一研究部译：《共产国际、联共（布）与中国革命档案资料丛书》第 7 卷，中央文献出版社 2002 年版，第 256—257 页。

② 中国社会科学院近代史研究所翻译室编译：《共产国际有关中国革命的文献资料》第 1 辑，中国社会科学出版社 1981 年版，第 353—354 页。

③ 中共中央党史研究室第一研究部译：《共产国际、联共（布）与中国革命档案资料丛书》第 7 卷，中央文献出版社 2002 年版，第 335—336 页。

在罗米纳兹"核心是暴动的技术准备,而政治和组织的准备被推到了次要地位"观念的影响下,中国共产党"根本没有加强和扩大政治和组织工作","在某种程度上失去了与各城市群众的联系和影响",以致在举行广州暴动时,中国共产党"只是作为一个团体的力量,甚至很少依靠工人群众","不像是一支正在发展壮大的群众力量",这使"广州暴动过分地变成为孤立的,甚至只是在广州本地的,准备得很不够的暴动"。① 但他并没有因此同意洛佐夫斯基的意见,他认为"广州暴动是不可避免的,政治上是适宜的,因为它的优点大于缺点",广州工人在暴动后"斗志和力量正在积聚和发展","甚至在广州的机器工人(机器工会)中也可以找到拥护暴动的人"。②2 月 15 日,谢苗诺夫在军事人员会议上报告广州暴动的准备、经过及失败的原因、意义,他指出失败的客观原因是敌人兵力占绝对优势、工人不会使用武器和构筑街垒、反动势力联合镇压暴动、争取敌军工作不够、黄色工会势力较大,主观原因是暴动计划不周全、把攻占第四军军部置于次要地位、不善于利用俘虏和工人,"任命叶挺为总司令是个很大的错误",暴动具有鼓动意义和组织意义,"工人阶级破天荒第一次把政权掌握在自己手里","工人阶级在广州遭到的失败将为组织暴动提供必要的锻炼和经验"。③

共产国际执行委员会第九次全会结束后,关于广州起义的讨论并没有停止,它仍是 1928 年年中召开的中共六大和共产国际六大上的重要议题。4 月,瞿秋白在为中共六大准备的书面报告《中国革命与共产党》中指出广州暴动"开始了中国革命的新阶段,——苏维埃革命的阶段","是

---

① 中共中央党史研究室第一研究部译:《共产国际、联共(布)与中国革命档案资料丛书》第 7 卷,中央文献出版社 2002 年版,第 306—307 页。

② 中共中央党史研究室第一研究部译:《共产国际、联共(布)与中国革命档案资料丛书》第 7 卷,中央文献出版社 2002 年版,第 307 页。

③ 中共中央党史研究室第一研究部译:《共产国际、联共(布)与中国革命档案资料丛书》第 7 卷,中央文献出版社 2002 年版,第 325—327 页。

十一月扩大会议决议精神的直接表现。它已经是脱离机会主义的第一次中国共产党之伟大的斗争",“中国革命在广州暴动后，革命高涨的形势是很明显的"①，他重申中共中央关于广州暴动的论断——苏维埃革命的开始和执行中央政策的体现。在参加中共六大的代表到达莫斯科后，斯大林6月9日同瞿秋白、周恩来、苏兆征等中共领导人谈话，他指出"广州暴动不是革命高涨之开始，而是革命退后之结束"，“是革命临时退后的一个动作，现在准备一个高潮"，广州暴动不是盲动主义，是"中国党和工人阶级想巩固革命地位的英勇的企图"，“是工人阶级在过去高潮中的最后一次斗争——回光返照的企图，故遭到了失败"，“但给了一个苏维埃形势的信号，指出了以后新的高潮来时的新阶段，这仅是信号，不是已经开展了这个高潮"。②斯大林作出不同于瞿秋白及中共中央的判断，他解释"革命高涨"的含义是"反革命退步（却），革命进攻胜利"③，尤其是占领主要城市，而广州暴动只是预示着新的革命高潮和苏维埃新阶段的到来。

中共六大在6月18日至7月11日召开。6月20日，瞿秋白在会上作政治报告，在论及革命形势时，提出3个问题："广州暴动后革命是否已进到新的阶段，客观上高潮是否可能？现时是不是高潮？或是现时比较低潮？"④指出广州暴动的特点，即广州暴动的失败不是全国的失败，农民没有因此离开工人而是自觉地参加革命，积累了军事斗争的经验，以此来论证"广州暴动失败后，当然没有高潮"“但革命在客观上是向上形势"⑤，最后得出"革命形势的答案"："（一）广州暴动开始革命的新阶段，苏维

① 《瞿秋白文集：政治理论编》第 5 卷，人民出版 2013 年版，第 409、411 页。

② 中共中央党史研究室第一研究部译：《共产国际、联共（布）与中国革命档案资料丛书》第 7 卷，中央文献出版社 2002 年版，第 477—478、481 页。

③ 中共中央党史研究室第一研究部译：《共产国际、联共（布）与中国革命档案资料丛书》第 7 卷，中央文献出版社 2002 年版，第 480 页。

④ 《瞿秋白文集：政治理论编》第 5 卷，人民出版社 2013 年版，第 539 页。

⑤ 《瞿秋白文集：政治理论编》第 5 卷，人民出版社 2013 年版，第 543 页。

埃的阶段。(二)革命客观上是走向高潮,是向上涨而非低落,亦非停滞。(三)现在革命的高潮还没有,但是许多高潮将到的象征已经可见。"①6月29日,共产国际代表布哈林在会上作关于政治报告的结论,指出"广州暴动是争领导权的失败",组织上的错误是"没有充分发动群众和军事计划、党的组织行动之不周密,非用强迫方法取得群众"②,基本延续着他在共产国际执行委员会第九次全会上的观点。7月3日,周恩来在会上作军事运动报告,指出广州暴动"是一个有世界历史意义的中国苏维埃革命的开始","政策是正确的",重点分析广州暴动失败的原因:"组织上未能有充分调动群众的计划""暴动前缺乏整个的进攻的军事计划""敌人军中兵士工作没有做起""无计划地退出广州""指导机关的散乱""军事技术准备的不充分"等。③

经过讨论后,7月9日,中共六大通过《政治议决案》,强调广州暴动"开始了中国革命的第三时期——苏维埃时期","在政策上决非盲动主义的政策","在革命失败过程中成为'退兵时的一战'",基本接受共产国际执行委员会第九次全会所指出的广州暴动的意义和错误。④同日还通过《决定广州暴动为固定的纪念日的决议》,决定"广州暴动日(十二月十一日)为一个固定的纪念日",以示纪念和研究,中国共产党要高举着苏维埃的旗帜,领导工农兵群众继续广州暴动未竟的伟大历史事业。⑤

十多年后的1944年3月,周恩来在延安中央党校作《关于党的"六大"

---

① 《瞿秋白文集:政治理论编》第5卷,人民出版社2013年版,第545页。

② 中共中央党史研究室、中央档案馆编:《中国共产党第六次全国代表大会档案文献选编》上卷,中共党史出版社2015年版,第398—399页。

③ 中共中央党史研究室、中央档案馆编:《中国共产党第六次全国代表大会档案文献选编》上卷,中共党史出版社2015年版,第441页。

④ 中央档案馆编:《中共中央文件选集》第4册,中共中央党校出版社1989年版,第303、307—309页。

⑤ 中央档案馆编:《中共中央文件选集》第4册,中共中央党校出版社1989年版,第385—386页。

的研究》报告，肯定"广州起义是广州工人与革命军人联合起来的英勇尝试"和"'六大'指出广州起义是大革命失败后退兵时的一战"，也批评广州起义是"在革命处于低潮应当退却的时候，不善于退却"，这是中国共产党在策略运用上的错误。① 时过境迁，周恩来这时在肯定广州起义意义的同时，开始批评广州起义决策本身。

中共六大闭幕后，共产国际六大随后在 7 月 17 日至 9 月 1 日召开。7 月 28 日，罗米纳兹在第十四次会议上发言，引述布哈林拟定的《国际形势和共产国际的任务》中的"代表大会认为，把广州起义看做盲动是完全不正确的。广州起义是中国无产阶级在中国革命过去一个时期所进行的一场英勇的掩护战，尽管在领导方面有严重的错误，但它终究是新的苏维埃革命阶段的旗帜"②，批评美国共产党代表佩珀自始至终都在反对广州起义，以至将其在广州起义前警告中共领导人"广州起义必然要遭到失败"视为功绩，同时承认自己之前的错误，"曾认为广州起义并不是一次后卫战斗，并不是对整个一段革命时期进行总结的最后一次斗争行动，而是中国革命新高潮的开始"，事实表明"广州起义是一系列革命搏斗的整个链条中的最后一个环节，这些革命搏斗在 1927 年年中开展得特别广泛，然后逐渐低落，而以最后的有力一击——广州起义而告结束"，但不能由此认为"早在 1927 年底广州起义之前衰退时期即已开始，所以广州起义本不该举行，那么这就是对共产国际在这个问题上的路线的不可容忍的歪曲"③。

在同日举行的第十五次会议上，佩珀声明罗米纳兹的批评是"有意识的假话"，他引述自己在共产国际执行委员会第九次全会上的讲话，证明

---

① 《周恩来选集》上卷，人民出版社 1984 年版，第 174—175 页。

② 王学东主编：《国际共产主义运动历史文献》第 48 卷，中央编译出版社 2013 年版，第 351 页。

③ 王学东主编：《国际共产主义运动历史文献》第 46 卷，中央编译出版社 2013 年版，第 29—30 页。

对广州起义持肯定态度及将此作为"评价广州起义的原则性论点",声称在广州起义失败的当晚他写下"广州苏维埃共和国的建立是具有历史意义的。它是中国无产阶级最豪迈的业绩,标志着中国革命达到了前所未有的、登峰造极的程度","严重的失败,但不是最后的失败。它是未来胜利的源泉和保证。"还说他在共产国际执行委员会第九次全会中国委员会讨论会上反对洛佐夫斯基"攻击广州起义本身"的观点,"可以而且应该抨击起义中的错误,但不应攻击起义本身,不应攻击工人的斗争。"①罗米纳兹随后也发表声明,坚称共产国际执行委员会保存的佩珀发言中不乏其"在起义之前就反对举行起义""认为广州起义为期过早和缺乏必要的社会基础"的证据,只是没有说出"盲动"一词,但"实际上佩珀同志一贯将广州起义评价为一种盲动的行为"。②

8月15日,瞿秋白在第三十一次会议上作的《关于殖民地和半殖民地国家革命运动的补充报告》谈到广州起义,强调起义前的工农斗争形势说明"广州起义有社会基础,具有群众性",工农代表选举产生的苏维埃执行委员会即是重要体现,虽然"由于存在时间短暂,当然没有太多作为,但的确是起义的领导机关",反驳"中央对起义一无所知的说法","11月18日或19日(实际上是11月17日——引者注),党中央就作出了决定","党在一定程度上参与了广州起义的筹备",特别是"广州起义领袖、在起义中牺牲的我们亲爱的同志张太雷在起义前数周一直通宵达旦地工作",也承认在广州起义中犯了政治和组织准备不足、主攻方向未放在河南的李福林部、对广州机器工会工人的争取工作不够等错误,还补充了广州起义对士兵的意义,"就是在中国历史上第一次向士兵这个群体提出了

---

① 王学东主编:《国际共产主义运动历史文献》第46卷,中央编译出版社2013年版,第171—172页。

② 王学东主编:《国际共产主义运动历史文献》第46卷,中央编译出版社2013年版,第173—174页。

新的思想：士兵这个一向听话、唯命是从的群体有权选举自己的代表进入政府"。①8 月 16 日，黄平在第三十二次会议上发言，同样指出"广州起义是从广州的工农斗争发展而来的"，驳斥"广州苏维埃不是选举产生的"说法，"广州苏维埃是在起义前三天召开的大会上选举产生的，出席这次大会的代表来自 70 个工会"，"如果哪位同志要说这次会议没有代表性的话，那我们的回答就是在现有条件下不可能有比这更有代表性的会议了"，也承认广州起义缺乏坚强的政治、军事领导和撤退组织得不好的错误，尤其是没有集中力量进攻河南。②

　　事实上，瞿秋白和黄平的部分发言内容是在反驳《共产国际执行委员会第九次全会关于中国问题的决议》中广州起义缺点的内容，分别是"党中央完全不了解广州事件的情况"和"没有通过选举产生起义机关——广州苏维埃"③。这种意见也体现在中共六大通过的《政治议决案》对该决议的微妙转述上："第六次大会认为共产国际执委第九次会议很正确的指出暴动时的错误：工农之中的工作，尚未充分；反动军队之中的工作，也是如此；对黄色工农群众的态度不对；党部与青年团自己的准备暴动工作不充分；政治上调动群众还太薄弱（没有广大的政治罢工等）。"④通过转述直接删去了"党中央完全不了解广州事件的情况"的表述和把本应跟在"没有广大的政治罢工"后面的"没有通过选举产生起义机关——广州苏维埃"一"等"了之。

---

① 王学东主编：《国际共产主义运动历史文献》第 47 卷，中央编译出版社 2013 年版，第 123—125、127 页。

② 王学东主编：《国际共产主义运动历史文献》第 47 卷，中央编译出版社 2013 年版，第 177、179 页。

③ 中国社会科学院近代史研究所翻译室编译：《共产国际有关中国革命的文献资料》第 1 辑，中国社会科学出版社 1981 年版，第 354 页。

④ 中央档案馆编：《中共中央文件选集》第 4 册，中共中央党校出版社 1989 年版，第 308 页。

罗米纳兹与佩珀的争论仍在继续，以至受到牵扯的中国代表团不得不发表意见。8月20日，罗米纳兹在第三十八次会议上批评佩珀"原则性不够强"，"因为不同身份的人说了什么样的话而在一天甚至是一个小时之内就改变自己的观点"，举例说佩珀起初"力图证明广州起义是中国社会主义革命的开端"，在得知共产国际执行委员会的领导人不同意这样的观点后迅速改变立场，强调无论佩珀再否认也无法掩盖"他认为广州起义是一次冒险行动，在对待广州起义的问题上他照搬了普列汉诺夫反对莫斯科武装起义的观点"。① 罗米纳兹发言的火药味愈发浓厚，对广州起义看法的争论开始上升到人身攻击。8月21日，佩珀在第三十九次会议上发表声明，表示不理解罗米纳兹"把同共产国际领导人作斗争看做是评判一个共产主义者品行和革命性的标准"，指责罗米纳兹挑起评价广州起义的争论是"针对布哈林同志的观点"，"他与他的同伙极力歪曲和掩盖第九次全会的决议"，即把共产国际执行委员会第九次全会对广州起义的批评建议"解释成为广州起义是场暴乱"。② 最后批评瞿秋白也犯了类似的错误，"将中国无产阶级伟大的历史性斗争与领导阶层所犯的错误混为一谈，这是完全错误的"，"掩盖广州起义的重要历史意义，以及忽视广州起义领导层所犯下的错误都是不正确的"。③ 佩珀的声明并不高明，诚如罗米纳兹所批评的那样，佩珀曾利用他与共产国际执行委员会的分歧进行"令人厌烦的乘人之危的行为"④，这次又翻起了罗米纳兹与布哈林在共产国际执行委员

---

① 王学东主编：《国际共产主义运动历史文献》第47卷，中央编译出版社2013年版，第566—567页。

② 王学东主编：《国际共产主义运动历史文献》第48卷，中央编译出版社2013年版，第21—22页。

③ 王学东主编：《国际共产主义运动历史文献》第48卷，中央编译出版社2013年版，第23页。

④ 王学东主编：《国际共产主义运动历史文献》第47卷，中央编译出版社2013年版，第566页。

会第九次全会上分歧的旧账，还将《共产国际执行委员会第九次全会关于中国问题的决议》推到前面作"挡箭牌"。

8月21日晚，中国代表团在第四十次会议上发表声明。一是反驳佩珀说中国共产党"没有注意到在广州起义中的领导错误"，事实上中共六大的政治决议和瞿秋白、黄平的讲话都对这些错误进行了"认真分析和公开承认"。[1] 二是指正佩珀"一再声称第九次全会上关于中国问题的决议采纳了他的观点"[2]，恰恰相反，他提出农村自治代替苏维埃政权、共产党合法化代替武装起义的意见，在共产国际执行委员会第九次全会上受到了布哈林、罗米纳兹一致的批评和反对，[3] 自然也不会写入第九次全会关于中国问题的决议。三是批评佩珀称"要给中国无产者的英雄主义精神应有的评价"，但"并没有把这种英勇当回事"，而是"引用各种托洛茨基的论据，把广州起义说成一次叛乱，尽管并没有公开使用'叛乱'这一词"。[4]

在吸纳中国共产党的意见后，8月29日，共产国际六大第四十五次会议通过《国际形势和共产国际的任务》，在"各支部的工作总结、成绩、错误和任务"一节中指出："代表大会认为，把广州起义看做盲动是完全不正确的。广州起义是中国无产阶级在中国革命过去一个时期所进行的一场英勇的掩护战，尽管在领导方面有严重的错误，但它终究是新的苏维埃

---

[1] 王学东主编：《国际共产主义运动历史文献》第48卷，中央编译出版2013年版，第56页。

[2] 王学东主编：《国际共产主义运动历史文献》第48卷，中央编译出版社2013年版，第56页。

[3] 参见王学东主编：《国际共产主义运动历史文献》第47卷，中央编译出版社2013年版，第567页；王学东主编：《国际共产主义运动历史文献》第48卷，中央编译出版社2013年版，第13页；中共中央党史研究室第一研究部译：《共产国际、联共（布）与中国革命档案资料丛书》第7卷，中央文献出版社2002年版，第245页。

[4] 王学东主编：《国际共产主义运动历史文献》第48卷，中央编译出版社2013年版，第57页。

革命阶段的旗帜。"①这里更加突出强调广州起义的历史地位和意义，淡化和简化了"错误"的表述。

在中国共产党、共产国际关于广州起义的讨论告一段落后，广州起义也迎来了它的一周年。11 月 1 日，中共中央发出《通告第七十六号——广州暴动纪念的工作方法》，提出宣传广州暴动的伟大意义、苏维埃制度、国民党的反动残酷、帝国主义的阴谋等方面，"在广州暴动纪念前三日内，召集党员大会、或活动分子会议、或支部会议"，在广州暴动日视情形"召集群众大会、游行示威、街道宣传、罢工、怠工、飞行集会、厂门集□、饭间集会等"，"作成各种极通俗的传单，小册子或歌谣小说等在群众中散发"。②11 月 15 日，中共中央发出《关于广州暴动宣传大纲》，包括广州暴动的发生原因、意义价值、失败原因教训，总之"只有群众革命斗争的力量，只有以广州暴动做我们的灯塔，才能找得着正确的出路，只有工农群众与革命的兵士联合起来推倒国民党的统治，建设苏维埃政府，才能得着自己之最后的解放"③。

12 月 11 日，广州暴动日当天，中共中央发表《中国共产党对广州暴动纪念宣言》，"你们记得去年的今日吗?!"——广州的工农兵群众爆发了武装暴动，推翻了反动统治，苏维埃政权第一次在广州建立，在中外反动势力的联合压迫下失败了，"许多革命的干部、中国共产党中央委员、广州苏维埃的代理主席张太雷同志和数千先进英勇的工农分子，都遭反革命屠杀!""我们不必悲伤，革命的道路，是要'血'来洗清的呵! 我们只要步着他们的血路，勇往前进，便可以完成他们未尽的使命，也就是我们自己的使命"，号召"全国的工农、兵士、贫民，一致团结起来，反抗一切

---

① 王学东主编：《国际共产主义运动历史文献》第 48 卷，中央编译出版社 2013 年版，第351 页。

② 中央档案馆编：《广州起义（资料选辑）》，中共中央党校出版社 1982 年版，第 307 页。

③ 中央档案馆编：《广州起义（资料选辑）》，中共中央党校出版社 1982 年版，第 314 页。

压迫剥削，向敌人进攻，向帝国主义进攻，向统治阶级进攻"，"积聚我们无数百万群众的力量，准备最后的争斗，学习广州工农兵士的英勇斗争，以武装暴动的直接行动，来推翻反动阶级的统治，建立广大劳苦群众的苏维埃政权"。① 中国共青团中央、中华全国总工会也在这一天发表纪念宣言。

在这一年，中国共产党领导人瞿秋白和共产国际的舒米亚茨基、弗金也纷纷撰写文章回忆和悼念广州起义的主要领导人张太雷，回顾他成长为共产主义战士和无产阶级革命家的经历，赞扬他大无畏的革命精神。其中，作为同乡、同学、同志的瞿秋白的悼念文章最为动人和贴切："张太雷同志死在几万暴动的广州工农兵群众与反革命军阀搏战之中，死在领导工农兵暴动的时候。他死时，觉着对于中国工农民众的努力和负责；他死时，还是希望自己的鲜血，将要是中国苏维埃革命胜利之渊泉！"② 张太雷以他的牺牲和鲜血染红了高高举起的苏维埃旗帜，"从此苏维埃将为全国暴动之政权的模范，这次广州暴动……不幸而陷于失败，但苏维埃旗帜已经高擎起来，以数千或数万工农兵的血为此新的产儿洗礼了。"③

---

① 中共中央党史资料征集委员会等编：《广州起义》，中共党史资料出版社 1988 年版，第 368、370—371、373—374 页。
② 《瞿秋白文集：政治理论编》第 5 卷，人民出版社 2013 年版，第 216 页。
③ 《瞿秋白文集：政治理论编》第 5 卷，人民出版社 2013 年版，第 162 页。

参考文献

一、著作

1.中央档案馆编：《中共中央文件选集》第1—4册，中共中央党校出版社1989年版。

2.中共中央文献研究室、中央档案馆编：《建党以来重要文献选编》第4册，中央文献出版社2011年版。

3.中国社会科学院近代史研究所翻译室编译：《共产国际有关中国革命的文献资料》第1辑，中国社会科学出版社1981年版。

4.孙武霞、许俊基编：《共产国际与中国革命资料选辑（1919—1924)》，人民出版社1985年版。

5.中共中央党史研究室第一研究部译：《共产国际、联共（布）与中国革命档案资料丛书》第1卷，北京图书馆出版社1997年版。

6.中共中央党史研究室第一研究部编：《共产国际、联共（布）与中国革命档案资料丛书》第2卷，北京图书馆出版社1997年版。

7.中共中央党史研究室第一研究部译：《共产国际、联共（布）与中国革命档案资料丛书》第3、4卷，北京图书馆出版社1998年版。

8.中共中央党史研究室第一研究部编：《共产国际、联共（布）与中国革命档案资料丛书》第5、6卷，北京图书馆出版社1998年版。

9.中共中央党史研究室第一研究部译：《共产国际、联共（布）与中国革命档案资料丛书》第7卷，中央文献出版社2002年版。

10.中共一大会址纪念馆编：《中共首次亮相国际政治舞台（档案资料集)》，上海人民出版社2016年版。

11.中共一大会址纪念馆编：《中共建党前后革命活动留日档案选编》，上海人民出版社 2018 年版。

12.王学东主编:《国际共产主义运动历史文献》第 29、30、35 卷,中央编译出版社 2012 年版。

13.王学东主编:《国际共产主义运动历史文献》第 31、32 卷,中央编译出版社 2011 年版。

14.王学东主编:《国际共产主义运动历史文献》第 38、39 卷,中央编译出版社 2015 年版。

15.王学东主编:《国际共产主义运动历史文献》第 46、47、48 卷,中央编译出版社 2013 年版。

16.中共中央马克思恩格斯列宁斯大林著作编译局译:《苏联共产党代表大会、代表会议和中央全会决议汇编》第 3 分册,人民出版社 1956 年版。

17.安徽大学苏联问题研究所、四川省中共党史研究会编译:《苏联〈真理报〉有关中国革命的文献资料选辑》第 1 辑,四川省社会科学院出版社 1985 年版。

18.中国社会科学院现代史研究室、中国革命博物馆党史研究室编:《"一大"前后:中国共产党第一次代表大会前后资料选编》(二),人民出版社 1980 年版。

19.中国社会科学院现代史研究室、中国革命博物馆党史研究室编:《"一大"前后:中国共产党第一次代表大会前后资料选编》(三),人民出版社 1984 年版。

20.中国社会科学院近代史研究所编:《"二大"和"三大":中国共产党第二、三次代表大会资料选编》,中国社会科学出版社 1985 年版。

21.中共中央党史研究室、中央档案馆编:《中国共产党第一次全国代表大会档案文献选编》,中共党史出版社 2015 年版。

22.中共中央党史研究室、中央档案馆编:《中国共产党第五次全国代表大会档案文献选编》,中共党史出版社 2015 年版。

23.中共中央党史研究室、中央档案馆编:《中国共产党第六次全国代表大会档案文献选编》上、下卷,中共党史出版社 2015 年版。

24.中共中央党史研究室、中央档案馆编:《中国共产党第七次全国代表大会档案文献选编》,中共党史出版社 2015 年版。

25.中共中央党史资料征集委员会、中央档案馆编:《八七会议》,中共党史资料出版社 1986 年版。

26.中共中央党史资料征集委员会等编:《广州起义》,中共党史资料出版社 1988 年版。

27.广东革命历史博物馆编:《广州起义资料》上、下,人民出版社 1985 年版。

28.中央档案馆编:《广州起义(资料选辑)》,中共中央党校出版社1982年版。

29.广东省档案馆编:《广州起义前后的全国时局 粤海关情报记录译辑(1927.4—1928.4)》,1982年版。

30.广州农民运动讲习所旧址纪念馆编:《广东农民运动资料选编》,人民出版社1986年版。

31.中央档案馆编:《中共党史报告选编》,中共中央党校出版社1982年版。

32.中央档案馆、广东省档案馆编:《广东革命历史文件汇集(1927—1928)》,1982年版。

33.中央档案馆、广东省档案馆编:《广东革命历史文件汇集(中共广东省委文件)1927年》,1982年版。

34.中央档案馆,广东省档案馆编:《广东革命历史文件汇集(中共广东省委文件)1928年(一)》,1982年版。

35.共青团中央青运史研究室、中国社会科学院现代史研究室编:《青年共产国际与中国青年运动》,中国青年出版社1985年版。

36.中国新民主主义青年团中央委员会办公厅编:《中国青年运动历史资料》第1册,1957年版。

37.中国社会科学院近代史研究所编:《近代史资料》总138号,中国社会科学出版社2018年版。

38.中国社会科学院近代史研究所编:《近代史资料》总139号,中国社会科学出版社2019年版。

39.彭明主编:《中国现代史资料选辑》第2册,中国人民大学出版社1988年版。

40.中共中央党史研究室、中央档案馆编:《中共党史资料》第68辑,中共党史出版社1998年版。

41.荣孟源主编:《中国国民党历次代表大会及中央全会资料》上,光明日报出版社1985年版。

42.孙彩霞等编:《中国国民党历次代表大会及中央全会资料(1894—1949)》第3、4册,社会科学文献出版社2021年版。

43.《列宁选集》第3、4卷,人民出版社2012年版。

44.《斯大林选集》上卷,人民出版社1979年版。

45.《毛泽东文集》第3卷,人民出版社1996年版。

46.中共中央文献研究室等编:《毛泽东早期文稿》,湖南出版社1990年版。

47.《周恩来选集》上卷,人民出版社1984年版。

48.《邓小平文选》第 3 卷，人民出版社 1993 年版。

49.《张太雷文集》，人民出版社 2013 年版。

50.《李大钊全集》第 5 卷，人民出版社 2013 年版。

51.《蔡和森文集》（下），人民出版社 2013 年版。

52.《邓中夏全集》（上），人民出版社 2014 年版。

53.《瞿秋白文集：政治理论编》第 5、7 卷，人民出版社 2013 年版。

54.《瞿秋白文集：文学编》第 1 卷，人民文学出版社 1985 年版。

55.任建树主编：《陈独秀著作选编》第 3、4 卷，上海人民出版社 2014 年版。

56.中共浙江省委党史研究室编：《俞秀松纪念文集》，当代中国出版社 1999 年版。

57.陶水木编：《沈定一集》下，国家图书馆出版社 2010 年版。

58.《孙中山全集》第 6、9、11 卷，中华书局 1986 年版。

59.钱听涛等编：《张太雷研究史料选》，中央文献出版社 2007 年版。

60.中共广东省委党史资料征集委员会等编：《谭平山研究史料》，广东人民出版社 1989 年版。

61.北京大学图书馆、北京李大钊研究会编：《李大钊史事综录（1889—1927）》，北京大学出版社 1989 年版。

62.中共惠阳地委党史办公室、中共惠阳县委党史办公室编：《叶挺研究史料》，广东人民出版社 1987 年版。

63.中国社会科学院近代史研究所编：《白坚武日记》，江苏古籍出版社 1992 年版；

64.李玉贞主编：《马林与第一次国共合作》，光明日报出版社 1989 年版。

65.中国社会科学院现代史研究室编：《马林在中国的有关资料（增订本）》，人民出版社 1980 年版。

66.中国社会科学院现代史研究室编：《鲍罗廷在中国的有关资料》，中国社会科学出版社 1983 年版。

67.刘玉珊等著：《张太雷年谱》，天津大学出版社 1992 年版。

68.丁言模等著：《张太雷年谱新编》，上海辞书出版社 2011 年版。

69.杨琥著：《李大钊年谱》下册，云南教育出版社 2020 年版。

70.中共中央文献研究室编：《毛泽东年谱（1893—1949）》（修订本）上卷，中央文献出版社 2013 年版。

71.中共中央文献研究室编：《周恩来年谱（1898—1949）》上卷，中央文献出版社 2007 年版。

72.中共中央文献研究室编：《任弼时年谱》，中央文献出版社 2014 年版。

73.中国人民解放军军事科学院编：《叶剑英年谱（1897—1986）》上册，中央文献出版社 2007 年版。

74.中国第二历史档案馆编：《蒋介石年谱（1887—1926）》，九州出版社 2011 年版。

75.陈锡祺主编：《孙中山年谱长编》下册，中华书局 1991 年版。

76.蒋永敬编：《民国胡展堂先生汉民年谱》，台湾商务印书馆 1981 年版。

77.人民出版社编辑部编：《回忆张太雷》，人民出版社 1984 年版。

78.张西蕾口述，于芃执笔：《烛光在前——张西蕾自述》，中国妇女出版社 2000 年版。

79.张国焘著：《我的回忆》第 1、2 册，东方出版社 1991 年版。

80.陈公博著：《苦笑录》，东方出版社 2004 年版。

81.郑超麟著：《郑超麟回忆录》上，东方出版社 2004 年版。

82.程映湘、高达乐编：《彭述之回忆录》上、下卷，（香港）天地图书有限公司 2016 年版。

83.陈碧兰著：《早期中共与托派——我的革命生涯回忆》，（香港）天地图书有限公司 2010 年版。

84.张小曼编：《张西曼纪念文集》，中国文史出版社 1995 年版。

85.杨之华著：《回忆秋白》，人民出版社 1984 年版。

86.《回忆李大钊》，人民出版社 1980 年版。

87.李星华著：《回忆我的父亲李大钊》，上海文艺出版社 1981 年版。

88.黄平著：《往事回忆》，人民出版社 1981 年版。

89.聂荣臻著：《聂荣臻回忆录》，解放军出版社 1986 年版。

90.李维汉著：《回忆与研究》（上），中共党史出版社 2013 年版。

91.［苏］C.A.达林著：《中国回忆录（1921—1927）》，侯均初等译，中国社会科学出版社 1981 年版。

92.［苏］亚·伊·切列潘诺夫著：《中国国民革命军的北伐——一个驻华军事顾问的札记》，中国社会科学院近代史研究所翻译室译，中国社会科学出版社 1981 年版。

93.［苏］A.И.卡尔图诺娃著：《加伦在中国（1924—1927）》，中国社会科学院近代史研究所翻译室译，中国社会科学出版社 1983 年版。

94.［苏］维什尼亚科娃—阿基莫娃著：《中国大革命见闻（1925—1927）——苏联驻华顾问团译员的回忆》，王驰译，中国社会科学出版社 1985 年版。

95.［苏］A.B.巴库林著：《中国大革命武汉时期见闻录》，郑厚安等译，中国社会科学出版社 1985 年版。

96. [苏] 阿·瓦·勃拉戈达托夫著：《中国革命札记（1925—1927)》，张开译，新华出版社 1985 年版。

97. [印度] 罗易著：《罗易回忆录》上册，山东师范学院外文系等译，商务印书馆 1978 年版。

98. [美] 罗伯特·诺思、津尼亚·尤丁著：《罗易赴华使命：一九二七年的国共分裂》，王淇等译，中国人民大学出版社 1981 年版。

99. [美] 埃德加·斯诺著：《西行漫记》，董乐山译，东方出版社 2005 年版；

100. 张发奎口述：《张发奎口述自传：国民党陆军总司令回忆录》，当代中国出版社 2012 年版。

101. 上海市政协文史资料委员会编：《上海文史资料存稿汇编》第 1 册，上海古籍出版社 2001 年版。

102. 中共北京市委党史研究室编：《北京革命史回忆录》第 1 辑，北京出版社 1991 年版。

103. 中国人民政治协商会议黑龙江省哈尔滨市委员会文史资料研究委员会编：《哈尔滨文史资料》第 10 辑，1986 年版。

104. 中国人民政治协商会议全国委员会文史资料研究委员会编：《文史资料选辑》第 85 辑，文史资料出版社 1983 年版。

105. 江亢虎著：《新俄回想录》，军学编辑局 1925 年版。

106. 江亢虎著：《新俄游记》，商务印书馆 1923 年版。

107. 中共中央党史研究室著：《中国共产党历史　第 1 卷（1921—1949)》上册，中共党史出版社 2011 年版。

108. 中共湖北省委党史研究室编著：《中国共产党湖北历史　第 1 卷（1921—1949)》上册，中共党史出版社 2021 年版。

109. 中共上海市委党史研究室编著：《中国共产党上海史（1920—1949)》上册，上海人民出版社 1999 年版。

110. 中共武汉市委党史研究室、中共五大会址纪念馆编：《中国共产党第五次全国代表大会》，中共党史出版社 2007 年版。

111. 天津大学校史编辑室编：《天津大学校史》第 1 卷，天津大学出版社 1990 年版。

112. 林鸿暖著：《张太雷》，广东人民出版社 1981 年版。

113. 丁言模、李良明著：《张太雷研究新论》，华中师范大学出版社 2016 年版。

114. 李瓅主编：《俞秀松画传》，学林出版社 2019 年版。

115. 何民胜著：《施复亮全传》，江苏人民出版社 2018 年版。

116.李玉贞主编:《马林画传》,上海人民出版社 2018 年版。

117.李玉贞著:《马林传》,中央编译出版社 2002 年版。

118.李玉贞著:《国民党与共产国际(1919—1927)》,人民出版社 2012 年版。

119.曾成贵著:《弄潮:鲍罗廷在中国》,中国社会科学出版社 2014 年版。

120.汪佩伟著:《江亢虎研究》,武汉出版社 1998 年版。

121.杨天石著:《找寻真实的蒋介石:蒋介石日记解读》上,山西人民出版社 2008 年版。

122.黄修荣、黄黎著:《共产国际与中国共产党关系探源》上卷,人民出版社 2016 年版。

123.杨奎松著:《中共与莫斯科的关系(1920—1960)》,(台北)东大图书公司 1997 年版。

124.中共一大会址纪念馆编:《中国共产党创建史研究》,上海人民出版社 2012 年版。

125.[日] 石川祯浩著:《中国共产党成立史》,袁广泉译,中国社会科学出版社 2006 年版。

126.[日] 石川祯浩著:《中国近代历史的表与里》,袁广泉译,北京大学出版社 2015 年版。

127.[俄] 维克托·乌索夫著:《20 世纪 20 年代苏联情报机关在中国》,赖铭传译,解放军出版社 2007 年版。

128.[美] 赫尔穆特·格鲁伯著:《斯大林时代共产国际内幕》,达洋译,中国展望出版社 1989 年版。

129.[美] 丹尼尔·雅各布斯著:《鲍罗廷——斯大林派到中国的人》,殷罡译,世界知识出版社 1989 年版。

130.[德] 郭恒钰著:《共产国际与中国革命》,李逵六译,生活·读书·新知三联书店 1985 年版。

131.[苏] 费·维·亚历山大罗夫著:《列宁和共产国际——国际共产主义运动理论和策略制定史》,郑异凡等译,求实出版社 1984 年版。

132.蔡文杰主编:《张太雷画传》,人民出版社 2019 年版。

二、论文

1.丁则勤:《关于张太雷去苏联的次数问题》,《北京大学学报(哲学社会科学版)》,1984 年第 5 期。

2.钱听涛：《张太雷在 1921 年》，《北京党史研究》，1996 年第 3 期。

3.叶孟魁：《一篇有重要历史意义的文献》，《中共党史研究》，1990 年第 5 期。

4.叶孟魁、赵晓春：《〈张太雷关于建立共产国际远东书记处中国支部的报告〉作者考辨》，《党的文献》，2011 年第 2 期。

5.叶孟魁、赵晓春：《出席共产国际三大的中国代表团人员考》，《中共党史研究》，2015 年第 11 期。

6.蔡明菲、纪亚光：《张太雷 1921 年在伊尔库茨克的史实探析》，《中国国家博物馆馆刊》，2021 年第 7 期。

7.蔡明菲：《张太雷研究的几个史实探析》，《中国国家博物馆馆刊》，2018 年第 10 期。

8.张劲：《从张太雷赴日看中共初创时的境况——中共一大召开百年纪念》，《井冈山大学学报（社会科学版)》，2021 年第 3 期。

9.张劲：《张太雷首次赴俄身份辨疑》，《中国浦东干部学院学报》，2022 年第 2 期。

10.张劲：《中共一大后张太雷的到沪时间及任务考》，《思想政治课研究》，2022 年第 4 期。

11.陈雪菲、黄爱军：《张太雷首次赴俄身份再辨疑——与张劲教授商榷》，《中国浦东干部学院学报》，2023 年第 3 期。

12.黄爱军：《张太雷出席共产国际三大新探》，《广东党史与文献研究》，2023 年第 3 期。

13.黄爱军：《〈张太雷在共产国际第三次代表大会的书面报告〉材料来源考——兼谈 1921 年"三月会议"是否存在》，《中共党史研究》2017 年第 8 期。

14.任牧：《共产国际执委会的中国籍委员"张凯"是谁？——兼谈张太雷在青年共产国际二大当选执委一说》，《党的文献》，2022 年第 3 期。

15.陈旭楠、唐闻晓：《共产国际三大执委会中的"张凯"并非张太雷——与任牧商榷》，《广东党史与文献研究》，2023 年第 1 期。

16.李曙新：《张太雷何时当选为青年共产国际执委会委员》，《中共党史研究》，2013 年第 4 期。

17.李玲：《关于〈张太雷致共产国际第三次代表大会的报告〉的作者——与叶孟魁商榷》，《中共党史研究》，1992 年第 3 期。

18.沈海波：《张太雷与远东各国共产党及民族革命团体代表大会》，《上海党史研究》，1998 年第 4 期。

19.程慎元：《秘密会见在春日丸——德田球一与张太雷鲜为人知的一段往事》，

《四川党史》，1994 年第 3 期。

20.雷鸣：《张太雷革命精神及其对新时代青年的启示》，《中国高等教育》，2021 年第 18 期。

21.秦立海：《改革开放以来张太雷研究综述》，《高校社科动态》，2018 年第 4 期。

22.[美] 亚历山大·潘佐夫著，胡炜译：《张太雷与布尔什维主义在中国的传播》，《上海师范大学学报（哲学社会科学版）》，2021 年第 2 期。

23.唐宝林：《重评共产国际指导中国大革命的路线》，《历史研究》，2000 年第 2 期。

24.黄黎：《共产国际、俄共（布）的对华机构》，《中国国家博物馆馆刊》，2016 年第 7 期。

25.姚金果：《大革命时期共产国际、联共（布）与中共三者之间的组织关系》，《党的文献》，2003 年第 5 期。

26.姚金果：《联共（布）、共产国际与广州起义——围绕三个重要问题的分歧及我见》，《中共党史研究》，2007 年第 5 期。

27.肖甡：《俄共党员柏烈伟在中共建党时的一些活动》，《北京党史》，2002 年第 1 期。

28.关海庭、陈坡：《关于柏烈伟和伊凡诺夫的若干材料》，《党史通讯》，1983 年第 19 期。

29.何云庵：《共产国际东方战略再探讨——从世界革命理论的视角看》，《四川大学学报（哲学社会科学版）》，2008 年第 6 期。

30.王新生：《对联共（布）、共产国际与广州起义的再研究》，《中共党史研究》，2003 年第 6 期。

31.李岚：《从叶挺事件调查委员会史料看安德列与广州起义》，《广东党史与文献研究》，2019 年第 5 期。

32.李颖：《共产国际负责中国问题的组织机构的历史演变（1920—1935）》，《中共党史研究》，2008 年第 6 期。

33.[俄] 索特尼科娃著，李颖译：《1920—1931 年间负责中国问题的共产国际组织机构的回顾》，《湖北行政学院学报》，2004 年第 6 期。

34.[俄] 索特尼科娃著，李琦译：《共产国际与中国共产主义运动的开端》，《党的文献》，2011 年第 4 期。

35.[日]石川祯浩：《我怎样写作〈中国共产党成立史〉》，《百年潮》，2001 年第 7 期。

36.王龙腾、蔡文杰：《共产国际三大上中国代表资格之争及其意义——兼论张太雷在中国共产党创建史上的贡献》，中国共产党创建史研究中心编：《中共创建史研究》第 4 辑，上海人民出版社 2019 年版。

37.王龙腾、蔡文杰：《张太雷提议建立共产国际远东书记处中国支部辨析》，《档案与建设》，2019 年第 7 期。

38.王龙腾、蔡文杰：《张太雷与远东人民代表大会》，《常州大学学报（社会科学版）》，2019 年第 3 期。

39.蔡文杰等：《张太雷在天津的革命思想与实践探析》，《天津大学学报（社会科学版）》，2011 年第 6 期。

40.蔡文杰：《中国类国家的民族革命运动与社会主义运动——解读共产国际"二大"关于民族和殖民地问题的两个提纲》，《历史教学问题》，2006 年第 4 期。

41.蔡文杰：《马林对中共"一大"的作用考辨》，《社会科学战线》，2005 年第 1 期。

42.蔡文杰：《国共党内合作形式的确立及其评析》，《南开学报（哲学社会科学版）》，2004 年第 4 期。

43.蔡文杰：《陈独秀二次革命论中的领导权思想辨析》，《南开学报（哲学社会科学版）》，1995 年第 6 期。

44.蔡文杰：《大革命时期中共党内"左"倾思想论析》，《南开学报（哲学社会科学版）》，1997 年第 4 期。

45.蔡文杰：《重评中共四大前陈独秀的阶级分析》，《安徽史学》，1998 年第 4 期。

46.蔡文杰：《从民主革命到民族革命：中共早期的现时革命观剖析》，《党史研究与教学》，1996 年第 1 期。

47.翁莹香：《共产国际背景下的张太雷革命实践与思想研究》，天津大学硕士学位论文，2009 年。

48.王龙腾：《张太雷与共产国际三大研究》，天津大学硕士学位论文，2018 年。

49.马书静：《张太雷与中国青年运动研究：实践活动与思想理论（1920—1925）》，天津大学硕士学位论文，2018 年。

50.郝炜：《马林、张太雷与中国革命（1921—1924）》，天津大学硕士学位论文，2021 年。

51.徐瑶：《鲍罗廷、张太雷与中国革命（1923—1927）》，天津大学硕士学位论文，2022 年。

后　记

　　1945 年，延安，经毛泽东、任弼时批阅，《关于若干历史问题的决议（草案）》修正稿在 3 月下旬编号印发 100 份，交给党内高级干部讨论。这份后来被称为中共党史上的第一个历史决议将在 4 月 20 日结束的六届七中全会上通过。4 月 13 日，党内元老吴玉章致信主持中央党务工作的任弼时，就《关于若干历史问题的决议（草案）》提出以下意见："关于若干历史问题的决议草案修正稿，我看了以后觉得很好。但我觉得关于共产国际没有提及是一缺点。"而在两年前，即 1943 年 4 月 24 日，关向应致信毛泽东并转党中央与党的七大，提出："共产国际和斯大林、季米特洛夫同志是世界革命的舵师和胜利的旗帜，中国共产党是在他们的领导之下成长起来的，他们曾从许多危机中把中国共产党拯救了出来。"

　　作为对吴玉章等人建议的一种回复，毛泽东在六届七中全会上对《关于若干历史问题的决议（草案）》的说明中指出："共产国际对中国革命总的来说是功大过小，犹如玉皇大帝经常下雨，偶尔不下雨还是功大过小。没有共产国际的成立和帮助，中国无产阶级的政党是不能有今天的。他们需要我们，我们也需要他们。"

　　毛泽东这一"相互需要"的评价，事实上点出了中国共产党与共产国际之间的双向互动关系。当然，这种互动是不对等的：一方面由于中国共产党一直作为共产国际下属的一个支部存在，与共产国际之间存在着下级与上级、被领导与领导的组织关系；另一方面也由于中共与掌控共产国际的联共（布）之间在力量与地位上完全不对等。因此，这种双向互动具体表现为，共产国际、联共（布）如何指导和帮助中国共产党，而中国共产党则是如何贯彻共产国际指示，特别是结合中国的实际情况开展革命活动，并以此呼应共产国际主导的国际共产主义运动。

既然是双向互动，共产国际可以派代表来中国指导中国共产党的工作，中国共产党自然也需要派代表去共产国际所在地的苏联，不仅为了建立、保持组织联系，同时也可以担负一定的工作任务。在这方面，张太雷无疑是中共早期与共产国际交往颇深的代表性人物。张太雷参加革命伊始，即受到俄共（布）党员柏烈伟的影响，两次赴共产国际、青年共产国际机构工作，是活跃在国际共产主义运动舞台上的中国革命家。他在国内的革命活动中，先后担任共产国际驻华代表马林、鲍罗廷的助手和翻译，而这两位都在同期的中国革命中发挥了重要作用。总体上说，张太雷的革命生涯，无论是创建党团，还是国共合作、国民革命、广州起义，从中都能看到他与共产国际及其代表之间的相互影响，具有相当多的共产国际因素。

从国际共产主义运动的大视野来看，张太雷具有多种身份：一是中国共产党及中国共产主义青年团早期重要的领导人之一，广州起义的主要领导人；二是作为中共代表，与共产国际建立联系，担任共产国际驻华代表的助手和翻译；三是直接参与共产国际及青年共产国际工作的中国革命家。系统梳理并研究张太雷革命生涯中的共产国际因素，从中解析共产国际背景下中国共产党的早期革命历史，无疑是一件很有意义的研究工作。

张太雷是从江苏常州走出的革命英烈，也是天津大学的杰出校友。两地均非常重视对张太雷的宣传与研究，具有浓厚的纪念与宣传的氛围和良好的学术研究基础。2020 年，常州市委党史工作委员会与天津大学张太雷研究中心就编纂《张太雷与共产国际》一书达成合作意向，委托我完成书稿的撰写工作。随后，成立编纂委员会。委员会中的学界同仁，对本书的架构与初稿进行了评审，提出了诸多建设性意见。

本书能够顺利完成，除了来自编纂委员会尽职尽责的支持外，还得益于天津大学张太雷研究中心多年来的研究积累。2012年成立的研究中心是天津大学管理的、面向社会开放的学术研究组织，以深入研究张太雷的革命业绩与历史地位，弘扬张太雷的革命精神为宗旨。多年来，研究中心遵循学术研究规律，坚持严谨、求真的治学态度，注重挖掘、整理历史档案资料，派遣研究人员相继赴莫斯科、伊尔库茨克、台北、阿姆斯特丹等地查阅张太雷的历史档案资料，并在此基础上，进行整理、翻译，开展专项研究。我本人深有所获，不仅对张太雷的革命生涯及其思想有了总体的把握，同时也夯实了我在中共早期历史以及共产国际历史方面的研究。近年来，我指导的部分硕士研究生将张太雷研究列为学位论文选题，对本书中的部分内容进行了初步探索。本书的另一位作者王龙腾博士，在天津大学攻读硕士期间，参与《张太雷画传》的编撰，以张太雷研究作为学位论文选题，具有很强的专业功底，没有他的合作，不会有这本专著的诞生。

任何研究都具有阶段性和局限性。涉及历史的研究，第一重要的是史料，以及对史料的准确解读。关于张太雷与共产国际这个主题，我们虽然做了大量研究工作，完成书稿，但仍感有所缺憾。一些问题至今无法搞清楚，史料的匮乏，特别是关键史料的缺失是主要原因。例如，关于张太雷1921年前往苏俄的身份与使命问题，目前学界存在多种看法。在缺少关键史料佐证的情况下，这些不同见解大多可视为合情合理的推论，在逻辑上也是说得通的，但从学术研究的角度，推论不能作为定论。为此，在一些缺乏关键史料以及由此引发的争议问题上，我们采取了审慎的处理方式，立足于对现有资料的解析，作出推论，提出我们的观点，而不是作出结论。我们认为，针对某一史实，当存在两种及以上的推论时，任何推论都只能视为一种可能，不宜作为定论。这也是本书使用了不少"或许""应该""可能"这类用词的缘故。对此，我们只有努力去发掘新的历史资料，才能逐步逼近历史真相。真诚欢迎学界同仁就本书的一些观点提出批评，并希望大家能在史料发掘和解析上协力共进，推动相关问题的研究不断深入。

本书在撰写过程中，尽可能地关注并借鉴学界同行有价值的学术观点，除正文标注外，还以参考文献的形式列出。在此，感谢所有参与、支持、帮助张太雷研究的各位前辈、同仁和朋友。

2023 年是张太雷诞辰 125 周年，谨以本书告慰烈士的英灵。

蔡文杰

2023 年 10 月

责任编辑：刘彦青

封面设计：王欢欢

图书在版编目（CIP）数据

张太雷与共产国际／蔡文杰，王龙腾 著 . — 北京：人民出版社，2023.12

ISBN 978 - 7 - 01 - 026158 - 4

I.①张⋯ II.①蔡⋯②王⋯ III.①张太雷（1898—1927）- 生平事迹②共产国际 - 关系 - 中国共产党 - 研究 IV.① K827=6② D16③ D231

中国国家版本馆 CIP 数据核字（2023）第 241506 号

张太雷与共产国际
ZHANG TAILEI YU GONGCHAN GUOJI

蔡文杰 王龙腾 著

人民出版社 出版发行

（100706 北京市东城区隆福寺街 99 号）

北京中科印刷有限公司印刷 新华书店经销

2023 年 12 月第 1 版 2023 年 12 月北京第 1 次印刷

开本：710 毫米 ×1000 毫米 1/16 印张：27.75

字数：368 千字

ISBN 978 - 7 - 01 - 026158 - 4 定价：90.00 元

邮购地址 100706 北京市东城区隆福寺街 99 号

人民东方图书销售中心 电话（010）65250042 65289539